李光地研究丛书

清代思想家李光地

苏黎明 吴绮云 著

厦门大学出版社
XIAMEN UNIVERSITY PRESS
国家一级出版社
全国百佳图书出版单位

图书在版编目(CIP)数据

清代思想家李光地/苏黎明,吴绮云著.—厦门:厦门大学出版社,2021.1
(李光地研究丛书)
ISBN 978-7-5615-7882-7

Ⅰ.①清… Ⅱ.①苏… ②吴… Ⅲ.①李光地(1642—1718)—人物研究
Ⅳ.①K827=49

中国版本图书馆 CIP 数据核字(2020)第 252790 号

出 版 人 郑文礼
责任编辑 薛鹏志 林 灿
封面设计 李嘉彬
技术编辑 朱 楷

出版发行 厦门大学出版社
社　　址 厦门市软件园二期望海路 39 号
邮政编码 361008
总　　机 0592-2181111 0592-2181406(传真)
营销中心 0592-2184458 0592-2181365
网　　址 http://www.xmupress.com
邮　　箱 xmup@xmupress.com
印　　刷 厦门市明亮彩印有限公司

开本 720 mm×1 000 mm 1/16
印张 16.5
插页 2
字数 270 千字
版次 2021 年 1 月第 1 版
印次 2021 年 1 月第 1 次印刷
定价 68.00 元

厦门大学出版社
微信二维码

厦门大学出版社
微博二维码

目　录

第一章

李光地的思想渊源

李光地(1642—1718),字晋卿,号厚庵,别号榕村,福建泉州安溪县湖头镇人。青少年时代长期居住于安溪家乡,深受闽南文化熏陶。清康熙九年(1670年)举进士,时年二十九岁,选翰林院庶吉士,从此步入仕途。历官翰林院编修、侍读学士、内阁学士、翰林院掌院学士、通政使、兵部侍郎、顺天学政、直隶巡抚、吏部尚书兼直隶巡抚、文渊阁大学士兼吏部尚书等职。康熙五十七年(1718年),卒于北京,谥文贞。雍正初,赠太子太傅,祀贤良祠。李光地为官近半个世纪,既是清代杰出的政治家,又是具有重大影响的思想家。

李光地作为政治家,长期辅佐康熙皇帝,是康熙王朝的重要辅臣,兢兢业业,殚精竭虑,为实现国家统一、整肃吏治、发展经济、确定思想统治重心、繁荣文化等做出了重要贡献,立下巨大功绩,得到高度评价。这些突出的政治成就,无疑与其作为思想家所形成的思想体系有着密切联系。李光地作为思想家,博古通今,学贯中西,学问渊博,著述宏富,思想博大渊深,政治思想具有远见卓识,理学是清初理学集大成者,易学思想独树一帜,经济、文化、教育、宗教等方面,有不少颇有见地的思想,同时代学者尊称为“安溪先生”、“闽派领袖”。李光地的思想体系是如何形成的,主要内容与突出特点是什么,这些重要思想在当时起了什么样的作用,对后世有什么样的影响,时至今日又有何价值,这正是本书所要阐述的问题。

李光地博大精深的思想,无论政治思想或学术思想,它的主要观点的产生、形成、发展、变化乃至完善,无疑是主客观各种因素相互作用的产物,从宏观层面看,主要来自三个方面:所处时代的社会状况、特点、发展趋势,家庭和社会生活的经历,个人的理想追求与社会现实的互动。

一、清初的社会状况

社会存在决定社会意识，这是历史唯物主义一个简单又基本的观点。马克思说过，人是各种社会关系的总和。人们的社会思想，包括那些曾在历史上产生过重要影响的杰出历史人物的思想，无论政治思想，或者经济思想、宗教思想、文化教育思想，作为一种社会意识形态，既非生来固有，亦非从天而降，归根到底，无疑皆根植于一定时代的社会土壤，离不开所处的特定历史环境。所谓历史环境，就是包括人类各种生存方式和思维方式的社会文化环境，而历史上的政治家和思想家，面对来自不同方向、不同侧面的社会文化影响，总是有意无意地从自己的利益出发，对各种道德观念、意识流派做出评判、取舍和发挥，进而形成富有个性特征的世界观和人生观，从而为其政治分析与政治活动奠定价值基础。李光地作为清初有影响的思想家，也是如此。因此，要理解李光地的思想体系，研究和厘清其各个方面的主要思想，进而做出恰如其分的陈述与评判，不能脱离其所活动的历史环境，首先必须将其置于清初纷繁动荡、错综复杂的历史背景下，考察所处的特定历史环境，特别是那个时期社会政治、经济和文化发展的状况和特点，认清发展趋势与社会要求。

李光地生活的17世纪中期到18世纪初期，世界正在发生一场翻天覆地的深刻变革。清朝迁都北京前后，1640年，英国发生了资产阶级革命，西方历史进入资本主义时期，资本主义蓬勃发展。资本主义替代封建主义，无疑是历史的进步，诚如马克思所言："资产阶级在它不到一百年的阶级统治中所创造的生产力，比过去一切时代所创造的全部生产力还要多，还要大。"然而亦诚如马克思所言，"掠夺是一切资产阶级的生存原则"。资本主义生存和发展法则，决定了它要扩大统治范围，掠夺海外殖民地，加速资本原始积累。欧洲的商人、探险家及传教士，莫不热切期望到东方来进行贸易与殖民活动，尤其把地大物博资源丰富的中国，视为奔赴的主要目标。《马可·波罗游记》盛称东方繁华富庶，并且大肆渲染，似乎东方遍地黄金，俯拾即是。此书在西欧各国广为传播，更加激起欧洲狂热者对中国的浓厚兴趣，恨不得插翅飞到中国，满载黄金而归。最先来到中国的是葡萄牙殖民者。早在明正德年间，葡萄牙殖民者即到中国活动，虽屡次被驱逐，总是不肯离去，最后终于在嘉靖三十二年(1553年),入据澳门,并以此为基地,公开从事走私贸易,贩卖人口,又大量蓄养倭奴作为羽翼。继葡萄牙之后来中国的是西班牙殖民者。明万历初年,西班牙殖民者开始染指中国,并希图在广东沿海建立侵略据点,未能如愿,并不甘心,明末天启六年(1626年),派兵在台北鸡笼登陆,筑城固守。又于崇祯二年(1629年),进入淡水,复筑一城,霸占了台湾北部。17世纪初,葡萄牙、西班牙海上势力渐衰,荷兰殖民者势力兴起,掌握了东方海上霸权,同时也把触角伸进中国。首先欲夺取澳门,排除葡萄牙在澳门的势力不成,转而侵据澎湖和台湾,并于天启四年(1624年),霸占了台湾。后又击败西班牙,独占了台湾,直到郑成功时,始被驱逐。17世纪初,英国人和法国人也接踵而至。北方的沙俄尽管资本主义经济发展远远落后于西欧,可是亦对中国怀有极大野心,视为侵略扩张的重要目标。沙俄本是个欧洲国家,16世纪末越过乌拉尔山迅速扩占了西伯利亚大片地区。17世纪中叶,沙俄侵略势力伸入中国黑龙江流域,不断蚕食中国领土。面对西方殖民者从海上和陆上而来的不断侵扰,武力掠夺,如何有效防范和抵御,进行民族自卫,显然是李光地所处时代的中国不能不直面的重大外部问题。

李光地生活的年代,是清朝刚取代明朝不久的清初时期。清朝取代明朝,应当说是历史发展的必然。明代中叶后,中国社会发展出现了新动向,资本主义生产方式的萌芽开始出现在部分经济发达地区。对于世界各个民族来说,资本主义早期发展阶段,都要求政治的相对开明和社会的基本稳定。可是明代后期的社会环境,不仅无法保护这种新的经济因素发展,恰恰相反,明王朝的倒行逆施对社会经济造成了严重摧残和破坏。封建统治者疯狂兼并土地和横征暴敛,导致农业生产力严重萎缩,不利于商品经济发展。封建王朝的残酷统治和对工商业的肆意掠夺,普通工商业者艰难困顿,严重压抑近代商品经济萌芽的生长。朱明王朝的暴政,终于引发了持续数十年的明末农民大起义。清军入关,数百万明军抵挡不住十万清军,可见当时明朝已经腐朽到了何种地步!满族固然生产方式落后,性格野蛮,可也尚没有汉族统治者那么严重的腐败堕落。而且这个"蛮族"入主中原后,也不得不适应汉民族的生产生活方式,不断汉化的同时,也总结了明朝灭亡的教训,致力于建设有利于社会安定和经济繁荣的政治环境,从而给中国社会注入新的生机。从这个意义上说,清朝取代明朝也算是种历史进步。这也是考察李光地思想形成不能不把握的大局。

李光地生长于明清交替之际，正是社会激烈震荡时期。清王朝是满族贵族建立的。16世纪后期到17世纪初，繁衍生息于东北地区的建州女真人，出了位杰出人物努尔哈赤，逐渐统一了女真各部，并于1616年正式建立金朝，史称后金。从此，中国的大地上，女真不再是明朝的部属，而是明朝的并立政权，双方处于同等的地位。后金政权建立后，随着势力不断增强，开始频频向明朝发起攻击。李光地出生那年是明崇祯十五年(1642年)，正值明末农民起义军重新崛起，与明军展开激战，农民战争的烽火熊熊燃遍中原，兴起于东北的后金军队亦已兵临山海关，在关外虎视眈眈，腐朽的明王朝大厦将倾，处于风雨飘摇中，行将灭亡。李光地出生后仅一年六个月，崇祯十七年(1644年)三月，李自成率领的农民起义军攻进北京城，崇祯皇帝走投无路，跑到景山上吊身亡，延续了二百七十六年的明王朝，至此寿终正寝。同年四月，明朝山海关总兵吴三桂降清，并引清军入关，击败李自成，占领北京，是为清朝顺治元年(1644年)。随后，清军逐步向南推进，攻占了江南一带。清顺治三年(1646年)，清军占领福建。这年，李光地五岁。随后，又向华南和西南推进，逐渐统一了中国，正式成为明朝之后新的全国性政权。李光地就是出生在这个特定的动荡时期。

清朝建立后，顺治帝当政十八年。为了巩固清王朝的统治，顺治帝采取了不少措施。诸如基本继承明朝的政治、经济、文化、外交等方面的制度，同时又增加了一些新制度。又如宣称“满汉一家”，因为只凭区区一二千名八旗王公大臣和五六万满洲男丁，无论如何也无法消灭全国二三百万抗清将士和统治上亿汉民，为收买人心，稳定局势，必须实行“以汉治汉”政策，故多次宣称“满汉一家”，要求“满汉一家，同享升平”。最主要体现在争取汉人官员和文人，极力笼络争取汉族上层人士为清帝效劳。另一重要体现是在各省设立绿营兵，将士主要都是汉人。为使满汉官民“各相亲睦”，允许满汉官员互通婚姻。通过“满汉一家”政策，吸收了大批汉民、汉士、汉将、汉兵，他们遵循帝旨国法，治理京城内外各级衙门事务，管束人民，征赋佥役，从征厮杀，为统一全国、安定九州，巩固清朝统治，起了很大作用。再如革除“三饷”，整肃吏治。明朝万历末年后，横征暴敛，大增赋税。加派辽饷、剿饷、练饷三饷，每年多达一千六百余万两，倍于正额，且饷外有饷，其他苛捐杂税亦多如牛毛，百姓实在活不下去，故官兵愈剿“盗”愈多，“民越穷而寇越起”。有鉴于此，顺治初年即发布谕令，向全国百姓宣布取消明末加派，悉行蠲免三饷，并整顿赋役制度，编成《赋役全书》颁于全国各地，规定各地征收田赋，一律以明朝万历年间加派前的数目为准，不得任意增减。又对贪官污吏加以惩治，吏治有所整饬。此外，又劝民垦荒，整顿漕运，清理盐法。这些措施，确实起到较好效果。农业生产逐渐恢复，手工业、商业有了进步，人丁增多，耕地扩大，社会经济逐渐复苏。按《清圣祖实录》载，顺治十八年（1661年），官方簿册所载全国人丁一千九百一十三万余，民田五百四十九万余顷，分别比十年前增加八百五十万余丁和二百六十余万顷。赋税收入也增加甚多，顺治十八年田赋丁税征银二千五百七十二万余两，比十年前增收四百六十二万余两。

这期间，清军先后消灭了大顺、大西、南明二百多万军队，到顺治十六年（1659年），南明永历帝朱由榔逃入缅甸，除大顺军余部坚持在川东荆襄地区抗清外，全国尽隶清朝。爱新觉罗江山逐渐巩固下来，但是亦存在不少突出弊政，最突出者有三：一是圈地，二是强令剃发，三是满族特权。这实质上是清朝统治者实行的三项民族压迫政策，都是从清兵入关后即开始，且延续相当长的时间。

首先是圈地。清兵入关后，从顺治元年（1644年）起，清政府以“东来诸王、勋臣、兵丁人等无处安置”为由，在北京周围二百五十公里内的顺天、保定等地圈占大批土地，按计丁授田制，分给东来的诸王功臣及士兵，建立起大大小小的旗地官庄。据后人统计，经顺治元年（1644年）至顺治四年（1667年）的三次大规模圈地，圈占土地总数达十六万顷，即一千六百万亩，这还不包括驻防旗地庄园。圈地并非只是种简单的民族掠夺行为，它是通过摧毁被圈地区固有的自然经济、租佃关系，代之而推行落后的农奴制和残存奴隶制的方式进行的，直接后果是使大批汉族农民不但丧失土地和财产，且失去人身自由，沦为农奴或奴隶。这些汉民“离其田园，别其坟墓”、“妇子游离，哭声满路”，生活极端困难，大量死亡。许多人难以忍受八旗贵族官员的残酷压迫，选择逃亡。清廷又沿袭努尔哈赤、皇太极的严禁奴仆逃亡法令，规定奴仆三逃者斩，窝主处死，籍没或充军，邻居、甲长、乡约分别鞭责和流徙。因而圈地政策及其推行具有浓郁的民族文化征服色彩，即改变被征服者的生存方式，所以遭到汉族上下一致的强烈反对。不仅被圈地区备受奴役的汉族民众反抗，许多未受圈地之害的汉族官僚亦表示抗议。例如按《清史编年》载，顺治十二年（1655年），针对被圈地区逃人大量出现，人数以数万计，户部右侍郎赵开心等，冒着巨大政治风险要求修改《逃人法》，认为饥民流离可悯，请暂宽逃人之禁。结果被指责为不是“实心为国”，顺治帝认为这是“但知汉人之苦，不知满洲之苦”，是“偏护汉人，欲令满洲困苦，谋国不忠”，遭致重罚，降五级调用。按《国朝先正事略》载，受到顺治帝信任的魏裔介站在儒家仁爱立场，直言不讳指责《逃人法》太严，并对旗地上严酷的农奴制提出尖锐批评。他说：立逃人峻法，“下拂人心，上干天意，非寻常政治小小得失而已。皇上爱民如子，各旗亦宜仰体圣意，遇下以恩。彼虽奴隶，岂无恋主之心而纷纷鸟兽窜，胡为也”？然而顺治帝却斥责奏请减轻逃人法的汉官。

其次是衣冠发饰，特别是剃发。满族与汉族生活方式、价值观念、道德习尚、历史传统诸方面，皆有很大差异。满洲习俗，男子将顶发四周边缘剃去寸余，中间保留长发，分三绺，编成长辫一条垂在脑后，名为辫子，与汉人全部束发不同。满洲章服与明朝衣冠亦有显著差别。努尔哈赤兴起后，金国辖区人员均须统一发式服装，所据汉区，亦令官员“削发降”。顺治元年(1644年)，清廷初入北京，立足未稳，城内民心浮动，多尔衮为安定民心，采纳范文程、洪承畴等人建议，并不强迫汉族改变自己传统的衣冠发饰，果然收到效果，缓解了北京人对清军的反感。然而次年六月清军攻占南京后，多尔衮被胜利冲昏头脑，厉行剃发令，要求“凡投诚官吏军民皆著剃发，衣冠悉遵本朝制度”。以高压手段将满族风俗强加于汉人：“自今布告之后，京城内外，直隶各省，限旬日尽行剃完。若规避惜发，巧词争辩，决不轻贷。”且限期只有十天，超期未剃者，重罪伺候。这些措施反映了满洲贵族用清制取代明制，通过衣冠发饰强化统治的政治意图。满洲贵族要求当地官民剃发，“留头不留发，留发不留头”。剃发不剃发，成为归顺不归顺的标志。然而作为生活方式重要内容的发饰衣冠，从来都是一个民族历史与文化传统的重要象征，采用强制手段，勒令一个民族改变悠久的习俗，势必招来这个民族的反抗。正因如此，这个剃发令，极大刺激了民族感情，激起汉民愤慨，犹如火上浇油，纷起反抗，甚至喊出：头可断，发不可剃！剃发令到嘉兴，兵民杀死清府尹胡之臣。剃发令到江阴，军民高呼“头可断，发不可去”，逐县令，起义兵，拼死抵抗，血战八十多天，清军共出动二十四万军队，战死七万五千人，伤亡甚是惨重。抗清烽火一时燃遍大江南北。多尔衮恼羞成怒，遣军疯狂屠杀，收效甚微。反剃发反民族压迫的斗争持续了十几年，直到他去世，这场斗争仍风起云涌，使清廷穷于应付。满洲贵族的剃发令，带来了激烈的反抗。这也大大延缓了清朝的统一计划，统一北方，只用了短短一年时间。统一南方，用了整整十七年，足足将统一全国时间推迟了十四五年。

最后是满族特权。清朝是满族贵族建立的。为了巩固满洲王公贵族的最高统治地位和对全国的统治，确立了“首崇满洲”，或称“满洲根本”的基本国策，尽力维护满族特权。满族在政治上、经济上、刑律上皆有特权。国家最主要权力必须由满人掌握，关键性政治、军事职位应由满人担任。同为某个岗位官员，满官品级要高于汉官。经济上，满族享有税赋徭役的各种优惠政策。法律上，满人犯罪，处罚力度亦比汉人要轻。满族贵族从本民族利益出发，采取的三个重要举措，相互作用，无疑极大地激化了民族矛盾。因此，在整个顺治年代，尽管在革除晚明弊政和创辟开国规模方面做了不少事情，可是满汉矛盾与对立极为尖锐，成为社会主要矛盾，社会仍长期处于动荡中。李光地就是在这个特定的动荡时期逐渐长大的。

李光地一生主要活动时间，大致与清初康熙朝相终始，正处于清室初定鼎的顺治之后。顺治帝英年早逝后，留给继位稚子康熙帝的是堆积如山的棘手问题。康熙帝在位六十一年间，是奠定国基的重要创业时期。康熙六年(1667 年)康熙帝亲政后，清王朝尚面临诸多突出问题。政治上，全国一统局面尚未真正实现，郑成功留下的抗清力量仍据守台湾与清朝进行对抗，满汉尖锐的民族矛盾亦亟须缓解。军事上，吴三桂、尚可喜、耿精忠三个阳奉阴违的藩王，成为尾大不掉的地方割据势力，严重威胁中央政权，不能不加以剪除。经济上，明末清初长期的惨烈战祸，社会生产力受致命摧残，百业凋敝，采取切实有效措施，恢复残破的经济，发展生产，成为当务之急。思想文化方面，清朝贵族本就属于落后民族，入主中原后，自顺治至康熙初年，忙于征战，无暇顾及文化建设，导致中国传统文化日渐式微，整个国家思想空虚，文化混乱，迫切要求制定切实可行政策，找到维系社会人心的有效工具，促进社会稳定和经济恢复发展。

康熙帝亲政后，全国一统局面尚未真正实现，郑成功留下的抗清力量仍据守台湾与清朝对抗，这是不能不面对的一个重大问题。这个问题由来已久，至此已延续了几十年。台湾自古以来就是中国神圣领土，1623 年被荷兰殖民者占据。1661 年 12 月，被南明永历皇帝封为延平王的郑成功，挥师东渡收复台湾，结束了荷兰殖民者在台湾三十八年的统治，并将台湾作为抗清复明的根据地。如此，大陆和台湾仍然存在两个对立政权。康熙元年五月，即 1662 年 6 月，郑成功在收复台湾仅半年后，病逝于台湾，年仅三十九岁。郑成功逝世后，弟弟郑袭与儿子郑经为争夺延平王位发生内讧，郑经消灭了郑袭势力，夺取了王位。可是经过这场内讧，郑氏政权实力大大削弱，内部离心倾向急剧增长。如此，郑经不得不把主要力量用于巩固对台湾的统治，逐渐丧失“反清复明”的信心，可又不愿接受清政府招抚。从康熙六年(1667年)起，清政府与台湾郑氏就开始进行谈判。在这些谈判中，清政府同意封台湾郑氏为藩王，“世守台湾”，台湾郑氏亦表示愿向清政府称臣纳贡，可又坚持依照朝鲜那样，“不削发”，不献出版图。这就意味着台湾只是中国藩属。因此，争论的实质实际上是统独之争。台湾郑氏援引朝鲜之例，实际上是要求台湾独立，这是清政府无法答应的。郑经违背了郑成功遗愿，试图将台湾从祖国分裂出去，既对清朝统治构成威胁，亦严重地破坏祖国统一。国家的分裂，阻碍社会经济发展，给人民的生活，特别是沿海百姓生活带来深重灾难。结束分裂局面，已成为时代的要求，百姓的强烈呼声。三藩之乱平息前，康熙帝无暇顾及台湾郑氏割据势力，随着三藩之乱逐渐平息，扫除郑氏割据势力的问题，才逐渐被提上议事日程。康熙二十二年(1683年)，福建水师提督施琅率师攻台，终于统一了台湾。这时，康熙帝已亲政十六年，而推荐施琅征台的正是李光地。

康熙帝亲政后，清朝尚未能实现对全国有效管控，云贵平西王吴三桂、广州平南王尚可喜、福建靖南王耿精忠三个汉族藩王的存在，也是突出表现。由于吴三桂、尚可喜、耿精忠等明朝降将在帮助清朝镇压明末农民大起义和扫除明朝残余势力的战争中起了巨大作用，因而清军入主中原后，为清朝立下功劳的吴三桂被封为平西王，尚可喜被封为平南王，耿精忠被封为靖南王。三个藩王各有封疆，占据南方大片土地，王位可以世袭，形成各自的割据势力，在各自封疆内握有重兵，拥兵自重，又掌握地方财政，个个俨然是土皇帝。三藩为扩充实力，借端用兵不休，粮饷不足则连章入告朝廷，全国赋税收入之半为三藩所耗。三藩肆意残民，更是给无数百姓带来无穷祸害。诸如耿精忠父子在福建的所作所为，就给福建人民带来深重灾难。按《清史编年》载，顺治十七年(1660年)，靖南王耿继茂奉命自广州移镇福州。改调福建后，生活极为腐朽，也极为贪婪。为满足贪欲，耿继茂横征暴敛，手段无所不用其极。他在福州拆民房，建造豪华王府，肆意追补钱粮，加征赋税，派夫派款，霸占行市、渡船、寺院，设卡收税。他的部属和兵丁，亦个个如狼似虎，横行无忌，甚至光天化日之下，公然抢劫百姓财物，还把衣服剥尽。康熙十年(1671年)，耿继茂死去，袭爵的耿精忠，比父亲更荒淫残暴，到处封山圈地，“横征盐课，擅设报船，苛派夫驿，勒索银米”。耿精忠的跋扈贪残，无恶不作，使福建百姓生灵涂炭，陷入水深火热困境中。事实证明，分裂割据势力如不荡除，社会无法安定，经济无法恢复发展，百姓生活改善也无从谈起。何况三藩并不满足于称雄一隅，更不甘愿受中央政府控制，从而构成了对清政府统治的严重威胁，也是对国家统一的严重威胁。康熙十二年(1673年)，康熙帝下达撤藩令。吴三桂首先公开起兵反清，耿精忠、尚之信亦相继响应，这就是清初闻名的三藩之乱。这场战乱历时八年，战火燃遍了大半个中国，直至康熙二十年(1681年)才被平定。这个时候，康熙帝亦已亲政十四年。而且它所造成的负面影响，又经历了颇长时间才逐渐消除。

康熙帝亲政后，还有个严重问题，需要认真对待，即满汉尖锐的民族矛盾亟须缓解。因为造成这个矛盾的重要因素依然没有消除，即圈地、强令剃发、满族特权。这三个民族歧视和民族压迫政策仍在延续，民族矛盾仍是社会主要矛盾。首先是圈地。清军占领北京后，夺占了大量土地，大批汉人丧失土地，没有经济来源，汉人和满人矛盾逐步升级，以致到了不可调和地步。早在顺治年间，清朝统治者已认识到问题的严重性，开始颁布废除圈地运动令。可是受到满族贵族强烈抵制，使这纸谕令不过是张废纸。康熙帝亲政后，问题仍然没有解决。实际上，圈占的土地都已被圈占了，清廷并没有将这些被圈占的土地退还给汉族百姓耕种，因而它所引发的满汉严重对立情绪并没有消除。其次是剃发。不仅没有放弃，且已成为制度。最后是满族特权。满族在政治、经济、刑律仍皆有特权。以政治为例，国家最主要政治权力仍由满人掌握，关键性政治、军事职位仍由满人担任。康熙时代，不仅部院事务多以满官掌印主事，满族大臣可补汉缺，而且终其一朝，最受倚重的辅政大臣如索额图、明珠、勒德洪、马齐等均系满人。同为某个岗位官员，满官品级要高于汉官。顺治十五年(1658年)曾实行品级划一，采用低品级制，大学士正五品，满汉尚书正二品，侍郎正三品。康熙六年，又将满族官员品级恢复到顺治初的高品级制，大学士、尚书正一品，侍郎二品，而汉官仍保留着顺治十五年确立的低品级，直到康熙九年(1670年)才划一。汉官地位低，受到满官歧视和压迫，也难以得到皇帝充分信任。因此，康熙帝亲政后，大规模的抗清斗争尽管已被镇压下去，可是满汉民族对立仍甚为严重，尤其强迫改变习俗而郁积在汉族人民心头的隐痛，并没有因时间推移而消失，各地汉民反抗清朝统治，仍然打着反清复明旗帜。例如按《清史编年》载，康熙三年(1664年)，江南松江人民拥故明后裔朱光辅、朱拱造反，进攻松江，为清兵所败，受凌迟处死者八十余人，株连甚多。康熙十一年(1672年)，广东平远周海元聚众造反，由长宁、安远进攻会昌、羊角，兵败被杀。康熙十二年，杨起隆诈称朱三太子，谋起事于京城，其徒陈益三十余人聚于故承恩伯周全斌之子周公直家中。周公直至都统祖永烈处告发，兵部尚书明珠、都统祖永烈等率兵围之，拿获陈益等，并广为搜捕，抓捕数百人，处死二百多人。康熙十三年(1674 年)，吴三桂、耿精忠叛清后，江西各地响应举行反清造反者甚多。是年，宜春棚民朱益吾等举事，攻破万载县，又攻新昌，后为袁州副将赵应奎所败。康熙十六年(1677 年)，朱通昌自称明朝皇室后裔，拥众十余万，据赣闽交界处。后为杰书遣兵进剿，朱通昌大败被捕。康熙帝谕称："江西于贼未到之先，地区奸徒辄行倡乱，广信、南康、饶州、奉新、宁州、宜黄、安仁、永新、永丰、彭泽、湖口、泸溪、玉山、铅山等处所在皆叛，忠义全无。"可以说，这同清朝强迫汉人改变习俗，仍然有不小关系。因此，如何缓解满汉矛盾，仍是康熙帝亲政后须面对的重大问题。

康熙皇帝亲政后，如何理顺统治阶级内部各种利益集团的关系，实现政治稳定，也是个重要问题。清初，政局纷繁动荡，究其原因，主要在于大小官僚由于不同文化价值和个人利益，结成很多的利益集团。这些利益集团既有以强化君权为宗旨的皇帝集团，有保守的满族贵族集团，有清军入关前降清的高级汉官，亦有清军入关后降清的汉族官僚，以及新近入仕的科甲官僚等。不同集团基于不同政治利益和态度，往往结为朋党，在朝议中力庇同党，"附己者虽恶必护，异己者虽善必仇"，以致朝政混乱，变化无常。朋党，是专制政治中经常出现的一种特殊利益集团，它虽然没有明确的组织形态，但是在师生、故吏、同年、同乡等亲情关系推动下，基于共同的或相似的政治利益，以一人或数人为核心，形成比较稳定的政治群体。成员在政治生活中采取相同或相似的立场和态度，互相支持，互相攀援，维护共同的利益。朋党在明末曾大量出现。朋党恶性发展，为集团利益揽权结势，"欲以双手障天"，"诬陷良善，驱除异己，蔽塞主聪，混淆国是"，必然危害君主独裁。清初最高统治者鉴于明朝教训，对朋党忌讳尤深。顺治时期，曾多次申明严行禁革。康熙帝亲政后，对朝臣中的朋党问题，亦始终保持高度警觉，多次警告其危害性，要求朝臣注意。诸如按《清史编年》载，康熙十六年(1677 年)，康熙帝专门召集几位大学士，痛陈朋党之害。他不无愤激地说："人臣服官，如或分立门户，私植党羽，始而蠹国害政，终必祸及身家。历观前代，莫不皆然。在结纳植党者，形迹诡秘，人亦难以指摘。然背公营私，人必知之。凡论人议事间，必以异同为是非，爱憎为毁誉。百尔臣工，理宜痛戒。"康熙二十七年(1688 年)二月，康熙帝又当着几个大学士的面，愤怒谴责朋党之争：

“今在廷诸臣，自大学士以下，有职掌官员以上，全不恪勤乃职。惟知早出衙署，偷安自便，三五成群，互相勾结，同年门生，相为援引倾陷。商谋私事，徇庇同党，图取财贿，作弊营私。种种情状久已确知。……如此积弊愈久愈深，物议沸腾，舆情愤激，以致言官列款参奏。”按《榕村续语录·本朝人物》载，李光地称，康熙帝曾针对日讲讲义中“异端”两字说：“什么是异端？我看起来为人臣而不忠，日日树私人，为门生、故吏、乡亲、同年营私作弊，尚口谈道义，此即是大异端。有什么异端！”态度可谓鲜明，言辞可谓尖锐。可是康熙帝反对朋党，最主要目的是防止臣僚以集团方式联合对抗皇权，设法使臣僚保持分散状态，互相牵制，以利皇权控制。终康熙帝一生，他对朋党训斥多，惩处少，整饬并不甚得力。因此，清朝历史上，康熙朝以朋党林立争斗激烈著称，满汉大臣暗自结党，自大学士而下，官僚按地区、民族、师生、同年结成很多利益集团，争权夺利，势若水火，使清初政坛呈现异常复杂情形。

康熙朝的朋党，主要有索额图党、明珠党、南党、北党，既有满官为首，亦有汉官为首。索额图是满族人，康熙朝初期四大辅政之首索尼的儿子，索额图的侄女又是康熙帝第一个皇后。索额图本人很早就是康熙帝亲信，在策划擒拿鳌拜过程中立下汗马功劳，是主要功臣，很快被提升为大学士，佐理军政，成为最大实权派。索额图周围，除兄弟族人外，还聚集了大帮文武大臣。索额图出身门第高，生性倨傲，有不依附者即无情排斥。后来，康熙帝看到索额图势力太大，加以抑制，提拔明珠来牵制，迫使索额图辞去大学士职务。明珠也是满族人，出身门第不高，颇有才能，因力主撤藩，受康熙帝重用，提升为武英殿大学士，牵制索额图。明珠为了与索额图争斗，又与大学士勒德洪、李之芳、尚书余国柱结党，身边同样聚集大批心腹。康熙帝见明珠势力大增，权倾朝野，又引起警惕，借助入直南书房的徐乾学、高士奇等人策划，通过御史郭琇弹劾明珠植党营私。明珠和勒德洪被革去大学士，大批同党亦被解任。南党以徐乾学、高士奇为首，基本上由江浙大臣组成。徐乾学，江南昆山人，入直南书房，擢内阁学士，随后迁左都御史，擢刑部尚书。高士奇，浙江钱塘人，明珠荐入内廷供职，很快被康熙帝视为心腹，权势日益扩大，转侍读学士，随后又授礼部侍郎。徐乾学、高士奇结党营私，大肆贪赃。按《清史编年》引《啸亭杂录》云，徐乾学与高士奇关系密切，互相勾结，相互利用，当时京城流行“九天供赋归东海，万国金珠献澹人”歌谣。康熙帝明知两人有受贿，并不想深究，曾谕近臣曰：“诸臣为秀才，皆徒步布索，一朝得位，便高轩驷马，八驺拥护，皆何所来资？可细究乎？”后来，两人因涉及贿赂案,康熙帝免去两人官职,可是仍让两人在南书房修书。北党是明珠附党,因与南党对立,核心人物又皆属旗籍,故称。首领是科尔坤和佛伦。明珠倒台后,科尔坤和佛伦等也被罢官,南党势盛一时,可是北党也伺机反击。康熙二十八年(1689 年),北党弹劾高士奇、王鸿绪等五位南党要员,罪名是植党营私,招摇纳贿,五人皆被休致回籍。接着,徐乾学也遭弹劾,被指贪赃营私,也只好打道回乡,担任大学士职务的哥哥徐元文亦被罢官。北党的猛烈反击,几乎使南党全军覆灭,这显然也不符合康熙帝笼络江南文人和士绅的政策,且与其操弄政治平衡和权力制约的统治术相背。于是开始抑制北党气焰,同时对失势的南党予以抚慰。几年后,除徐乾学、徐元文兄弟因病已死外,高士奇、王鸿绪等又陆续被起用复官。康熙帝晚年,诸皇子纷纷结党争权,也可以说是朋党之风恶意蔓延的结果。

朝廷大臣为争权夺利,屡屡结为朋党,分分合合,明争暗斗,相互倾轧,固然使康熙帝可以操弄政治平衡和权力制约,然而倘若失去控制,又不能不对皇权构成威胁。而且彼此之间经常进行失去控制的权力争斗,不能不使政治运行出现无序状态。能否在不同利益集团之间建立一种比较固定的为各方共同接受的权力分配机制,直接决定着政权能否稳定能、否协调地运行。因此,康熙帝亲政后,始终面临着一个重大问题:建立能最大限度符合皇帝利益的权力分配机制,进而实现政治稳定。这主要包括三个方面内容:一是确定君臣间的权力界线及与之相适应的政治地位;二是解决满汉官僚之间的政治冲突与竞争,为其做出权威的利益分配;三是促使新的权力机制及与之相适应的伦理道德赢得官僚士人的衷心拥护,并使广大百姓安于政治上的无权状态,世世代代做朝廷的顺民,从意识形态上奠定大清帝国的“万世基业”。这就是权力关系。在阶级时代,权力关系从来都是政治的实质和核心。李光地作为康熙朝的重要辅臣,同样不能不面对这个尖锐问题,并做出自己的思考和答案。

康熙帝亲政后,如何迅速恢复和发展经济,也是面临的重要问题。明末天灾不断,战争频繁,社会经济已到了崩溃边缘。清军入关后,又连年战争,既有镇压南方各地持续十几年的抗清斗争,又有延续八年的三藩之乱,还有对付东南沿海郑氏政权的战争,社会生产力遭到严重破坏。诸如富庶的江南,就颇为典型。宁国府的泾县和太平县,百姓“夙称疲累”。江宁府高淳县和溧水县,百姓四处逃窜。池州东流县和建德县,四野空虚。安庆府怀宁、桐城、宿松、望江、潜山、太湖县,“遭寇乱、数年抢掳,逃亡几至无民,更非别府州县可比”。潜山和太湖两县,百姓大量逃亡,土地荒芜,百里几无烟火,城市亦多荆榛。潜山县三千顷耕地抛荒二千二百顷,人丁大都死亡,只剩一千六百四十,连修县城城墙的人都没有了。太湖县人丁只剩三千五百,四千二百顷耕地抛荒三千九百顷。甚至富比天堂的苏州府,属下的崇明县,战乱频繁,百姓死亡殆尽。再如云南。按《清史编年》载,顺治十六年(1659 年),清军进占南明滇都昆明,洪承畴从贵阳抵达昆明后向朝廷奏报,各处蹂躏不堪,地方残坏,好几个州府,无处不遭兵火,无人不遇劫掠,百姓衣粮、财物、牲畜,俱被抢尽。男女老少被强行掳掠,无数家庭妻离子散,骨肉分离,惨不堪言。云南西部永昌地区,情况更为惨烈,被杀死者尸体堆满道路,周围数百里荒无人烟。这就是长年战乱给百姓带来的极大灾难。当然,经济的极度萧条,百姓的困苦,还有圈地、迁界、赋税、自然灾害等因素。所有这些因素,在康熙帝亲政后,基本上仍然存在,只是程度不同罢了。

康熙帝亲政后,采取了一些有利于经济复苏的政策,使衰败的经济有了不小改善。但是问题仍然严峻。如圈地问题,长期未能解决,带来极大危害,成千上万家庭,产破人亡,严重破坏了生产力。又如迁界。顺治年间,沿海实行迁界,延续到康熙年间。按《清史编年》载,康熙七年(1668 年),原广东巡抚王来任遗疏请速展广东边界,言迁海之地,数十万百姓流离失所,每年抛弃地丁钱粮三十余万两。“未迁之民,日苦于派答;流离之民,各无栖止,死丧颇闻”。康熙年间,尽管终于复界,然而对沿海经济的破坏性影响,久久未能消除。再如赋税。清朝建立后,统治者吸取明朝灭亡教训,对赋税制度进行了某些改革,主旨是与民休息,提高农民积极性。但是效果有限,而统治者的横征暴敛,更使这些措施大大打了折扣。按《清史编年》载,康熙七年六月,因地方官私征滥派,增加火耗,或不先晓示,设立名目恣意敛财,或入私,或贿上官。科道既不纠参,反而蒙混完结。谕令后如再发现,严处不贷,命地方各官将严禁之谕刊示。地方官横征暴敛,百姓无法承受,只好纷纷出逃。按《清史编年》载,康熙七年规定,凡有百姓困苦游离,抛弃田地,地方毫无治理者,将督抚革职治罪。这说明百姓因困苦而游离者众多。地主也提高地租。按《清史编年》载,康熙九年(1670 年),福建人吴八十于江西石城率领农民造反,要求永佃权,自称佃兵,抬牌竖县门。直至十年后,农民反对地主夺佃另佃的斗争,仍然不断发生。百姓无法生存,只好起来造反。康熙十三年(1674 年)六月,江西广信、玉山、永丰等处,江机和杨一豹聚众数万人于江浒山,攻打附近城邑,至康熙十九年(1680 年)败亡。再如天灾。明末清初，战争频繁，黄河失修，几度决口成灾，给百姓造成了极大危害。按《清史编年》载，康熙六年（1667年）七月，河道总督杨茂勋题报，黄河桃源南岸决口，沿河三十县尽受水患，高邮县水高二丈，百姓淹死数万人。诸如此类，不胜枚举。总之，明末清初长期的惨烈战祸，加上其他各种因素，社会生产力受到致命摧残，百业凋敝，采取切实有效措施，恢复残破的经济，发展生产，改善百姓生计，促进社会稳定，也是当务之急。

思想文化建设，也是康熙帝亲政后的重大问题。清初，对刚从东北迁居中原大地的新政权来说，用何种社会意识重新组织社会生活，以何种方式行使统治权力，直接关系着清朝的前途与命运。从表面上看，早在入关前，清廷就宣布要以文教治世。进入北京后，又封孔子为大成至圣文宣先师，似乎已经解决了这个问题。可是口号并不等于事实，实际情况是，顺治以至康熙年间，这个问题仍极大地困扰着清王朝。清顺治八年（1651年），十三周岁的顺治帝亲政。多尔衮重用的满汉官员，诸如在接受汉族文化制度方面较为开明的大学士刚林等，皆被以各种罪名处死或革职，并从总体上表现出对汉官的排斥。然而清王朝既要统治全国，就不能不适应先进地区政治经济和文化发展状况，也不能不笼络汉族上层人物。年轻的顺治帝，比普通少年早熟得多，头脑比较清醒，吸取多尔衮专权的教训，很快亲手掌握起日常政务，并力图摆脱济尔哈朗对朝政的干预。他继承多尔衮的政策，不顾满洲大臣反对，仍然重用汉官，提倡汉文化，继续进行政治和经济方面的调整和改革。顺治帝在接受汉文化制度方面，比前人又前进了一步。当时，南方战火尚未停息，江山尚未一统，初掌朝政的顺治帝，就试图将文化建设重大课题提上日程。顺治九年（1652年）九月，举行临雍释奠大典。翌年，颁谕礼部，提出要崇儒重道。这里所指的道，乃是周、程、张、朱的道学。按《清史编年》载，顺治十二年（1655年），再谕礼部："帝王敷治，文教是先，臣子致君，经术为本。……今天下渐定，朕将兴文教、崇经术，以开太平。"顺治十四年（1657年）九月，举行清代历史上首场经筵盛典。十月，初开日讲，祭祀孔子于弘德殿。顺治帝对以儒家道统为主流的中华文化的认同，既是满族汉化的开端，也展示了这个新兴王朝所具有的开国气象。尽管它依然是沿着中国传统社会的固有轨道前进，可是对于文化落后的满族来说，接受儒家文化仍不失为一种历史的进步，对于希求在更代之后维护民族固有文化于不坠的汉族人民来说，也是种精神的慰藉。然而顺治帝的文化政策，未能真正贯彻落实。当他还活着时，文化政策就受到顽固守旧的满族上层贵族的强烈抵制。顺治帝早逝后，母亲孝庄皇后和鳌拜等辅政四大臣伪造顺治帝引咎自责的遗诏，当中最重要一条就是重用汉官胜过满人，以重用儒臣为过错。四大臣进而又以纠正"渐习汉俗"、返归"淳朴旧制"为由，推行文化上全面倒退政策，包括撤销翰林院，罢黜、放逐乃至杀掉几位主张推行汉化政策的官员，对残明遗老和心怀不满的汉族知识分子进行迫害等等。这种情况，直到康熙八年(1669 年)鳌拜集团被清除后才开始改变。

康熙帝亲政后，康熙八年(1669 年)，康熙帝亲临太学祭奠孔子。翌年八月，恢复翰林院。十月，颁谕礼部，重申崇儒重道基本国策，并具体化为以文教为先作为核心的全面体现儒家文化精神的十六条治国纲领，即所谓圣谕十六条。十一月，重开日讲。康熙十年(1671 年)二月，中断十余年的经筵大典再度举行，每年春秋两次经筵讲学，从此成为定制。但是在价值观念和意识形态方面，满族家法和祖制等习惯势力仍与儒家学说严重对立，大批满洲贵族在"本朝家法"及"祖宗成宪"影响下，仍然力图将努尔哈赤及皇太极时的政治和经济制度，以及关外传统思想观念原封不动地搬到关内，即所谓"率祖制，复旧章"。这必然遭到汉族士人及某些受汉文化影响较深的满族官僚反对，导致了两种文化在意识形态，尤其在政治思想上依然处于剧烈冲突。主要包括：诸王议政传统与儒家推崇君权的矛盾，重骑射及沿勇武与以文教治天下的矛盾；满族多种信仰与隆重师儒和独尊儒术的矛盾，首崇满族与缓和满汉关系巩固清朝统治这个长远利益的矛盾，满族贵族垄断政治权力与重用经术人才礼遇汉族士人的矛盾。这些矛盾与满族统治集团内部争权夺利的斗争及汉族官僚彼此间的明争暗斗交织在一起，从而使清初政坛出现异常复杂的情形。康熙初进士录取名额暴减，太常寺、光禄寺、鸿胪寺裁撤，都是当时满汉文化冲突在政治生活中的具体表现。因此，如何解决这种冲突，制定切实可行政策，找到维系社会人心的有效工具，缓和民族矛盾，实现国家长治久安，仍是摆在康熙帝面前的重大问题，必须做出正确的选择。

康熙帝是历史上一位胸怀大志的帝王，希冀建立一个超越前朝的盛世。因此，努力完成历史赋予的使命，使满族奴隶社会走向全面封建化，改革明朝遗留下来的腐败经济制度和政治制度，延续封建统治，统一国家，努力消除民族壁垒，减少民族矛盾，创造和平与安定的社会环境，发展社会经济。康熙帝为加强统治，亦需要在意识形态方面，选择特定的政治、哲学思想为精神武器。应当指出，康熙时代朝廷的理论争论仍非常激烈，有人讥笑理学空疏无用，有人公然鼓吹李贽的怀疑论思想。按《榕村续语录·本朝人物》载，李光地曾讲述两则朝廷中理论争论的故事。一是汤斌与张烈公开在朝廷上争论，并嘲讽朱熹，引得大臣哄堂大笑。李光地称："汤潜庵亦向姚江，张武承烈全主紫阳。张每于朝堂与汤辨，汤不甚与人争，但冷笑不然而已。一日，张在朝班向汤殷勤云：何许时不见？汤曰：顷数日闭门格物。哄然作笑，汤党大喜，以为妙语，至今笔之于书。其意盖谓朱子说格过物，才好诚正修齐治平，必须闭门格物了，始可开门应事也。"二是陈介眉公然在朝堂上鼓吹"名教罪人"李贽的"是非无定论"。陈介眉即陈锡嘏，号怡庭，浙江鄞县人，康熙朝进士，官至翰林院编修。按《榕村续语录·本朝人物》载，李光地称："浙东人大概主自立说，不论是非，但立异同。陈介眉在朝堂与张京江辩论云：孔子后，孟子又自说出一段话，何尝与孔子一般。周、程又说出一段话，何尝与孟子一般。若前人说过了，何须后人重说；前人说的是了，后人便不须异同。则孔子而后，便当闭口，并书可不读矣。是非有何一定，凭人说就是了。不知道理是一定的，却不是一定的。"当时信王阳明学说的人，尤其王学左派，皆主张学者当自树旗帜，不可跟在孔孟程朱后面人云亦云。可见清初程朱与陆王门户之争仍然非常激烈。

康熙帝所以选定朱子学，他在《〈朱子全书〉序》有这样说明："至于朱夫子集大成，而绪千万年绝传之学，开愚蒙而立亿万世一定之规，穷理以致其知，反躬以践其实。释《大学》则有次第，由致知而平天下。自明德而止于至善，无不开发后人，而教来者也。五章补之于断简残篇之中，而一旦豁然贯通之为止。虽圣人复起，必不能逾此。向《中庸》各篇之义，则不偏不倚，无过不及之名，未发已发之中，本之于时中之中，皆先贤所不能及也。若《语》《孟》则逐篇讨论，皆内圣外王之心传，于世道人心之心传，于世道人心之所关匪细。以五经则因经取义，理正言顺，和平宽弘，非后世借此而轻议者同日而语也。至于忠君爱国之诚，动静语默之敬，文章言谈之中，全是天地之正气，宇宙之大道。朕读其书，察其理，非此不能知天人相与之奥，非此不能治万邦于衽席，非此不能仁心仁政施于天下，非此不能外内为一家。读书五十载，只认得朱子一生所作何事。"这段话是颁布天下的，除了高度评价朱子学外，还清楚地说明为何要提倡朱子学的政治目的。在康熙帝看来，提倡读朱子的书，按朱子学办事，具有十分重要的社会政治意义。在这个问题上，康熙帝还有段更概括的话，这就是他在重版明永乐年间所编《性理大全》的序中所称："朕常加翻阅，见其穷天地阴阳之蕴，明性命仁义之旨，揭主敬存诚之要，微而律数之精意，显而道统之源流，以至君德圣学，政教纪纲，靡不大小皆赅，而表里咸贯。洵道学之渊薮，致治之准绳也。”这里，康熙帝更是明确地把道学视为安邦治国的准绳，把朱子学视为正学。正因如此，不仅身体力行，自己读朱子的书，且亲自主持编纂《朱子全书》《周易折中》《性理精义》诸书，颁布天下，推动士子攻读。朝廷尊朱的形势，不能不对李光地读书治学带来重大影响。

李光地所处的时代，清初社会的基本状况，清王朝在军事、政治、经济、思想文化诸方面各种突出问题，客观上要求人们加以思考，进而提出对策与措施。这不仅是对康熙帝的要求，也是对所有辅佐皇帝的满汉大臣的要求。李光地作为一位有志于治国平天下的士大夫，作为康熙帝的重要辅臣，自然不能不面对这些问题，深刻感受到这些问题的意义所在，并对这些问题加以思考，进而提出自己的见解。

二、早年的生活经历

李光地作为清初有影响的思想家，他的思想体系的逐渐形成，就外部影响而言，无疑与不凡的人生经历，尤其是青少年时期生活的环境有极为密切关系。二十九岁考中进士前，基本上是在闽南泉州安溪古镇湖头读书生活，举进士后入翰林院期间，又因省亲归家，且遭遇闽地动乱在家乡居住了七年。可以说，青少年时代，大部分时间在闽南家乡度过。这期间，正是思想形成的重要时期，家乡特殊的人文环境，深厚的文化积淀，湖头李氏家族的传统精神，良好的家风，明清交替之际社会动荡及自身遭遇的劫难，无疑皆对其产生了重大影响。

泉州位于福建东南沿海，隔海与祖国宝岛台湾遥相对望，是国务院公布的首批历史文化名城之一，素有海滨邹鲁之称，宋明时期就造就出苏颂、曾公亮、吕惠卿、梁克家、李贽、俞大猷、蔡清等大批名人。明末清初，更是涌现出李光地、洪承畴、郑成功、施琅等声名远播的人物，大大提高了泉州乃至福建的知名度。在这片山川钟灵、人文毓秀的土地上，散布着诸多著名古镇，湖头镇正是当中一个。素有安溪第一重镇之称的湖头，是福建历史文化名镇，历史悠久，文化积淀深厚。

湖头属于泉州安溪县，位于安溪县西北，距县城近七十华里，距泉州府城百余华里。泉州濒临东海，安溪则为泉州内陆山区，山岭连绵起伏。湖头地势较为高耸，四面山峰环抱，中间被清溪隔开。清溪发源于永春县境内及安溪县感德乡，从湖头西北流向东南，经安溪县城注入晋江，为晋江上游西溪。湖头四面环山，仅中间有片河谷盆地，可供耕作的农田不多，不过山地面积较大，森林覆盖率高，木材及毛竹储积量甚多，且适宜种植龙眼、荔枝等水果及油茶，矿藏亦甚为丰富。湖头由于得天独厚，自古以来交通较为方便，陆路四通八达，水路船运可直抵泉州府城，然后从府城转运往国内外各地。交通的发达使湖头成了通往邻乡和邻县的中转站，造就了湖头的经济繁荣，尤其明代以来，湖头是安溪各地及永春、德化、大田等县竹木、柴炭、手工业品、土特产等商品的集散地，日日皆墟，商旅云集，大街小巷甚为热闹，成为安溪县第一重镇，素有“小泉州”之称。乾隆《安溪县志·形势》称湖头：“上达汀、漳，下连兴、泉，商旅所至，舟车所通，诚为辐辏。民之环住其间者，绣错不绝，烟火相接，一带市肆，倍于邑内。土风文物，非别里所得而班也，古泉志称小泉州。”

湖头优美的自然环境，繁荣的经济，使其自古代以来文化亦颇为发达，积淀丰厚，古迹众多，尤其古刹宫观甚多。这些文物古迹，以及旖旎山水，因水陆交通方便，有利于外界交流，宋代以来，曾吸引来不少外地文人墨客，徜徉于风景名胜之中，或撰文著述，或吟咏唱和，留下不少题刻。这些文人学者的到来，反过来促进了湖头文化的繁荣，且对湖头的人才孕育也有不小影响。湖头虽属山区，人口却颇为稠密，且自宋代至清初，因民风淳朴，百姓向学，地灵人杰，绿水青山已孕育了诸多名士贤人，可谓文人荟萃，人才辈出。正因如此，历史上湖头人有句豪语：上无天子，下无典史。自小生长在这种人文环境中的李光地，应当说受到不小影响。

湖头人以李姓为最多，宋代以来湖头文风蔚起，人才济济，享誉一时，这些名贤豪杰亦以李姓为最多。湖头李姓，基本上就是李光地所属的李氏大家族裔孙，即湖头陇西李氏家族，安溪的名门望族。开基祖来自北方，相传为唐江王李元祥后裔，故以“陇西”为郡望，尊唐高祖李渊为远祖。按《文贞公年谱》及相关资料载，李元祥，陇西李氏入闽始祖，唐高祖李渊第二十子，唐贞观年间皇封闽越江王，唐龙朔初年奉旨到福建永安开基。宋末元初，李元祥后裔李君达，带季子李祚延到湖头开基，李君达即成为湖头陇西李氏一世祖。

李君达父子开基湖头后，按《湖头陇西李氏族谱》载，起初人丁并不甚兴旺，日子也过得甚为艰难，经历了几代的艰苦创业，直到第六代李森才兴旺起来。李森，字俊茂，号朴庵，生于明洪武年间。少年时也读书，且有不凡抱负，为人慷慨，志趣高尚。长大后继承祖业，努力经营，家业迅速扩张，有田数万亩，年收谷数十万担，山林百来片，出木数千万根，僮仆近千人。李森平时训练家童习武，保护乡里，有不少事迹，因功授漳州九龙岭巡检。后应安溪百姓请求，调为安溪源口巡检。永春、德化先后缺县令，曾受命代理，且还代理过安溪县令，在任皆有不少惠政。李森之后，湖李家族继续发展，按《榕村谱录合考》载，李光地自述，到他这一代时，聚族而居的湖李家族已有族众上千，“吾族聚居于此，十有余世，根衍枝繁，人丁众夥”。不仅人丁众多，且经济实力颇为雄厚，成为明清时期的望族，湖头乃至安溪的“甲族大家”。

湖李家族，自宋代至明代，几百年发展过程中，亦如中国其他地方诸多家族那样，基于生存和发展的现实需要，逐渐形成了某些家族传统精神。这些精神传统，既颇为典型地反映了中国传统家族制度的基本精神，亦带有自身某些特色。湖李家族的精神传统，最为突出者有两个：一是贵利重义，二是重视培养子弟读书。这既由于受当时泉州颇为发达的商品经济影响而别具某些新的特点，又因中国传统社会基本结构的制约而在总体上表现出颇为典型的传统文化精神。

安溪属于泉州府。早在宋元时期，泉州就是名闻中外的通商口岸，商品经济甚为发达，泉州刺桐港堪与亚历山大港媲美，海上丝绸之路，泉州是重要出发点，海外来的众多商人、传教士、学者亦在泉州登岸。明代，厉行海禁，严禁私商贸易，且政策严酷，泉州海上贸易仍颇为繁荣，特别是明代中叶以后，很多泉州人都以从事海上贸易为生。顾炎武《天下郡国利病书》说：泉州及漳州两府商人，贩私于东洋西洋，替代务农及正常经商收入，比比皆是！湖头虽属泉州内陆山区，但湖头人眼界较开阔，见闻亦多，大多亦农、亦工、亦商。中国传统社会立国的基本国策是以农为本，视商为末，鄙薄商人，可是湖头人似乎早已懂得“无农不稳，无商不富”的道理，李光地的祖先并非纯粹以农致富，八世祖李森，已经就是个典型。明代中叶后，“本富益少，末富愈多”，靠经营农业致富者愈来愈少，靠经营工商业致富者愈来愈多。李光地祖父李先春，也是位经商致富典型，主要从事采矿业和炼铁业，亦工亦商，以商为主，通过经商赚了钱后又购置田地，由佃户代为耕种，可以说是工商业者兼地主。这反映了明代中叶后闽南社会的某种新动向。湖李家族贵利，借助工商业尽力发财致富，并不以“末富”为耻，这种不排斥“末富”的贵利精神，显然不同于传统文化的基本精神。然而湖李家族又最大限度地保持了传统文化的某些精神，不仅贵利，而且尚义。发财以后，努力博得尚义名声，家族邻里互相保护，这又是典型的传统精神。中国传统社会中，家族是社会的基层组织，家族中发财致富者负有敦亲睦族责任，负有接济扶持族中孤苦贫穷者的义务。这种传统在湖李家族中依然得到非常突出的体现，家族中的首富自觉承担起赡养族人、接济贫穷、怜恤鳏寡孤独病残的责任。李森在这方面表现突出，按乾隆《安溪县志·李森传》载，发家致富后，敦亲睦族，乐善好施，核计全年收入，捐出谷物上千担，另行窖藏，作为家族公产，凡亲友及邻里贫困人家嫁娶病葬，遭火遭盗者，便从那里取出资助。人们有急事需要款物，亦皆能随时赈给。那些无力偿还者，他便把借条烧掉。李森又急公好义，广结善缘，赈济灾区，修建桥梁，捐资兴学，修筑庙观，做了许多善事，义声闻于闽中，明武宗旌表“尚义”。清康熙年间，李光地以李森献谷赈饥等事迹上奏，康熙帝又赐“急公尚义”匾额。李光地祖父李先春发财后，亦弘扬尚义精神，承担起接济族中穷人的责任，“慷慨乐施，敬礼贤士”。这种贵利尚义的家族精神，对于李光地亦有不小的影响。

重视家族子弟读书，也是湖李家族突出传统。这种传统的形成有多方面原因，从根本上说，则是为了提高家族的生存能力，提高家族声望与地位，使家族得以更好地维持和发展。封建社会中，家族在社会上的声望与地位，同家族中为官者的数量有密切关系。家族中为官者愈多，官位愈高，家族声望和地位就愈高，就愈受人们敬重。反之，则会受到轻视，甚至受到欺凌。李光地曾称，在他已进入翰林院后，泉州府县官员竟然还敢“作贱家君无所不至”，尤其是泉州知府，竟然还向李家强行索取一具可保持尸体不烂的油杉木做的棺材，当时值五百两银子。可见家族要有效对付官府的敲诈勒索，唯一办法就是培养子弟当官，最好是当大官，以此作为家族的政治保护伞。族人要为官，首先必须读书，走科举之路，因为封建社会选拔官员的基本途径，乃是通过科举考试，贯彻的基本原则是学而优则仕。因此，重视教育，努力培养子孙读书做官，既是中国传统社会普遍存在的家族传统，也成为湖李家族的传统，且效果甚为显著。李森以后，直至明末，湖李家族中已有不少人循着读书做官途径显耀于世。仅在明朝中后期，家族中考取举人者就有十五人，当中又考中进士者有六人。这些通过科举步入仕途的族人，无论官职高低，为官期间，大多能忠于职守，公正为官，勤政爱民，颇有政声。李光地于此颇引为荣耀，曾作《书家谱传后》介绍，并高度赞扬这些家族先贤的优秀品德，指出先辈的诸多德行，既是“奉常善扬祖德”，且“可以观仁”，即让后辈学到为官既要洁身自好，且应刚正不阿，努力施行仁政，造福百姓。这当中的李懋桧，李光地曾多次提及，最有代表性。李懋桧，万历初年进士，历任刑部员外郎、礼部主事、南兵部主事、太常寺卿。为政清廉，卓有政声，直言敢谏，享有盛誉。按《明史·李懋桧传》载，举进士后，初授六安知州，均摊赋额。设置社仓义田，养赡贫户安抚流民，颇有政声。升刑部员外郎，揭发判案不公，种种表现，赢得刚直敢言声誉。万历十四年(1586 年)，天下大旱，皇帝忧愁，令大臣条陈兴革事宜。李懋桧奏陈保圣躬、安宫闱、节内供、御近习、开言路、议蠲赈、慎刑罚、举重刺、限田制九件事。万历皇帝对安宫闱、御近习两点大发雷霆，欲加重谴，亏得阁臣劝解，方免获罪。次年，给事中邵庶上疏，请禁臣下越职陈言，李懋桧援律据理，上疏力争。万历皇帝又大怒，认为是狂言沽名，降职两级，贬出京城。后竟被列为禁用之臣，在家寓居二十年。再如李仕亨，天启初年进士，授户部员外郎，督饷山西，革除招买蠹规，商人立石纪念。出守嘉兴，政简刑清，郡人不谕而化。自志云:不取一亏心钱，不受一无处馈。后辞官归乡，郡绅士父老合请崇祀名宦祠。诸如此类，尚有甚多。这些先辈的德行，对于后辈影响甚大，李光地居官体恤民艰，倡行仁政，刚正不阿，仗义执言，无疑亦受到这些先辈不小影响。

湖李家族的精神传统，尤其贵利重义传统，实际上也是闽南社会的突出传统，闽南文化突出的人文性格，体现出闽南文化突出的务实精神传统。这种传统是在特定历史环境中形成并不断发展承继下来的。从根本上说，乃与生存环境密切相关。闽南大多是山岳和丘陵，适宜耕种的土地非常有限，人口密度长期又很高，唐代以后，人多地少矛盾愈来愈突出，成为尖锐社会问题，严重地困扰着闽南人，且长期得不到缓解。闽南紧靠大海，东南面就是浩瀚海洋，拥有很长的海岸线，且有许多天然良港，这又给闽南人提供了与海外交往的广阔空间。于是迫于生计的闽南人，在继承勤劳、勇敢、诚实、重义这些民族优良传统的同时，本着务实态度，没有为传统的农本商末观念所束缚，敢于摆脱羁绊，积极经营商业，发展海外贸易。因此，至少从唐代开始，闽南人就逐步形成具有鲜明地方特色且充满活力的闽南文化，形成爱拼敢赢、重义求利、开放兼容、重乡崇祖的既承继传统，又有所区别的人文精神，并代代传承下来。这些人文精神传统的基本底蕴，或者说核心，无疑是务实精神。这种精神传统，反映在学者治学上，则是崇尚实学，追求经世致用，且有较为包容的精神，能够兼收并蓄。这种精神传统，对于李光地无疑亦产生不小影响。诸如提出“金币之重”是发展趋势,主张放宽海上活动;治学以务实学为宗旨,崇尚实学,讲求实际,不固守陈说,不拘泥一家之言;主张繁荣文化,兼收并蓄,汉宋兼用;主张利用西方科学技术,反对闭关自守等等。无不皆与这种传统的长期熏陶有密切关系。

泉州宋代即有海滨邹鲁之称,自唐宋迄清初,学术研究蔚然成风,众多的文人学者,在诸多领域颇有研究,且卓有成就,令世人瞩目。最为突出者,莫过于理学和易学。如果说,李光地以务实学为治学宗旨,乃是长期受到闽南文化精神滋养,充分体现出闽南文化务实求真精神,是闽南文化优良传统的继承和弘扬,那么李光地在治学方面的卓著成就,尤其是别具特色的理学思想体系的形成,以及自成一家的易学成就,追根溯源,无疑亦与其对闽南理学和易学的长期研究和思考有极为密切关系,也是对闽南理学和易学的继承和发展。而这又与长期的家乡生活有很大关系。

历史上的闽南,是理学重镇。闽南得朱熹过化之功,向来为理学重要阵地。闽南与朱熹关系非同一般,朱熹少年时就曾随父来过泉州,考中进士后,初在泉州同安为官五年,后又在漳州任知州,晚年又重游过闽南,足迹遍及闽南各地。朱熹在闽南期间,兴修官学,创办书院,传播理学,拥有许多得意门生。大批朱子门人活跃于闽南,积极播扬朱子学说,使朱子理学在闽南具有深厚基础。泉州晋江安海,朱子任职同安时多次到此讲学,于是有“闽学开宗地”之誉。泉州孔庙明伦堂,旧有一副楹联:“圣域津梁,理学渊源开石井;海滨邹鲁,诗书弦诵遍桐城。”这副楹联,也是讲安海是朱子学发祥地。李光地家乡安溪湖头,宋代就有郑思忱和郑思永两位朱熹著名弟子,郑思忱曾任崇安县令,后知南恩州,颇有政绩,著有《诗书释》。郑思永著有《易说》。自宋迄明,闽南理学始终极为兴盛。清代泉籍进士陈科捷称:“吾泉务实学,自欧阳四门以后,至宋为朱子过化之地,渊源所渐,骎骎与伊洛比盛。”欧阳四门,即闽南首个进士欧阳詹。《泉州府志》亦称,泉州自宋迄明,理学经济为本。明代中叶,随着国势由盛转衰,一种新道学登场,就是王阳明心学,它以致良知和知行合一为核心,极力攻击朱子理学,视之为谬误。在王阳明看来,朱子之学讲得太深奥,分析得太精细,结果讲说得愈深奥,那个“道”愈显得不清楚,分析得愈精细,整个学说愈显得支离破碎,精髓在哪里都不知道了。拿着这学说去实践,那能不问题重重四处碰壁呢!所以不能听信朱子那一套,若要求得圣人之道,只要在心中自行领悟就行了,主张在“良知”上人人平等。王阳明学说风靡大江南北,王门弟子满天下,南宋末年以来一统天下的朱子理学，社会基础受到极大动摇，独尊地位受到严厉挑战，急剧低落，到了明代后期，甚至有被取代的趋势。明代中叶，随着阳明学说的盛行，闽南的王门弟子也积极利用包括书院在内的各种思想阵地宣传王学，试图打破朱子学在闽南一统天下的局面。然而相当一个时期，冲击力并不是很大。闽南只有少量的阳明学信徒，主要是那些来闽南为官的外地人，诸如创建泉州一峰书院的御史巡按聂豹，福建提学副使郭持平，以及漳泉道巡检曾樱等，闽南人信奉者并不多。恰恰是在阳明学风靡之时，闽南出现几位甚有名气的朱子学者。当时，闽南较有影响的学者，无不都是朱子忠实信徒。这些人面对不利形势，毫不气馁，奋起与王学对抗，竭尽全力捍卫朱子权威。

明代闽南很有影响的几部书，如四书研究的四部名书，也无不都是维护朱子产物。所以闽南成为当时朱子学重要根据地，朱子学主要代表人物，很多也是闽南人。最典型者，莫如蔡清，主要活动于成化至弘治年间，是明代理学重要人物，继承和发展了朱熹学说，门徒遍及全国，被称为明代朱子学者第一人。正是在蔡清大力倡导下，朱熹的《四书集注》成为明清时期以经术取士的科举考试标准答案。所以蔡清是继承捍卫朱子学大功臣。陈琛、林希元、张岳也颇有名气。这三人既是同榜进士，又都以朱子学为宗，捍卫最为卖力，视王学为“伪说”，反复“指击”，被认为是继蔡清后明代中后期最有代表性的福建朱子学者，并形成了完整的朱子学思想体系，在朱子学发展史上占有重要地位。张岳是正德解元、进士，官至湖广川贵总督，为击败王学，还不辞劳苦，于嘉靖初年前往绍兴，当面与王阳明进行大辩论，历时三天。黄宗羲《明儒学案》载，这场辩论非常激烈，各持己见，争得面红耳赤，谁也说服不了谁，不欢而散。所以阳明学尽管在全国各地影响很大，在闽南却受到强力排斥。李光地有段颇为准确的追述，他说：王阳明标新立异，学说盛行一时，追随者众多，可是僻在天末的泉州，鲜有阳明弟子，学者们固守师说，践行规矩，仍奉朱子道学为正宗。这些人当中，蔡清是头领，随后又有陈琛、林希元、张岳、史于光等人，继承发扬，使朱子在闽南独尊地位得以巩固！

青少年时代的李光地，即与闽南理学结下不解之缘，曾花费大量时间和精力，潜心学习，深入钻研，不断思考，既打下坚实的理学基础，且对闽南理学怀有深厚感情。考中进士后，直到晚年，无论请假居乡，或在外为官，也没有放弃对闽南理学的研究思考，这从其洋洋大观的著作中，可以得到有力佐证。因此，李光地对闽南理学及众多理学家，可谓了如指掌，亦有许多精辟见解。他高度肯定宋代以来的闽南理学，尤其明代成化至弘治年间的闽南理学，这从所写的两篇文章，即为泉州重修蔡清祠写的《重修蔡虚斋先生祠引》，以及为泉州府学重修写的《重修泉州府学记》，即可略见一斑。他热情褒扬蔡清、张岳等人的理学成就，且对这些理学家的高尚品德赞赏有加。按《榕村续语录·历代》载，他称赞张岳和蔡清说："张净峰为两广总制，家惟一犁，躬自耕田。又蔡虚斋做学道，寄四两银子还家，细细剖分，几钱作何事，几钱作何事，极言此银子不易得。……渠辈想官物官用，视之与己无与。"张岳为官清廉，且刚正不阿，因谏劝明武宗，受到惩罚，终至罢官，无怨无悔，李光地甚为赞赏。按《榕村语录·学一》载，他说："吾乡张净峰谏武宗，在午门外晒五日。罢归，过谒阳明。净峰年亦廿余，相见亦抗宾主礼，数日卒不服，阳明亦听之。"蔡清任江西提学，不愿阿附宁王，遭排斥打击，亦不屈膝。辞官归乡，讲学授徒，安贫乐道，李光地更是赞叹不已。按《榕村语录·诸儒》载，他说："明朝人学问，事功都不透，想是读书不专之过。只有蔡虚斋专精四书、《易经》，而年只五十七。又贫不能多得书，如《朱子语类》都不曾见，故到底不明白理气二字。然荐廿余人于王三原，皆有成就。识宁王必反，便拂衣归，已不是无用人。"按《榕村续语录·历代》载，他又说："世有自厉风标，清风高节至不可攀，而无流风余韵在人间者，无此段关切世道意思故也。……蔡虚斋先生，终身授徒于僧寺，有劝之讲学者，笑而谢之。"在李光地看来，这些理学家的高尚情操，为学者树起很好风范，同样非常值得彰扬。这也从一个侧面折射出闽南家乡这些理学先贤，无论学术或道德，显然对李光地有不小影响。他别具特色的理学思想体系的形成，追根溯源，与其对闽南理学长期研究和思考有极为密切关系。

闽南又是唐代以来易学重镇。闽南学者研《易》历史悠久，易学有重大贡献，历史上出现过不少名家。唐末，名人秦系隐居泉州九日山二十五年，潜心研《易》，以易注疏《道德经》。宋代，在朱熹引导下，闽南研《易》者更多。陈知柔《易本旨》《易大传》，柯述《否泰十八卦义》，蔡和《易说》等，是为当时闽南易学重要成果。明代，闽南易学更是兴盛，泉州更成为全国易学研究中心，研《易》学者众多，称为清源学派，把《易》研究推向新高峰。成就最大的是蔡清和蔡鼎。蔡清认为《易》是五经之首，生命之蕴，研究特别精细，成就卓著。所著《易学蒙引》，是研《易》主要成果。蔡清作为正统易学的代表，突破前人藩篱，不仅能发挥经言，折中众论，且提出不少独到见解。正是在蔡清倡导和影响下，泉州文人学者研《易》成风，曾以开元寺为社址，结社研《易》。参加者有李廷机、郭惟贤、陈琛、张岳、林希元等二十八位名士，号称清源治《易》二十八宿，取得不小成就。故当时有“今天下言《易》者，皆推晋江。成弘间，士大夫谈理学，惟清尤为精诣”的称誉。蔡鼎《易蔡》是明代后期易学代表作，连俞大猷也用易学推演兵法，用于抗倭卫国。明代的泉州，载籍研《易》学者达九十多人，易学著作一百一十多部，除蔡清和蔡鼎的易学著作外，陈琛《易经通典》《易经浅说》，林希元《易经存疑》，李贽《九正易因》，苏浚《易经儿说》《易经心说》，郭宗盘《易学说海》，李廷机《易经纂注》，李光缙《易经潜解》等，亦都是当时名书。李光地青少年时代居家乡时，因为各方面影响，已读了大量闽南学者的理学和易学著作。他早年习《易》，所读之书很多都是泉州易学家所著，如蔡清的《易经蒙引》等。

闽南固然是理学重镇，然而从明代后期开始，阳明学说的影响也日渐扩大。究其原因，在于阳明学确有优长之处。作为新思想先驱的王阳明，充分肯定人的自我价值，主张在“良知”上人人平等，为人的主体意识的觉醒制造舆论。它反对程朱理学束缚身心，提倡率真进取的学风，以心学理论有力地冲击程朱的天理，确实具有思想解放的意义。阳明学提倡气节，亦具有现实价值。在许多明朝人看来，赵宋王朝被蒙古人灭亡，都是朱熹学说惹的祸，与之相反，只有阳明学说还值得推崇。王阳明的理论，在受程朱理学长期禁锢的文化思想界掀起了波澜，亦为闽南学术氛围吹进了一股新鲜空气。李光地家族，亦与王阳明颇有些因缘，先祖李森崇尚王阳明，曾亲率家族武装配合王阳明率领的官军平定福建和江西。明末清初，朱子学和阳明学对立，闽南朱子学力量依旧强大，然而阳明学影响进一步扩大，逐渐形成了一种厌弃朱子学的风气，转而崇尚阳明学说，阳明学说逐渐盛行。

明末清初，闽南学术氛围发生变化，阳明学受推崇，朱子学受冲击，这与闽南两位著名人物有不小关系，即李贽和黄道周。李贽，泉州南安人，生于嘉靖六年（1527 年），卒于万历三十年（1602 年），官至姚安知府。李贽本也是个儒者，但他从不盲从孔子开始，到对儒家传统道德教条发起猛烈攻击，表现了彻底的叛逆精神。他自幼倔强，善于独立思考，不受儒家传统观念束缚，在明代朱学与王学激争之时，作为当时的闽南人，没有加入家乡朱子学者的阵营，而是走自己的路。李贽对王学态度与闽学学者是对立的，且好为惊世骇俗之论，坚决反对宋儒道学之说。李贽在学术上，最早是接触以反传统姿态出现的王阳明、王艮学说，后又研究过佛学，这些皆对他产生不小影响。但他读书最多是从四十多岁开始。那时他在南京，认识了李逢阳、徐用检等大学者，后又结识焦弱候、耿定理等，都对他产生过很大影响。李贽著有《阳明先生道学钞》《阳明先生年谱》等。他抨击程朱，推崇王学，对王阳明十分崇拜，在《续焚书》中声称，王阳明在江西为三大忠臣，在浙江为三大贤人，在古今为三大功臣。而且思想又脱出王学藩篱，走得比王阳明更远，更加激进。他将王学与佛教思想融为一体，提出人人可以做圣，人人可以成佛，所以无须专学孔子。李贽思想的核心，就是提倡解放思想，独立思考，对事事以孔子教条为是非标准提出了严厉批评，批判锋芒直指宋代大理学家周敦颐、程颢、程颐、张载、朱熹。他在《又与焦弱侯》信中，喊出了这样的话：今天讲周敦颐、程颢、程颐、张载、朱熹学说的人，可诛也！一点也不给大儒朱熹面子，令时人震惊不已。他对那些专以孔子教条教训人的官吏特别反感，说他们名义上是学者，实际上是些伪君子！李贽在反对儒家纲常伦理方面，也是个勇敢斗士。他甚至不顾同乡情分，公然在著作中指名道姓攻击朱子学代表人物，称蔡清、陈琛、张岳、林希元等老乡为迂狂不通。按照正统标准，李贽那些理论，绝对是异端无疑。他挑战程朱理学的神圣和威权，开创了中国文化思想的启蒙时期，对闽南后来的思想发展，包括阳明学的发展，起了不小作用。

黄道周，号石斋，闽南漳州漳浦人，生于万历十三年(1585 年)。生而好学，学识渊博，中年时考中进士，授翰林院编修，明朝有名正直朝臣。明亡后又在南明弘光政权任职，后又在隆武政权任要职。黄道周作为大学者，学术思想取向，亦如李贽那样，更是服膺阳明学，极力推崇，为之大张旗鼓。黄道周在明末清初极力推崇阳明学，正因阳明学确有优点，即提倡气节与思想解放。就气节而言，正如梁启超《中国近三百年学术史》所言，黄道周这些白面书生，以卵击石，不顾势单力薄，坚决抗清，秉持气节，正是阳明学的作用。应该从这里认取阳明学的价值，因为这些学者，“他们自身却都是——也许他自己不认——从阳明学派这位母亲的怀里哺养出来”。这也从另一个侧面道出了阳明学的价值。如此，黄道周亦成为阳明学忠实信徒。崇祯九年(1636 年)冬天，黄道周路过泉州，曾略作停留，且与曾樱及巡道陆卿正到一峰祠听讲说，并鼓吹阳明学。这对清初阳明学在闽南的发展起了推波助澜的作用。李光地家族中，亦有学者崇尚阳明学。在这种背景下，李光地不能不正视阳明学，并对程朱理学进行反思，且受到阳明学的影响。

清初安溪阳明学说的弥漫，亦与明末清初不少明朝遗臣隐居湖头的推波助澜有不小关系。明朝遗臣为何避居湖头，这事还得从南明隆武政权说起。清军攻占南京后，曾任明朝崇祯帝经筵讲官的南京南明弘光朝礼部尚书黄道周，以及弘光朝泉州总兵郑芝龙等人，拥立朱元璋九世孙唐王朱聿键于福州即帝位，建元隆武。黄道周被封为东阁大学士兼兵部尚书，郑芝龙晋升为侯。黄道周甚得隆武帝器重，可是因对郑芝龙操纵隆武政权感到不满，遭到手握重兵的投降派郑芝龙忌恨和排挤，不得不前往江西募义军抗清，结果兵败被俘，于南京慷慨就义。随后，清军进入福建，灭了南明隆武政权。

清军进入福建前，已有明朝遗臣进入安溪。隆武政权灭亡后，又有明朝遗臣避居湖头，包括李光地从兄李光龙，既是明朝进士，后为南明隆武帝翰林。据说这些明末遗臣中，还包括大名鼎鼎的黄道周。按安溪民间传言，清军攻入福建后，李光龙曾接应隆武帝到安溪，隐居于湖头妙峰寺，化名南方僧。明朝遗老也都聚集在妙峰山，这些遗老以黄道周为首，大家一起议事。这虽然与史书所载不同，但黄道周在隆武政权存在期间到过安溪倒有可能。因为从湖头人对黄道周极度推崇看，黄道周在湖头的影响显然异乎寻常。李光地六叔李日煃，按《榕村续语录·家政》载，李光地称，“先叔生平不喜宋儒学问，而视黄石斋为圣人”，谁要是讲黄道周有什么不好，总会激起他的大怒，必定要挥拳相向。所有这些表明，黄道周这期间在湖头以至整个安溪皆有重大影响，是人们津津乐道的焦点人物。避居湖头的明朝遗臣，无论具体是些什么人，这些人的到来，确实对安溪学术氛围产生不小影响。

李光地年轻时的安溪，学术氛围基本上为王学笼罩。这些遗臣聚集妙峰山，时常饮酒赋诗，谈古论今。按《榕村谱录合考》载，李光地晚年回忆说：“明末，闽中学者饮酒读史，崇尚李卓吾书，举国若狂。”李卓吾，即李贽。隐居安溪的明朝遗臣，大多是阳明学信徒，因而亦非常推崇李贽。这些残明遗老痛定思痛，总结明朝灭亡教训，不约而同地把矛头指向明代学风，鞭挞宋明以来蹈虚空谈的学风，并倡导经世致用的新学风。这对当时安溪学风有不小影响。据《文贞公年谱》载，李光地曾在妙峰山读书，这妙峰山正是遗臣隐居的地方。他曾一再提到的“长老”，或许也就是这些明朝遗臣。从散见于李光地著作中的各种文字看，年轻的李光地与这些遗臣多有接触。他所说的明末闽中学者饮酒读史事，乃是自己见过的事，指的应当也是在安溪湖头。

避居湖头的明朝遗臣，清初闽南的学术氛围，确实对青少年时代的李光地产生不小影响。综合各种史书看，主要表现在三个方面：一是崇高气节。这些遗臣皆有可贵气节和忠君爱国思想。诸如李光龙，既是明朝进士，明亡后又成为南明隆武政权的翰林院检讨，对明朝始终忠贞不渝，且旗帜鲜明自号"在明",不像有些人见风使舵,朝秦暮楚,这点在封建社会所标榜的忠臣不仕二主,在为人方面是很得推崇的。至于黄道周,更为典型,是明朝有名的正直朝臣,以文章风节高天下闻名。梁启超在《中国近三百年学术史》中称:"鲁王、唐王在浙闽,永历帝在两广、云南,实际上不过几十位白面书生——如黄石斋、钱忠介、张苍水、王完勋、瞿文忠、陈文忠、张文烈……诸贤在那里发动主持。他们多半是无官守、无言责之人,尽可以不管闲事,不过想替本族保持一分人格,内则隐忍迁就于悍将暴卒之间,外则与泰山压卵的新朝为敌。虽终归失败,究竟也把残局支撑十几年,成绩也算可观了。……因为这些学者留下许多可歌可泣的事业,令我们永远景仰。"诚然,江山已改,城头更换大王旗,然而这样的气节却为人们所景仰,也对李光地不无影响,见贤思齐,从中得到不少启导。他后来曾向门生详细讲述黄道周从兵败被俘到壮烈殉难的经过,也是种证明。李光地亦读黄道周的书,并称赞黄道周的气节,按《榕村续语录·历代》载,他说:"石斋生平直言极谏,已可死三次,而再起再谏,以次加厉,率卒大难,气终不挫,真是铁汉。"按《榕村语录·学一》载,他又说:"黄石斋云:人无今古,最妙。如有人凡事淳厚,不肯苟且欺人,便是古人。"

二是渊博学问。这些明朝遗臣,都是经科举步入仕途,个个博学多才。李光地堂兄李光龙,比李光地年长二十七岁,李光地后来多次提到他的博学多才,尤其易学和理学成就。黄道周更是生而好学,学问渊博,识见不凡,精通易学和天文历数,著有《易象正》《三易洞玑》等著作,"学者穷年不能通其说,而道周用以推验治乱"。李光地族中大多研习《尚书》,唯族叔李偕芳沉浸于研《易》,且造诣颇深。据《泉州府志》载,李光龙十三岁时,开始追随族叔偕芳研《易》,"时里中多治《尚书》,惟偕芳素治《易》精熟"。崇祯十六年(1643年),李光龙参加进士考试,主考官颇为赞赏,称他易学纯深。李光龙避乱于安溪,暂居在李光地家中,曾给李光地讲《易》,传授给李光地许多知识。黄道周的学问,深受李光地六叔李日煋推崇,李光地亦读黄道周的书。他后来曾向门生特别提到黄道周《三易洞玑》是何等艰深繁难。

三是学术思想取向。李光地直接或间接接触这些明朝遗臣,学术取向亦受影响,不能不正视阳明学,并对朱子理学进行反思,因而也有些阳明学色彩。他赞赏黄道周和李贽的独立精神,称李贽"以横议著称",并非全然贬斥,且有某种赞赏之意。按《榕村续语录·历代》载,他讲过一件事:有位山东同僚知贡举,身边常携带黄道周《三易洞玑》,称生平只读这本书,并称黄道周是圣人。有位山西同僚则大赞李贽《藏书》，认为一字不怪，皆是道理，亦称李贽为圣人。李光地因此感慨："吾乡此两公者，后进率不服，而外面推崇为圣者，却是山东一人，山西一人。"通过讲述外地人的推崇，从侧面加以赞扬，说明两人还是很值得肯定。

清初闽南的学术氛围，确实对李光地学术取向产生不小影响。二十多岁开始大读陆王之书，正是很好注脚。按他自述，二十岁至二十五岁，除读陆王著作外，又读诸难书。读陆王书，无疑受残明遗臣影响。而当时天下难书，莫过于黄道周易学著作。李光地从兄李光龙，极为推崇黄道周易学。李光地研《易》，深受李光龙影响。正因受黄道周、李光龙等人影响，李光地治《易》，并不大以朱熹注释为然，按《榕村语录・学二》载，他称自己看朱熹注《易》，"觉得朱子注无甚意味"。因此，诚如《榕村谱录合考》载，他治《易》没有局限一家之说，而是"于诸家同异，条分缕析，用为熟研覃思之地"。

正因为受到阳明学影响，李光地在研修程朱学说过程中，发现确非完美无缺。步入青年后，开始大读朱子之书，即觉得朱子有些说法不妥当。随着时间推移，对程朱学说的缺陷也有更深刻认识。按《榕村续语录・学》载，他称自己在读书时，发现朱子晚年所著之书，"如《参同契》《仪礼经传解》之类，多有疏漏舛错处"，朱子不少议论，亦不恰当，委实不敢附和。因此，按《榕村语录・学二》载，他明确指出，近世学者认为，"学问到有朱子，已经都说明了，只力行就行了。此语似是而非，恰像人已无不明白，只欠得力行。其实不能明白者尽多，乍见似浅显，人人与知，却中间难理会处无限。……谓程朱发明已尽，不必措意。都不是"。按《榕村语录・历代》载，他又批评近世朱子学者："近世惟朱子八面打开，光明洞达，无一点黑暗处可以起人疑惑。"在他看来，"圣人非无过"，朱子学说存在局限，甚至错误并不奇怪，正视这点，并敢于修正圣人错误，无疑是正确态度。可是问题恰恰出在这里，后世朱子学者，大多不敢逾越，株守有余，创新不足。按《榕村语录・诸子》载，他尖锐地指出："读书人不思经义，株守传注，字字胶执，牵经合注，甚至并传意亦失之。姚江因厌恶此等，故反其道以治之。"显然，在他看来，这是个严重问题。因此，按《榕村语录・学一》载，他不无感慨地说："看《语类》门目，便见得朱门无大贤。"他还直言不讳地指出，明代闽南几位著名朱子学者，某些理学问题也没有弄清楚，如知与行、理气，就没有完全弄懂。因此他认为阳明学出现并风靡天下，有某种必然，王阳明正是看到朱子学缺陷，欲以自己的学说取而代之。在李光地看来，阳明学说确有值得肯定之处。实际上，他在反思朱子学的同时，亦在研究和思考阳明学，读陆王之书，也是与朱子学比较。李光地认为王阳明不少论述，颇为精辟。按《榕村续语录·学》载，他说："王阳明讲立志，及人放下时须振起，人高兴时须收住，皆是其自己得力处。言之亲切警动，亦极好。至于说万物一体处……其论甚精。"李光地后来所以对程朱学说做了许多修正，且直到晚年还坚持王阳明某些观点，以及立身行事始终秉持独立直行原则，这与早年受李贽和黄道周影响读王阳明著作并受思想熏陶大有关系。

青少年时期的李光地，长期生活于湖头家乡，家庭的教育，父母亲的不少优秀品德，尤其父亲的学术取向，无疑亦对他产生了不小影响。

李光地祖父李先春，尽管不能算是富豪，应当说还是较富裕，但在清初遭遇劫难，忧愤离世。李先春离世后，家庭生计遭受重大打击，对李光地父亲李兆庆影响甚大。李先春有六个儿子，李兆庆居第三。李兆庆，号惟念，又称赠公，以孝诚著称，"孝德追远"。李兆庆有四个儿子，李光地是长子。由于家庭变故，子女又多，生计颇为艰难，甚至到了无房可居地步。按《文贞公年谱》载，顺治十五年(1658 年)，李光地十七岁那年，李兆庆因为贫困，无房可居，被迫寓居于附近洋山寨中。为生计所迫的李兆庆，最终放弃科举，且只好背井离乡，外出谋生。这样，家庭重担就落在母亲吴氏肩上。按李光地《母太夫人七十征言引》所称，明末清初兵荒马乱，给李家带来的影响极为严重。母亲吴氏十七岁嫁入湖头李家后，正值明清交替动荡时期，几十年时间，可谓历尽艰辛。"自鼎革以来，四十余年间，闽乱尤剧，既窭且贫，崎岖多难。或衣被不完，或粗粝不饱，或遁荒逊野，风雪飘摇。或被陷遭累，剑镬臬兀"，母亲"皆身履其艰，坚忍劬劳，善念益笃"。可见家庭本已贫困，又遭受各种劫难，生计更为艰难，甚至身无完衣，食不果腹，经常忍饥挨饿，尤其还得经常躲避山匪，藏匿于荒山野岭，餐风宿露，遭受了常人难以承受的种种苦难。吴氏非常坚强，苦熬苦撑。吴氏不仅坚忍勤劳，且乐善好施，"世山居，有浑朴余风"，嫁入李家后，"善念益笃"。清顺治初年，闽南极度动荡，百姓惶恐不安，李光地祖父"聚众自保，贼莫敢犯"，于是附近乡邑百姓，纷纷前来依托，以求庇护。李光地母亲非常善良，生活非常节俭，可对前来依托的百姓，不吝施赈，"躬为粥以食来者，前后以百计，推衣辟舍，至于事平不倦"。父亲李兆庆，同样正直善良，乐善好施，性情笃厚，"一意向善，百折不回"。李光地为官后，能够体恤民艰，关心民瘼，努力为百姓多办些善事，显然与这种家庭经历有不小关系。

应当指出，尽管社会动荡不安，家庭生计也颇为艰难，可是李光地父母亲承继家族传统，依然对培养儿子读书非常重视，想方设法让儿子得到良好的文化教育。李兆庆本就是读书人，尽管未能通过科举走上仕途，最终仅以贡生收场，但对儿子在这方面寄予厚望，家计虽甚为艰难，培养儿子读书却不吝钱财，节衣缩食，购置不少书籍，督促儿子读书，“遂开子孙读书一派”。由于父亲外出谋生，经常不在家中，督促儿子读书的重任，更多地落在母亲身上。按李光地《母太夫人七十征言引》所述，母亲这方面表现亦极为出色，“平生百凡节约，惟教子读书不恹。延师至家，敬如神明，瓶储或匮，授餐必丰。诸子于他事或假借，至惰游废学，则动容劝诲。或饮食起居不乐，必得其悔艾而后已”。如果说，父亲重视文化教育的行为，对李光地影响不小，那么母亲尊师重教、严厉课督孩子读书的性格，言传身教，潜移默化，对李光地无疑亦有不小影响，思想受到不少熏陶。

值得一提的是，父亲李兆庆的学术取向。李兆庆读了不少书，学问颇为广博，且有著述面世。按《榕村谱录合考》载，李光地祖父非常景仰蔡清，李兆庆继承了这个传统，更是对蔡清、林希元推崇备至，年轻时即对程朱理学情有独钟，“独喜蓄濂洛关闽及同郡蔡、林诸先贤书，虽橐无赢资，而购辑不择价”。按《榕村续语录・家政》载，李光地称：先君笃好性理之学，赤贫赴考时，竟用十两银子，买了部内府版《性理》，如获至宝。归家之后，即督促我阅读。按《榕村谱录合考》载，李光地又称：“父生明季士习披猖之时，动以先儒诟病。乃独多蓄程、朱书，及同郡蔡、林诸公讲说，谆谆教授诸子，精诚交通，盖非偶然者。”李兆庆尊崇程朱理学，亦希望李光地如此，故尽管生计颇为艰难，家中却购置不少程朱之书，以及明代闽南理学家蔡清、林希元等人的著作，有时间就督促李光地兄弟学习。按《榕村谱录合考》载，李光地十六岁那年从林日胜山寨脱归后，父亲又“出故书数簏，诠次指授，趋庭提耳。祖宋而祢汉，先经而后史，用以端学术，正趋向，砻磨鑢荡，茹檗食荼若干年”。因此，李光地较早就读了不少闽南理学家的著作，对这些先贤品行和学术有较深刻了解。他后来又多次谈到蔡清、陈琛、林希元、张岳等人的事迹，对其治学态度和方法及学以致用的治学宗旨甚为赞赏，表明确实受到这些先贤影响不小。

李兆庆的学术取向，对李光地有不小影响。按《文贞公年谱》载，李光地十八岁时，开始大读性理之书。“既励志，首抽《性理》之编，专心一力。每夜手录数千言，昼则熟诵精思，穷极深微。遂毅然希从前哲，敛衣冠，谨坐起，非程、朱不敢言”。李光地尽管指出程朱理学的问题，并肯定阳明学的优点，然而并没有否定程朱理学，更非主张以阳明学取而代之。在他看来，从根本上说，阳明学并不值得崇尚。王阳明自以为学说一流，按《榕村语录·历代》载，李光地则说：“王阳明讲学，便似从孔子后，到他方明白。”实则不然。按《榕村续语录·历代》载，他又说：“王姚江却未见他讲得天下大规模，经学是其所疏忽者，故亦未能详备。”不仅如此，李光地认为明代后期学风颓坏，王阳明责任重大。按《榕村语录·学二》载，他说：“大抵风俗人心之坏，皆起于读圣贤书，不信圣贤。某幼时，曾闻耆老云：孔子之书，不过是立教如此，非是要人认以为实。岂不是痴人说梦！明末人都是此见，风气虽嘉靖以后方坏，却是从阳明开此一派。”在李光地看来，阳明学出现后，学者风从，不务实学，不明实理，蹈虚空谈，最终明朝灭亡，这就是严重后果。按《榕村续语录·学》载，他明确指出：“朱子讲明一番，开前明二百余年太平，四书、五经皆遵其解，其他亦皆多用程朱之议论。至阳明出，而学者靡然从之，诐淫邪遁，纷纷肆行，而国亦寻亡。”如此，他对黄道周的学术取向亦颇有微词，称黄道周固然是君子，可惜“工夫都用在气上”，于匡时济世无补。按《榕村语录·历代》载，他说：“石斋虽当时用之，恐无益于乱亡，救乱须有体有用之人。”又称：“明代士大夫如黄石斋辈，炼出一股不怕死风气，名节果厉。第其批鳞捋须，九死不回者，都不能将所争之事，于君国果否有益，盘算个明白。大概都是意见意气上相竞耳，行有余而知不足，其病却大。”可见尽管推崇其气节，然而对其没有治国安邦真本领却很不赞赏。因此，他指出程朱理学存在问题，并非从根本上否定程朱理学，恰恰相反，他始终认为程朱理学对于儒学发展意义重大。按《榕村续语录·学》载，他说：“朱子于学问源流，自伏羲、神农，以至于当时之贤者，皆能剖辨其得失，精审其是非。”又称：“若夫性命之理，无声无臭，下学上达，与造化为徒，能造其阃奥如程朱者，有几乎？”在他看来，尊信程朱理学，是大要所在，绝不可改变。按《榕村语录·学二》载，他明确提出：“理学不宗周、程、张、朱，虽终身专精何益？”他认为在这个原则问题上，蔡清、林希元诸位闽南学者，无疑很值得推崇。按《榕村续语录·历代》载，他说：“地方果生一人能自立者，上天之所加意也。其精神定有发露时，气运亦随之而盛。如蔡虚斋在晋江，林次崖在同安，平日皆尽心朱子之学。而流风绪论，二公之后，甲科之盛，每榜下数人，乙科每榜数人。如此者，几百余年，号文物之地。”因此，李光地治学尽管带有阳明学色彩，早年既宗程朱，又摆向陆王，后来亦长期游移于程朱理学与阳明心学之间。然而从根本上说，还是尊崇程朱理学，晚年更是基本倒向程朱理学。

李光地研《易》，亦受到父亲影响。按《榕村语录·周易一》载，他父亲有段和家人的对话："先君子尝为谑词云：资质鲁钝者，无如孔子。《周易》经文不多，读至韦编三绝，何也？每举示弟侄辈：此是一宗公案，试思之，作何解？皆不能答。"这段话是他父亲向晚辈发问：为何《周易》经文并不多，孔子却要用力读到韦编三绝？对此，李光地解释说，这是因孔子改削十翼的缘故："古人用刀笔，笔如今木匠画线之物，须改者则以刀削之。孔子盖有所见而笔之于策矣，移时削之，岁月如此。笔削多，则韦带磨擀，加以刀锋侵捎，故至三绝。今人著书，一笔写成，更无改订，不知于圣人何如也？"当大家皆无法回答时，李光地按自己的理解，回答了父亲的问题。可见他早年即开始习《易》，父亲确实起了不小的引导和启发作用。李光地易学思想的一个重要渊源就是程朱易学，它对李光地易学思想影响甚大，晚年易学思想逐步成熟，学术更是逐渐偏向程朱，这同样亦与父亲的学术取向不无关系。

明清交替时期的社会动荡，给李光地家庭和个人皆带来很大影响，李光地早年遭遇的一场劫难，值得一提。这场劫难发生于顺治年间，根本原因正是社会动荡不安。顺治年间，以至康熙前期，清朝长期未能真正在福建建立起有效统治。究其原因，固然有明朝残余势力与地方百姓相互结合，继续坚持抗清斗争，特别是在东南海上，有台湾郑氏抗清势力的存在，给清朝在福建的统治带来严重威胁。但是亦由于改朝换代之际，新王朝尚未能在偏远地区建立起有效统治之时，往往又正是地方割据势力兴风作浪的难得机遇，因此纷纷乘机打起大王旗，占山为王，成为危祸一方的土皇帝，官府亦无可奈何。按《清史编年》载，清顺治四年（1647 年），浙闽总督陈锦奏称："闽省虽称已纳入大清版图，较之未入版图之地，尤其难以料理。"次年，陈锦又奏称：福建抗清义军遍地蜂起，大兵未到之地，则据城掠村。大兵一到，则奔逸山谷。何况漳泉面临大海，尤其是贼类出没之乡。江西现在正发生叛逆，更成为贼党串通联络之地。"因此，安定福建，实现长治久安，根本之策唯有更加体恤民隐，破格优抚。顺治七年（1650 年），陈锦再向奏称：闽浙地区自鼎革后，从未真正归化，土地虽纳入大清版图，实际上"民非我民而土非我土"。这些奏折，相当程度上反映出当时清朝对福建统治的真实情况。李光地后来在《叙本族公约》中亦称："先年闽乱，山海猖獗，奸民倚盗贼之势焰而作威，豪家压乡里之柔懦而武断，而官府莫之能问也。"这就是当时安溪以至整个福建社会的真实写照。按《文贞公年谱》载，清顺治十一年（1654 年）至顺治十二年(1655 年),闽南“山海交讧,惨戮遍野”,湖李家族不得不采取措施,聚众自保。李光地祖父“选民壮五百余”,配备大刀长矛,练兵习武,作为自卫。这对于保障族人生命财产,无疑有重要作用,且惠及邻近乡邑,“贼莫敢犯,于是邻近乡邑,依托者浸众”。然而家族自卫力量毕竟有限,在极度动荡不安的社会大环境下,要完全阻止外部侵扰,仍有些力不从心。当时,有个叫林日胜的乡间无赖,纠集一大帮人,盘踞于安溪帽顶山,四处剽掠。这伙人既非农民起义军,亦非抗清武装,而是残民以逞的地方割据势力。他们凭借团伙力量,尤其是手中武器,在水陆交通要道上设置关卡,向过往行人勒索钱财,地方乡绅和百姓如能满足其无理索求,尚可相安无事,否则就肆意施暴。这股武装割据势力,仗着人多势众,地形熟悉,山高路险,官军围剿有难度,猖獗横行闽南,祸及安溪,祸及湖头,也直接殃及湖李家族及李光地本人。林日胜为祸湖头时,李光地父亲为避祸曾带家人避入山中土堡。清顺治十二年(1655 年)六月,林日胜突袭李氏家人躲避的山中土堡,将包括李光地在内的李氏家族十二人掳入山寨,唯有李光地父亲逃脱。林日胜以这十多人为人质,要挟李光地祖父,勒索巨额赎金。李光地时年十四岁,这是少年时代经受的一次劫难。

关于这场劫难的经过,《文贞公年谱》有粗略记述,李光地亦曾作《仲父破贼拔家难》诗,述其梗概。综合这些记述,过程大体是这样:事情发生后,李光地祖父无奈,宁可倾家荡产,也要把家人赎回。可是林日胜贪得无厌,索要数额甚大,嫌李家给的钱少,就是不肯放人。李先春“财竭意懑”,无计可施,是年十一月,竟因忧愤交加而逝。祸不单行,李光地父亲束手无策。正在这时,在外地的李光地伯父李日燝,闻讯后迅速赶回安溪,听了李光地父亲介绍情况后,冒着生命之险,只身前往山寨与林日胜交涉。见到林日胜后,慷慨陈词,言辞恳切,“声泪甚哀,引义慷慨,贼魁亦感其诚,礼遣之”。可林日胜为勒索更多钱财,就是不肯放人。李日燝无奈回家后,开始准备诉诸武力,并借助僧人悔昙计策,组织乡众百余人,于顺治十三年(1656 年)四月初,从帽顶山背后攀爬而上,突袭林日胜山寨,救出了四个人。可是李光地等八人还被囚禁在另一个山头。随后,李日燝又率家人及家仆与林日胜继续作战,自夏天到秋天,经过大小百余次战斗,最后才将李光地等八人全部营救出来。

从顺治十二年(1655 年)六月被绑架到顺治十三年(1656 年)七月获救,李光地被扣作人质十三个月。按《文贞公年谱》载,他在整个事件过程中,并没有惊惶失措，甚至在林日胜挥起屠刀威胁要杀死他时，依然表现得甚为从容，并不畏惧，作为一个十四岁少年，面对如此巨大危难，能有这样表现，委实不那么容易，亦反映出沉稳而勇敢坚毅的性格，少年时已有种威武不屈的气概。更为重要的是，这一年多被囚禁山寨的艰难困苦，甚至刀剑相加的历险生涯，无疑深深地刺激了李光地。因为这场劫难不仅使他的身心受到极大伤害，而且也给他的家庭带来很大祸害。因此，对李光地的思想及随后的人生历程有不小影响，最为突出的表现，主要有两点：一是渴望社会安定。这事件使他深刻地感受到动荡的社会给无辜百姓带来的苦难，只有社会安定，百姓才有安居乐业环境，否则连生命财产安全都得不到基本保障。他后来为官，始终非常同情百姓苦难，痛恨那些残民以逞的分裂割据势力及黑恶势力，强烈希望建造安宁的社会环境，与此不无重要关系。二是更加勤奋读书。这件事也让李光地认识到，在弱肉强食的社会环境中，要改变被肆意欺凌敲诈掳掠的人生处境，唯有提高自身的社会地位，增强自身的实力。而要达到这一点，在当时的社会环境中，最为基本的途径乃是读书做官，通过读书科举踏上仕途，获得政治权力和社会地位，以此改变自身命运，进而亦可匡世济民。

总之，李光地长期生活于闽南家乡，闽南文化传统的滋养，湖头人文环境的熏陶，湖李家族传统的濡染，家庭父母的教育，自身经历的劫难等等，无不对其思想形成皆有不小影响。

三、长期的勤学善思

李光地出身于山乡平民家庭，所以能够位极人臣，并成为那个时代百科全书式的学者和思想家，固然与清初社会状况及家乡人文环境与家族传统熏陶有不小关系，然而也是长期好学善思的结果。正因励志苦读，且善于学习，善于思考，又多方请益，勤奋著述，因此学贯中西，著作甚丰。经过多年不懈努力，终于形成博大精深的思想。

任何杰出人物的出现，自然有其特定缘由。打开历史书籍，可以发现，大凡在描述名人成才时，往往有天资聪颖、禀赋颖慧之类话语，甚至不乏冠以神童称谓。这也不甚奇怪，因为既能超越常人，成为非凡之人，自非平庸之辈，自有非凡之处。然而实际上又并非都是那么回事。就李光地而言，似乎也是如此。

李光地天赋如何，按《文贞公年谱》载，四岁时，“未就塾已识字”，曾在当地关帝庙认对联，见有忠义两字，就能认识，并能拿起柴炭在地板上学写，故未入塾已认识许多字。五岁入塾学，功力已非同一般，能背诵许多诗文，“读书背文，颖悟过人”。七岁那年，随母亲就学于外祖父母家，外祖父教以诗，“即能晓其体制”，故已能赋诗做对联。乡中有先贤听闻其异常聪颖，邀请见面，风度俨然如成人，先贤非常惊讶，乃以宾礼相待。八岁那年，叔父指着厅堂一幅画令对：“一幅丹青，绘尽古今来山水人物，画工化工。”应声而对曰：“两道乾坤，曲成天地间走飞草木，阴气阳气。”九岁，塾师授课之余，叔父西岗利用夜间授以《离骚》，诵读后即知大意。后被林日胜绑架囚禁山寨中，乃“以代歌谣，遂能征事诘文，订旧说而抒新义”。十二岁，父亲每日让写五篇命题作文，自上午九点至傍晚七点，即已完成，且“居然大篇”。十三岁，已毕颂群经，且聪慧益开，才华更是显露无遗。杨名时所撰《文贞李公光地墓碣》亦称：“先生幼而神颖，五岁从师授读，未曾一启齿发声，试之辄已成诵，不失一字。善属对，矢口惊人，塾师谢不能教也。”《清史稿·李光地传》亦称，自幼颖异。这些志书，描述李光地天赋，可谓异口同声。按照这些说法，天赋非凡，从小就非常聪明，几乎可称为神童，甚至连塾师也不知道怎么教他。三百多年来，泉州民间广为流传李光地许多故事，当中不乏天赋很高的故事。《清朝野史大观》集自清代各类遗闻轶事，书中所载《李文贞幼时之岐嶷》，说的也是李光地幼时如何聪颖的故事。

可是李光地自述不大相同。按《榕村续语录·学》载，李光地说，自己天资极钝，少年时曾向潘次耕学筹算，潘性子很急，自己学不懂，潘就拂袖而去，并且开骂：这不过是一顿饭工夫就可学会的东西，你为什么竟如此糊涂！可是潘先生言语“又啁啾不分明，卒不成而罢”。现在得到梅文鼎先生循循善诱，方得以弄明白。自己以前读书，一部《大学》就看了二年多时间，《易经》每一卦看了半个多月。李光地四叔父西岗也说，李光地少时天资其实平常得很。按《榕村续语录·诗文》载，李光地称，四叔父曾向二伯父等人说：“人生天资靠不得，厚庵少时，天资平常得很。如何比得二兄与五弟，无奈他只是读书不歇，如今定何如？”这些自述，显然与《文贞公年谱》所述差异甚大，甚至可以说大相径庭。那么究竟何种说法更可信？倘将《年谱》与自述比较，显然自述可信度更大。按《榕村续语录·学》载，李光地讲的一个故事，亦可佐证。他称自己六岁时，堂兄李光龙偶出对命对云：“飞龙在天。”当时，自己并不理解，堂兄又为解释含义，再让对下句。那时，自己“到底腹中无料，久不能对”。六叔比自己大三岁，这时九岁，已读书两三年，也在旁边，堂兄不让他对。六叔小声嘀咕说，我倒有对了：“游鱼跃海。”自己当时窘迫至极，屡被催促，因有六叔提示，又不好意思照搬，于是便改了个字，对称：“游鱼宗海。”没有想到，堂兄居然大为赞赏。后来，李光地在论述“人好书、好礼，皆有夙性”时，以此为例，再次说明自己天赋并不怎么样。如此看来，李光地即使有一定天赋，也并没有出奇的高，至少难称为神童。

无论李光地天赋如何，有一点可以肯定，这就是他的青少年时代，他的求学生涯，尽管有家人重视和帮助，然而个人始终甚为刻苦与勤奋。诚如乾隆《安溪县志・李光地传》所言：李光地“少无声色之好，衣食裁取粗给，经年不奏丝竹，门馆寂寥，无有私谒。自释褐至登宰辅，不改其素。潜心探索生命之旨，至于图象之秘，声气之元，历法西算之微，无不精究洞彻”。没有声色之好，粗衣淡食，不奏丝竹，不多交往，潜心学习，日积月累，故学业不断增进，终成大器。《文贞公年谱》亦载，李光地青少年时非常虚心求教，泉州某学者客居湖头，李光地得悉后，熬夜写出文章，向其请教，请予指正。学者阅后称：“词顺，气未充。”然后给予指点。李光地回家后，用心揣摩了十几天，又写出新文章，再次请教。学者称：“气充，神未赴。”再给予指点。李光地回家后又揣摩了十几天，再写出新文章。学者阅后，甚为高兴，又对李光地说；“文章之道，譬如画龙，其睛一点，破壁飞去。今君文已能神气相团结，然必人以眼视文。若文中之眼，尚未能以视人也。”学者把自己治学要领传授给李光地，“公领略契会，愈肆其力，由是文日益进”。清康熙六年（1667 年），李光地赴京参加会试。按《文贞公年谱》载，在京期间，曾以所作诗文，请教在京的乡前辈王命岳先生。当中有篇文章，王命岳批示云：“骨节尚大。”李光地不解，请教王命岳，“是优是劣”，到底是说文章好，还是说文章差？王命岳答：“骨节大不得。脉络一线，谓之单微，无庞然而大之状。知道单微，便密细，粗大不是好消息。”正是虚心求教，不遗余力，学业终得大进。

李光地青少年时代读书勤奋刻苦，史书上有诸多记载，可得到很好佐证。彭绍升《李文贞公事状》称：公少好学。《榕村谱录合考》称，李光地父亲笃嗜正学，家中购置不少程朱之书，李光地也很努力，朝夕诵读。七岁那年，随母亲就学于外祖家，外祖父教诗，同样学得很认真。后来年龄稍长，读书更为痴狂。十四岁被林日胜拘禁于山寨，与林日胜儿子同住，得便时就取其书来读，又诵读以前学过的《离骚》。被因禁山寨，竟可以借此读书，固然因为没有自由活动空间，读书也是消磨时间，可是倘若没有对书籍较浓厚兴趣，书是很难读下去的。尤其十五岁从山贼营寨脱归后，更是发奋读书。按《文贞公年谱》载，经历了这起事件，他更喜欢坐在书斋里看书，“时家计已大罄，益自刻苦，穷日夜专心一力。曾积月危坐，不就枕席。所讲诵无旁杂，卓然以前修自期。不徒追时好，务应举之业而已”。杨名时《文贞李公光地墓碣》亦称：李光地自林日胜山寨归家后，“逮于成童，泊然无所嗜好，有类蠢愚”。《清史稿・李光地传》亦称，李光地被林日胜绑架“得脱归，力学慕古”。

李光地在这次事件中的表现，亦使伯父李日燝刮目相看，认为志趣不凡，日后将有大作为，寄予厚望。按《榕村谱录合考》载，李日燝对李光地说：“自先人以来，吾世甚朴，及吾而从事于学，上下百家，铿锵陶冶，亦或见古人庶几焉。今汝等已能自通于时，吾为艺祖矣。”按《文贞公年谱》载，李光地十七岁那年秋天，天气酷热，患上痢疾，非常严重，几至有生命危险。病愈之后，立志向学。十八岁，开始大读性理之书，“公既励志，首抽性理之编，专心一力。每夜手录数千言，昼则熟诵精思，穷极深微，遂毅然希从前哲，敛衣冠，谨坐起，非程朱不敢言。尊卑间惮之，闻公来，则裸者衣”。李光地亦自称，十八岁看完四书，十九岁看完本经，二十岁读完《性理》。康熙元年（1662年），二十一岁，读书妙峰山，也是废寝忘食，并谱太极通书相表里图。按《文贞公年谱》载，二十五岁，开始深入研读律吕之书，“初读《性理大全》，惟律吕新书邃难晓了，乃入山斋，日夜推研，倦极则隐几，未尝就榻。阅半月，以事暂辍，已而又然。及是岁大比，复舍帖括，专勤益倍，浃月遂明其学”。即使因避乱跑到荒山野岭，也没有放弃学习的机会。他在《参同契注・旧序》写道：“余始读其书，无所契领。后避乱荒山，益复反复，一日诵所谓千周万遍者。幽忧无事之中，依而仿之，以代歌谣。久乃似通其文意者。中间与人谈及，而每被嗤笑，谓不持行，无师授，而发元扃，诚足破口也。”可见在荒山野岭中，仍每日研读《参同契》，且把它代替歌谣来唱。以读《易》为例，李光地就耗费了大量时间和心血，按《榕村语录・周易一》载，他说：“某治《易》，虽不能刻刻穷研，但无时去怀，每见一家解必看。今四十七年矣，觉得道理深广，无穷无尽。向所著虽意颇可用，而词语全非，今番改订，略有意思。见得变动不居矣，却又铁板一定不可易。圣人著语，即一虚字都一团义理，尽是《春秋》笔法。”从这段话可看出，他在《周易》方面用功甚多，而这始于青少年时期。

李光地考中进士前的青少年时代勤奋好学，考中进士步入仕途后，仍然始终保持这种勤奋好学精神，依旧孜孜以求，学而不倦。尤其在翰林院前后十几年期间，更是突出。他于康熙九年(1670年)考中进士后，先是被选为翰林院庶吉士，在翰林院庶常馆学习，后又从翰林院庶吉士升为编修、侍读学士、内阁学士兼礼部侍郎，直到翰林院掌院学士兼礼部侍郎，至康熙二十八年(1689年)才离开翰林院。这期间，仍然一如既往，坚持刻苦学习，精修深研，且多方请教，拜顾炎武为师学习音韵学，拜孙奇逢学习经学。后又拜梅文鼎学习天文历算等，就是最为突出的表现。

李光地考中进士后，随即被选为庶吉士，进入翰林院庶常馆深造，以便日后充当皇帝的文学侍从。从康熙九年(1670年)四月到康熙十一年(1672年)九月，李光地在庶常馆两年半时间。清朝的翰林院，主要职责是掌编修国史、记载皇帝言行的起居注、进讲经史及草拟典礼文件。翰林院庶吉士的基本职责则是继续深造，学习满文为主，兼习其他相关知识，以便将来更好地履行职责，为皇帝和朝廷服务。因此，皇帝对庶吉士研修情况非常重视，甚至在散馆前亲自主持考试。如此，庶吉士自然要利用在馆这段时间，集中精力，努力研修，进一步充实知识，提高素质。不过，庶常馆研修，照例需要三年，待遇又很低，只是发给生活补贴，学习与生活条件也不是很好，如此要在这里熬过三年，还得有点定力。因为这些新科进士，科举目标就是做官。为了踏入仕途，早已熬过不只十年的寒窗，如今终于金榜题名，自然希望早早得个名副其实的官职，庶吉士尽管亦有职级，且须学问更优者方可得位，可是并没有什么实际权力。因此，许多庶吉士希望早日散馆，谋个有实权的官位。康熙十年(1671年)冬天，恰巧碰上“山陵役竣”庆典，许多庶吉士认为可以借此机遇，疏请皇上开恩，提前散馆，授予官职。可是按《文贞公年谱》载，李光地坚决不赞同这种主张，他说：“三年学犹不足，岂宜以躁进而坏旧典乎?”因为他要好好利用这段相对清闲的时间，努力深造，多读点书，掌握更多方面知识，弥补以前所学不足，故坚决不肯附和，坚持应等学完三年后再散馆。由于他坚决反对，大家也只好放弃这个要求，“议以不行”。因此，庶常馆期间，李光地心无旁骛，潜心修研，刻苦自励，学问识见亦大有长进。康熙十一年(1672年)九月，散馆考试，考了第一名，并因成绩优异，取得留馆资格，直接跳过翰林院检讨台阶，被擢升为翰林院编修。

李光地被超授为编修后，又在翰林院待了十几年，职位继续不断得到升迁，由编修而超授侍读学士，后来又成为掌院学士。其间始终勤学不倦，抓紧一切时间，努力学习，非常刻苦。几次请假回到安溪老家，也是如此。诸如康熙十二年(1673 年)五月,初次告假归乡省亲,“念将以养亲,余暇稽古求志”,想到将会在家乡待段时间奉养母亲,闲暇时间坚持读书研究。没有料到,刚回到家乡不久,就碰上耿精忠在福州发动叛乱,不得不面对这个现实,耗时费力与之周旋,先是只身前往福州,后又献策灭藩,“始则以孑身致命,继乃以一旅成功,虽巢卵橐岌之中,而意气安闲。出饬戎备,入披卷轴,所著有《易论》等编”。尽管身家性命处于危险中,然而精神非常淡定。出门一身戎装,归家继续展卷阅读,并有著作成果。康熙二十四年(1685 年),再次请假回家乡期间,建榕村书屋,以为读书之所,并与亲友讲学其中。后来,学者便称他为榕村先生,其著作汇编则名之为《榕村全集》。李光地家附近有座山,环境优美,同样是个读书研学好地方,他又在那里买了片山地,盖了间简易房子,名曰成云洞,也经常在此读书。这期间,除了参与平定台湾事务,闲暇时间,就是读书,学习研究内容亦很广泛,既继续深入研究程朱理学和阳明学,钻研易学,学习律吕之学,又学习历史、音韵学,并多方请教,博采各家所长。

李光地在翰林院期间,开始较多地阅读历史书籍。他早年在安溪时,也曾听长老讲述历史,可是收获不大。按《榕村语录·学二》载,他说自己十八九岁时,经书之外,仅看一部《性理》,“闻长老援古证今,茫不知其端。然觉得其言间有不联续处,又有违碍道理处”。历史书与《性理》毕竟全然不同,仅仅读了《性理》,因为几乎没有涉猎史书,所以听长老讲历史,自然不得要领,只是觉得有说不通之处。按李光地自述,他四十岁以前并不太喜欢读史,因为阅历世故未深。四十岁后,开始对读史发生兴趣,这既因阅历大为不同,亦与当时朝廷内部政治斗争有关,尖锐复杂的政治斗争,促使他开始花费时间研读史书。那时,他仍在翰林院,并得到当时寓居北京的残明遗老顾炎武的指点。

顾炎武,明末清初著名思想家、学者,字宁人,号亭林,江苏昆山县亭林镇人。明末崇祯初年生员,参加复社。清顺治二年(1645 年),参加江南抗清斗争,南明隆武政权授兵部司务、职方郎中。后往来北方诸省,六谒明太祖陵,四谒明崇祯陵。定居陕西华阴,仍周览山川,考古今治乱之道,证以金石铭碣,著作不辍。荐博学鸿词科,以死坚辞。荐修《明史》,仍然不赴。其学主张经世致用,反对空谈性理,侧重考据,开清代朴学之风。著述甚丰,主要有《日知录》《音学五书》《天下郡国利病书》《亭林文集》等。按《文贞公年谱》载,康熙十年(1671 年)三月,李光地将自己所作《历论八篇》送请同考官卫既齐指教，卫既齐又将这些史论文章拿给顾炎武看，顾炎武看后大为赞赏："元人之文也！谁为为之者？幸一识之。"于是李光地得以拜访顾炎武。按《榕村谱录合考》载，顾炎武很谦逊地对李光地说：历史上那些事，到底是不是这样，我也不知道！李光地说：先生如此博学，为何还说不懂历史呢？顾炎武答："吾于经史，虽略能记诵，其实都是零碎工夫。至律历、礼乐之类，整片稽考，便不耐心。此是大病，今悔之而已老矣！"是年，顾炎武五十八岁。

顾炎武与王夫之、黄宗羲并称明末清初三大思想家，是个大学问家，既精通历史，且精通音韵学。李光地对音韵学也颇有兴趣，不过此前接触不多，结识了顾炎武，学习音韵学有了个很好的指导老师。按《文贞公年谱》载，他与顾炎武交往，顾炎武不仅讲述对历史的见解，且讲授音韵学知识，以及学习音韵学需掌握的某些方法，"纵谈点画、声音古今讹异之原，公心识其说。顾氏又曰：读书须整片读"。李光地非常赞同顾炎武这种读书法，后来在有关场合谈读书要诀时，多次举荐这种读书法。他从顾炎武那里获得了十分有益的教诲。按《榕村语录・学二》载，他回忆拜访顾炎武时的情景，并将顾炎武与同时代大天文学家和数学家梅文鼎做了比较，做出如此评论："梅定九了然于心，了然于手，却不能了然于口。宁人则善谈论，其自讼处，实读书要诀也。"按《榕村语录・学二》载，光地地又说："出门之功甚大，闭户用功，何尝不好，到底出门闻见广。使某不见顾宁人、梅定九，如何得知音韵、历算之详。佛门中遍参历扣，最是妙义。岂必高明人，就是寻常人，亦有一知半解。"这种善于吸纳别人优长的思想态度，对他治学影响很大。他结识顾炎武，获得不少音韵学知识，然后潜心思考，反复体味，终于在这方面亦颇有建树。

他晚年回顾自己年轻时对音韵学毫无所知，幸得顾炎武指教，可当时并未完全听懂，后来在耿精忠叛乱期间及为父守制期间家居七年，只得独立地对顾炎武的学问进行研究，而再来北京时，顾炎武已与世长辞了。李光地对此深以为憾。他向顾炎武学音韵学，为深入研究，又大力搜集音韵学的学术成果及著作善本，当顾炎武《音学五书》首版出版，他就以五百金购买，携回闽中。李光地认为顾炎武对音韵五声的辨识非常到位，按《榕村续语录・诗文》载，他说："如谓五性不足统天下之万事，则五声亦不能统天下之万声。如阿、厄、依、乌、于，彼此往来相求，相反相切，而万声无不尽于是。盖古人只讲喉、舌、齿、唇，无出口音，于字便无。古人念雨字皆作五字，余字皆作吾字，所以麻字皆作模字。出口音率是夷狄入中国始有之，大约加高响耳。阿字今入麻，古亦念，似北方人之所云恶者。顾宁人辨之极是。天下总是五件便包括得万件，如五行便包尽天下之物，喜怒哀乐便尽天下之情，皆是。”李光地在这里也运用了某些音韵学知识和天下万物做比较。他认为在音韵学上，五声可以统天下之声，那么五性就可以统天下万物，五行也可以包尽天下万物。这种用音韵学上的五声和人之五性以及阴阳五行相类比的思想，在中国古代易学史上可谓是一大创见，这些不能不归功于顾炎武《音学五书》的启发。李光地研读《音学五书》后，认为须再做些补充才完备。他著《韵笺》三卷，阐述音节转换、古今、南北地方字音之异。又著《榕村韵书》五卷，阐述五音生生之法。著《等韵便览》一卷，以收声厘韵，以五声切众音，并根据顾炎武音韵学，摘字之习用者依等韵字母编为便览。他还主编《音韵阐微》十八卷。这些音韵学著作，发展和完善了中国音韵学。

翰林院期间，李光地学习音韵学，既向顾炎武学习，又向卫既齐学习。卫既齐，字伯严，山西猗氏人，比李光地小三岁，康熙三年(1664 年)进士，入翰林院庶常馆为庶吉士，散馆授检讨。讲学矢志当世之务，上疏言时事，语言戆直。著有《四书心悟》《小学家训》《道德经解》《运通》等。卫既齐也是位精通音韵的学者，所以李光地与卫既齐建立了友好关系，往来非常密切，常在一起切磋，探讨音韵学问题，并把卫既齐的见解与顾炎武的见解相互参证，加深对音韵学的理解。他向顾炎武和卫既齐学习音韵学，非常谦虚，也非常认真，兼收并蓄，吸取各自的优点。因此，在庶常馆学习满文时，如鱼得水，“独能易人所难，探讨其条理，而心融贯之”。因为对满文音韵的基本原理已心领神会，融会贯通，所以别的庶吉士很难理解的问题，对他而言，已变得甚为容易，并不是什么大问题。也正因如此，庶吉士散馆，获得第一名优异成绩。而且造诣日深，成就愈来愈大，终于也成为这方面专家。康熙十五年(1676 年)，李光地即编纂《等韵便览》。按《文贞公年谱》载：“公既通国书及顾氏音学，至是玩心益熟，乃摘字之习用者，依等韵字母编为便览。”李光地晚年所著《韵笺》及《音论》等篇，大体上也是采用顾炎武之说。而关于“收声厘韵部，以五声切众音，则补顾氏所未发，得于国书者为多”。这又是对顾炎武学说的发展和重要补充，因顾炎武在这方面是缺陷，而李光地能够有此建树，则主要得益于学习满文颇有造诣。

李光地在翰林院期间，对此前已花费颇多时间和精力的朱子学及易学，没有放弃学习研究，且更加刻苦深入钻研。学问是需要交流的，所谓有学有问，只有交流才能不断受到启发，产生思想火花，从而不断取得进步，有所突破。李光地治学也特别注重和他人交流，这期间结识了不少学友，并与之深入切磋。所交往学习的朋友，除了顾炎武、卫既齐外，还有魏象枢、徐元梦、汤斌、德格勒等人。魏象枢，字环极，山西蔚州人，顺治初年进士，时为左佥都御史，精通理学。李光地在庶常馆期间，结识了魏象枢，成为很好的朋友，相互推重，往来甚多，两人常在一起，饮酒的同时探讨理学问题。按《榕村谱录合考》载，康熙十二年(1673 年)五月，李光地省亲乞归，魏象枢依依不舍，特赠诗一首送行，既抒发惜别之情，表达对李光地的敬重，且赞赏李光地深研朱子学及易学。徐元梦也是这期间李光地切磋程朱理学及易学的一个重要对象。徐元梦，字善长，满洲正白旗人，康熙十二年(1673 年)进士，选庶吉士，散馆授户部主事。康熙二十二年(1683 年)，充日讲起居注官，寻复迁侍讲。徐元梦因讲学而颇有声誉，大学士明珠曾向康熙帝推荐。按李光地后来所述，自己当初在庶常馆时，被徐元梦和德格勒缠住讲四书和《周易》，自己也就以向来所见，讲解给他们听。可是他所讲的理论，徐元梦并不完全赞同，提出几个尖锐问题予以反驳。李光地听后，觉得所提问题颇有道理，非常认真对待，苦苦思索了两三个月，终于逐渐厘清思想。

康熙二十年(1681 年)，他著《朱子学的》，后改名《尊朱要言》，就是为了回答徐元梦提出的问题。李光地著这本书，也是为了与汤斌切磋。汤斌，字孔伯，河南睢州人，清顺治九年(1652 年)进士，选庶吉士，授国史院检讨，旋被选为翰林官。康熙十七年(1678 年)，诏举博学鸿儒，汤斌试一等，授翰林院侍讲，参修《明史》。康熙二十年(1681 年)，充日讲起居注官，转侍读。次年，命为《明史》总裁官。康熙二十三年(1684 年)，又擢内阁学士。汤斌学问渊博，李光地结识汤斌后，两人“以学行相取”，成为可推心置腹交谈的朋友。不过，汤斌极为崇尚阳明学，两人在学术取向上有很大不同。按《文贞公年谱》载，李光地著此书，汤斌阅后“深为叹嘉，不以异同为忤”。这令李光地对汤斌更为敬重，曾经说：前辈虚怀若谷之人，除魏象枢外，必推汤斌也！德格勒，字子谔，满洲镶蓝旗人，李光地同榜进士，选庶吉士，授编修，后擢侍读学士。德格勒亦时常与李光地会讲，主要切磋易理。关于翰林院期间结识的这些学者对自己治学的影响，按《榕村语录·学二》载，李光地说：“某少时好看难书，如乐书、历书之类。即看《易》，也是将图画来画去，求其变化巧合处。于太极图，不看其上下三空圈，却拣那有黑有白、相交相系处，东扯西牵，配搭得来，便得意，觉得朱子注无甚意味。及入馆，幸遇德子谔、徐善长两先生。辛未后，又得张长史、杨宾实，他们往复疑问，俱是从道理根源上寻求。因此想出见头来，再去看朱子书，方有滋味，有精采。”李光地早年治《易》，主要倾向于象数，但到翰林院后，和德格勒及徐元梦等人交往，互相启发，互相学习，后来就对朱熹易学产生了浓厚兴趣，深入钻研，提出不少新见解。

李光地在翰林院期间，还曾经前往民间，拜访残明遗老孙奇逢，并尊为老师。孙奇逢，字启泰，号钟元，又号夏峰、北海，直隶保定府容城县人，生于明万历十二年(1584 年)，以侠义闻名于世。明天启年间，魏忠贤残酷迫害东林党人，左光斗、魏大中、周顺昌等皆被诬陷下狱，人们惧祸，纷纷引避，唯孙奇逢与其友鹿继善仗义勇为，无所畏惧，全力营救。明末，清军闯入关内，河北诸城相继失陷，孙奇逢忠于明王朝，无畏大兵压境，亲自督率子弟，协助明军固守容城。清兵久攻不下，悻悻而去。孙奇逢又是明末清初理学大家，与黄宗羲、李颛齐名，世称明末清初三大儒，著有《理学宗传》《读易大旨》《圣学录》等书。论学以慎独为宗，以识天理为要，以日用伦常为实际，主张穷则励行，出则经世，治身务自刻励。清朝统治趋于稳固后，因孙奇逢是著名学者，清廷十一次征召，皆辞不赴。晚年讲学于河南辉县苏门山之夏峰，世称夏峰先生。康熙十四年(1673 年)去世，终年九十岁。李光地入翰林院学习时，非常注意打听那些有学问的前朝遗老下落，当听说孙奇逢尚且健在，尽管年过八十，可是还传道著书不息，甚为感慨，就与魏象枢前往拜见。按《榕村全集·孙北海五经翼序》载，李光地回忆当时情形说，他见到孙奇逢时，颇受感动：“望其神气清健，如五六十岁人，独两耳偏塞。然有所问叩，辄酬酢如应响。盖所谓能以目听者，古之真人矣！”孙奇逢对李光地来访，热情接待，交谈甚欢。孙奇逢还称自己朋友很多，真正好朋友不多，只有三位，刘念台、黄道周、蒋德璟，后两位都是闽南人。康熙十二年(1673 年)，李光地告假回乡时，又去向孙奇逢辞行，按李光地称，孙奇逢向自己赠书并说：“某平生书友，尽在闽中。”孙奇逢的学问，早年崇尚阳明心学，晚年则认为程朱陆王各有长处和短处，应取其所长，避其所短。他的这种学术取向，对于李光地后来的治学思路，亦产生了极大影响。而且孙奇逢的易学思想，对李光地亦有不小影响。这从他所写的《孙北海五经翼序》中，可以得到有力佐证。

因此，在翰林院期间，李光地学问继续大有增进，知识更加广博，思想也更加深邃，且有不少著述新成果，除了康熙二十年(1681 年)所著《朱子学的》外，尚有不少著述。一是《河洛图说》。翰林院期间，他继续不懈研《易》，并于康熙十一年(1672 年)向康熙帝进呈《河洛图说》。二是康熙二十四年

(1685年)所著《文略内外编》。这部著作，是他历年的读书摘抄，分为内外编，主要是理学语录，载录周敦颐、程颐、程灏、张载、朱熹、董仲舒、韩愈、真德秀、陆九渊、王阳明等人的语录。三是康熙二十四年(1685年)纂成的《礼学四际约言》。四是康熙二十三年纂成《乐书》。这表明在翰林院期间，李光地在理学、易学、律吕方面皆有长足进步。因此，既得到同僚和学者的认可，亦逐渐引起康熙帝的注意和认可。按《榕村谱录合考》载，康熙十一年(1672年)八月，康熙帝让日讲官熊赐履推荐翰林谁肯读书，且人品端正者，召"入内备顾问"，熊赐履即推荐了张英、耿愿鲁、李光地三人。这时，李光地尚在庶常馆为庶吉士。随后不久，庶常馆毕业考试，李光地考了第一名，这也是康熙帝最终钦定。同年冬天，康熙帝接见大臣，满朝文武和来自各省的官员，齐集于太和殿下广场上，接受检阅。按《榕村续语录·本朝时事》载，这次检阅过程中，康熙帝只喊了两个人到太和殿上，第一个就是李光地，另一个是叶方蔼。康熙帝对李光地"顾问慰谕"。第二年春天，李光地即充任会试同考官。按《榕村谱录合考》载，康熙二十五年(1686年)，李光地被授翰林院掌院学士和值经筵日讲起居注官，随后就经常和康熙帝一起探讨程朱理学。是年七月，康熙帝对李光地说：听说你易学不错。李光地很谦虚地奏称："臣幼习此经，所得殊粗浅。年来闽中大乱，旧学荒废。近蒙恩回籍三载，然因臣母多病，晨昏左右，延医服药，总不得大用工夫，只恐连文义都忘记了。"尽管非常谦虚，然而这个时候康熙帝对他的学问已有高度认可了。

康熙二十八年(1689年)，李光地离开翰林院，自此到康熙五十七年(1718年)离世，历任通政使、兵部右侍郎、提督顺天学政、直隶巡抚、吏部尚书、文渊阁大学士兼吏部尚书。尽管职务不断升迁，肩负政务也愈来愈繁重，但是仍然没有放弃学习和研究，在有限的暇余时间，仍坚持读书治学，不断充实自身学问，完善知识结构，提高学术素养。按《榕村谱录合考》载，任兵部侍郎期间，他"愈励精，虽过劳被病，呻吟中不废披阅"。如康熙三十年(1691年)，他结识了杨名时、张嵎后，亦经常在一起读书，探讨理学问题，相互促进。

李光地虚心向梅文鼎学习天文历算，乃是较为典型事例。梅文鼎生于明崇祯六年(1633年)，比李光地大九岁，字定九，号勿庵，安徽宣城人。梅文鼎是清初一位会通中西天文历算的大学者，李光地非常敬重。按《文贞公年谱》载，他称赞梅文鼎博涉群书，尤精历算，凡中西之学，无不淹贯。"为人忠厚，彻于表里，口不言人过，与人交和而不同"。康熙二十八年(1689年)

冬，梅文鼎不远千里来到北京，访问在钦天监供职的比利时传教士南怀仁。李光地久闻梅文鼎大名，甚为赞赏其为人，更非常推崇其学问，认为梅文鼎在天文历算方面的造诣，顾炎武在音韵学方面的造诣，“自汉以下，专门未有也”。因此，当梅文鼎到北京后，他即前往拜访，从此订交。李光地称梅文鼎为先生，虚心向其请教天文历算问题，并将自己所著《历象本要》初稿拿给他看，请予指正。梅文鼎亦不吝赐教。同年，李光地为了播扬梅文鼎的数学成就，特将梅文鼎所著《方程论》一书在福建刊刻印行，刻板则藏于家乡安溪榕村精舍。康熙二十八年(1689 年)，正是李光地被罢掌院学士，官场最不得意之时。然而从这件事亦可看出，尽管处于逆境之中，仍坚持钻研学问。康熙四十二年(1703 年)，梅文鼎送给李光地《几何原本》《算法原本》两部著作，李光地虽经指授大意，未能完全弄懂。于是将梅文鼎请到官署之中，既为提供研究和写作条件，又利用公务之余共同研究讨论欧几里得《几何原本》等著作。按梅文鼎之子梅玉汝《历象本要序》称：李光地将父亲请到官署中，为刊所撰历算诸书，当时自己还是个小孩子，亦随侍于父亲身边。李光地吃完饭后，即与父亲会讲，“或辨晰经义，商确古今”，自己当时就坐在旁边，也经常听讲论，“今犹历历在耳也”。李光地并请梅文鼎给自己的学生陈万策、魏廷珍、王兰生及儿子李钟伦等数十人讲解天文历算之学。康熙四十八年(1709 年)十月，李光地所著《历象本要》脱稿后，又将稿件寄到宣城，请梅文鼎指正，后刊刻印发。梅玉汝《历象本要序》称：“先征君养疴坐吉山中，公书问不绝。至己丑冬，又致书曰：《历象本要》于此道未能万一，然经高明增改，故不忍毁弃。夏间复点窜字句，君壁、仲颖重为绘图缮写。虽窃取《疑问》弥缝其阙，终是窥影寻声。古人所以重口授亲炙也。烦辍三五日正务，正其讹谬。非欲以示他人，聊以决疑懵，而隐之于心耳。先征君得书，太息反复，是正尽善而归之，即今本是也。呜呼！公此书之成，历数十年，且已授之梓矣。而勤勤参订，至再至三，务期慊于心而后止。如是以为书，岂有毫发之遗憾？珏成自及公门，每见公吟批编纂，终日不倦。然不自满假，精益求精，故著述极富，莫不可信今而传后。此一编也，亦足见其一斑矣。”梅文鼎于康熙六十年(1721 年)去世。李光地所以能够说服康熙帝重视引进西方天文历算之学，正是因为对中西方天文历算之学有深入研究与比较。

李光地毕生刻苦勤学，始终与读书治学为伴，诚如《李文贞公年谱》所载：“公自幼嗜学，髦而益勤，虽政事鞅掌，稍暇即凭几编著，丹铅未尝释手。自羽翼经传而外，凡诸子百家，下及星日命卜之流，莫不旁涉会通，以滋其神明之贯。常以晡后集诸生讲论，答问析疑，亹亹循循，漏下二三刻不倦。每有述作，辄令诸生传视，有能发其覆，申其义者，则喜动颜色。与相参酌往复，应时改订，沛如也。”可见他能在治学上取得重大成就，成为清初有重大影响的思想家，固然与家庭环境分不开，主观努力也是重要因素。正因锲而不舍，勤修苦研，学问识见不断增进提高。

李光地读书治学，固然非常勤奋刻苦，孜孜以求，学而不倦，有着比常人更顽强的毅力，也付出了比常人更多的汗水。然而同样非常重要的是有明确的目的性，且善于读书，颇为讲究方法，并非生吞活剥，囫囵吞枣，死读死记，这也是日后成就卓著的重要因素。突出体现在以下四个方面：

第一，读书讲究动手摘录。李光地读书，讲究朝诵夕读且随章札记，即边读书边做笔记，提纲挈领，融会贯通。按《榕村语录・学二》载，他自述其读书法说：“读书要搜根，搜得根便不会忘。将那一部书分类纂过，又随章札记，复全部串解，得其主意，使记得。”这确实不失为一种很好的读书法。李光地读书时非常专注，从不三心二意，可谓全身心投入，而且随时动手，以笔记促进理解。按《榕村全集・杂著四》载，他在所撰《摘韩子读书诀课子弟》又说：“凡书目过、口过，终不如手过。盖手动则心必随之，虽览诵二十遍，不如抄撮一次之功多也。”当时，很盛行所谓纂书学风，就是摘录前人著作中精华，编纂成书。大思想家顾炎武就有“著书不如抄书”之说，顾炎武《日知录》《天下郡国利病书》等，大多正是从前人书中摘抄下来。李光地认为编纂书虽只是纂辑，实际上比自著还难。按《榕村语录・宋六子二》载，他说：“纂书比自著为难，著书任著己意，随力量所至。纂书便要知前人的意思，又身分须与他相埒，方可得手。”李光地很赞同纂书这种方法，且坚持践行，边读书边做笔记。他十八岁开始读性理之书，每夜手录数千言，纂成《性理》一部。十九岁纂《四书解》一部。二十岁补诸生，又纂《周易解》一部。二十四岁那年，又在多年来摘录易学诸家精华基础上，编辑成《历象要义》一部，并在书末附上自己写的《历论》八篇。按《文贞公年谱》载，李光地曾称自己“初读《易》，至大衍一段，诸家多以历法推论。欲检勘言历诸书，而家仅有《史记》。频年借贷，稍稍摭集，至是乃纂诸家之要，及它书论之合者。末附以《历论》八篇，备一家言”。按《榕村谱录合考》载，李光地二十七岁那年，在泉州府城紫云寺西斋读书，修订的《礼记纂编》，同样也是摘录其精要，使之显得更为简约，便于温习。他自己所写的序称：“礼有经有传，《仪礼》，礼之经也；《礼记》，礼之传也。凡文、武、周公之道，其未坠于地者，在于斯。然《仪礼》缺而不全,《礼记》冗而无序,学者病之久矣。予曾读斯篇,苦其繁且乱,记识之难熟,讲贯之不理也。为之约而序之,温习之便云尔。”

康熙三十四年(1695 年),李光地又完成《朱子语类四纂》。按《文贞公年谱》载,“公编摩洛、闽之书,惟曰不足”,认为《朱子语类》“门目繁多,辞旨冗复,乃撮其精要,凡四厘定”,终于完成此书。“至《朱子文集》,循环点勘,丹黄陆离,亦摘选其尤粹者。频年抽易,未及定本”。可惜这部书后来毁于火灾。康熙三十五年(1696 年),李光地又纂成《程子遗书》,“是编手所纂录,较《语类》尤加劬”。康熙三十七年(1698 年),又编纂完成《古文精藻》《榕村讲授》。这种读书方法,使李光地受益匪浅。按《榕村语录·学二》载,他晚年还说,这种读书法,使自己“凡某家某家如何说,皆一一能记,至今以为根基。不然,虽间时熟思,从何思起”。可见始终非常赞赏这种读书法。

第二,读书治学注重思考。李光地读书治学,很注意分析思考。在他看来,只有分析思考,书才能读得深入,也才能有所比较,发现优劣。思考,也是种疑,读书贵疑。按《榕村语录·大学》载,他说:“读书最怕是无疑。道理本平常,看去不过如此,其实进一步,又一层。”李光地反对“泥古”,反对思想僵化和绝对化,而倾向于“疑古气”。他肯定孔子对于古礼多闻阙疑的态度,认为“万古读书人,不可易此”。按《榕村语录·经书总论》载,他说:“虽圣人亦有所不知,只是他不知的就不说。如‘夏礼吾能言之,杞不足征;殷礼吾能言之,宋不足征’。他原晓得,因无征便歇了。”自宋代以来,学术界就产生了一种“疑古”风气,对某些被称为是圣人所作的古代经典提出质疑。即使是朱熹,亦受到这种思想影响。李光地对朱熹这种态度非常赞赏,按《榕村语录·经书总论》载,他说:“朱子两眼实在明亮,《大学》《中庸》,其所服膺;《易》中序、杂等篇,未尝有异词;《孝经》虽疑之,亦不敢决谓可废。惟前人以《书》《传》为孔子作,《诗序》为子夏作,直决然断其妄,此乃确论。”李光地本人亦有疑古倾向,按《榕村语录·经书总论》载,他说:“《仪礼》虽亦圣作,但在仪节上讲,何尝不是道德性命所发见,毕竟略隔一层。《礼记》中圣人议论亦多,但大半出自汉人,不尽是圣人之笔。”李光地虽致力维护孔孟之道作为正统意识形态的权威地位,认为圣人言论是“放之四海而皆准”的普遍真理,统治地位不容动摇,但是又从认识是不断深化的观点出发,认为不能把认识停留在圣人经典个别原理和个别结论上。他反对思想上的僵化和绝对化,从不隐瞒自己对程朱学说所持的保留态度。有人说,学问到了朱子,已经都说得明明白白了,现在的问题只是将朱子学说付诸实行。李光地不同意这种看法，认为做学问应当“阙疑阙殆，择善而从，不是见古人不论是非，一概深信不疑”。在他看来，圣贤学问也非完美无缺，并非完全没有任何可以怀疑之处，宗信朱子学说并不等于盲从这种学说，不能对朱子所有言论都深信不疑。读书治学，目的是“发明道理”，探究真理，判断是非，不能以是谁讲的话为转移，即使圣人所讲的话，也要论个是非明白。人的认识应随实践拓展不断深化，对事物认识不能停留在古人思想层面上，不能以古人言论为绝对标准，治学要勇于探索，读书要敢于怀疑。因此，他无论读什么书，都很注重熟读的基础上深入思索。按《榕村谱录合考》载，他夜里抄录，“昼则熟诵精思，穷极深微”。二十岁纂《周易》时，没有局限于一家之言，就因为自己有许多思考，是深思熟虑的结果。二十一岁读《参同契》也是如此。按《文贞公年谱》载，李光地“于诸家同异，条分缕析，用为熟研覃思之地。终身得力，此实根基。因读《参同契》，至千周灿彬彬，万遍将可睹，曰此古人读书法也。即用以读《参同》，遂通其义。凡丹灶、炉火之说，龙虎、铅汞之喻，皆近取诸身，儒者有取焉。又因龙虎，悟龙马之义。盖公平生好《易》，实于《参同》有启发之助云”。按《文贞公年谱》载，李光地二十四岁那年，开始注《洪范》，又著《尚书补义》，亦有许多思考的结晶，“疑《蔡传》与《洛书》不相应，乃以三区之，以九列之。其说与西山真氏合，而倍加精当”。这种治学态度，无疑是理性主义态度，在一定程度上具有反对盲从迷信的积极意义。李光地说“朱子不能脱南宋之衰弱”，认为朱子学打上了衰世的印记，寓意就更为含蓄深刻了。这也是他不能不努力改造朱子学的原因。《国朝文录》称：“文贞之学，本之朱子而能心知其意，极推透以畅其旨，不阿附以盖其失。”又说：“安溪宗朱子而能别白其是非。”李光地宗信朱子学说却并不盲从，且努力改造朱子学说，成为清代理学大家，亦可说正是思考与怀疑的结果。通过思考而发现问题，提出问题，进而解决问题，显然于治学大有裨益。他既不迷信陆王学说，也不盲从程朱学说，而以王学修正朱学，这种理性主义治学态度，无疑很值得肯定，亦使他受益匪浅。

第三，读书治学兼收并蓄。李光地读书治学，注意兼收并蓄，兼采各家所长，这既表现在对待不同的思想体系，亦表现在对待不同的学术流派。就不同思想体系而言，突出表现在对程朱理学与陆王心学的态度，以及对儒教与佛道二教关系的态度。就不同学术流派而言，则突出表现在对待宋学与汉学的态度。李光地固然尊信程朱，然而随着时间推移，逐渐发现程朱学说的弊病所在。按《榕村续语录·学》载，他称：“所谓程朱当从者，非谓一字不可异同也。如《礼记》陈皓注，自然不如郑康成；《春秋》胡传，自然不如啖、赵三家之清通简要。今折衷而存之，归于发明圣经，此有何害？固程朱所心喜者。所恶于阳明者，直谓四书、五经皆是间帐，直指人心，立地成佛耳。读书人不思经义，株守传注，字字胶执，牵经合传，甚至并传意亦失之，如近世陆稼书、吕晚村、仇沧柱等，真村学究。名为遵程朱，何尝有丝毫发明？当时如蔡虚斋、林次崖、陈紫峰等已有是病，故阳明等厌之，而有反其道以治之之弊。不知其说固陋处，但就其说以破之足矣。何至大决其藩篱而不顾也。”在李光地看来，程朱之说确有不应盲从之处，王阳明攻击程朱，固然大有问题，可是对程朱之说完全盲从，亦非正确态度。固守程朱学说，不敢越雷池半步，不仅清初著名学者如陆陇其、吕留良、仇兆鳌等皆有这种弊病，而且明代著名学者蔡清、林希元、陈琛等就已有这种弊病。因此，李光地二十岁之前，除读程朱之书外，已开始读陆王之书，“以陆王之说与程朱之说相助”，成为他对程朱与陆王之争的态度。他所以亦读陆王之书，正是由于较早即看到程朱理学之所长正是陆王心学之所短，陆王心学之所长则是程朱理学之所短，两者实际上可以互补，吸取陆王心学思想因素来修正和补充程朱学说，所以对程朱陆王思想采取兼收并蓄态度。

宋明以来，许多程朱学者对陆王学说全盘否定，李光地与众不同，能辩证地加以对待。他对陆王心学总体持否定态度，可是亦有不少肯定。按《榕村语录·诸子》载，他说：“陆子静只在吾道上说得过些，王阳明方可谓之诐淫邪道，子静只是贤知之过。”李光地考中进士前，按其自述，除读陆王之书外，还读诸难书，又潜心钻研《周易》，且还研读道教经典《参同契》《悟真篇》等。按《榕村语录·道释》载，李光地称自己易学的萌蘖，《参同契》开悟起了不小促成作用。他说：“某因《参同契》悟得《易经》道理。《参同契》只说一身，其实一身即天地。凡阴皆魄也，凡阳皆魂也，阴以阳为本，阳以阴为基。天之神气，包乎地外，然离地便散漫无归，却要贯注地中，以成岁功。地若不资天之神气，便成顽块，何能生物？如人之形体，不禀命于心之神明，则五官百骸，皆不得所。然心神若不宅此形体，何以为寄托之地？故魂守魄，即魄拘魂，无二候。”李光地认为自己是由《参同契》悟得《易经》道理。因为《参同契》所说的“一身”，就是说天地，天地之间，无非阴阳而已，二者互相影响，相互依存。天地之间的关系，人身上的魂和魄关系，都不外乎此。而《易经》也讲天地阴阳之理，乾为阳，坤为阴，天为阳，地为阴，父为阳，母为阴，等等，二者讲的道理有很多相同之处。李光地除了读道教书，还读佛经，他说自己读过的佛经有《愣严经》《法华经》《金刚经》《华严经》等。“三教源头不同而工夫却同”，是李光地对佛教和道教的态度。提出这种见解，既反映出他力求对儒家学说与佛道二教的区别做更严格的辨析，也反映出他以佛道两教的思想因素来补充儒家学说的鲜明态度。而所以有这种态度，亦在于看到佛教与道教的思想，确有某些优长之处。李光地对宋学与汉学的态度也是如此，相互比较，既推崇宋学，亦肯定汉学的可取之处。这种相互比较，取其所长，避其所短，兼收并蓄的态度，使他具有容忍不同学说的胸怀，亦从中受益匪浅。

第四，读书治学重视实用。李光地读书治学，讲求务实，重视学以致用，掌握真本领，能够行实事。这既受到闽南文化务实传统的影响，受到父亲的影响，也是对明朝灭亡教训的总结。父亲崇尚程朱学说，李光地早年读书，亦以四书五经为主。可是按《榕村谱录合考》载，李兆庆教子，“必备熟诸经，溥及天文、地理、六韬、九章之言，悉俾了然于心口，而后出帖括授之。诸子非十五而上，不知有八股业也”。可见李光地的父亲不仅教以朱子学说，教以经史，又旁及天文、地理、六韬、九章等，并没有完全局限于科举内容。这对李光地产生了不小影响。明朝以八股文取士，读书人只要读四书五经，读程朱理学的性理著作，会做八股文就够了。虽然明朝已经灭亡，但是清朝科举考试的主要内容，仍是四书五经和程朱性理之学。明朝灭亡后，残明遗老痛定思痛，总结明朝灭亡的教训，不约而同地把矛头指向明代学风，即明代中叶以来愈演愈烈的蹈虚空谈学风，并共同开创重实际、重实证、重实践的新学风。李光地高度认同这种观点和做法。他总结明朝灭亡的教训，除了谴责那些依附阉党的下流无耻读书人，也是着重从上流读书人自身不足之处找原因。在他看来，明朝末年，东林党人崇尚气节，讲求品行，冷风热血，洗涤乾坤，高风亮节确实可敬可佩，可是若论治国经邦真知识真本领，却远不如他们的祖师爷王阳明。因为王阳明毕竟还是有真本领的，绝不是迂腐无用之辈，甚至可称“一代贤豪”，而明末那些品格高尚的上流文人，说到底也只是些“无事袖手谈心性，临危一死报君主”的八股先生。这种没有真才实学的人，是不能用来治理国家的，治国安邦得有真本领。李光地认为明朝不讲实学虽以嘉万以后为甚，但实在说来又是由来已久，即使“靖难之变”，也是不讲实学所造成的。因此，他极力主张读书治学要务实，要学得真本领，要能够干实事，不要只会说大话，说空话，讲虚文，更不能像明末某些学者那样，“端坐竟日，心了不动”，弄得“不佛不儒”。中国历代人物中，李光地最推崇的有真本领的人，乃是三国时的诸葛亮，认为堪称儒者风范，他还引诸葛亮的话来斥责那些不知世务的俗儒，称这种人只知道引用圣人语录，结果最终贻误国事。李光地还借提倡孔子六艺来提倡实学，反驳成年人只讲心性不讲六艺的说法，强调人一生都不能不研究六艺，并且应将它付诸日用实践。李光地还十分提倡专门之学的研究，诸如官制、田赋、冠服、地理之类。他所提倡的这些专门之学，也是前辈学者顾炎武、王船山所十分注重的，是清初实学的一个重要组成部分。李光地极力提倡实学，自己也身体力行地研究实学。他研究天文和历算，主张会通中西天文历算之学；他从圣人经典中发现了《考工记》，非常重视“工”在社会经济发展中的作用，主张引进西方技术发明；他研究水利，在指导治河方面发挥了重要作用；他研究军事，注释古代军事著作《阴符经》等；他研究政治，总结历代治国经验，以指导当代的政治实践。他还研究声韵、乐律等等。正因如此，可谓是那个时代一位百科全书式的学者。他所著《榕村全集》，共有四十三种书，包罗天文、地理、数学、音律、哲学及文学，洋洋几百万字，对后人启发甚深。他任大学士期间，能为康熙帝编纂大量书籍，并积极倡导振兴学术繁荣文化，无疑亦与自身渊博知识及深厚学养分不开。正因此前已有甚为丰厚的著述积累，故能在这方面发挥出重要作用。清代重实证、重实际、重实践的学术风气的开创，亦与他的推动有着不小关系。

总之，李光地读书治学能够取得巨大成就，长期勤学善思确实是关键。正因为学而不倦，老而弥笃，“益以群籍为厨，经书为膳”，终生勤于学习，广泛涉猎，博览群书，多方请益，深入钻研，勤于思考，博采众长，汲取精华。故不仅学问渊博，且新知独得，识见不凡，在诸多方面皆提出不少有价值的见解，成为那个时代名副其实的思想家。

第二章

李光地政治思想

李光地考中进士步入政坛后，为官近半个世纪，作为康熙朝的重要辅臣，如何治国理政无疑是必须面对的重要问题，而他亦在这方面有许多深入的思考，并提出了一系列见解与主张，作为自己的施政理念或供康熙帝参考、借鉴和决策。这些政治思想，主要包括：民本主义思想，君臣关系处理，选人用人制度，清廉吏治建设，行政制度改革等。这些方面的思想主张，既有对中国古代传统政治思想的继承，又因受明清之际早期启蒙思想的影响，或多或少地打上了那个时代的先进社会思潮的印记，因而有不少颇有新意的见解。诸如主张以仁治国，推行仁政；反对“一人横行于天下”，“当官为救民，非为其君”；选人用人重实际，改革科举制度；从以农为本的农业经济到“金币之重”的商品经济是势之必然，官府不得与民争利，对官员实行“高薪养廉”政策；改革行政制度，扩大地方自主权等。所有这些主张，至今看来，不少仍然具有进步意义。

一、民本主义的思想

民本主义思想，是李光地政治思想的基点和核心，他的许多政治主张，无不与此皆有密切关系，可以说是这个基点和核心的延伸。他的民本主义思想，既是对中国古代民本思想传统的继承，基本上属于中国古代民本主义政治思想的范畴，又有相当的理论深度，亦有不少颇为精辟的见解。

民本思想是中国传统政治的一个基本指导思想。民本思想源自三千多年前的西周，含义简单明了：政府存在的全部意义在于服务百姓的整体福祉，否则理应被人民推翻。这思想源于《尚书》，核心就是其所称的“民惟邦本，本固邦宁”，即把人民看作国家的基石，看作人心向背的关键所在，看作“天命”最实质内容，民生问题解决得好坏是决定国之命运的大事，“悠悠万事，民生为大”讲的就是这个道理。民本思想后来成为儒家思想的核心，也是一千七百年选官考试和拔官考核的基本原则。可以说，“民惟邦本，本固邦宁”是中国人的古训，这种民本观念是中国人数千年治国理政的核心价值，也是一个可以操作的思路和经验。这种思想与现代民主思想固然不可同日而语，但在传统社会中却具有历史的合理性。中国传统政治当其遵循常轨运行的时候，总是以民本思想为指导的，由此而出现国泰民安的“太平盛世”。而当背离了民本思想时，政治运作也就脱出常轨，导致民不聊生，天下大乱。

中国古代历史上，儒家亚圣孟子是民本思想的重要发挥者和代表性人物。孟子说：“民为贵，社稷次之，君为轻。”李光地继承了中国历史上的民本思想，认为“立国以民为邦本”，并从这个基本观点出发，着重发挥了孟子的重民思想。按《榕村语录·历代》载，他说：“大抵天生民而立之司牧，非徒以荣之，将使助天而生养斯民也。苟以救民为心，虽汤、武之放伐，《大易》以为顺天应人；管仲之事仇，圣人以为仁。孟子曰：‘民为贵，社稷次之。’所见精矣。”明清时代是绝对君权，孟子讲“民为贵，社稷次之，君为轻”这句话，人们颇为忌讳，很少有人敢于引用。李光地尽管也没有提“君为轻”三个字，可公开称赞孟子“民为贵，社稷次之”的观点精当，而“君为轻”之意也就寓于其中了。当然，后世皇帝把孟子“民为贵，君为轻”理解为民贵君贱，亦有误解这句话的完整意思。实际上，孟子的意思是说，百姓的事情重要，君的事情不重要，如此而已。孟子说：“汤武革命，顺乎天而应乎人。”所谓汤武革命，指的是商汤领导民众推翻暴君夏桀的统治，周武王领导民众推翻暴君殷纣的统治。孟子说“闻诛夫纣也，未闻弑君也”，说人民起来推翻的是独夫民贼，而不是弑君，这就在一定程度上肯定了人民反抗暴政的合理性。这个问题显然十分敏感，李光地如何看待孟子这些话呢？按《榕村语录·上孟》载，他说：“由孟子之论，见得天为民立君，原为治安百姓，非为君一家欲其富贵久长，世世子孙享受也。故汤、武革命，受命于天，绝无不是处。孟子直是从天立论，得最上一层道理。孔子议论，却又低下一层，为人道立万世极，更觉精密稳当。故以服事为至德，以武为未尽善。看文王一面孜孜为民，却一面于商家可扶持处便扶持他，与孔子意思一般。”按《榕村语录·下论》载，李光地又这样解释：“汤武放伐的说话，语吻似觉诧异，然推到最上一层，道理本是如此。天生民而立之君，非要其坐享富贵也，要其抚养天下耳。苟自绝于天，则人亦不戴之为君矣。如好货、好色、好乐，乍见之觉不伦，说来都是道理。第夫子却更浑厚完全,所以为盛德之至。”在李光地看来,孟子的意思是天授权给君主,原是要治安百姓,是为了百姓,不是为了君主,不是让君主一家富贵长久,子子孙孙世代享受。既然这是天意,那么如果君主对百姓施行暴政,那就是自绝于天。既然君主自绝于天,那么有人起来领导百姓推翻暴君,那就是“顺乎天而应乎人”的正义行动。所以他说孟子肯定汤武放伐,是得“最上一层”。按《榕村续语录·治道》载,李光地又说:“天生民而立之君,若不为民用,君何为?故孟子一言道尽,曰:‘得乎丘民而为天子’。窥见此意,便觉得汤武革命,应乎天,顺乎人,方有把鼻。”从这些阐述,可以清楚地看出他对汤武革命的态度。中国传统社会中,皇帝除了冥冥之中的苍天和祖宗神灵外,别的什么都不怕。朝臣要制约君权的滥用,只能抬出天意和祖宗亡灵,以此来吓唬皇帝,劝诫皇上。所以李光地同样从天意立论,肯定孟子“汤武革命,顺乎天而应乎人”的说法。

李光地从肯定百姓推翻暴君的合理性,又合乎逻辑地推导出反对专制暴政的进步思想。按《榕村语录·治道一》载,他明确指出:“治天下,样样皆当讲求。第一是要有根本。”这个根本是什么呢?就是君主要有自知之明,要有自我反思自我检讨精神,诸如商汤所说:“朕躬有罪,无以万方;万方有罪,罪在朕躬。”又如周武王所说:“作之君,作之师,有罪无罪,惟我在,天下何敢有越厥志?”李光地进而指出:“一人横行于天下,武王耻之。有此,便要算他是圣人。”赞扬周武王以“一人横行于天下”为耻,表明了对专制暴政的厌恶和反对。

中国上古时代的政治,或多或少带有点原始民主制遗风。例如当社会治理出现重大问题时,君王常常会引咎自责。这种君主做自我检讨的习惯,长期不断延续下来,直至明末,生灵涂炭,社会动荡不安,崇祯皇帝还屡屡下罪己诏,向全国百姓做检讨,将政治上的失误归罪于自身。尽管这不过是做做表面文章而已,但是有这种表面文章毕竟还是比没有要好些。它至少也向人们表明,君权并不是绝对的。李光地对上古时代的原始民主制遗风颇为推崇,并借此发挥出反对“一人横行于天下”的道理,认为这是治理天下道理中最根本的一条,只有懂得这个基本道理才能称得上是圣人。这一思想与清初思想家王船山提出的“循天下之公”和“不以天下私一人”的著名观点,同样具有反对专制暴政的历史进步意义。

李光地推崇上古三代原始民主制遗风时,还特别提到周公,多次借周公营建洛邑为都城之事,批评封建世袭制,阐述“若子孙不贤,不如速亡”的进步思想。按《榕村续语录·治道》载，他说："问建都形势，曰：'毕竟是中州。'周公定都于洛邑，何尝是为周室？圣人举事，皆是为万世。汉文帝时，烽火达甘泉，明朝都今京亦然。帝王之都，为何履险？胡虏一来就到此，岂长计？洛阳无论四方之贡，道里均，即以形势论，何尝不险？以太行为后背，左齐右陕，天堑在外，重臣镇之，卒有不测。隔有重险，可倚为固。奈之何自临危，以扞难损威重哉？"又说："周公营洛邑曰，使后世子孙有德易以王，无德易以亡。若留在那里害人，而祖父且为之地，是为虎添翼，如何使得？况子孙到不肖的田地，他便知作恶也，并不知有祖父，何尝是我的子孙？周公此言，岂唯有天下者应如此意，连我们庶士人家都凭，应存此意。"在李光地看来，周公建洛邑为都，说到底并非私天下，只为周室考虑，只为后世子孙着想，而是有公天下思想，因而很值得赞赏。按《榕村语录·诸子》载，他又说："文中子说'公旦为周'一段甚精。周公之风雨绸缪，似欲使子孙相继，天下永远属之我家，迹近于私。不知世无圣贤，既不可行尧舜之事，若子孙之世及者，又不为启沃辅翼，使称其位，则害及于人矣。故曰安家者，所以宁天下也；存我者，所以厚苍生也。人心，道心，本在一区，要人简别。后世便是宁天下者，所以安家也；厚苍生者，所以存我也。周公谓宗社安而天下安，子孙存而百姓治，有何不好？若是子孙不贤，不如速亡。故迁都之议曰：洛邑之地，四达而平，使有德易以兴，无德易以衰。"李光地认为，如果周公营建洛邑是想使天下永远属我家，那就是为私家算计，没有圣人公天下之心，但周公并不是这样的人。周公所以营建洛邑，把都城迁到这个没有任何山川险阻之地，乃是为了"使有德易以兴，无德易以衰"，既避免使"害及于人"的不肖子孙能凭借山川之险维护自己的统治，又使得那些能"厚苍生"的有德者能领导百姓顺利攻克暴君的都城，推翻其统治，使黎民百姓过上安居乐业的日子。因此，周公具有圣人公天下的宽广襟怀，非常值得称赞。显然，李光地在这里采用的是借歌颂古代圣人之名，实际上以此宣扬自己的某种具有初步民主色彩的思想。按《榕村续语录·治道》载，他又说："其实圣人只是要天下安，是自己的，不是自己的，有何大关系？"在他看来，以天下安宁为宗旨，具有公天下胸怀，不为一己或一家之私，这才是圣人。

李光地推崇古代原始民主制遗风，思想中或多或少带有点近代民主的思想。按《榕村语录·历代》载，他说："伊尹云，匹夫匹妇不获自尽，民主罔与成厥功。天地间道理是公共的，人说不妥，到底有些毛病。所以武侯只要人攻其短，不是故意如此。他高明，直见得事理无尽，非一人之见，便能至当不易。裁断虽是一人，众议必要周尽。竟是以能问不能，以多问寡；有若无，实若虚的本领。此却是圣贤穷理治事根本。王荆公只为少却这段意思，便万事瓦裂。武侯在草庐，见庞德公便拜。身为将相，见许司徒亦拜，此是何等意度！王荆公于韩、富诸公，皆视之若无有，日对明道先生，犹谓其言如上壁，两目不见人，如何成事？凡做事，与人商量有好处。推与众人，即是与人为善之意。”这段论述引用上古贤相伊尹的话，说明普通百姓倘若不能对国家事务发表自己的意见，国家事业就不可能获得成功。他认为这是治理国事的基本道理，并将这种观点提到“圣贤穷理治事根本”的高度来认识，对伊尹的话做了详细发挥：首先，从真理面前人人平等的观点来看，天下道理是公共的，某项政策举措受到人们批评，就说明这项政策举措尚有不够完善之处，所以高明的统治者总是乐于接受人们的批评，诸如诸葛亮在这方面就做得很好，总是主动要求人们提出批评，改进意见。其次，从对事物认识的无穷发展的观点来看，天下的事理没有穷尽，某个人不可能穷尽真理，更不可能说某个人的见解就是绝对正确的，所以在制定政策时，要广泛听取各方面意见，使之尽量达到较为妥善。最后，从圣人所应具有的宽广胸怀来看，即使自己的意见确实正确，即使自己的意见获得多数人支持，也要尊重和听取少数人的意见，虚怀若谷，谨持谦恭，这样做对事业没有任何坏处，只有好处。他认为王安石这方面就做得不好，变法尽管没有错，然而因为未能充分尊重和虚心听取反对派意见，方式方法过于简单武断，失去了广泛的群众基础，结果终以失败告终。

在李光地看来，合众人之公便是善人善行。所谓圣人，无非是能够广泛听取和集中各种不同意见的人。按《榕村语录·学一》载，李光地又说：“《中庸》说得浑厚，云百世以俟圣人而不惑，可见圣人只是自己精进检点，没工夫计较到人的毁誉。然却有一层征诸庶民的道理。盖论到全体，必俟圣人始可不惑，若零零星星凑笼将来，则合众人之公，便是一圣人。公等试看我们文字，心里有一分疑，看者便有一分疑，若说得确，看者亦便洞达。圣人所以说征诸庶民，韩公却不曾见到这一层。”这段论述再次阐明应广泛听取意见，并明确批评了极端强调专制集权的韩愈，认为韩愈没有看到圣人治事总是征诸庶民的道理，更不懂得“合众人之公便是一圣人”的道理。这些见解，无疑具有反对封建专制主义的进步意义。

李光地认为人心即天心，普通百姓亦有鉴别是非的能力，能够明是非、辨黑白、识忠奸。他曾多次以诸葛亮和岳飞深得民心为例，来说明这个问题。按《榕村续语录·治道》载，他说："三代以后，称仁义之师，节制之师者，唯武侯一人而已。"在他看来，上古三代以来，治国安民方面，最为值得称道者，唯有诸葛亮。按《榕村语录·历代》载，他又说："古今两大恨：秋风五丈原，一也；金牌十二道，二也。一天为之，一人为之。武侯正命犹可，武穆直枉死牢狱，且并其子戮于市曹。然至今，三尺童子莫不知尊武侯、武穆，亦莫不切齿秦桧。人心即是天心，可知及身之事，乃气数之杂耳。敝乡蔡京子孙，都认作忠惠公子孙；吕惠卿子孙，俱不肯认惠卿为祖。有子孙而灭绝，然则天之性其可违乎？"李光地指出古今有两大恨：一是三国时诸葛亮的秋风五丈原，一是南宋时岳飞的金牌十二道。两人虽然最终结局不同，但在深得民心这点上毫无二致。千百年过去了，时至今日，普通百姓仍无不知道崇敬诸葛亮和岳飞，亦无不切齿痛恨奸贼秦桧之流，即使三尺童子亦如此。李光地还以宋代蔡京和吕惠卿这两位福建老乡为例，指出两人的子孙均不认其为祖，说明普通百姓亦会辨黑白、识忠奸。由此可知人心向背就是天意。中国古代民本思想认为"天听即我民听，天视即我民视"，李光地更认为"天心即是民心"，这也是对中国古代民本思想的继承和发展。

李光地从民本思想出发，从人心即天心的见解出发，反对"民可使由之，不可使知之"的愚民政策。这种愚民政策由于是孔夫子为历代帝王所制定，李光地不能不给孔夫子留个面子，不能把话说得太直接太尖锐，而是用较隐晦的旁敲侧击方式，委婉地表达自己的思想，反对统治者的愚民政策。按《榕村语录·上论二》载，他称，《论语》记载孔子"民可使由之，不可使知之"这句话，显然是断章取义。"民字重读，其义自见。若圣与仁章，定然有人谓夫子竟是圣仁，故夫子云云。如吾有知乎哉亦然。大约《论语》多是记录文字，多剪头去尾。张横渠解吾有知乎哉，如洪钟无声，扣之辄应，惟其一无所知，始无所不知。朱子恐其说有弊，因改从乎实。民可使由之，不可使知之。帝王立许多法制，学校、师儒，无非欲民知，道理得令大家皆知，有何不可！错解便可到老、庄田地，故朱子把可字当能字说。盖上面必有人欲凡民都使之知的说话，故夫子云尔。民字当重读，民自有秀者，将为士大夫，如何不可使知？此谓愚民耳。且教他由，由得熟，自然也知道些，非不许他知"。在李光地看来，"民可使由之"的"民"，是指智力特别低下之人，即使是这些人，也不是不许他知。而且就是这些智力特别低下之人，亦并非不可教也，并非不能知也，"且教他由，由得熟，自然也知道些"。李光地认为帝王立许多法制，建造学校，延聘师儒，目的无非就是要让民知，让大家都知道道理。如果错误地理解孔子的话，“便可到老、庄田地”，而老庄是主张“常使民无知无欲”的愚民政策的。所以他一针见血地指出，“此谓愚民耳”。李光地煞费苦心，如此绕了个不大不小的圈子，最后才把真正想要表达的思想表露出来。尽管他所说的要让民知的内容，主要还是指传统社会的法律制度和伦理道德知识，但是承认百姓有知的能力更有知的权利，这无疑就是一种进步。

李光地从民为贵、民心即天心的思想出发，又提出“立国以民为邦本”的见解。按《榕村续语录・理气》载，他明确指出，国君受天命而治理天下，“立国应以民为邦本”，以此获取万民心，赢得百姓拥戴。按《榕村语录・治道一》载，他又说：“须知设官所以为民，然必由官以及民，不尔便民亦不靖。……古人仕以救民，当官尽职，乃分内事，非为君也。”也就是说，民为邦本，要高度重视这个“民”字，无论君主还是大臣，抑或普通官吏，都必须立为民之心，关心百姓，爱护百姓，顺应民心，为民办实事，办好事。君主如果不为民着想，天授权给君主又有什么意义？官员为民办事，这是分内职责，而不是为君主。因此，“为治，事事要不拂民”、“计较得及于民者有七八分利益，只得就去做”。凡事皆得站在百姓的角度，替百姓着想，不要违背百姓意愿，只要在大方向上能给百姓带来利益，就要努力去做。按《榕村续语录・治道》载，李光地又说：“州县官与民亲切，若尽心做好，真实惠及人，中无间阂，欲立功名于世，尽足以不朽。汉时将相无数，至今煊赫者，文翁以教化治蜀；召信臣行水田于南阳耳。黄霸反以为相，减治郡之声。作官在自立，岂必达哉？”李光地认为为官者要立不朽功名，未必官位要有多高，只要立为民之心，尽心为百姓，皆会得到百姓认可。诸如汉朝，文翁最早在蜀地倡导教化；召信臣为南阳太守时，兴利除害，百姓拥戴，号为“召父”。这两人皆非将相，然皆英名垂世。黄霸为颍川太守，户口岁增，治行为天下第一。后出任宰相，建树并不很多，声誉反而下降。按《榕村续语录・历代》载，李光地又说：“范文正学问亦有限，事业亦不较烜赫，而宋人重之，至与明道同称。明道固宋人所称服为圣者，想见希文志气大，做秀才便以天下为任，言下便先天下而忧，后天下而乐，又心真诚恳切，人不得不推服之。”这段话进一步说明，为官者欲英名垂世，关键在于要立为民之心，真诚为民，如此自然会得到百姓颂扬。诸如宋朝的范仲淹，为秀才时已经以天下为己任，为官后亦始终抱定这个宗旨，因此尽管事业并不显赫，学问亦不如同时代的程颐，却与程颐同样声名远播。在李光地看来，只要真正以民为本，努力为百姓办事，政治清明，百姓就能过上安居乐业日子。按《榕村语录・治道一》载，他说：“清明在上，重浊在下，其实息息相应。如天气清明，则地下百物滋生；人面上光润，则体中无病。果然朝廷清明，便百姓殷实矣。”百姓安居乐业，社会也就稳定，国家就能长治久安。

李光地从立国以民为邦本的思想出发，主张尽量减轻百姓税赋负担。清代，百姓赋税负担很重，每年征收的赋税，往往超过百姓所能承受的程度，当年赋税常常要拖到来年才能交清。遇上灾荒之年，皇帝开恩，特准蠲免该年赋税，可是往年积欠赋税并未停止征收，受灾民众仍然还得交纳。即使不是灾年，皇上偶尔也会蠲免某些地方一年赋税，但由于官府继续征收上年积欠税收，仍然达不到与民休息的目的。更有不少贪官污吏，借口征收旧税，又增加新额，从中渔利，使得百姓根本不可能从皇帝恩典中得到实惠。李光地认为民不定，天下就难治难安，而要使民定，就必须在经济上给百姓留点生路，尽量蠲免灾民钱粮，以纾民困。他主张政府要减轻百姓负担，地主要减轻对佃农的剥削。按《榕村语录·下论》载，他解释《论语》“百姓足，君孰与不足”这句话时指出：“哀公时，久已十分取二。取二原得勾用，只因年饥，百姓输纳不前，故曰年饥。用不足，是想要设法取盈于二之数，未是要多科于二之外也。有若曰：盍彻乎？不是迂论，言百姓既输纳不前，何不十分只取其一乎？彻字紧对百姓说。哀公误有若为是代筹国用，故曰十分取二，民尚不输而所入甚少。若取一，则所入更不堪矣。如之何其彻而益之不足也？有子言，君此时要谋足用，须先固住几个百姓要紧。如行彻，百姓不致离散，就令所入，俭省用去，亦自可支，孰与不足？不然百姓逃亡，田野荒芜，一分所入尚不可得，孰与以足者乎？”这段话讲的是国家要减轻百姓负担，特别是歉收之年，要减免百姓赋税。春秋战国时期，鲁国君主鲁哀公，税收是十分取二，因为发生饥荒，百姓不能完税，有人主张不如十分只取其一，这确实不是迂腐之论。歉收之年，国家理应减免百姓赋税，如果仍照常例征税，百姓逃亡离散，国君没有了百姓，还能成为国君吗？孟子言“得乎丘民而为天子”，是以统治人口多寡衡量国家实力，以百姓是否离散衡量政治开明程度。后世亦以此考核地方官，如果百姓外迁多了，就要被罢官，这就叫以民为本，民是国君之本，也是地方官之本。有子讲的话，并非泛泛的君民一体的空话，而是极为平正确实的道理。李光地又说，如今田主逢年荒，收不到租，就想上门去催迫佃户交租。有人对田主说：“何不救恤佃户？”田主说：“救恤他，自己益发没得用了。”那人则说：有佃户在，岂有年年收不到租的道理？假如佃户走了，田地里全都长草，那就真的是再也收不到租了。只应省节用度，不可催迫佃户。这些阐述，也是以田主与佃户关系来说明国君与百姓关系，说明田主在荒年不仅不应强迫佃户交租，而且还要救恤佃户的道理，而国君与百姓关系也是如此，不要空讲君民一体，而对百姓疾苦漠不关心。有人认为这实际上是“欲取姑予”之道，“王者因民所利之道”，“利民所有之术”。李光地并不同意这种说法，认为如果这样说，无异于把爱民之心说成是种权术。他强调国君减轻百姓负担要出于爱民至诚之心，而不能把它作为某种统治术来使用。这些论述，无疑合乎中国传统民本思想的最基本含义。

李光地从民本思想出发，还主张不应与民争利。明清之际，中国已经出现了近代商品经济萌芽，可是这种微弱的商品经济受到了官僚政治的无情破坏，突出表现乃官僚们利用手中权力，四处与民争利，巧取豪夺。李光地认为商品经济发展是一种必然趋势，反对官僚们也卷入到商品经济竞争，依仗权势谋取私利。按《榕村全集・观澜录・治》载，他说：“古者安于邦域，人鲜轻赍远游之事，故务谷米麻丝，而民自足。今也仕宦商旅，万里纷然，金币之重，亦势也。居官者，不能率之务本而遏其分，方且与之攘夺而崇其竞，是胥上下而市也，非一朝一夕之故也。”很显然，在李光地看来，从以农为本到“金币之重”是社会经济发展的客观必然，做官者纵然不能使人们回复到以农为本的生活状态，也不应去与民争利，将政治权力引入到商品货币竞争。如果这样做，那就不啻是把市场也变成官场，就会导致政治的腐败。按《榕村全集・观澜录・治》载，李光地还提出：“民无以耕，山泽关市之利，与民共之可也。”在他看来，对于无地可耕的农民来说，国家应允许其开发山泽财富，允许其做买卖，与之共享山泽关市之利，这样做于民于国皆有好处。

清初延续几十年的圈地弊政，李光地深恶痛绝。在他看来，圈地既给汉族百姓带来巨大灾难，极大地激化了满汉民族矛盾，很不利于社会稳定，又使满族八旗子弟成了不劳而获的寄生虫，使这个民族腐化堕落，亦不利于稳固封建王朝统治。因此，这是“旗人与民人两敝之道”。按《榕村续语录・治道》载，他尖锐地指出：“满、汉分别，满洲生齿日繁，势不得不圈外地。百亩则失十人之产，千亩则百人，万顷则万人失业。今日圈地何下数十万顷，此失业之民，将能安其室而无怨痛乎？”李光地非常清楚，以土地为生的农民，倘若失去土地，也就失去赖以生存的根基。被逼得走投无路的农民，要么坐以待毙，要么只好揭竿而起。中国历史上的农民起义，往往都是在这种情况下爆发的。如此，新王朝建立后，为巩固统治，不能不关注土地问题，调整土地分配制度，抑制官吏豪强肆意兼并土地。因此，竭力反对圈地，坚决主张革除这种突出弊政。他多次向康熙帝提出，应努力解决这个问题，以体现皇上“忧恤黎民之至意”。尽管这种建议引来八旗贵族极大不满，他亦不为所动。清朝顺治时代圈地运动的弊政，历时数十年，终于在李光地任直隶巡抚和大学士期间得到了最大限度的纠正。不仅如此，李光地还极力主张“弛满汉之禁”，废除旗人特权，实行满汉民族经济上、政治上、法律上的平等。按《榕村续语录·治道》载，他阐述满汉不平等的危害：“旗下衣好、食好，游手无事。民一投旗，则好帽一顶，好衣一身，靴一双，断不可少。何也？欲其异也齐民也。外边州县打旗人有罪，犯军流则鞭责，渠亦自以为应安坐而享福，其敝也风俗侈靡。子女之费、婚丧之费无所出，不能自给时，虽欲自己趁食，而一出境则为逃人，欲投靠则无主敢收。此旗人与人民两敝之道也。”因此，他明确提出，应废除这种不平等：“天下事莫如打开了做，算定了满洲兵应用若干，则注籍若干，其他宜尽行听其自便。弛满、汉之禁，令其佃庸、商贾，活动则通流，犯法则有司与民一例得而刑罚加之。州县佐贰，汉军可做者，满洲亦可做，亦与汉军人一例黜陟。何必拘聚于京师，共怨困顿哉？如此则民有营生之路，而官失骄倨之资，生计渐广，而人才亦出也。”这种主张既对汉族人民有利，从长远眼光看，亦对满族人民有利。李光地这种主张虽然未能完全被康熙帝采纳，终清一代满汉关系都不平等，却也促成康熙帝对民族政策做出了某些调整。

李光地从民本思想出发，坚决反对酷政。中国封建社会始终存在酷政问题，严刑峻法，滥加刑名，对百姓施行严苛刑罚，以维持专制统治，给无辜百姓带来无穷祸害，所谓“苛政猛于虎”是也。清朝建立后，同样存在这个问题，成为突出弊政。深谙中国历史的李光地，主张以仁治天下，对几千年来的酷政危害有深刻认识，对清朝建立后的苛政更有切身感受，认为这不仅不利于封建王朝稳定统治，亦违背儒家以仁治天下的民本思想。清初地方治安不靖，盗贼猖獗，有人主张实行“十家连坐之法”，十个家庭中只要有一人犯法，十个家庭皆得治罪。这种胡乱株连的刑法，无疑就是典型酷政。倘若这种酷政推行，整个国家不知又有多少无辜百姓将受株连。李光地坚决反对，按《文贞公年谱》载，他说：“盗踪迹诡秘，主家未必知情，况邻右乎？株连非善政也。”也就是说，盗窃作案者行动诡秘，都是暗地里干这种事，连其父母或主人都未必知情，何况左邻右舍，又怎么可能知晓？如此株连无辜，绝不是好的政治。当时，沿海有海盗出没，有官员误信传言，认为有上万海盗在沿海活动,上疏朝廷,主张派出重兵,严加追捕,严厉打击。李光地明确指出,沿海根本没有那么多海盗,不过是几十个,充其量上百个不法之徒,拦截抢劫了三几艘商船,然后利用这些劫来的船只,出没于海上行劫罢了。这与零星鼠窃之辈没有多大不同,也成不了什么大气候,只要严令沿海驻军,全力加以巡查缉捕,海贼不敢轻举妄动。"剿袭传讹,声张风影,至乃株害原良,甚无畏也"。也就是说,一有风吹草动,听到有海贼传言,就出动大军奔袭追剿,捕风捉影,势必弄得草木皆兵,造成打击扩大化,株连大量无辜良民百姓,非常不妥,决不应这么做。按《榕村语录·治道二》载,李光地又说,他曾向康熙帝奏称:"有人说海贼凡数万人,浙江米都是此辈搬去,故常患米少。此说不确,数万人必有宿泊之所,今台湾、澎湖、舟山、金门、海坛、厦门诸岛,无不重兵镇守。其余小岛,能驻百人者便少,数万人何处栖身?此辈不过是内地之人,乘南风则出掠,北风起则仍归内地耳。末几,擒获一贼,地奏且莫正法,就此穷究其根株,必有巨猾为之窝主,得其巨猾,则余党易散矣。其后,果得郑尽心。大凡兵间事,须得其要领,成功便易。又莫妙于以贼攻贼,不易之道也。"

李光地亦坚决反对处理"民变"滥加刑罚的做法。地方上因严重灾荒发生民变,百姓起来造反,抢夺富户粮食。按照惯例,民变平息,朝廷要杀一大批人,领导民变者,更要施以凌迟和灭族酷刑。李光地对此有不同看法,极力反对打击扩大化,尤其株连九族的做法。按《文贞公年谱》载,李光地认为民变的发生,往往"非设心为乱也,迫于饥馑耳"。百姓造反,大多缘起于饥荒灾祸,"因饥酿乱实情,与怀逆背叛者有间",并非蓄意谋逆造反。因此,处理这样的案件,不应扩大打击面,滥用刑罚。维护地方治安,防止民变,问题的根本解决,还在于政通人和,风调雨顺,五谷丰登,百姓能安居乐业,社会风气良好,人人安分守己。如此地方自然没有鼠窃之辈,大洋自然也无海贼行劫之害,民变自然也不会轻易发生。在李光地看来,历代有作为的帝王,皆以仁德治天下,应坚持以仁德治天下,百姓自然臣服,无须以武力施加。他也认识到,酷政乃是历史积弊,屡屡发生和延续有复杂原因,有惯性作用,解决单独某起案件固然重要,可是仍难以从更大层面上解决问题,只有作为最高统治者的皇帝思想上对此有足够认识,才能避免更多酷政。因此,竭力鼓励康熙帝承继尧舜恤民仁民之心,革除"二千年沿袭之秦酷",建立"超越前古"的太平盛世。

李光地从民为邦本的思想出发,将对待百姓、对待社稷、对待君主的态度，分为三种不同的思想境界。按《榕村语录·下孟》载，他说："安社稷臣，只知社稷为重；天民，却见得百姓要紧，要匹夫匹妇无不与被尧舜之泽，实实见到'天之生斯民也，使先知觉后知，使先觉觉后觉'一段道理。问：'大人亦不过是天民见解，不能更高了。'曰：'其根本见识，天民与大人一样，只是正己而物正，是尽其性。则能尽人物之性，赞化育，参天地。天民者，正己而正物者也；大人者，正己而物正者也。'问：社稷臣功岂不及于百姓？曰：如霍子孟与民休息，天下富庶，岂无恩泽及民？只是起念为安社稷耳。即事君人者，岂无有益社稷之处？只起意为容悦耳。"在这段对话中，李光地划分的三种境界分别是天民境界、安社稷臣境界、事君人者境界。首先是他认为天民思想境界最高，是真心实意为百姓谋福利；其次是安社稷臣境界，安社稷臣固然也有恩泽及于百姓，可是动机是为了维护君主统治，因而思想境界不及天民境界；再次是事君人者境界，尽管不能说这种人对国家没有一点益处，可是主观动机不过是为了取悦皇帝而已，因而思想境界最为低下。李光地最推崇天民境界，认为既然做官是为了百姓，就要真心实意为百姓干实事，而不能只讲空话。按《榕村语录·性命》载，他明确提出："天地位，万物育，不是空话，是实事。老吾老，幼吾幼，以及人之老幼。一怒而安天下之民，哀矜鳏寡，乐以天下，何尝不是实事，不单是空讲道理。"在他看来，只有为百姓做实事，把圣人推崇的大同世界理想，落实到具体行动上，才称得上是圣人，称得上是天民境界。

清代"康熙盛世"的出现，无疑与以民本观念作为政治指导思想分不开。应当说，康熙帝作为较开明的皇帝，具有一定程度的民本思想，总是劝谕官员勤政爱民，且在各种场合屡屡叹息"天下官员真心为民的实在太少"。不过，康熙帝的民本思想，毕竟只是些零星言论，并没有形成系统。李光地则不同，作为有抱负有识见的政治家，不仅具有民本思想，而且比较系统，具有相当的理论深度，有些话还是皇帝不喜欢听的，触忌讳的。然而他还是说了，且说得颇为明白，这无疑值得充分肯定。

二、君臣关系的理想

国家有了君主和大臣，就有了君臣关系。君臣关系，是中国传统政治中极为重要的一种关系，这种关系和其他关系比起来，似乎是最难处理也最难把握尺度的一种关系，因而也成为中国古代社会长期存在的一个突出问题。李光地熟悉中国古代历史，又长期作为康熙朝的重要辅臣，对于君臣关系有深刻感受，亦深谙其重要性，能否理顺君臣关系，直接影响治国安民成效，从而关系到国家盛衰。因此，他对如何和谐君臣关系，有深入的思考，并提出不少颇有见地的观点。

李光地君臣关系的基本理念，或者说理想，是“君臣朋友皆尊贤”。按《榕村语录·中庸》载，他在解释《中庸》“仁者人也，亲亲为大；义者宜也，尊贤为大”时，明确提出君臣关系应如朋友，同时君臣皆应尊贤的观点。他说：“君臣、朋友，皆尊贤也。君择臣，臣亦择君，朋友同德同术，劝善规过，都是尊贤。君臣、朋友因是义，难道父母有过不废几谏，兄弟有过垂涕泣而道，非义而何？到底属仁一边，故曰父慈子孝，兄弟怡怡。父子、兄弟固是仁，难道君之体臣，臣之忠君，朋友不相欺负，非仁而何？到底属义一边，故云合则留，不合则去；忠告而善道之，不可则止。所以亲亲之杀，不是杀到薄处；尊贤之等，不是等到轻处。杀即由仁而之义也，等即由义而之仁也。”李光地以朋友关系来论君臣关系，同时君臣皆应尊贤的思想，既是对先秦儒家学说中包含的合理因素的继承，也是晚明以来中国社会出现的一种新观念，反映了人们对于平等的要求。

李光地认为，中国古代曾有很好的君臣关系，君臣犹如朋友。按《榕村语录·治道》载，他说：“古者君臣如朋友，情意相浃，进言亦易，畏惮亦轻。朱子云，金人初起，君臣席地而坐，饮食必共，上下一心，死生同之，故强盛无比。及入汴，得一南人教他分辨贵贱，体势日益尊崇，而势随衰。汉高祖初得天下，群臣故无礼，叔孙通不过记得许多秦家制度耳。杜工部云，叔孙礼乐萧何律，其实坏事，就是此二件。”在李光地看来，古代那种君臣如朋友的君臣关系，无疑很值得赞赏。君臣如朋友，君体恤臣，臣忠诚君，关系融洽，大臣容易进言，没有多大畏惧，君臣同心同德，共同处理国家事务，非常有助于国家强盛。后来，因为“秦家制度”流行，这种良好关系遭到了破坏，不复存在，君臣关系变得等级森严，亦给国家治理带来了严重负面影响，导致国势衰落。

中国古代社会确实存在君臣如朋友现象，夏商周时期原始民主制就是这样，直到秦汉以后，这种现象仍有出现。汉代公羊学派也有“贬天子”“君臣朋友”之说。顾炎武《日知录》曾列举南北朝和隋朝时期多个例子，说明“其时堂陛之间未甚阔绝，君臣而有朋友之义，后世所不能及矣”。宋代亦曾出现“天子与士大夫共治天下”，君主与士大夫之间多处于宾客、师友关系。诸如在叶适《水心集》中，描述宋孝宗与宰相史浩之间关系是“以师以友”。王安石认为大臣应当与天子“迭为宾主”，宋神宗则将其尊为“师臣”。马永卿记刘安世《元城语录》也说，王安石“与人主若朋友”。可是这并不是秦汉以后中国历史的常态。

秦汉以后君臣关系的常态，正是李光地指出的令大臣畏惮的“秦家制度”，即君主乾纲独断。春秋战国时期，孔夫子就为君臣关系定下了“君君臣臣”基调，也就是说，君就是君，臣就是臣。君为臣纲，臣要听命君主。法家和道家也主张尊君卑臣，韩非子最早提出“三纲”，所谓“臣事君，子事父，妻事夫，三者顺则天下治”。管子也提出“尊君卑臣”之说。马王堆出土的道法家佚书《伊尹·九主》，亦称“制命在主”、“诤理皆塞”，全部权力归集君主，甚至禁止臣下诤谏。以法家学说立国的秦始皇，自称“大圣”，按《朱子语类》载，朱熹就说道：“至秦欲尊君，便至不可仰望。抑臣，便至十分卑屈。”汉承秦制，行尊君卑臣之法，叔孙通制朝仪，令群臣震恐，朱熹就看破了这继承的是“秦人尊君卑臣之法”。元的部族传统重视主奴关系，将大臣视为私属奴婢，多有鞭笞臣下之事，大臣上奏亦多见自称“奴婢”现象。明王朝在此基础上创制廷杖，并废除宰相中书，皇权独大。入清以后，皇权高炽，“惟以一人治天下”，以君师合一自诩，决不允许出现“师臣”“宾友”之类大臣，康熙帝还辅以密折制度使诸臣相互告发，并自称“自古得天下之正莫如我朝”。他的孙子乾隆帝，更是仇视宋明体制下的君臣聚议，在乾隆帝看来，治天下与士大夫聚议不过是“庸主”所为，只有乾纲独断的皇权才是正道。这个演进过程中，李光地提到的汉代叔孙通制定的朝仪及萧何制定的律法，确实起了不小推动作用，使“秦家制度”制度化，并为后来历朝广为承继。

李光地明确表示，反对令大臣畏惮的“秦家制度”，因为弊端实在太多。然而他亦非常清楚，“秦家制度”已沿袭两千年，这在当时依然是种无法改变的现实，自己也奈何这种制度不得。因此，他所谓“君择臣，臣亦择君”，并不是说大臣可根据自己意愿，选择自认为是好的皇帝。封建社会中，一般而言，谁当皇帝是既成事实，不是某位大臣可以决定。亦正因此，君主可选择大臣，大臣一般无法选择君主。所以李光地所谓“臣亦择君”，包含两层重要意思，一是“不苟合于时而守吾道之正”。也就是说，大臣是否要为君所用，关键要看君是否亦尊贤。何谓尊贤？尊敬贤者，高贵能者，敬重有才能有德行之人。《礼记·中庸》曰：“义者宜也，尊贤为大。”《孟子·万章下》曰：“用下敬上，谓之贵贵；用上敬下，谓之尊贤。”汉代贾谊《过秦论》称：“此四君者，皆明智而忠信，宽厚而爱人，尊贤而重士。”冯梦龙《东周列国志》载：“臣曾佐子余之军，与其子盾相善，极知盾贤而且能。夫尊贤使能，国之令典。”清代唐甄《潜书·抑尊》称：“尊贤之朝，虽有佞人，化为直臣。”尊贤，既是儒家的政治崇尚，亦成为历朝重要政治衡量标准。李光地认为即使贵为九五之尊的皇帝，同样亦应尊贤，否则大臣就不必为其所用，独善其身，坚持洁身自好。正如他解释《周易》时所说，当君主不能用正道直行之人时，自己绝不去迎合君主；当君主能用正道直行之人时，自己才能为其所用。这就是“臣亦择君”的一层重要意思。另一层重要意思是努力“以下变上”，也就是说，大臣要履行职责，通过自己的思想和行为影响君主，积极向君主进言，劝善规过，使君主能向善的方面发展，纠正自己的错误行为。

李光地亦深知，向皇帝进言是很难的，以下变上甚难。为什么？道理很简单，君臣关系不平等，皇帝与大臣是上级与下级，是命令与服从的关系，这是关键。按《榕村续语录·治道》载，他说：“自上而变下者易，自下而变上者难，然固不可谓不能变也。”君主是天下至尊，高高在上，一言九鼎，居于君臣关系的绝对主导地位，握有对大臣生杀予夺大权，大臣处于弱势地位，言谈举止自然必须格外小心谨慎，行事自然要战战兢兢，所谓伴君如伴虎，说的就是这个意思，皇帝是虎，根本不在同一个等级的大臣，自然随时可能遭祸。而且皇帝也是人，总是喜欢听歌功颂德的话，逆耳忠言毕竟逆耳，像唐太宗那种胸怀宽大的皇帝能有几个？如此，大臣向皇帝进言，稍一不慎，就可能触犯龙颜，带来的后果，轻则丢官弃爵，重则连小命都不保。进言难，以下变上也就难。所以古人有“非才之难，所以自用其才者实难”之叹。韩非子作《说难》，就把向皇帝进言比作捋龙须批逆鳞，因而教给大臣一套免遭杀身之祸方法，可是说来说去，无非都是教大臣如何避祸，消极防范，而非教大臣如何采用有效方式，积极进取，规劝皇帝为天下做更多好事。

李光地认为尽管大臣向皇帝进言难，以下变上确实不易，不过大臣既然是协助皇帝治国安民，就有这个职责。阿谀奉承，拍马屁求宠，固然应当唾弃。唯唯诺诺，明哲保身，不求有功，但求无过，毕竟亦不可取。国家如果没有一批敢于谏言“变上”的大臣，任由皇帝乾纲独断，肯定是治理不好的。特别是那些有政治抱负的大臣，更应当抱持这种态度。而且同样重要的是，以下变上并非完全不可能，只要方式对头，坚持不懈，皇帝也是可以改变的。关键问题在于如何才能在现实制度下，获得君主对自己的尊重和信任，发挥自己的才干。在李光地看来，大臣要实现以下变上，有三点非常重要，一是要有真才实学，二是诚信事君，三是讲究方式方法。这三点，实际上也是他自身的经验总结，是从处理与康熙帝关系的长期实践中得到的启示。他通过自己长期辅佐康熙帝的实践过程，以及所取得的效果，对这三点做出了很好的诠释。

要有真才实学。李光地认为要达到以下变上理想，首先要让君主能够重视自己，倚重自己。按《榕村语录·治道一》载，他强调指出："做官者不思令君重，但思令君亲；不求见敬于君，专求见爱于君。最是恶消息。"就是说，作为大臣，应当努力使君倚重自己，而不是努力使君亲近自己；应当努力使君敬重自己，而不是努力使君宠爱自己。前者靠的是真本领，后者靠的是拍马屁。李光地特别厌恶后者。因此，要有真才实学。真才实学，是安身立世的根本，治国安民的基础。只有真才实学，才能为君主提供所需的知识，辅助君主匡世济民。没有真才实学，只会空谈，于君于国都没有什么用处。因为皇帝毕竟要治理国家，治理国家需要真才实学。那些有抱负的明君圣主，还是很需要这种人才的。按《榕村续语录·本朝时事》载，李光地又说："思为朝廷用，亦须些本领，读书草草，腹中空虚。"同时要有识见，能够提出有建设性意见，又有践行能力。如此方能让君主重视自己，敬重自己。李光地能得到康熙帝倚重，位极人臣，成为文渊阁大学士，康熙帝重要辅臣，从根本上说，靠的也是这个基本条件。长期勤学苦修，学而不倦，广泛涉猎，深入钻研，博采众长，学问渊博，且识见不凡。因而经常向康熙帝进呈自己所撰著作，供康熙帝阅读，且提出不少关于思想文化及学术方面的见解，供康熙帝参考或借鉴，以便能从中学到"论道经邦、整理阴阳"的道理，激发了康熙帝对学术文化的广泛兴趣，且能够为之析疑解难。他所以能够说服康熙帝重视引进西方天文历算学，正是因为自己对中西天文历算学做过认真研究比较，且对两者差异已颇为清楚。李光地又绝非固守书斋的书呆子，而是很注意学以致用的学者型官员。他有很强的政治洞察力，善于发现问题，分析问题，抓住问题关键所在，审时度势，提出自己的见解和主张，并积极创造条件使之得以贯彻实施，因而具有很强理政能力。这种不凡的理政能力，在刚步入官场后遭遇耿精忠叛乱及随后统一台湾问题上，即已得到突出体现。不凡的才学与识见，颇强的理政能力，是他整个为官生涯安身立世的基础，无疑让他受益匪浅，既得到许多同僚的敬重和推崇，亦得到康熙帝的肯定和赞赏。所以康熙帝称赞他学问好，且人品端正。李光地曾说过，他为内阁学士时，有段时间，康熙帝问他的问题最多，问明珠仅二十多件，问其他人最多也不过十多件，而问他一人就有五十七件，使得满朝大臣皆甚惊诧，“举朝震悚，以为殊异”。这一切，亦表明康熙帝对李光地才学识见的赏识和器重。

应诚信事君。这点亦非常重要。何为诚信事君？就是对皇帝要忠诚老实。封建社会，皇帝是国家的象征，所以为臣者诚信事君，也是诚信事国，即是为天下国家着想。所谓忠君报国，讲的就是这个道理。但是君与国毕竟不同，君并不等于国，诚信事君，从根本上说是要诚信事国。因此，为臣者必须国而忘家，公而忘私，不植私党，不谋私利。按《周易观象・下经二》载，李光地解释《周易》损卦六三爻辞“三人行则损一人，一人行则得其友”时说：“一爻损以益上，是一人行而得其友也。若多所牵系而不舍，则其得友也必不专矣。凡人国尔则忘其家，公尔则失其党，苟私家党，与之是狥，则何诚信以事君乎?”这就是诚信事君的含义。按《周易观象・下经一》载，李光地在解释《周易》睽卦九四爻辞“睽孤，遇元夫。交孚，厉无咎”时，亦从中发挥出“人臣无党之义”。他说：“四居大臣之位，处睽之时而无应，睽孤者也。与初九同德相与，是遇元夫交孚之象。虽非正应而助己者，然不合以私而合以公，不助以交而助以道，正得人臣无党之义，虽危何咎乎？睽非善也，而处大位者以特立为安，则无咎之道也。”所以李光地认为诚信事君，并非对皇帝唯唯诺诺，唯命是从，更非对皇帝曲意逢迎，献媚邀宠。当发现皇帝某些决策不妥时，这是不符合国家利益的，作为大臣，就应积极进言，规劝皇帝扬善改过，即使可能要冒某种风险，亦应当这样做。在李光地看来，忠诚事君，应当始终以“积诚致谨，耐事慎交”为戒，把“仕宦以孤立为安身”作为座右铭，凡事以公心为出发点，不怕孤立，不植私党，不媚附权贵，不屈从流俗，坚持独立人格。尽管这样可能会得罪一些人，甚至使自己处于被孤立境地，然而最终还是会得到皇帝敬重。因为植私党毕竟亦与皇帝治国安民目标不符。这种见解，无疑亦与自身经验不无关系。康熙朝时，朝廷大臣为争权夺利，屡屡结为朋党，党派林立，勾心斗角，尔虞我诈，互相倾轧。李光地步入官场后，抱着治国平天下理想，几乎是把皇帝作为唯一朋友，没有依附任何朋党。索额图势盛时，他从没有到索府去拜访过。明珠党权倾满朝时，他也不依附，且私下婉言规劝明珠洁身自好。按《榕村续语录・本朝时事》载，李光地也说：“索盛时，予不曾谒索；明盛时，予不曾附明。”明珠倒台后，南党呼风唤雨，势焰熏天，权倾朝野，李光地亦不趋附。北党势盛，他亦没有投入北党阵营。李光地秉持准则，洁身自好，独立直行，诚信事君，尽管得罪了许多人，可也因此更加赢得康熙帝的尊重和信任，从而在辅佐康熙帝过程中发挥出更大作用。所以在李光地看来，诚信事君，也是以下变上的重要法宝。

进言讲究方式。这点亦颇为重要。李光地主张大臣要积极向皇帝建言献策，规劝皇帝扬善改过，甚至不怕得罪皇帝。然而如上所述，他也很清楚，传统社会中，皇帝是天下至尊，向皇帝进言不容易，提出批评意见更难。如果犯颜直谏，精神固然可嘉，然而不仅可能达不到效果，弄不好还会给自身带来巨大祸害。唐太宗算是较有听取大臣不同意见的雅量了，可是以魏征之直言敢谏，也还是险遭杀身之祸。何况绝大多数皇帝，包括康熙皇帝，度量远不如唐太宗，康熙帝处罚陆陇其，杀掉戴名世，就是很好的说明。因此要讲究方式。在李光地看来，最好的方式，就是"以颂为规，言婉意至"。什么意思？以颂扬皇帝某种善行的方式，鼓励皇帝继续发扬善端，以此来达到劝止皇帝错误的行为。也就是说，尽量把话说得委婉，说得中听，因为历史上似乎还没有一个皇帝不爱听好话。如此既表达了自己的见解，又能使皇帝易于接受。这是达到以下变上的最为有效方式。李光地还有自己的政治实践，诠释了如何运用这种方式的三个途径：一是对皇帝做得不够彻底的好事，鼓励皇帝将其做彻底。例如康熙帝采取蠲免钱粮办法减轻百姓负担，可是这个政策真正贯彻落实并不容易，蠲免之年，地方官吏往往仍然可借征收上年积欠钱粮为名进行额外加派，从这种政策得益的是地方官，而不是百姓。李光地为了革除这种弊端，奏请康熙帝在蠲免之年将以往积欠钱粮概予免除，先颂扬康熙帝"视民为伤"，继则又说让百姓"实沾"皇上"鸿仁"，使康熙帝欣然采纳建议，从而堵住地方官"缘旧以罔新额"漏洞，将蠲免政策真正落到实处。二是对皇帝表现出的某种善端大加发挥，扩展内涵，促使皇帝将在处理个别事情上的善行转化为具有普遍意义的既定方针。例如对于被重大案件牵连的人，只有在皇帝开恩情况下才能得以赦免。按《榕村谱录合考》载，康熙五十三年(1714 年)，李光地看到皇帝对刑部判案错误之处的驳正，就借此机会去见皇帝，先把康熙帝赞颂一番，说"顷见上所驳正，虽杖徒不遗"。康熙帝直言不讳地回答说，自己也只是抽阅几件，减少一两件冤案罢了。李光地遂借此发挥，讲了一通"使二千年沿袭秦酷，一旦尽湔"的道理。三是针对皇帝日益滋长的自满情绪，通过向皇帝讲《易》理和颂扬皇帝"不自满"达到规劝目的。康熙五十三年(1714 年)八月某天，康熙帝问及《易》鼎卦"鼎覆"之义，李光地回答时，有意将爻辞讲力不能胜任而导致倾覆的原意改为"有自满之心，德必退"意思。这本是附会之辞，却给康熙帝敲了警钟，使康熙帝为之“悚然”。李光地借此机会又说：“甲寅之乱，臣梦三乌犯日，卒占太平之兆。自削平以来，海宇乂安，然臣窃窥圣意，犹以吏治未清，教养未备为念。欲使家给人康，风行化偃，则太平之象，固愈进未艾也。”通过讲易理使皇帝受到震动，又赞扬皇帝“以吏治未清教养未备为念”，从而给皇帝指明继续努力方向，康熙帝更为之顿悟和振作，“瞿然”曰：“所为读书者，凡以此耳。”

在李光地看来，有了上述三点，大臣就可以对皇帝产生影响，取得积极的效果，从而实现“君臣朋友皆尊贤”的理想境界。这些论述，识见确实高出常人一筹。

三、官员选拔的主张

官员是治国安民的资本，是推动社会发展进步的重要力量，李光地对此非常重视，尤其对当时官员选拔的两个主要途径，即科举考选制度和官员荐拔制度有深入的思考，并提出不少颇有见地的主张，为优化官员选拔制度提供了重要的理论指导。

官员选拔是人才选拔。人才一词，出于古老的《周易》“三才之道”，即孔子及孔门弟子的《易传》所讲：“《易》之为书也，广大悉备。有天道焉，有人道焉，有地道焉。兼三才而两之，故六。六者非它也，三才之道也。”人才有两个含义：人的才能与才学。人的才能。汉王充《论衡·累害》曰：“人才高下，不能钧同。”晋葛洪《抱朴子·广譬》曰：“人才无定珍，器用无常道。”《北史·崔亮传》称：“立中正不考人才行业，空辨氏姓高下。”唐刘知几《史通·叙事》载：“故知人才有殊，相去若是，校其优劣，讵可同年？”至于有才学的人，晋葛洪《抱朴子·逸民》曰：“褒贤贵德，乐育人才。”宋王安石《上仁宗皇帝言事书》称：“则天下之人才，不胜用矣。”清恽敬《兵部侍郎裘公神道碑铭》载：“今上加意人才，大臣多以公名举奏。”吕澄《中国佛学源流略讲》称：“支谦到江南以后，北方仍有宣扬佛学的人才。”所谓人才，简而言之，就是人中之才，在某个方面有优异才能或本事的人，能够进行创造性劳动，并对社会或国家做出贡献的人。人中之才在人类社会发展进程中扮演了至关重要角色，直接影响到国家的兴衰存亡，因此历朝历代皆不能不重视。

李光地作为康熙朝重要辅臣，特别重视人才的作用，明确指出：“人才，国运所系。”在他看来，人才事关重大，直接关系到政权巩固，王朝兴衰。优秀人才是社会楷模，可引领社会风气。按《榕村续语录·历代》载，他说：“天下全以人才为主，开国初有正经人物，便成一代好风俗。明朝三百年，诸事废弛，学术荒芜，风俗却好。立朝士大夫，虽树党误事，要不可谓其无清节。大凡易代受命，须有前朝遗逸，如派头传来一般，所谓硕果也。明初，虽洪武猜疑，不能任人，到底有宋金华、刘诚意诸人。接以方正学，靖难死义者甚多。汉之二生，所谓硕果也，虽不用，所谓虽无老成人，尚有典型。”在李光地看来，治国安邦，人才至关重要。某个新王朝建立后，倘若能得到优秀人才，就能对社会起到很好引领作用，形成良好的社会风尚。明朝就是个典型例子，尽管很多事情没有做好，学术亦荒芜，然而精神风貌却不错，立朝的士大夫，虽然结党争斗，然而从个人而言，大都皆有高尚节操，这与明初宋濂、刘基、方孝孺等优秀人才的引领作用有着极为密切的关系。按《榕村续语录·治道》载，某日，康熙帝召见李光地等大臣商讨国家事务，谈到“兴水利，复民兵”两事，认为是非常好的两件事，可是又担忧做不成，让人笑话。李光地答称：“要得人，不得好官，行且无成，而有害。”康熙帝表示赞同。在李光地看来，人才关乎国运，利国利民的事务，如非合适的人去推行，反而会变利为害，所以应高度重视用人。

人才的重要性毋庸置疑，关键在于从国家角度而言，如何能够选拔出具有真才实学的人才。很显然，只有正确的方式和途径，才能为人才的脱颖而出提供良好条件。反之，具有真才实学的人才就会受到压抑，得不到应有的重视和利用，国家也就无法充分发挥他们的聪明才智。这是困扰历代统治者的一个突出问题。就清朝而言，国家选拔人才的途径，主要是科举考试，以及荐举提拔。李光地对人才选拔的思考与主张，主要也是围绕这两个方面。

科举制度诞生于隋朝，这个短命的封建王朝，两代帝王的政绩并不显著，可是建立科举制度却有历史性贡献。隋朝，封建王朝为保证人才质量和扩大统治的社会基础，创立了科举考试制度。隋文帝废除历代从世家贵族选士的旧办法，改为考选秀才。隋炀帝大业二年(606年)，始建进士科。这就是科举制度的发轫。科举制度建立后，历经唐宋元明各代，一千多年来，是封建王朝人才选拔与官吏选拔的最主要途径。清朝建立后，仍沿袭这种选拔制度。然而科举制度创立后，随着时间推移，也日渐暴露出各种弊端。尤其到明代后期，问题更加突出。而且自科举制度创立后，追求科名的欲望驱使，科场舞弊也始终是个突出问题。官吏腐败，录取不以才学为标准，某些读书人和家长也心存侥幸心理，通过各种不正当手段，谋取科名。科场中挟带、抄袭、顶替、倩代诸弊，于是层出不穷；夤缘请托，贿买关节，相演成风，愈演愈烈，令封建统治者头疼不已。清朝建立后，恢复科举取士，科场积弊，也随之沿袭下来，且进一步发展。科场舞弊，更是入清以后全国的普遍现象。清朝刚开国的顺治时代，顺天和江南相继发生轰动全国的乡试舞弊案。进入康熙时代，问题依然非常突出。

李光地对科举制度有深入思考，对其弊端也有较深刻认识。在他看来，当时科举的最大问题，是明代以来愈演愈烈的八股文盛行。按《榕村全集·序二》载，他在所撰《名文前选序》称："前代自洪、永之间，设科取士，以经义为先。至于中世，王、钱诸家辈出，而其道始盛。……以经义初指揆之，既极彬彬，无以加已。嘉、隆以后，异说盛流，师传毁弃，材则兼收夫子史，论则出入于秦、汉。又其甚者，则佛、老之绪余糟粕而已。至于破体坏法，踔躏颠倒。尤韩子所谓杂乱无章，而转相夸毗，侈为至极。彼不知经义设科之意，初不如此也。"事实正是如此。明代科举考试，科目虽沿用唐宋旧制，然而考试形式大大变更，最突出的是经义考试采用排偶文体，俗称"八股"，通常又称"制义"。所谓"八股"，即把文章分为破题、承题等八个极为严格的段式。明代科举考试，既以八股为准，从四书五经出题做八股文。因此，学子要想取得科名，只能把注意力完全放在如何学做八股文章方面，科举制度日渐僵化。清朝统治者为控制社会思想，强化集权，自小考直到会试的各级科举考试，均以第一场所考八股文为取舍标准，且八股格式愈加机械化，命题更不合理。由于考试内容空疏而不切实际，使士子为应付考试而务求浮华。在李光地看来，"设科取士，以经义为先"，这本身并没有错。但是明朝中叶以来，随着八股取士的不断强化，科举考试逐渐偏离正轨。读书人为追求科名，只能跟着科举指挥棒转，只是埋头八股文，反复进行八股文模拟考试，以应科举之需，将全部精力用于无用之学，不务实学，成为普遍现象。这样的结局，显然已经大大背离了"设科取士"的初衷。如此，又怎么能选拔出有真才实学的人才呢？

李光地关于科举弊端的见解，显然是正确的。科举制度作为一种人才选拔模式，从产生之日起，本身即存在着较为明显的局限性。最为突出的表现在于科举的着眼点完全放在文化理论方面，基本上是一种文化知识水平的考试，取舍的基本标准是对传统文化的掌握程度，必然造成所选拔人才的理论水平与实际能力的脱节，不能完全反映出一个人的真实才能。实际上，这种局限性在科举制度推行过程中，较早就已暴露出来，要求不断加以改进，使之进一步完善。对此，统治阶级中的某些有识之士，也较早就看到这些问题，甚至某些作为最高封建统治者的皇帝，也或多或少地意识到这一点。因此，从唐代开始，统治阶级就有一些措施，对科举制度进行调整和修改，力求使之更为完善。宋代，这方面仍有一些做法，如王安石变法时一些针对科举的举措，实际上也是为了解决那些明显的弊端。朱熹也尖锐地指出："今人读书，只要科举用，已及第则为杂文，学古人态，不为自己受用，而反做外面事看，有何益哉。"明代甚至清代，统治阶级也并没有完全放弃对科举制度的改造，仍有一些新的做法。但是所有这些举措效果有限，未能从根本上解决科举模式本身的缺陷。更为重要的是，从明代后期开始，科举制度的改造不仅没有沿着正确方向发展，反而步入歧途。八股文的盛行，就是最为突出的表现。科举以八股为定式，士子按八股做文章。在此状况下，科举制度的立足之本和所遵奉的信条业已存在着的不少隐患，不仅未能得到消除，反而进一步加剧，造成的危害亦愈来愈严重。按《榕村全集·观澜录·治》载，李光地尖锐地指出："今科举法可久乎？曰：汉、唐、宋试士之法，明收而兼用之。其初务于是也，专经义，守师说，比之诗赋，可谓近之矣。其弊也，不独浮华而飞蓬也，不独浓雾而氛埃也。于是而寻本实，睹清照，翩其反而，安所得英才而教育之哉？"在李光地看来，读书人追求功名，完全可以理解。因为一旦乡试、会试获选，金榜题名，得到一官半职，就算大功告成，就可"一登龙门，身价十倍"，就能荣华富贵。反之，名落孙山，则遭社会和家庭笑骂，以致无地容身。然而不断强化以八股取士，弊病甚大。读书人要追求功名，不能不埋头于无用的八股文，以为敲门砖。既然用人只看科第名次，而科第名次又只看八股文章，不问真才实学，那么是否学得真实学问，已无多大现实意义，所谓圣贤之学、义理之学、训诂之学被置之脑后，甚而抛到九霄云外，又有什么奇怪？如此又怎能造就出杰出人才呢？

科举既然弊端如此突出，那么是否应当废除科举制度？李光地的答案是否定的。按《榕村全集·序二》载，他在所撰《名文前选序》称："制举之文可传乎？曰可。其原盖出于义疏之流，而稍叶以俳俪者也。其法虽起于熙宁之新学，然观洛、闽以来，训义讲说，用其体者多矣。盖穷经之学，以剖析为功，故谈经之文，亦不以栉比为病也。由是观之，制举而能有发于圣贤之意，有助于儒先之说，虽与义疏注解佐佑六经可也。……我朝始复表章经学，尊重儒先，程、朱之书，废而复用，斯文之运，盖将跨越前代。”在李光地看来，科举是不能废除的，以经义取士的原则亦不应动摇。因为这是敦促读书人读圣贤书的重要手段。通过认真读圣贤书，深刻理解圣贤学说，有助于弘扬儒家学说，使儒家修身齐家治国平天下的思想主张，不断得到弘扬，深入社会人心。

李光地不赞成废除科举制度，无疑有其道理。因为在没有更合理的人才选拔制度取代科举制度之前，科举制度就有存在的合理性。实际上，科举制度的产生与确立，可以说是封建统治阶级重视选人用人制度的某种结果。科举制度产生前，封建国家也一直在寻找选人用人的更好办法，先后采用过多种不同的方式，来选拔和任用符合其政治需要的人才。从战国时期的“养士”“军功”“客卿”，到汉代的“察举”和“征辟”制度，再到三国南北朝的“九品中正制”。在这个进程中，每种方式的运用，相对于此前做法，无疑都有更大合理性，因而都是一种进步，但同时又都存在着明显局限，随着时间推移显得越来越不适应，促使封建统治阶级继续寻找更为理想的方式。科举制度的诞生，正是封建国家在这个问题上继续探索的一种结果，目的也是进一步改善此前九品中正制的弊端，以适应新的形势。因此可以说，科举制度的产生与确立，是封建统治阶级在长期统治中，经过反复比较而择定的一种选人用人制度。从指导思想看，科举制度贯彻的是“学而优则仕”的原则，在这个原则下，人人平等竞争，从而为不同社会阶层的士人提供了相对平等的竞争机会；从形式看，科举运用考试而不是举荐的办法，通过逐级考试，进行选拔与淘汰，以此选拔出成绩最优秀的人才；从考试内容看，科举考试范围涉及经义诗赋，策论诰表等，通过考核士子对这些知识的掌握与运用水平，决定取舍；从程序上看，科举考试程序经过不断完善，具有比较严格的规范，对各种舞弊行为也有种种防范及处罚措施，因而是比较严密的。正因如此，它比起其他的人才选拔模式，确实是历史的一种进步，自诞生后一直为历代封建王朝所沿袭，基本上取代此前的那些或以出身，或以地位，或以金钱为基础的取士标准，成为封建社会取士的基本模式。历经唐宋元明清五代，直到1905年，经历了一千三百多年的漫漫长路，为封建国家贡献了几十万各类官员，网罗了大批人才。伟大的革命先行者孙中山先生也借鉴科举制度，创立了选拔政府工作人员的考试制度。中国人的这种创举，不仅在中国教育史和文化史上占有重要地位，且得到西方政治家和社会活动家的充分肯定，西方人正是通过吸取中国科举制度的合理因素创造出现代文官制度，即国家公务员制度。通过考试选拔国家工作人员，毕竟比靠上级部门内定更具优越性。

李光地认为科举制度没有废除的必要，可以通过适当改革而使其完善。按《榕村全集·观澜录·治》载，他说："乡宾里举不可复，精择才行，勿以文辞之科先之，可也。夫非先王之道，莫之御而不为也，因今以权，复古以渐也。故曰通其变，使民不倦。"乡选里举选举制，也是上古三代的制度，据说周朝用人，都是由基层选举推荐。秦汉以后，这种制度只剩下躯壳，选举变成了察举，实际上就是官府内定。"举贤良，不知书；举孝廉，父别居；寒素清白浊如泥，高第良将怯如鸡"，正是当时百姓对所谓察举的无情嘲讽。李光地认为乡选里举不可复，无疑是正确的。在他看来，着眼点应放在科举制度的改革。按《榕村全集·观澜录·治》载，李光地又称："然则不可废也奈何？曰：恒其道者使不厌，通其变者使不倦，革而当者存乎其人而已，奚必废之哉？"可见态度非常明确，认为科举制度所以没有废除的必要，因为可以通过改革来完善，革除那些不合时宜的东西，使之保持强大的生命力。至于科举制度如何改革，他亦有清晰的方向与目标。按《文贞公年谱》载，他明确指出，读书治学，"采虚声，与受贿嘱，厥罪维均。又以制义者，遵守传注，佐佑六经，使人穷经明理，极有补于世教。才气骛驱，名为貌古，而实与经旨背驰，则掎摭粪壤，势必晦涩蒙昧。若晚明之为心声如此，治忽何征用"？在李光地看来，真才实学是赖以治国平天下的根基。科举弊端的最大危害，正在于未能引导读书人求取真才实学。读书人不认真学习经书古文，只是为了应对科举作八股文章，这对培养人才危害甚大。因此，科举制度的改革，就是要抓住这个要害，倡导通经学古，务实学，适当改变考试内容，使考试能够考出真才实学，而"勿以文辞之科先之"。如此就可以"以贻学者，立其根柢"，"以正事端士趋，以宽大培士气"，改变学风，"破俗还淳，以端士趋、兴雅化"，革除"沿俗学之弊"，引导读书人多读经书古文，扭转为应付考试而不务实学的积弊，造就出有真才实学的人才。

李光地还就如何改革科举考试内容，提出具体建议和主张。按《榕村续语录·治道》载，他明确提出："八股取士弊坏极矣，离却四书、五经不可。《周礼》经也，《公》《穀》于孔子为近，与《左氏》当列于学官。首场试经说五篇，令学者述先儒之异同，而析其孰为是，孰为非，皆所不可。则自出己意，四书说三，经说二。只此，足觇穷经，多则敝士子之精力，无谓也。二场论二篇，《孝经》虽圣人之经，卷帙最少，不如易以《性理》《通鉴》。表判可去，恐声病之学遂废，兼采唐制，试诗二首。三场策三道。首场试毕，取三倍人数进二场，余皆罢归。复取二倍进三场，刷去者亦如之，而后登其半。又以五年试大科，俾兼通数经，习'三春秋''三礼'者，得殚所长。登斯选者，授以馆职，如殿一甲之例，亦不过数人而已。即以其年试天文、律历，专门名家，分别录用。如此则士皆务实学。或疑二三场如试武业、马步，有不入闱之人，恐滋弊端。予谓弊之有无，原不关此，要在主司得人耳。"从这些主张可见李光地固然把科举考试的核心内容仍放在四书五经，但是有几点明显改变：一是经史分量更重，范围也进一步拓展，诸如《公羊传》《穀梁传》《左传》等皆被纳入其中；二是经义考试摒弃八股排偶文体，让考生重点阐述先儒学说异同，分析孰是孰非，能够充分表达自己的见解；三是重视博学宏词科考试，选拔博学宏词人才，尤其天文、律历等专门人才。在李光地看来，实行这样的改革，可极大扭转读书人沉溺于八股文而不务实学，实现"士皆务实学"的科举初衷。

李光地对于愈演愈烈的科场舞弊，亦极为不满，严加痛斥。按《文贞公年谱》载，他尖锐地指出："此风不革，科场安得真士而取之？大廷又安得良臣而用之乎？"因为科举是国家选拔人才的主要途径，关系到国家治乱兴衰，自然不能听任这种歪风邪气泛滥蔓延。按《文贞公年谱》载，李光地"以科场积弊久，极力挽之"。康熙五十年(1711年)秋天，江南乡试发生严重徇私舞弊案，发榜之后，舆论大哗，"秽声腾闻"，群情激愤，涉及舞弊者有副考官赵晋，有翰林院编修杨绪，且与江南总督噶礼有关，"督臣多所干预"。江苏巡抚张伯行上疏康熙帝，要求将噶礼解任，反遭噶礼诬陷。李光地向康熙帝陈言："科场之弊，半由外帘，外帘厘剔有方，弊窦之塞者已大半矣。然督抚交章，国体所系，倘加包容，已邀宽典。至科场情弊，人才攸关，百年因循，于今尤炽。若不卒究根株，重加惩艾，后安所廖乎？"在李光地看来，这事关系重大，必须彻底查清，公正处置，坚决惩处涉案官员，包括噶礼，方能"使正人无所疑惧"，使"海宇升平"。同时，按《榕村全集·劄子三》载，李光地又提出："科场一案，坏乱已极，士气沮塞，物论沸腾。……乞将一干人犯着解来京，发刑部严加鞠讯，则尽三秋可以结案，官邪儆而国法伸矣。"态度非常鲜明。在李光地看来，科举舞弊与考官自律亦有很大关系，充任考官，既非常荣耀，又责任重大，应忠诚履行职责，严格公正，方不辜负朝廷期望。按《榕村谱录合考》载，李光地称，古代公卿大夫为天子取士，必选择那些有德行道艺之实的人，而绝对不容许有私心。"科目之设，有誊书糊名，以曲为之防，斯固臣子之耻矣。若又以其物色之私意，行于誊书糊名之中，此为负吾君乎，负天下士乎，亦负其炯然方寸之心而已矣。夫厉臣节者，莫大乎谨幽独之私。端士习者，莫先乎慎始进之义。冥冥堕行，万事瓦裂，既已自误其身矣。而士之因缘以得者，他日又将败检行私，更相汲援，以谓吾昔之进身固如此也。是不惟自误而以误天下之人材。苟有鬼神，安所逃罪。故夫今日之役，臣节之所关，亦士习风尚之所系，可不谨与!”正是基于这种思想，考官应“同心剔弊，极力还淳”。当然，科场舞弊的发生，无疑亦与各种请托密切联系。因此，他对各种请托亦严厉痛斥。按《文贞公年谱》载，李光地为人“宽裕休容”，可是“独于科场请托之弊，义形于色。以为坏人品，伤风化，莫此为甚”。康熙四十八年(1709年)，李光地鉴于科场舞弊严重，请托之风盛行，为劝说朝中公卿不要再为自家子弟向考官说情，特地写了篇短文启发这些权贵的良知。按《榕村全集·序二》载，他在这篇名为《己丑会试录序》的文中写道：“盖进退之际，圣贤重哉其言之。以至近代名臣伟士，能竖丰功盛烈于他日者，其深器远识，莫不于始进定焉。夫学者存乎己，遇者存乎天，知命则知幸之不可徼，爱身则知行之不可苟。……后世之士，薄积焉而未售，则怨尤生矣。又其下焉，无挟而逐于外，则将无所不至矣。公卿大夫，乃士之表也，尤不宜急急然望其子弟为速化之术，以落其学植而丧其志气，岂所谓爱之护之，俟其熟而食之哉？为士者既以是而自进，为有司者又以是而相先，积习之久，或遂视为固然。有欲矫之者，反目之以不情，疑之为不信。此非其待人之浅，其自待者薄也。始进如此，而欲其行己立身，厉于末路，以无负圣天子之任使，人知其难矣。诸士今日者，释衡茅而骤通显，岂无高议远猷，可以相语，而犹区区焉追论于始进者，以为今日之士，异日之公卿大夫也。今日之取于人者，异日之取人者也。其介然一节者，固善矣。万有一二几微溺于俗焉，其亦勿重自反，而遂为不改之过，既自玷其身，又以误天下之英才。使其进之不正，而国家不获修士之用，其所维系，诚非细故。且又见夫世之以干得者，莫不貌德而心非。盖直道之在人，终不可泯也，则亦何为隐伏崎岖，以树此不可告人之恩哉?”

这篇短文，首先讲述在学问上不可侥幸，行为上不可苟且的道理，接着又讲公卿们为子弟请托并非真正爱护子弟，反而足以贻害子弟的道理，进而又驳斥那种认为拒绝请托就是不通人情的说法，最后更明确指出“直道在人，终不可泯”，“不可告人之恩”，终不可树。全文一气呵成，义正词严，直指人心，以致“公卿之未能免俗者，诵斯文，莫不动容知愧焉”。当然，这些权贵的良心发现只是暂时的。传统政治弊病的关键在体制，这种体制不能保证权贵只干好事不干坏事，亦不能保证考官不徇私舞弊。权力对人的腐蚀作用的是存在的，也不能要求人们指望这些权贵和考官的思想境界有多高，更不能指望仅依靠加强道德修养就能克服传统政治的弊病。因此，在李光地看来，关键还得从制度上加以改革，必须有切实可行的措施，完善科场管理制度。

康熙三十九年（1700年）七月，湖广总督郭琇上疏弹劾学政，并陈述科场积弊。康熙帝览疏后，非常重视，特派户部官员德明持书前往直隶，就如何整顿科场之事，向时任直隶巡抚的李光地咨询。李光地接旨后不久，即呈上一道长长的《条议学校科场疏》。这道奏疏，充分肯定郭琇对科场积弊的揭露，亦肯定当时部议的处分条例，认为应迅速将此处分条例颁行各省，严格实行。按《榕村全集・疏一》载，李光地在疏文中称："遵查学校弊端，如督抚司道之需索陋规，知府之要挟包揽，以至情面书札，乞恩讨赏之类，诚如督臣郭琇所陈。业经九卿议定处分，督抚、司道、知府及该学院道等严例。此时正当天下岁考，百弊丛集之际，诚宜作速通行直隶各省，严饬督抚、司道、知府及学院道等官，实心奉行，以除积弊者也。"不过，李光地认为仅有处分条例仍然不够，要从根本上铲除科场积弊，还必须采取各种具体措施，并将这些措施作为制度确立起来。于是提出了一系列具体措施建议，"其有未尽者，于学校内推广四条：曰学臣宜经考试，曰教职宜稍清汰，曰士习宜正，曰经学宜崇。于科场内推广三条：曰容首告，曰严外廉，曰儒士宜斥。保奏详密，概蒙施行"。

李光地提出的七项重要措施，具体内容如下：第一，学道官员必须经过考试。李光地认为，如果学道官员学业荒疏，就不可能录取有真才实学的人。所以建议在皇帝点用学差前，用一天时间先行考试，试以一书一经一论一策，从中选拔最优秀官员担任学道官。为防止泄露考题，避免这些官员可能预先请人做好文章带入考场，应由皇帝于考试当日亲临考场命题。当选为学道官员者在赴任前，亦应再由皇帝当面训谕，使其知道自重自爱。第二，教官队伍须加以整顿。李光地认为，如果学道官员手下的教官都是些迂腐庸陋之辈，学校风气也必然颓废败坏。因此，应令各省督抚会同学道官员对教官队伍清理整顿，责令老眼昏花、行动不便者退休，责令根本不通文理的滥竽充数者回家，只选取确有真才实学者担任教职，并报吏部批准。第三，必须整顿士林风气。李光地认为，"自贿买风盛，文武生员，多不识字，无行义之人”，这些人所以要买个生员，只是为了以此作为护身符，在乡间横行霸道。相反，那些多年寒窗苦读而无钱无势者则连生员也当不上。这样，也就不可避免地导致风俗败坏。因此，除了要给予收受贿赂的学道官员严厉处分外，必须严禁文武生员包揽钱粮、取证词讼，并对欺侮平民百姓的行为予以严惩。第四，必须尊崇经学，使生员学有根柢。李光地认为，目前士子大多只能背诵八股时文，做文章抄袭雷同，想以此侥幸取官。因此，必须鼓励士子多读中国历古圣经贤传，通晓中国学术源流，同时，科场考试命题也不应重复雷同，应加以变通。第五，奖励被迫收受贿赂而能自行坦白交待的考官。某些考官，迫于权势，不得不接受贿赂，对于这种人，应允许主动自首交待，并予以升官。这样，钻营奔竞的势利之徒就会感到害怕。第六，对被录取者应进行复试。清代考试监督与阅录，分为外帘与内帘，外帘官员负责监考，内帘官员负责阅卷录取。李光地认为，关键在外帘，他揭露外帘舞弊的情形说：“近来乡会二试，不但有换卷倩作之弊，且有带人到场中代作，而本生空手闲坐，直待交卷者。又有径雇一人顶名进场，而本生身在场外者。此等大弊不能察出，则外帘之官，虚负职掌，亦已极矣！臣前年提督学政，考校八旗时，亲见贡院墙垣破坏卑矮，巡绰军人及瞭望守门人役，无一非受贿代为传递之人也。”考场情况败坏到这种地步，如何处置？李光地说，那些巡视考场的军人、衙役和看大门者，唯利是图，没办法可使之不见钱眼开，关键在于监考官须打破情面，严格防范和检查，不致这些人肆行无忌。如果监考官徇情纵容，那么收进去的卷子就会起码有半数都是假的，负责阅卷录取的官员即使再公正，也难免会将那些有钱有势请人代作者录取！为防止外廉“只玩忽职守乃至徇情舞弊”，应在录取后，另外派遣大臣对被录取者进行复试，看其笔迹是否与原来试卷相符，文理是否通畅，杜绝假伪之弊。第七，罢斥在阅卷时担任分卷和在阅卷府之间担任联络，以及最后填名写榜的儒士。李光地指出，乡试和会试中任用的八位儒士，通常都是些惯于作弊的老手。首先在分卷时，将哪些卷子分给哪一房阅卷官，就可从中搞鬼。再就是在各房阅卷官之间联络时，也可从中搞鬼。这些家伙简直坏透了。可是朝廷大员还不同意将这些人罢斥，真是岂有此理！因此，李光地建议，应坚决将这些儒士永远革职，发榜时需要人抄写录取人员名单，可行文各衙门，让其保送抄写榜文之人。总之，不能再让这些儒士坏乱科场。此外，他特别指出，北京作为都城，八旗子弟甚多，大臣官员子弟甚多，外地来京钻营奔竞的势利之人亦甚多。所以对在北京举行的顺天府乡试须特别注意严格把关，防止八旗贵族子弟和大臣官员子弟及势利之人钻营得逞，堵塞贫寒出身而确有真才实学士子的晋身之路。

可见非常全面，且非常严密。康熙帝见到这道疏文，对其考虑如此周到严密大为赞赏，采纳了建议，将其付诸实施。当中担任考官官员须经考试选取的制度，直到晚清时还在施行。然而封建社会的政治终究是人治，不是现代社会的民主法治，所谓“有治人然后有治法”，权大于法，任何规章制度纵然定得再严密，遇到无法无天的贪官污吏也会成为空文。李光地提出的这些规章制度大多得到采纳，尽管没有也不可能将科场弊习连根铲除，毕竟在某种程度上起到了遏制科场积弊的作用。

清代选拔人才尽管有科举制度，但是由科举入仕者未必都有安邦治国真才实学，因此，朝廷用人，特别是官员升迁，还得靠大臣推荐保举。李光地认识到举荐人才的重要性。按《榕村语录・历代》载，他说：“荐贤育才，上圣之美德。”在他看来，举荐贤能，乃是美德。按《榕村续语录・治道》载，他又说：“总是讲求用人要紧，不任人而任法，讲求一万年亦无用处。”这就是举荐人才的意义。按《榕村语录・历代》载，李光地还以范仲淹和王安石为例，说明奖掖人才重要性：“范文正事业不必胜人，而为第一流者，功在推奖人才，故陈止斋谓百年用其余也。王荆舒人品何尝不高，而罪不可赦者，以其摧残人才也。要造就当下人才，要培养后来人才。武侯不得培养工夫，且造就当下的，忠厚者用其德，技勇者用其才，所以能建功立事。”李光地认为，范仲淹所以受到推崇，王安石所以受到非议，对待人才的态度也是重要原因。在这方面，诸葛亮最值得颂扬，因人而异，各尽其才。不过，在传统政治环境中，推荐人才有两大难题。一是有朋党之嫌。皇帝既要大臣推荐人才，协助治理国家，又要防范大臣借此培植自己的政治势力，结成朋党。康熙三十年(1691年)以前，朋党之争十分激烈，使康熙帝对朋党总是保持高度警觉，在这种情况下推荐人才，弄不好就会有朋党之嫌。二是可能受到连累。按传统政治惯例，被推荐的人任官后如获罪，推荐者就有失察“盲荐”之罪，也要受到惩罚。因此，皇帝如果想整某个大臣，常常从这个大臣所推荐的人身上找岔子。朝中大臣如果想打击某位大臣，往往也从这位大臣所推荐的人身上挑毛病。这两个难题，李光地也十分清楚，且自身亦有多次遭遇。可是在他看来，为国家社稷着想，不应为受荐举之累所羁绊。按《文贞公年谱》载，他在《与何焯书》中称：“某平生多受友朋之累，然每讽《蒹葭》‘场苗’之诗，念所谓‘举逸民，天下归心’者，慨然永叹，以为此太平之基，太上盛德也。辄复自罄，不顾其后。”因此，应正道直行，有自己主见，也不怕受连累，注意发现人才，积极向朝廷推荐，使其发挥更大作用。按《榕村续语录·治道》载，李光地称，康熙四十四年（1705年），他曾对康熙帝说：“如今人才不生。予做学院以至今，留心人才，虽童子有知觉者，皆着心。而求成一人物者，甚少。有文翁为之教，须得相如为之师。梅先生曰：当日蜀中，幸而有相如，亦不幸而有相如。倒底有文君事，所教者亦不过词章之学而已。”在李光地看来，举荐人才首先要发现人才，这并不很容易。自己长期留心人才，然而发现的优秀人才并不多。从某种意义上说，发现人才比培养人才还难。按《榕村续语录·历代》载，李光地又说：“知人任人，是人君大事。取人以身，从根本上做下来者颇少。如苻坚淫昏无比，为用王景略，便能立国。唐武宗任李德裕，亦有效。只是错的很多，所以知人是难事。”李光地认为，发现人才，知人善任，扬长避短，非常重要。前秦皇帝苻坚昏庸荒淫，可是因重用王猛这位能人为相，却也曾使国家强盛，成功统一北方。唐武宗以李德裕为相，效果亦不错。不过，亦用错不少人。所以知人善任并不容易。

李光地对如何荐举人才，还有自己的不少见解。诸如荐举人才关键要出于公心，不带私心杂念，不徇私情，光明磊落，胸怀坦荡，不嫉贤妒能，唯贤是举，只看能力与德行，不问出身来历，不考虑背后派系，不拘一格，把真正有能力有德行的人推荐上去。要注意防范小人，切不可荐举那些谄佞小人，防止给社会带来祸害。他曾以自己多次荐举的武官马见伯为例，说明被荐举者应有的能力与德行。马见伯是宁夏人，以武进士身份授直隶府正定守备。马见伯并非一介武夫，而是精通兵法，善于治军的将才，“为人整敏，气候分明”，“整饬军容，惠抚士卒”。李光地督学直隶，途经正定时，即与马见伯相识，器重马的才干。按《文贞公年谱》载，康熙三十八年（1699年），李光地任直隶巡抚，乘船巡视永定河，夜泊船于河岸。偶然发现负责护卫的马见伯通宵达旦守卫于附近，询问为何夜间不去睡觉，马见伯说：您的船夜里停泊于野外，警卫守护不可松懈，避免出现意外，这是“中军分也”。李光地笑着说：如今天下太平，社会稳定，没有什么可担心的，你通宵达旦静坐在这里，难道不会觉得疲惫？马见伯回答：“凡为将者，日夕警惕，倘床簟偷安，习久益惯，何以备疆场驱策乎？”李光地深为嘉叹，认为作为武官，就应有这种精神风貌。他说：“昔管子称小白，惕而有大虑。凡龙之蛰，闻雷则惕，惕而升腾，则云雨作焉。故夫惕者，立事之基也。余始知见伯时，披腹陈义，见伯无不惕易容者。以是知为大器也。”因此，屡次向朝廷推荐马见伯，让他历任山西总兵官、天津总兵官、固原提督。马见伯亦没有辜负李光地推荐，尤其是康熙五十九年(1720年)，协助平逆将军贝子延信率兵从青海向西藏进军，所向披靡，立下突出战功。

李光地还认为如何选拔出有能力、有德行的好官，实践的检验很重要。按《榕村谱录合考》载，某次康熙帝召对，谈到有个叫吴隆元的人，称有人说吴隆元有学问有能力，不知道是否真的如此。李光地说：具体情况不甚清楚，亦听说好。是不是真好，最好的办法，就是皇上给他个官职，让他去做做看，以此对他进行检验。即使学问好，会做得一首好诗，内廷里边，这种人实在不少，不如放到百里之外为官，加以试验。百里之外为官，称职并不容易，倘若果然才德兼备，即可加以重用，“不特有司为降黜之阶级，就是皇上考中的，转出试之以民社，也是使他有体有用。国家用人，原不限以资格”。康熙帝表示认同，李光地又说：“大抵诸人群聚在那里忍饿，自必至钻刺夤缘。不如试之于功名之途，且使他有转动，或可造就出一二人材来。”可见李光地对官员选任，非常重视实际工作能力，即使学问很好，会做得一手好诗好文章，没有较强理政能力，亦不可赋予重任。即使是皇上亲自考中的人，也是如此。倘若有较强理政能力，即使资格不够，亦可破格提拔任用。

值得一提的是，李光地对于荐举人才的重视，并非只停留在口头上，为官期间，发现和荐拔了许多有真才实学的官员，可谓不遗余力。上面提到的马见伯，以及推荐施琅提督水师专征台湾，就是典型。此外，所推荐的陆陇其、杨名时、徐元梦、何焯、梅文鼎、汤斌、方苞、蔡世远等，亦都是当时比较杰出的人才。这些人被举荐后，大多在各自领域做出不小贡献。国学大师章太炎，虽极力攻击李光地，可是在其《訄书》中也承认：“杨名时、李绂、陈鹏年、蔡世远、惠士奇、何焯，皆用名德尔雅，为光地识拔，故死后称誉得无衰。”章太炎这里说李光地死后仍有很高声誉，主要是生前举荐的这些人在为之呐喊，这显然失之偏颇。可是说李光地推荐了不少人，且这些人确实德才兼备，这倒是客观之论。

四、清廉吏治的见解

官员是否清廉，是吏治清明的重要标志，也是保持社会稳定、实现国家长治久安的重要条件，李光地对官员贪腐的危害性有深刻认识，因而极力倡导清廉政治，提出了不少颇为精辟的见解，坚决主张严惩贪官污吏，同时对清官加以保护和褒扬，助推正气，扬清黜浊。

官员腐败，贪官遍地，是中国几千年封建社会一大痼疾，也是令历代封建帝王深受困扰一大难题。官员贪腐，大发横财，百姓遭殃，既败坏官场风气，亦带来百姓不满，危及封建王朝统治。唐太宗之类的明智帝王，亦都知道，百姓好比水，帝王好比舟，水能载舟，亦能覆舟，如果听任贪官污吏扬威作福，总有一天王朝会被百姓推翻。可是皇帝毕竟是与官僚治天下，而不是与百姓治天下，统治天下毕竟要依靠庞大的官僚队伍。因此，中国历代帝王在保护百姓利益与维护官僚利益之间，又总是陷入两难境地，很难做出非此即彼的选择。

康熙皇帝亲政后，同样面临这种两难选择。应当说，康熙帝确实是一位颇有抱负的皇帝，希冀建立一个超载前古的太平盛世，亦知晓官员贪腐对国家长治久安造成的危害，因此不能不直面这个问题，并花费不少心思来处理这个问题。可是在他亲政后，官员贪腐行为实际上一直在发展，吏治腐败问题愈来愈突出，各种史书都有记载。如《清史稿·明珠传》载，康熙帝曾就大学士明珠卖官鬻爵受贿之事，斥责众大臣说：今日在朝廷的诸位大臣，自大学士以下，唯知互相勾结引荐，当讨论公事时，往往一两个人率先倡议，众人则纷纷附和，“一意诡随”。至于重要官员缺出，朕特别谕令大臣共同推举，原是期望得到优秀人才，也是想让被举荐者心存警戒，保持清醒头脑，清廉为官，谨慎用权，担心行为不端不仅自己受到律法惩罚，亦将连累举荐之人。可是“贪黩匪类，往往败露，此皆植党纳所致”。又如当时水患严重，面对水患，许多管理河道官员借口治河，营私舞弊，乘机大发横财，肥了自己，苦了百姓，田地荒芜，民为鱼鳖。时人概括得好：“武弁藉空粮，文官赖火耗，河工官员别无所获，惟侵渔河工钱粮。”康熙帝也清醒地看到这一点，他说：“水旱频仍，盗贼未靖，兼以贪官污吏，肆行朘削，以致百姓财尽力穷，日不聊生。”因此，按《清史编年》载，康熙四十年（1701 年）三月，湖广总督郭琇病重，康熙帝感叹地说，想找个合适的人替代他，还真不容易！因为郭琇以清廉著名，而当时的官场，按康熙帝看来，举目四望，“果如张鹏翮、李光地、郭琇者，能有几人？”张鹏翮为河道总督，曾任江南、江西总督，亦以清廉著称。李光地长期身居官场，清楚地看到官员贪腐的普遍性。按《榕村续语录·治道》载，他曾痛心疾首地说：“官吏日夜思为，盗劫抢掠以肥其身家。必得大贤，始念朝廷之命，牧养之义，此人如何多得？”按《榕村语录·下论》载，他解《论语》“冉求为季氏聚敛，何卑污至此”句时又说：“今人为公家司钱谷，一心要得公家富强者便少，不过是要侵牟肥己耳。以道事君，自非由、求所及。然由、求此意，便是根本，有此而后可语大臣之道。若侵牟肥己，乃盗臣也，夫子安肯以具臣许之？大抵士必有硁硁之饥，方可进于称孝称弟，又可进于有耻不辱命。若无此段诚确之意，便宜无根柢。”按《榕村续语录·治道》载，李光地又说：“朝廷一免江南银米即二百万，自古无如此之多者。只是天地间却不见有宽裕润泽之气，是何缘故？总是无好官。前朝虽不能官尽清廉，十人中有一二狠贪者，尚有七人好者。无人共理，虽朝廷之力，一人独办也做不得。又民于平居无灾害时，休养生息，如人保养，不致病染。至有灾祲始谋赈救，却是有了病去医治一般，医治得好也才得平常。毕竟教他平常壮实方好。”康熙皇帝想有所作为，因而试图扭转官风，并树起几位清官典型，诸如李光地、陆陇其、张伯行、郭琇、张鹏翮等，也诛杀了几个级别较低的贪官污吏。可是上有政策，下有对策，下层贪官污吏可通过贿赂上层官员，得以免受惩罚，甚至得以升迁。更有甚者，贪腐之风广泛蔓延，竟致清官常遭诽谤，陷于孤立难以处事。康熙帝纵然经常到处巡视，又在全国遍布密探耳目，亦无济于事。同时，康熙帝出于维护统治集团利益考虑，对那些高级官员，特别是总督、巡抚和内阁大臣贪污受贿行为，即使已被揭发，亦不大予以追究。例如对于专与李光地作对的内阁学士徐乾学收受贿赂案，康熙帝就为其打了掩护；对于几个民愤极大的总督，康熙帝也只是责骂一通，然后将其调任了事。如此，康熙帝亲政后，贪腐这个痼疾并没有得到有效医治。这就是李光地所面对的官场生态。

李光地深知，中国传统社会向来有“有治人，无治法”的说法，因而“百姓安危在吏治”，国家要长治久安，吏治是关键，只有官吏廉洁，吏治清明，才能给百姓安定的社会环境，能够安居乐业，从而维持社会稳定。因此，面对吏治腐败，力主整饬，视为“天下平、万国宁”首要任务。按《榕村语录·周易二》载，他曾借释《易》巽卦卦义，发挥出清除腐败的重要性：“巽者，入也，非谓一阴能入，谓二阳能入一阴以散之也。如腹中无故肠鸣，不为佳事。若中有痞块，元气盘旋而解散之，则周旋作声，人方通泰。国家有藏奸伏慝，必搜索整治而后消散，也是此理。”他认为官吏首先应清廉，主张朝廷考核官吏应高度重视清廉。按《榕村续语录·治道》载，他说：“朝廷设官，本取德，故云三德、六德。又云天命有德，五服五章哉；又云以德诏爵，以功诏禄；又云德懋懋官，功懋懋赏。若庶人在官之有劳绩者，止禄之、赏之而已，不官之也。”

在李光地看来，德行是为官首要条件，亦只有德行昭彰方可授予官位，倘若平民百姓于政事有功，仅是给予钱财奖赏，亦并不给予官位。这是治理天下之道，而其根却在“不迩声色，不殖货利，课官且先讲清廉”。强调清廉应是选官首要依据。李光地认为要使官员能自律，自觉保持清廉，应要求官员注重学习先哲时贤，陶冶思想情操，做到“大公无我”。他在给弟子和后辈授课时，常常讲述范仲淹、海瑞等历史上公而忘私的典型清官，并对同时代的清官推崇备至。诸如按《榕村续语录·历代》载，他还特别介绍了明朝家乡泉州两位清官事迹：担任两广总督的张岳，离职返乡后，两袖清风，“家惟一犁，躬自耕田”以度日；担任江西学政的蔡清，亦极为清廉，仅能寄四两银子官俸回家。李光地说这些先贤所以能做到这样，是因为“渠辈想官物官用，视之与己无与”。这就是官员应当学习的榜样。按《榕村续语录·宋六子二》载，李光地对明朝大学士泉州人李廷机的清廉亦颇为赞赏，他说：“世有自厉风标，清风高节至不可攀，而无流风余韵在人间者，无此段关切世道意思故也。敝乡李文节公，家居十余年，总只闭门，一人不接见。蔡虚斋便肯教道人，其流风余思，至今未艾。”李廷机为官，始终保持廉洁，以“清、慎、勤”著称，辞官后依然洁身自好，只是闭门读书，受到世人高度赞誉。蔡清辞官后，主要从事教育工作，以培育人才为己任，同样受到世人崇敬。

不过，李光地也很清楚，实现吏治的清廉，仅仅依靠加强思想教育引导官吏廉洁自律是远远不够的，对于那些贪官污吏，没有给予相应惩处显然达不到警诫效果。按《榕村续语录·本朝人物》载，他说自己对贪官污吏向来非常痛恨，“见人之善，如己之善；闻人之不善，如芒刺在背”。李光地认为，官员贪腐，大发横财，百姓遭殃，既败坏官场风气，亦必将导致民怨沸腾，极不利于社会稳定。因此，坚决主张严加惩处，绝不可姑息养姑。尽管在当时反贪惩腐并非易事，可是李光地任内阁大学士前后，仍接二连三地向康熙帝进呈有关治贪奏疏。按《榕村语录·治道》载，他明确向康熙帝提出自己的主张：“贪墨则尽法绳之，自然大小寅恭，不敢朘削小民。”而且主张官腐官员一旦依律判罪，应当不折不扣执行刑罚，不准折赎，亦不准减免，如此方能使官员“知畏法”，不敢轻易触犯刑律。

封建社会中，钱粮管理与刑狱审理往往是腐败重灾区，清朝建立后也是如此，腐败行为表现得非常突出。李光地认为这两个领域乃“国之大要”，关系王朝统治能否稳固，因此极为重视。对于钱粮管理的严重腐败问题，康熙三十九年（1701年），李光地任直隶巡抚时，曾为此专上《条陈清查钱粮亏空疏》。按《榕村全集·疏一》载，他在疏中尖锐地指出："臣蒙皇上天恩，畀以重任。窃见目前因循之积弊，未有甚于亏空者也。"在李光地看来，目前陈陈相因之积弊，莫过于国库钱粮亏空。尽管所收赋税有民间之拖欠，米谷有雀鼠之耗蚀，加上有时地方有万不得已之事，因公挪移，亦在所难免。然而这些方面皆为数不多，且"法虽难宽，情可原宥"。主要问题在于那些腐败官员，"不问公私，任意侵挪，动千万计。至岁终盘察之时，或将银钱挪新掩旧，或将米粟借指支吾。更有钱粮不清，假捏完报"。而其盘查的上司，大多碍于情面，或受人嘱托，发现问题，并没有立即举报，以至钱粮积年不清。又知道失察有革职之后果，遂不得不与管理钱粮者相互配合，共同掩饰问题，以侥幸一时，蒙混过关。长此下去，万一地方有赈救灾荒之事，必至仓贮皆空，确实需要立法予以申饬，以期厘清宿弊。李光地认为"惟钱粮丝毫为重，亏空殊干法纪"，因此坚决主张严加审查，严厉惩处，审明挪移之后，当分别钱粮亏空多寡定罪，以示惩戒，惩一儆百。又针对以往"法轻易犯，致无顾忌"的弊病，建议加重处罚力度，"嗣后应将挪移之官，如其数上千百，挪用有据者，仍照现例拟议外，如钱粮挪移至五千两以上，或仓粮及粟折米至六千石以上者，无论已未革职，仍予满流，不准折赎，不得以杂犯准徒各例完结。即遇恩赦热审等典例，亦不准减免"。如此，令有关官员知道畏惧律法，"而库藏加谨矣"。李光地奏疏得准，朝廷加大对侵蚀钱粮的贪官污吏的处罚力度。

刑狱也是李光地关注的腐败重灾区。中国封建社会中，刑狱既是吏治重要组成部分，更是吏治腐败的突出体现。清朝建立后，问题同样愈来愈突出，管理刑狱的官吏徇私枉法，无疑是问题根本所在，而突出表现，除了胡乱判案，则是案件久拖不决。李光地认为刑狱既然关乎吏治，关乎社会稳定，关乎国家长治久安，不能不高度重视。康熙四十年（1701年），他为此特向康熙帝呈上《陈请严定承审命案处分疏》，就如何杜绝刑狱弊端提出自己的见解与主张。按《榕村全集·疏二》载，他在疏中首先说明自己自得到皇帝信任委以直隶巡抚重任后，时时牢记职责，战战兢兢，不敢有丝毫懈怠。接着，再次重申，在自己看来，吏治民生最主要的问题莫过于钱粮、刑狱二事。就刑狱而言，倘若积案不清，旷日持久，必然产生各种各样弊端，危害极其严重。李光地明确指出：刑狱中最重要的案件，是命案和盗案，命案又与盗案不同。盗案审理，或者尚有首犯主犯尚未抓获，得等候捉拿到案方能结案，或者尚有赃物证据未能明确，必须等待进一步取证对质方能结案。更重要的问题是，或有包括官吏在内的某些不法分子，挟仇诬陷，贿买销案，指良为盗等情况，因此必须反复调查，认真研究，审实真情，本来就无法可以迅速结案。至于命案，尽管有谋财、仇斗之分，然而毙命告官之日，原告、被告及作证之人，大多系同里同邑之人，承审官员立即可以捉拿到案，当场质审。如果真凶果然有脱逃，尚未抓获，案件照例又没有期限。并非如盗案那样，盗贼没有捕获，先行勒令限期缉拿。所以命案从前原与盗案一样，都是限期一年结案，后来因为人命易结，改限半年结案。目前的情况是各州县对于人命事件，官府在接到控告并了解详细案情后，或者已经将罪犯抓获，证人、证物亦皆齐全，情节完全清楚，证据亦已确凿，可是案卷尘积一二年，仍不作处理。而且又有“贿嘱道府，托故番驳，改招易罪等弊”。如此，命案久悬，每难审结。在李光地看来，命案久拖不决，往往与官员徇私舞弊密切相关。他剖析说，倘若命案凶犯皆已捕获，有关证人、证物亦皆已完整，承审官员能秉公审理，断然没有什么难以结案之事。问题在于承审官员审理人命案件，或者屈服于权势压力，或者利欲熏心，故意拖拉迁延，借此为凶犯寻找开脱办法，或“意在监毙原告，以灭口完案”。更有听任恶役借端苛索，无故牵连邻里，株逮无辜，名为研审真伪，实系借命谋财。因此，明确主张各种案件皆应限期审决，即使是命案，亦应“照例勒限半年”审结，如果是易于审结而逾期不结，“严行参处”；如果理不公，违背事实，或者徇私舞弊，亦应严查惩办。如此约束，刑狱痼疾可得到解决，“命案无久稽之虞，而刑名之弊可清，官吏之奸可破，囹圄可无幽滞，而良善得以安生矣”。得到康熙帝赞同。

李光地坚决反对清王朝卖官，既因卖官败坏朝廷声誉，更因卖官是导致官员腐败的重要助推器。清代的卖官，清初即已开始，美其名曰捐纳。清初，由于连年对噶尔丹用兵，支用浩大，国库空虚，于是开捐纳之路，只要肯出钱，就给官做，捐的钱越多，官位就越高。最初实行时还有巡抚保举的附加条件，随着时间推移，连保举也可花钱买了。李光地对于卖官，向来非常不满。在他看来，卖官弊病多多。因为买官可获高利，三年清知府，十万雪花银，人们自然趋之若鹜。然而官职数量毕竟有限，有钱也未必就能买到，能否买到就看谁善于行贿，谁行贿数额更大。于是无数“营进之徒”，纷纷进京，到处打通关节。李光地深知买官最终是为了获得高利，无数进京求官者倘若都当了官，就要尽快地狠捞钱财，这无异于给神州大地增加大群饥渴的虎狼，增加铺天盖地而来的蝗虫，百姓就要遭殃。这必然带来官场的黑暗，贿赂盛行，严重败坏官风，影响朝廷声誉，也对整个社会风气带来恶劣影响，破坏社会稳定，危害封建王朝的统治。因此，尽管康熙皇帝支持卖官，他也坚决反对，决不含糊。康熙中期，于成龙主政后，秉承康熙帝旨意，改变以前反对卖官的态度，继续大肆卖官，李光地很不以为然，满朝官员唯他与彭羡门、杜秀水三人不肯签字画押。按《榕村谱录合考》载，于成龙非常恼怒，向康熙帝汇报说，捐纳这件事，人人都说好，唯独李光地说不好。康熙帝责问李光地，他这样回答：军兴之时，作为权宜之计，开捐纳是应当的，太平时似不宜做。康熙帝听后，“亦不怿，顾中堂而言别事”。可是李光地没有改变自己的态度，当御史陆陇其因亦反对卖官触怒康熙帝，受到众大臣攻击，有大臣提议将陆陇其革职，流放到塞外，甚至判其死罪，李光地不惧得罪皇上，仍然挺身而出为陆陇其辩护，使其避免了一场横祸。可是由于康熙帝支持，捐纳制度依然推行。李光地任大学士后，继续为革除这种弊政不懈努力，甚至不惜冒犯皇上。按《榕村续语录·治道》载，康熙五十一年(1712 年)七月，康熙帝召见大臣时，再次为卖官巧为辩解说，卖官并非为了逐利，而是为了天下百姓，卖官可得到大量钱财，从而减轻百姓钱粮负担。然而在李光地看来，减轻百姓负担固然很好，可是通过卖官这种做法却万万使不得，是舍本逐末，动摇国家根基的事。他说：“此事须细讲方明。于今科甲，果然个个要钱，且举人、进士用银子买，也是暗地里的捐纳。也未必一止了捐纳，天下便治。只是且止了捐纳，存了国家一点大体。”在李光地看来，倘若各种官职可以公开花钱买，举人进士亦可暗地里花钱买，这个国家还成何体统！而且即使放行卖官，天下也未必就能大治。而废止卖官，是去掉国家一大祸害。进一步而言，所谓卖官可减轻百姓负担，实际上也根本不是这回事，那些以捐纳得官者，往往将捐纳费用转嫁，甚至加倍转嫁到百姓头上，层层盘剥，结果使百姓加倍受害，实在是“人祸甚于天灾”。按《榕村续语录·治道》载，李光地尖锐地指出：“天下事理不讲不明，国家免钱粮动数百万，而民不感，民不受惠，想是官不好。上有法蠲，他有法征。州县敛之以贡府道，府道敛之以贡两司，两司敛之以贡督抚，督抚又有交际及辨差诸事，宛转归上，民穷日甚。今日泽州言其苦，几至泪下。此是国家元气。”总而言之，卖官弊端重重，无疑是祸国殃民的弊政，是事关国家社稷重大原则问题。李光地态度非常明确，而康熙帝态度仍然暧昧。

康熙五十二年(1713 年)，面对愈演愈烈弊端重重的卖官，李光地认为问题非常严重。按《文贞公年谱》载：“时营进之徒，布置嘱托，自邸第以及衙舍，无所不遍。所开事例，滥杂多端，虽素竖正论，排赀郎者，亦皆画押，莫敢格其议。公独持不可。”捐纳名目繁多，希冀捐纳者比比皆是，各自使出浑身解数，整个社会弄得乌烟瘴气，朝臣大都唯唯诺诺，不敢有任何异议，随波逐流，唯独李光地坚决反对，并决定出面制止。是年二月，他向康熙帝呈上“请止捐纳事例”密奏，坚决主张废止捐纳，恳切陈言：“今四海升平，正慎重名器之时，而条议捐纳，殊失惩儆官邪、爱惜民生之意。”尽管态度非常明确，话还是说得比较婉转，颂扬四海升平的同时，劝导皇帝“慎重名器”，以此体现爱民之心。这让皇帝颇为受用，终于接受意见，停止卖官，“上是之，事以不行”。正由于李光地锲而不舍的努力，康熙朝持续数十年的卖官终于在康熙五十二年（1713 年）被废止，尽管在整个清朝历史上，这种弊政也只是暂时废止而已。清王朝的卖官勾当，正如科场舞弊那样，直至清末，并没有完全被革除。

李光地极力主张严肃查处科场舞弊，同样亦与抑制官场腐败有密切联系。因为很显然，科场舞弊案的发生，尽管缘于那些投机钻营之徒，为了获取科名，不惜铤而走险，采取各种不正当手段，尤其是通过贿赂主持考试的考官及科场吏员来达到目的，然而如果这些考官及吏员能奉公守法，忠于职守，廉洁自律，不为金钱财物所引诱，那么这些投机取巧之徒，也就很难得逞，科场舞弊发生的概率就会大大降低。苍蝇不叮无缝的蛋，就是这个道理。特别是那些主持考试的主考官和副主考官，手中握有很大权力，这些人倘若无法坚守底线，科场舞弊发生就有更大可能。科场舞弊所以屡禁不止，愈演愈烈，官员的腐败，无疑起了极大推波助澜作用。如康熙五十年（1711 年）秋天江南乡试舞弊案，涉及舞弊者既有东南总督噶礼和翰林院编修杨绪，更有直接主持考试的副考官赵晋徇私舞弊，而主考官左必蕃则听之任之。所以发榜之后，“秽声腾闻”，舆论大哗，群情激愤，苏州还有人作打油诗讽刺考官，当中有“左丘明两眼无珠，赵子龙一身是胆”。在李光地看来，科举考试是非常严肃的事，能否公正，关乎科举制度声誉，关乎朝廷声誉，亦关乎吏治清明。因此，他对屡屡发生的科场舞弊极为不满，极力主张严厉整肃，犹如禁革卖官那样，作为抑制吏治腐败的重大问题。按《榕村谱录合考》载，当康熙帝询问他对此事有何看法时，他明确提出：“此风不革，科场安得真士而取之？大廷又安得良臣而用之乎？”按《榕村续语录·治道》载，他尖锐地指出：“事有宜急者，有急不得者。如朝廷目下，于科场作弊、捐纳这两事，真该一刀两断，急急断绝的。”非常清楚，既然科举是国家选拔人才的主要途径，关系到国家治乱兴衰，科场舞弊又与官场腐败息息相通，故把整饬科场与禁革卖官看成是防止吏治腐败的两件大事，力主严刑峻法，决不宽恕。

正是在上述思想指导下，李光地为官期间，尽管在当时环境中，反对贪腐并非易事，康熙帝在这个问题上态度又比较复杂，甚至比较暧昧。然而李光地始终坚持自己的主张，不遗余力与贪腐行为作斗争，并在力所能及情况下，惩治了不少贪官。任直隶巡抚时，劾治永定河分司吴禄礼的贪污行为，举劾贩卖私盐的云南布政使张霖等。任文渊阁大学士兼吏部尚书期间，逮治与朝臣相互勾结攫取私利的内监，弹劾粤东学臣樊某行贿请托事，奏治御史殷某徇私舞弊案，力主惩治两江总督噶礼这位大贪官，就是较为突出表现。所有这些，使官场风纪有所改观。而且李光地力主惩贪，可也非常明白，要正人，先正己，己不正，就无法正人。他非常明确地指出，主政官员以身作则乃职责所在，“倡之以廉，倡之以惠，倡之以勤，皆其事也”。只有严格要求自己，才能为下属做出表率，使之“皆相师”，得以自律。他是这样说的，也是这样做的。因此，正己率属，以廉洁为表率，“洁清以率物，谨恪以勤事，绝趋奉以省费，权情理以锄奸弊”。他对当时官场奢侈腐化之风非常不满，极力反对靡费铺张，提倡节俭清廉，并以廉洁自勉，不为腐化风气所侵蚀。

李光地力主严惩贪官的同时，主张保护清官，甚至荐拔升迁。在他看来，这也是清明吏治问题中应有之义，只有清官不受打击，反贪才能更为有效。由于贪赃枉法之风蔓延，竟致贪官未能得到惩罚，甚至贿赂继续升迁，清官却得不到应有褒扬，甚至常遭诽谤，陷于孤立境地，李光地对此非常不满。按《榕村续语录·治道》载，他尖锐地指出：“如今最苦者，是朝廷用一清洁自好不要钱人，便群起而谤议之，造为蜚语。闻其善则疑，闻上意不然之则喜。”在他看来，这种恶劣官场风气，危害极大。他还批驳“假廉吏，不如真贪官”的怪论。康熙四十五年（1706年）三月，刚入阁办事仅几个月，他对一份策试答卷内容的见解，颇能说明这个问题。按《文贞公年谱》载，当时，他任殿试读卷官，发现有个举子在策试卷中写道：“假廉吏，不如真贪官。”对于这种观点，有读卷官甚为欣赏，认为很有创见，欲列为高等。他坚决反对，并将这份卷子列为下等。李光地认为这个问题事关重大，因此不无愤激地上奏康熙帝说：官吏真贪，已是可恶至极。官员廉洁即使有假，尚不至于反要加之罪名吧？如今，包括这位举子在内的某些人，对于清正廉洁之官，故意施以这种违背基本伦理和社会良心的怪论，大加诬讦。这种言论行为，对于贪官而言，无异于是鼓励其可以公然冒天下之大不韪，恬不知耻地公开大谈自己的贪婪行径。这必然令天下廉洁之官感到恐惧，而贪官污吏将更加肆无忌惮。在朝廷进行策试时，竟然有人敢于提出这种怪论，这对于世道人心的关系实在太大，不能不引起高度重视，坚决予以斥责。康熙帝听后，亦表示赞同，“深然之”。因此，李光地努力保护清正廉洁官员，甚至举荐升迁。御史陆陇其因谏止卖官触犯康熙帝，李光地以清廉为由，替陆陇其辩解，称“陆某不谙事理，臣故为上言之。若语持已清廉者，臣终不敢二言也”，康熙帝终于没有治陆陇其的罪。为官清廉的江宁知府陈鹏年，相继被江南总督阿山、噶礼陷害，李光地两次出面力保。湖南巡抚赵申乔屡遭诬陷，李光地屡次出手相救，使赵申乔免于蒙受冤屈。著名清官江苏巡抚张伯行上疏揭露总督噶礼贪腐行为，反遭噶礼诬陷，李光地挺身而出，上密折救了张伯行。李光地保护清官，解救不少被陷害的清官，无疑对遏制吏治腐败具有积极作用，亦赢得人们赞誉。

李光地为推动清明吏治建设，力主严惩贪官褒扬清官的同时，还提出增加官员薪俸以“养廉”建议。因为在他看来，官员贪贿，也有个客观原因，薪俸太低。他主张提高官员薪俸以养廉的思想，也是总结明朝经验教训。明太祖朱元璋作为农民起义领袖登上皇位后，为缩小社会贫富差距和保持官员廉洁，在杀掉很多大地主并严禁土地兼并时，又对官员实行低薪制，官员俸禄大都只能勉强养家糊口。可是低薪制不仅未能养廉，反而成为驱使官员贪污受贿的一个重要因素。朱元璋以最残酷的剥皮刑罚来惩处贪官，发现官员贪腐就将其皮剥下来悬挂于衙门公堂，以警告继任官员。可是仍然无法制止贪腐，反而愈演愈烈，整个明王朝就是“以剥皮始，以剥皮终”的。清朝建立后，沿袭明朝做法，继续实行低薪制。按《清史编年》载，康熙八年(1669 年)，正七品知县年俸银仅四十五两，知府八十两，巡抚一百三十两，总督一百五十五两。康熙帝为推行清官政治，还屡屡降低官员薪俸，使康熙朝官员俸禄比明朝还低。而关于官员俸禄与廉政关系问题，朝廷中也早有争论。康熙帝坚持实行低薪制，并表彰清官，要求官员都要有大公无私的道德境界。可是用这种很高的思想境界来要求多数官员，显然有点不切实际，实际上也做不到。在这种情况下，康熙帝只好又对官员额外索取和接受馈赠网开一面，宽容处置，文官如此，武官亦如此。按《榕村续语录·治道》载，为了论证武官克扣兵饷的合理性，康熙帝还说：“武官比不得文官，自然也要占几名兵粮，不然吃用从何来？”因此，“是明知文官俸禄之外，多有掊克，而不必禁。武官侵扣兵粮，而不必问，但只不可多耳。开其端而欲其有节，能乎”？这种做法，只能导致吏治日益腐败，而与清官政治初衷背道而驰。李光地敏锐地看到问题的要害，因此提出不同见解，主张增加官员俸禄。他在向康熙帝建议改革军队募兵制度的同时，又提出将节省的兵费用于增加官员薪俸，认为这是杜绝官员贪腐的重要措施。李光地认为官俸如此低薄，是导致官吏贪赃枉法不可忽视的因素。在他看来，朝廷发给官员薪俸目的，也是为了养廉，防止其陷于邪门歪道，可薪俸太低却不利于养廉，私下网开一面又造成“竞为需求以陷于邪”的恶劣局面。按《文贞公年谱》载，他曾对康熙帝说：官俸屡屡压低，大小官员几乎都无法自给。皇上宽厚仁慈，怜悯官员俸禄微薄，容忍官员私下有某些额外收入。可是在我看来，这却很不妥当。“俸以养廉，防官邪也。今乃仰恃宽仁之恩，借口禄薄之故，竞为需求，以陷于邪。其不至卖法黩货者，即抗颜扬声，以廉自负。此于澄叙官方之道，似有未尽”。那么如何改变这种状况？李光地认为改革军队募兵制度，能节省数以百万计军费，可将这些节省下来的军费用来增加各级官员薪俸。按《榕村语录·治道二》载，他说：“官俸之薄起于宋，其所由薄，则起于养兵。……至宋削藩镇兵权，乃悉以京室禁兵，出防各路。兵额既多，而更番往来，费尤无数，故国帑虚耗，贫弱不振，而官俸遂减。……不独官俸缘以寖薄，即效祀大典，亦时以匮乏不举。岂知官俸厚，如天之雨泽，散而为利也。兵饷多，如水之决堤，聚而为害也。若稍省养兵之费，而散之百官，以养其廉耻，贪墨则尽法绳之，自然大小恭寅，不敢朘削小民，而闾阎日富。于是兴礼乐，施教化以感之，三代之治岂远哉！”按《榕村续语录·治道》载，李光地又说：“省此养兵之费，又非积之府库。散之百官，丰其禀饩，养其廉耻，贪墨则严刑处之。官知廉耻，则不朘削民，民有不富者乎？然后兴礼乐、教化，育贤才，美风俗，则三代可几矣。”官员薪俸微薄起于宋代，因养兵太多，负担太重，导致国家贫弱不振。减少养兵费用，提高官员薪俸，可以加大反腐力度。按《榕村续语录·治道》载，李光地说：“臣愚以为兵费既省，则经费益充，因而量加百官之俸，使足自给。一绝其需求之门，以杜其乱法干纪之路，则庶绩咸熙矣！”他又提出，官员增加薪俸后，如再有额外索取行为，则应严惩不贷：“官俸既足，然后教他廉，奖廉惩贪，也要一番猛厉，方得肃清振作。”在李光地看来，使官员薪俸足以自给，又坚决堵住私下容忍官员额外索取的漏洞，才能澄清吏治，实现清官政治的理想。遗憾的是，康熙帝口头上表示认同李光地的见解，然而出于清官政治理想与维护官僚特权的两难选择，乃以“重慎改作”为名，并没有采纳李光地这些主张。

李光地为整顿吏治，调动官员为官积极性，还针对官员升迁之路及易地为官等问题，提出自己的主张。

首先是畅通官员升迁之路。清朝建立后，官员考核与升迁沿用明制，三年任满，予以考核，视考核结果或升迁或平调或降级甚至罢黜。考核期间，居家等候。可是官员太多，职位不足，三年期满，即使考核优秀，往往也得不到升迁，如此必然极大地打击官员的积极性。李光地认为三年一次考核是不错的做法，然而考核之后，该升迁就应当能及时得到升迁。与此密切相关的问题是，所有到了应退休年龄的官员，皆应当依规定及时退休，包括那些高级官员，不能以各种理由拖延退休，应及时把这些位置腾出来，如此官员升迁之路方能打通。按《榕村续语录·治道》载，他明确提出："铨部不能疏通，宜用明三年考满，家居候升之例。如今即不必三年，加一倍六年，亦胜十五六年而尚滞一官。居其位者困于下吏，待缺者又苦其不迁。大官听其告休，知道国计，讲求治道，朝廷所不可一日离者有几？其他旅进旅退之具臣，亦当有进礼、退义之例。使之有去就，则官方不滞，而廉耻亦生矣。"李光地认为要使整个官场运转顺畅，不仅官员升迁之路应当顺畅，即使是众多的吏员，也应给予升迁机会，这有很现实的积极意义。按《榕村谱录合考》载，他在某次康熙帝召对时明确提出："如今吏员出身，自知终身不能望正印，长官亦知其无复远大，贱而陵之。他们自然一心图富，当得不奸贪百出？若概用士人，勿以资格相限，必知自爱，以幸进取矣。亲民之官，得其人，天下便易治。宋时签判尚在通判下，惟一甲大科得做。"就是说，应让吏员能看到升迁希望，任职期间方能忠于职守，积极进取，否则可能导致消极怠工，得过且过，甚至自暴自弃，只求赚钱发财，因而干出各种违法乱纪之事。

其次是易地为官问题。中国封建社会中，官员尤其高级官员的使用，长期实行易地为官之法，以防止本地为官因地缘及亲缘关系带来的弊端。清朝建立后，亦沿用此法。这固然有相当合理性，可也带来诸多问题。李光地对此有深入思考，因而向康熙帝提出改革建议。按《榕村谱录合考》载，他在某次康熙帝召对时说：如今离家五百里以内，皇上不许人在其地为官。近代确实有这种做法，可是远古为何独无这种做法？亦当定立制度，二千里以外者，不得到此为官。"如今万里一官，苦不可言。州县官，宜于五百里以外，二千里以内，许其除授。如此则道路险远得免，一也；父母妻孥得至，二也；亲族音问不至经岁断绝，三也；且民情俗尚、语音、食物相习而易通，四也"。这些见解，显然具有相当合理性。

五、制度改革的思路

李光地关于国家治理制度的见解，除了在前述赋税、刑狱管理、科举、官吏选拔与升迁、官员薪俸等方面提出了较为系统的主张外，在土地制度、募兵制度、平粜制度、朝廷与地方权力分配制度、地方主政官员权力区分制度诸方面，亦有较多的思考，并提出某些改革意见和思路，基本指导思想是反对复古，提倡通变。

第一，土地制度。中国古代社会的根本问题是土地问题。按《榕村全集·观澜录·治》载，李光地认为，“井田不可复，大乱之后则均之，承平之余则限之，可也”。井田制是西周时代一种土地制度，据说是将土地按井字格划分，当中一块是公田，四周是各农户私田，即农户有占有权和使用权，公田由村社集体耕作。按孟子所称，井田制就是国家把土地划成许多小块，每块一百亩，九块一组，排列成井字形。在一组中，中间一块作为公田，其余八块为私田，授于八家农民使用。八家农民合力耕种中间的公田，收入归土地的所有者，私田收入农民可以自己享用。但是随着私有制经济的发展，终于导致了春秋时代的“废井田，开阡陌”，从此井田制就再也不可能恢复。于是经常出现的是“富者田连阡陌，贫者无立锥之地”的情形。中国历史上的农民起义，都是在这种情形下爆发的，它反映了农民对于土地的强烈要求。因此，中国历史上每当由天下大乱走向天下大治的改朝换代之后，新兴的王朝总要对土地分配重新做出调整，北魏、隋、唐等朝代都实行过使耕者有其田的均田制，同时也不能不在一定程度上实行抑制土地兼并的政策。然而小农经济不可避免地要造成两极分化，使得大批农民的土地被兼并而导致社会矛盾激化。因此，为防止土地兼并，确保耕者有其田，历史上曾有不少政治家和思想家提出过恢复井田制的设想。孟子主张实行井田制。按照孟子的设想，井田制可将农民固定在土地上，无论埋葬还是搬家，都不离开本乡本土。从事实上讲，中国古代社会的根本问题和各种矛盾，确实都是由土地问题而来，各种斗争归根结底都是为了争夺土地。孟子正是看到了这一点，所以主张公平分给农民土地，以此作为仁政的开始。

清初恢复井田制的呼声也很高，但是这种设想在客观上是行不通的。尤其是在近代商品经济正在萌芽和发展的情况下，恢复井田制只能是将农民牢牢地束缚在土地上，客观效果也不利于经济的发展。李光地清楚地看到这一点，所以并不赞成恢复井田制，而主张均田，实行限制土地兼并的政策。按《榕村全集·观澜录·治》载，他说："民无恒产，故乱则土荒，而治则人散。此非立法之所能制也。必于牧守长子孙，而责以劳来之事，下有定主，上有定民，则涣者聚矣。《诗》云：'何有何亡，黾勉求之。凡民有丧，匍匐救之。'地近则知周，势便则力易，诚加则虑生，责专则权利。此古者封建、井牧所以相为表里者也。后世不能行，则宜师其意而已矣。"在李光地看来，恢复井田制既不可能亦不可取，切实可行的办法就是抑制土地兼并，使农民尽可能保有一块田地，能够赖以为生，如此才能安居乐业，不会四处流散，这是解决问题的根本办法。显然，这种主张既符合社会发展的客观规律，客观上也是合乎人民群众利益的。应当说，从孔夫子到孙中山，都认为中国的黄金时代是在上古，李光地也不例外。可是从他这种主张可以看出，他并不是一个复古主义者，而是主张根据时代的变迁，对上古三代的制度做适当变通。

第二，募兵制度。军队是国家统治的重要工具，军队制度因而也是中国古代社会的重大问题。中国古代的军队制度，历经一个不断演化的过程。上古三代，据说实行的是一种称为兵农制的制度，百姓亦农亦兵。其由来与"封诸侯，建王邑"的分封制相始终。后来，兵农制逐渐瓦解，代之以专职军队。三国时期，魏国魏武帝曹操，为减轻百姓对军队的负担，曾实行过军队屯田制。唐代则实行府兵制，凡被选充当府兵的人，平日务农，农闲训练，出征时自备兵器资粮，分批轮流宿卫京师，防守边境。但是从唐高宗时起，百姓即因负担过重逃避兵役，导致府兵分番更替多不按时。唐玄宗开元年间，更由于府兵无力自备兵器、资粮，须由政府拨给，开始实行招募，朝廷供养的专职军队守卫京师和边疆，府兵制逐渐消亡。但是后来的专职军队由于脱离生产，政府耗费巨大，亦使百姓不堪负担，同时还导致军人习于游惰而缺乏战斗力。

清初，基本沿袭这种由朝廷招募并供养的专职军队制度，数量庞大的军队给养，是百姓的沉重负担，而且同样出现军人习于游惰而缺乏战斗力的情况。因此，包括康熙帝在内的统治阶级中的不少人，皆在思索如何完善这种制度。李光地也是如此，他对此有较深入的研究和思考，希冀能够加以改革，既减轻国家和百姓负担，亦提高军队战斗力。按《榕村全集·观澜录·治》载，李光地认为："三代以兵为凶事，故畜而不轻于用，用而不究其武。夫如是，寓兵于农可也。汉、唐之调发无时，其征戍也经年，其行役也万里，生出死归，诗人伤之。是故兵农之分也，势也。此其由来，亦与封建相终始。故曰：酷哉，亡秦之余弊也。”在李光地看来，上古三代尽管实行兵农制，但因为用兵并非什么好事，故并不轻易用兵，如此也就可以寓兵于农，百姓亦农亦兵。然而从秦汉开始，因为战争频繁，经常要调动军队远征，且一场战争往往耗时经年，如此寓兵于农自然行不通了，于是兵农分开。然而兵农分开并非就是好事，倒是寓兵于农做法很好。按《榕村续语录·治道》载，他说：“兵民不分，天下有事，用虎符调发，事平则复为民。无所谓兵也。”反观兵农分开，弊端委实甚多：“分兵民为二，使其坐而食之者众，为之者寡，竭百姓之力，挪百官之俸，以养之，此大弊也。议者以为坏于宋，今观韩文公条奏，言召募之不善，可见自唐已分为二。既名之为府兵，是有兵矣。”在李光地看来，兵农分开带来的最大问题，是百姓负担太重，国家财政收入很大部分用于军费，亦使官吏薪俸得不到保障。汉唐两代这方面有些做法不错，值得借鉴。按《榕村语录·治道二》载，他说：“汉时兵在京师者，不过南北军，武帝止增七校而已。其余南征北伐，皆用民兵，无事则农。故少营伍支给之费，而官俸得厚。唐之府卫，虽已有兵民之分，而兵皆屯田，未尝坐而仰食，犹然农夫也。……三代时，劝农之外，即以讲武为事，法制整然，条理精密。汉则无事听其佃作，有事便驱而用之，是谓以不教民战。三代之民，日日使之习勤，内外有备，故无仓卒之患。”李光地认为汉朝专职军队数量不多，主要使用民兵，军费开支不大，国家负担亦不重。唐朝虽实行府兵制，兵民分开，但是兵皆实行屯田，没有坐食国家钱粮，国家负担亦不重。严重问题出在宋代：“汉时兵民不分，故国势富强。宋艺祖但就所见目前之弊，率意厘革，因藩镇财富兵强，遂设兵仗以收其锐卒，立转运以收其利权，务使文官有民而无兵，武官有兵而无饷。以为如此，方不能为害。至各路应设守御之处，皆从京都遣戍。更番往来，以致养兵之费，府库为虚。”宋代为防止藩镇割据，改革军队制度，朝廷招募并供养数量庞大的专职军队，使国家不堪重负，亦导致积贫积弱。按《榕村语录·治道二》载，李光地说：“汉经费无兵饷，徒有吏禄而已，故太平数十年，则国富用足。自唐、宋以来，有养兵之费，故官俸代以微薄。天下虽无事，而兵常聚食，故国家靡费恒多，而动有不给之患。”唐宋这种专职军队制度，一直沿袭下来，清初也是如此，数量庞大的军队给养，自然成为重大问题。按《榕村续语录·治道》载，李光地又说：“古者农隙讲武，守望相助，民间各有军器，各自备，不须另设兵。只是边防宿卫，存些兵甲。省饷以增官俸，养官之廉，养士待用，天下庶几可为。今各直属共养兵费一千三百余万，而满兵尚不在此数，计复倍此。计俸银自王以至典史、驿丞，才一百廿八万零。此弊自秦始皇不许民间蓄军器，销锋镝，堕名城，后世因分兵民为二。自宋以来，流弊至今，深是大蠹。”那么解决问题的途径何在？李光地认为古代好的做法，值得借鉴。复民兵，就是最好的借鉴。

康熙四十四年（1705年）闰四月，他借康熙帝连日召对讲论机会，向康熙帝提出兵役制的弊端，以及自己思考已久的改革主张。按《榕村谱录合考》载，他首先回顾了唐代实行府兵制及府兵制逐渐被破坏的历史，又说明府兵制消亡千年以来专职军队的弊端，并指出这个问题目前同样困扰着大清王朝，“夫一夫不耕，或受之饥，况以数十百万之众，坐而食之乎？”可是李光地也明白，府兵制不可能一下子恢复，于是针对当时募兵制的弊端，提出两条寓兵于农的改革主张。

一是建立民兵。他说：“古制既难卒复，臣愚以为边海经制之兵，固不可撤，至腹里郡县，为宜参用民兵，给以半赉。民兵既有田园庐落，又谙委其俗情形势。有事鼓而用之，易效臂指；事已散而归休，足以力农。如此费之省者，以百万计矣。”李光地认为守卫边疆海防的专职军队，固然不能撤到内地，然而为减轻国家财政负担，又能保障内地社会安定，最好方法是参用民兵。但是又不能像唐朝府兵制那样，让民兵完全自负兵器和资粮开销，应由官府拨给相当于专职军人一半的开销，如此亦可减轻民众负担。民兵既有房屋田地，又熟悉本地山川地形及风俗民情，发生战事立即召用，可以起到很好辅助作用，平时无事则居家务农。这样，可以节省数以百万计军费。按《榕村全集·观澜录·治》载，李光地又说：“兵农不可复，厄塞要害则设专兵，城内邦中则用民伍，可也。……兵无以养，追胥守望之事，使民兼之可也。”在李光地看来，使用民兵好处甚多。按《榕村语录·治道二》载，他说：“乡兵最妙。孟子所云出入相友，守望相助。管子所云夜战则声闻，昼战则目相识，其欢欣鼓舞足以相死。情谊既联属，而练习又熟，故鲜败。至卒长、党正之类，用之课农，则保介田畯即是人；用之劝谕，则饮射读法即是人；用之出兵，则伍两卒旅之长即是人。人相习而教有常法，文武民兵未尝分也，何等有条理。”李光地认为参用民兵，可在很大程度上减少目前募兵制弊端，尤其是兵费负担：“盖兵民不分，则人人习骑射技勇，无定兵也。有一兵执其事，则民不习矣。天下兵少而民多，天下有不罢软无为者乎？故三代以后，富强莫如汉。……大约弊端有一人开之，承其后者便不能变。如今焉能去兵？但得轻得一半，便去一半之费，也是好事。明朝用屯卫，是寓农于兵也。

然久之则兵亦化为农，此自弱之道，不为良法。”李光地认为明代屯田制值得肯定，但是其弊端亦应引为鉴戒。

二是专职军队亦实行屯田制。按《榕村谱录合考》载，李光地又向康熙帝提出：“边海经制之兵，亦宜仿古屯田之意，择在所余地，官予耕种，数熟之后，量减其资粮。惟无地者，乃予全给。如此费之省者，又百万计矣。夫兵贵精，不贵多。今之兵，宴然坐食，与惰游无异。一旦有事，驱使荷戈，作止疲羸，奔走不任，数虽多何益？若群之陇亩，以时搜狩，终岁勤动，必加矫强便捷也。臣窃谓此可为复古之渐。”在李光地看来，兵贵精不贵多。目前的专职军队，饱食终日，无所事事，与懒惰游民无异。倘若发生战事，让他们以疲弱之躯，带着武器去冲锋陷阵，实在难以胜任，数量虽多，又有何益？反不如让他们平时参加农业生产，终年劳动，身体倒会更加强健敏捷。李光地认为专职军队实行屯田制，既有利于减轻国家财政负担，也可避免士兵成为游惰之徒，是于国于民都有好处的事。这些主张，基本上是正确的。

第三，平粜制度。地有丰歉，岁有四时，古代社会生产力落后，灾荒不断，倘遇灾荒之年，官府如不及时救济，百姓就要挨饿。每当青黄不接时，官府如不及时发放粮食，粮价就会急剧上涨，贫苦百姓同样要挨饿。早在战国时期，统治者就发明了平粜法，国家设有常平仓，灾荒之年用来赈济百姓，青黄不接时用来平抑粮价，这对于百姓维持最基本生存无疑有不可忽视的作用。李光地非常支持“平粜米粟”的济民善政，也非常重视研究平粜法的问题，在主持赈济饥民过程中，发现平粜法在实施过程中存在不少问题。因此，在充分肯定平粜法的积极意义的同时，也对当时的平粜制度提出不少完善和改革建议，主要有定常平仓咨部辄发事例，发富民之粟，推行社仓法等。

首先是定常平仓咨部辄发事例。按照当时的平粜制度，地方出现灾荒，需要实行平粜抑制粮价急剧上涨，必须由地方官上疏朝廷获得批准方可施行。但是传统官僚体制办事拖沓，地方官的报告送到朝廷，先要让皇帝知晓，再下到户部研究，再将研究结果报告皇帝，由皇帝定夺，如此折腾，往往要两三个月才能得到批复。因此，即使设有常平仓，百姓仍然免不了要挨饿。李光地对此有深刻感受。康熙三十八年（1699 年），刚任直隶巡抚不久，直隶多个州县水灾严重，按《文贞公年谱》载，他为抑制粮价急剧上涨，立即上疏朝廷，请求实施平粜，然而奏疏上去后，几个月后才获得批准。李光地认为灾荒严重，百姓嗷嗷待哺，落实平粜却要等待这么长时间，无形中已使平粜法意义大打折扣。因此，上疏康熙皇帝，明确提出“请定常平仓咨部辄发之例"。他恳切地指出,"青黄之交,贫民待哺",每次都得上疏请求平粜,可是批复手续实在过于繁琐,环节太多,得到批准实施费时太长,百姓得不到及时救济,也就难以感受到朝廷"良法美意"。因此,恳请皇帝做主,简化手续,地方报告送到户部后,让户部立即批复下来,以便能迅速发放粮食,"自今年始着为令"。康熙帝觉得建议有理,批准这个建议,并作为法令规定下来。

其次是发富民之粟。李光地对当时的平粜制度,又提出发富民之粟的改革建议。李光地认为地方因自然灾害出现歉收,这对普通百姓而言,无疑是场灾难,可是对于家中囤积了大量粮食的地主和富商来说,无疑又是发财的好机会。因此,为了接济大量饥民,除了靠政府发放粮食,还可采取发富民之粟办法。按《榕村语录·治道一》载,他说:"平粜以出富民之谷,此法最妙。古人立仓,曰常平,曰社,皆是此意。"因此,按《文贞公年谱》载,他又上疏康熙帝,明确提出自己的主张:"发仓以济贫民之食,其施有限,平粜以出富民之粟,为惠无穷。若确访时值,量减平粜,至时值稍平,即复量减。务令富家不得擅困仓之利,庶小民不致有升斗之艰矣。"在李光地看来,灾荒之年发富民之粟,弥补政府平粜的局限,无疑是个好办法,既使富家无法乘机牟取暴利,又使饥肠辘辘的百姓能够得到救济,好处多多。尽管这种发富民之粟办法,并不是李光地的发明,在这之前就有人提出这种建议,而且亦有官员付诸实践。例如李光地同时代的江苏巡抚张伯行,较早就采用过这种办法接济贫民。不过,这毕竟是凤毛麟角。而且李光地提出这种主张,要求普遍推行,倘若实施,对缓解百姓忍饥挨饿的痛苦,舒缓民瘼,影响无疑要大得多。

再次是推行社仓法。李光地为使平粜法更加完善,又提出推行社仓法,设立社会性仓储加强积累,更好地发挥救灾功能。按《榕村别集·饬广积贮牒》载,他明确主张除从前储存仓米,应严令府州县谨慎贮藏外,各市镇村庄,是否可仿古人做法,于收成之时,或劝募富家出谷倡义,或计算田产按亩薄输,何乡所出,即贮之本乡,由本乡之人管理。遇丰收之年则有进无出,年年增捐;平常之年则平粜,务使价格极为低廉,不求赢利,秋收以其价籴补;歉收之年则发贷,有能力还贷者,秋收交仓,不取利息,没能力偿还则免除。倘若遇上大饥荒,则尽数煮赈,待丰年从新劝募。"如此则官不累而民不扰,多一分蓄积,则所在获一分之利,是又为民藏富之一法"。不过,李光地也看到这种办法推行的难题:一是推行之初,如何让百姓乐意参与,没有官府的强制压迫；二是推行过程中，如何能得廉洁公正之人负责管理，这需要有关部门认真考察；三是推行之后，如何管理与监督，交给百姓管理如何稽查，交给官吏管理如何防止骚扰百姓行为。三个难题不解决，“良法美意，或致滋弊，义仓社仓，徒空名而已”。然而李光地并没有因这些难题否定社仓法的重要意义，而是主张在推行时制定相应的能够克服难题的制度，并以自己的实践做出诠释。康熙四十三年(1704 年)，他在直隶农村广泛推行社仓法。按《文贞公年谱》载，他说服各地官吏和百姓，根据能力拿出些粮食，共得粮数万石，分别储存于所在乡村，名曰社仓，以便灾年接济贫民。同时，又制定制度：丰年大量储存粮食，平年用新粮换取陈粮，歉收之年根据各家各户人口发给救济粮，所在地方官吏不得干预社仓粮食出入，社仓主持者必须在每年秋后将存粮数目上报官府，以备查考。李光地认为只有这样做，才能给民众带来永久利益，不致滋生诸如地方官吏挪用社仓存粮、侵犯群众利益的弊端。他把这些主张上奏康熙帝，得到允准，推行了一年多，因被召入阁，未能延续。尽管如此，这种做法在当时社会环境下，亦有利于百姓自救，灾荒之年能够多点保障。李光地上述建议主张，对于完善平粜制度，抑制粮价波动幅度，促进粮食储备与调用的合理布局，保障民以食为天的粮食安全，确实具有重大现实意义，尤其在灾荒发生时候，对于保障百姓基本生活所起的作用不可忽视。

第四，坚持郡县制并扩大地方权力。关于国家是实行分封制还是实行郡县制，按《榕村全集·观澜录·治》载，李光地认为：“封建不可复，推置勋贤，而久任牧守，可也。”这是个兼采分封制和郡县制长处的方案。秦汉以来，中国长期存在着分封制与郡县制的争论，仁者见仁，智者见智，众说纷纭。李光地认为分封制与郡县制各有利弊，按《榕村全集·观澜录·治》载，他指出：主张分封制的人，主观愿望是形成“枝叶相持，以蕃辅王室”的政治格局，然而“及其敝也，不贡不朝，相兼相一，暴其民甚者，可以累世抗于大邦，而谁因谁极。此侯之衰也”。主张郡县制的人，主观愿望是为了避免分封制的弊病，“为其统于一而易于制”，然而“及其敝也，所居如馆传焉，所驭如路人焉，王室衰而瓦解。此守之末也。虽然，公天下以为心，而达君臣之义于天下，各子其民，而各守其法，则必以封建为正，以朱子之论为中。诸子之言，利害之计也，朱子之论，理义之公也”。在李光地看来，分封制的最大弊病在于诸侯世袭，易于造成割据。郡县制的最大弊病在于官员经常更替，难以有所建树。但是他并不赞同实行分封制，亦认为分封制难以恢复。所以主张在实行郡县制的同时，延长地方官员的任期，以便增强其责任心和事业心，亦使其能够周知民情，凝聚民众，做出政绩。李光地为了适应社会经济发展需要，主张在维护国家统一的中央政府的前提下，给予地方政府更多的自治权力。他的这种主张是借宣扬“圣人公天下之心”来表达的。按《榕村语录·历代》载，他说：“舜葬苍梧，是广西已入版图；禹会涂山，是浙东已入版图。不知宣王中兴，赫声濯灵，何以淮、徐即呼为戎、夷？江南、湖广，春秋时皆摈为荆吴，非我族类？大抵诸侯各君其国，天子有道则来朝，否则职贡不至，声教遂阻。定九先生曰：观武丁朝诸侯有天下，可见武丁未出，诸侯不可得而朝也。总之，王畿虽为万国系属，而各国却委其自治，圣人公天下之心原是如此。”这段话虽然讲的是上古三代历史，实际上反映出明清之际中国社会发展的新要求。在西方，近代商品经济的发展，最初是通过打破封建割据状态，建立统一的民族国家而实现的。而在历来是中央集权的大一统的中国社会，商品经济发展的客观需要，却是要求适当扩大地方权力，避免朝廷对地方管束过多，从而束缚社会经济发展。

给地方政府更多自治权，重要的一个体现，就是官员任免权力，不宜全集中于朝廷。按《榕村全集·观澜录·治》载，李光地说：“古列邦之命于天子者，卿而已。汉之太守，自辟其属。后世则末员冗职，皆命于朝也。故大公之道流行，则涣而有丘，使人各尽其诚而至其察也。若不得人而防其私，则法虽密而愈弊。”李光地认为上古时代，天子直接任命的官员，只到各诸侯国卿大夫一级而已。即使到了汉代，太守依然自辟其僚属。只是自汉代以来，历代王朝为防止各省大员谋私，连下级官员的任免权力，也统统归于朝廷。可是朝廷不了解地方实际需要，造成任命的官员未能了解当地实际情况。李光地主张这种制度应当改变。对于朝廷来说，关键是把握住对封疆大吏的任免权，而对下层官员的任免权，应当下放给地方。这样做，既能体现“大公之道流行”，充分调动地方官员的积极性和主动性，亦能使官员更好地体察民意，从而更好地履行起职责。这种主张，意在避免中央与地方关系的两种错误倾向，即片面强调扩大地方权力乃至导致国家分裂，或片面强调中央集权而不肯给地方更多自主权，这无疑合乎当时中国社会经济发展的客观要求。

州县主官权力适当集中。李光地主张州县行政长官职能应当拓宽，除管理政事和经济事务外，也应当兼管文教、兵戎，反对治教分离和文武分离。按《榕村全集·观澜录·治》载，他说：“乡遂州党之长，居则为之师，行则为之将。汉之守令,遗意未泯也。后世治教分矣,文武离矣。会计、狱讼之苛急,则不复思教化之端;期会、簿书之烦委,则不复讲兵戎之备。凡所谓师儒将帅云者,又卑冗不足以为兴,而暴戾徒足以为梗也。是故职分则愈惰,事离则愈堕。相扶倚者立不坚,相牵曳者行不前,犹曰所以杀其权而防其乱也。故宋世有民者无兵,有兵者无钱。然而一夫为暴,则诸权夺矣。犹授盗以箧,曰吾固其管缄也。"中国传统政治的分权,与现代西方政治的分权不同。传统政治的所谓分权,是为了使官员之间互相牵制,不致危害皇权的独占性。李光地认为实行行政、文教、兵戎、财政诸权分离的结果,势必造成宋代那种"有民者无兵,有兵者无钱"的状况,这种互相牵制的局面,使得"职分则愈惰,事离则愈堕。相扶倚者立不坚,相牵曳者行不前",大大削弱州县行政长官的权力,使得该管的事情管不了,该办的事情办不成。这样做,名为分权以防乱,实际上却足以酿成祸乱。他举宋代为例加以说明,显然颇有说服力。因为宋代就是在长期的相互牵制之中,国家积贫积弱日甚,导致最终灭亡。鉴于历史教训,李光地认为权力不宜分割得过细,地方州县行政长官,应有兼管当地文教和兵戎的权力。李光地还认为大官宜少,责任宜专。按《榕村全集·观澜录·治》载,他还引用顾炎武的观点,进一步发挥了自己的主张:"长洲顾宁人,极博者也,谓卑员多者治之基,大官众者乱之始。诚哉是言也。员卑则民亲,民亲故能周知。其职小,职小故事易集。大官少则权一,权一故有所为;其责专,责专故无所诿。权二,责分,大官为虚位矣。卑员不能异于氓隶,群力屈而众事荒矣。"这段论述充分肯定顾炎武"卑员多者治之基,大官众者乱之始"的见解。在李光地看来,顾炎武说得非常精辟。因为基层吏员地位不高,又是身处基层,比较容易接近民众,所以能更好地了解民情。这些吏员尽管职位很低,但是作为办理具体事务的人,反而容易把事情办成。这样的吏员,多些并不要紧。但是大官不能多,大官多了,职权分散,就成虚位,谁也做不了主,遇到事情,就会互相推诿,互相扯皮,谁也不负责任。大官不负责任,基层吏员也就与普通百姓没什么两样,也就没有办事积极性,结果就会导致政事荒废。因此,大官要少,权力应尽量集中。这些见解,亦不无道理。

第三章

李光地的理学思想

李光地作为清代颇有影响的思想家，理学思想是其重要组成部分，亦因此被誉为理学名臣。他在理学方面的突出成就，乃是汲取程朱理学以理为本的思想和陆王心学以心为本的思想，创造了一个融合程朱陆王思想的以性为本的新体系，作为对宋明道学的总结。他将数百年来争论不休的理本论与心本论，尊德性与道问学，知先行后与行先知后等等，都统一到以性为本的理学体系，既扬弃了陆王心学，也扬弃了程朱理学，从而成为清初理学思想的集大成者。这个别具特色的理学体系，无论总体上，还是诸多细节上，都具有突破传统和革新传统的积极意义，孕育着近代人文主义的思想因素。

所谓理学，是宋代一些儒家学者提倡的义理之学。他们反对汉唐以来的儒家只注重经学训诂笺注，主张为学要能明心养性，讲明义理，是一种倡导复兴儒家伦理主义文化价值的学术思潮。它产生于北宋，创始人是周敦颐，盛行于南宋与元明时代，清中期后逐渐衰落，但是影响一直延续至近代。广义的理学，泛指以讨论天道性命问题为中心的整个哲学思潮，包括各种不同学派；狭义的理学，专指程颢、程颐、朱熹为代表的以理为最高范畴的学说，即程朱理学。理学是北宋以后社会经济政治发展的理论表现，是中国古代哲学长期发展的结果，特别是批判佛道哲学的直接产物。理学在中国哲学史上占有特别重要的地位，它持续时间甚长，社会影响很大，讨论的问题也十分广泛。概括说来，理学讨论的问题主要有三个方面：一是本体论问题，即世界本原问题。在这个问题上，理学家虽有不同回答，但都否认人格神和彼岸世界的存在。张载提出气本论哲学，认为太虚之气是万物本原。二程建立“天即理”的理本论哲学，认为观念性的理是世界本原。朱熹则提出理为本气为具学说。二是心性论问题，即人性来源和心、性、情关系。张载提出天地之性与气质之性和心统性情学说，认为天地之性来源于太虚之气。程颢提出“心即天”以及性无内外的命题，把心、性、天统一起来。程颐则提出性即理的命题，把性说成形而上之理。朱熹认为心之本体即是性，是未发之中；心之作用便是情，是已发之和。性和情是体用关系，而心是主宰。三是认识论问题，即认识来源和认识方法。张载首先提出“见闻之知”与“德性之知”两种知识，并提倡穷理尽性之学，成为理学家共同讨论的问题。二程提出格物致知的认识学说，朱熹提出即物穷理的系统方法。理学流派纷纭复杂，北宋中期有周敦颐的濂学，邵雍的象数学，张载的关学，二程的洛学，司马光的朔学。南宋时有朱熹的闽学，陆九渊兄弟的江西之学，明代中期则有王守仁的阳明学等。尽管这些学派具有不同的理论体系和特点，但按基本观点和影响来分，主要有两大派别：二程、朱熹为代表的程朱理学，陆九渊、王守仁为代表的陆王心学。从哲学思想看，周敦颐、程颢、程颐、朱熹是客观唯心主义，认为“理”是永恒的先于世界而存在的精神实体，世界万物只能由理派生；陆九渊、王守仁则是主观唯心主义，提出“心外无物，心外无理”，认为主观意识是派生世界万物的本原。理学家尽管分为不同学派，但又都以传孔子之道自命，以维护道统为己任，故理学又称为道学。作为地主阶级新的思想理论体系，理学一度对当时中国社会的发展起过较好的作用。它在思辨哲学方面的发展，无疑是人类历史上的一大进步。理学对于日本、朝鲜的历史发展，亦曾产生相当大的影响。然而理学在强化封建礼教、维护宗法诸方面，随着中国封建社会的不断发展，愈益起着消极乃至反动的作用。

明末清初社会剧烈动荡，尤其明王朝衰败与灭亡，促使人们痛定思痛，开始反省问题的症结所在，并逐渐把矛头指向明代王学。同时，社会秩序的无序性，社会现实的极不和谐性，所表现出的与理学理想的尖锐对立，亦使人们开始对理学世界观的相应内容产生怀疑。正因为对当时社会秩序的无规律性和不和谐性有深刻认识，促使人们对理学思想进行批判和改造。李光地的理学思想，相当程度上可以说是清初特定历史环境的产物，它的形成和发展，无疑与当时康熙帝尊崇程朱这个基本背景有极为密切关系。理学发展到明末清初已进入衰颓期。康熙帝亲政后，亲自提倡朱子学，并将它定为“正学”。周谷城先生《中国政治史》称：“清代最能利用理学的为康熙皇帝。他所特别看重的书籍，为《诗》《书》《易》《礼》《春秋》等五经，及《论语》《孟子》《大学》《中庸》等四书，以及程朱等关于性理的著作。所特别崇拜的圣哲为孔子、孟子、程子、朱子，并认定尧舜禹汤文武的道统即是治统，一心想以古先圣哲及其学术来做厚风俗正人心的工具。”清廷最高统治者的道学观，显然对李光地理学思想产生重大影响。受康熙帝学术好尚的政治影响，李光地五十岁之前，尚且游移于程朱与陆王之间，尚不能以学宗程朱来概括，但是五十岁以后，基本上倒向程朱，完成了学术宗尚的根本改变，以恪守程朱学的面貌出现于朝野。他对自己数十年的理气观断然否定，明确赞同理先气后，这样就竖起了尊崇程朱大旗。

程朱理学与所有学术思想一样，都是上层建筑的一部分，它为经济基础所决定，也受制约于政治，研究程朱理学的发展，不能离开对经济基础的考察，也不能离开政治。但是学术毕竟不能等同于政治，这点亦适用于程朱理学。李光地由于受当时学术思潮影响，更由于早在青年时即对道学各学派广泛涉猎，既花费大量时间学习程朱理学，包括家乡蔡清、林希元这些著名朱子学者的著作，同时亦接触阳明心学，读了不少陆九渊和王阳明的著作，因而对道学各个学派的理论非常熟悉，对各个学派存在的问题也有相当深刻的了解。因此，不仅能对诸学派的问题提出较为中肯的批评，且也能够在程朱理学基础上，没有拘于门户之见，汲取诸家之长，构筑了一个适应时代要求的新理论体系。正如《四库全书总目提要》所言："光地之学源于朱子，而能心知其意，得所变通，故不拘墟于门户之见。其诂经兼取汉、唐之说，其讲学亦酌采陆、王之义。而于其是非得失，毫厘千里之介，则辨之甚明，往往一语而决疑似，以视党同伐异之流，斥姚江者无一字不加排诋，攻紫阳者无一语不加讪笑，其相去不可道里计。"因此，作为程朱理学在清代前期的代表人物，李光地的理学思想，虽然标榜尊奉程朱理学，以程朱思想主张为主轴，实际上又吸取陆王心学的思想因素，融合为自己的观点，以此修正和补充程朱学说。依此而论，康熙帝曾说汤斌、李光地、许三礼俱言王学，唯熊赐履独尊朱熹，并非全无道理。不过，这亦从一个侧面说明，李光地治学并非只看康熙脸色，唯皇帝马首是瞻。《清史编年·康熙朝》称，李光地"论述大抵袭取前儒旧论……一生论学，唯视人主主意为转移"。这无疑是种偏见。李光地论学不是肤浅的，是很深邃的，既非只是"袭取前儒旧论"，亦非"唯视人主主意为转移"。

李光地构建的以性为本的理学体系，把理气、心性、气质、知行、立志、主敬诸条，作为阐发重点，提出了自己的创见，具有"阐奥抉疑，发前人之所未发"的学术价值。更为重要的是，它表现出鲜明的时代特色，即重实理、重践行。清初，康熙帝的影响带起理学新风气，理学家辈出，明末以来的虚浮学风，亦为之一变，返于重实践的淳笃。李光地的理学思想，注重实理，"知本"

与“明性说”，皆强调庸言庸行的实践之功。按《榕村语录·学一》载，他称：“吾学大纲有三：一曰存实心，二曰明实理，三曰行实事。”他将这个原则贯穿于整个理论体系中，从而凸显出一种新的诠释方向。他所奖掖和提拔的理学人才，亦多精通经学及实用之学。这既反映了清初的理学风貌，亦具有个人的学术特色。可以说，李光地提出的重实理重践行思想，在清初复兴程朱理学，既适应儒学发展大趋势，又具有返本开新的意义。关于这一点，周谷城教授在《中国政治史》中，曾从肯定康熙帝的历史功绩的视角，阐述清初理学家所起的作用。他称康熙帝“所用大臣，多理学家，且都有卓特之行，扬名于一时”。他又引用“汲修主人”的话，说明理学及李光地、熊赐履、赵申乔、张伯行等理学家对清初吏治所起的积极作用：“本朝崇尚正道，康熙、雍正间，理学大臣颇不乏人。如李安溪之方大，熊孝感之严厉，赵恭毅公之鲠直，张文清公之自洁，朱文端公之吏治，田文端公之清洁，杨文定公之事君不苟……皆扬名于一时。谁谓理学果无益于国耶?”应当看到，无论康熙帝或李光地，都是把明末王学泛滥带来的社会上那种空谈心性的学风士风，所造成的严重后果，作为历史教训来吸取。他们把提倡程朱理学作为克服这种弊病的药方，固然并不全灵，可是也应当看到，程朱格物穷理的思想，确实起了某些积极作用。梁启超亦认为李光地是清初最主要的程朱学者，他在《近代学风之地理分布》中说：福建，朱熹侨寓之地，宋代以来以闽学著称。康熙年间，又出了个安溪人李光地，“善伺人主意”，以程朱道统自任，亦治礼学、历算等等，以此跻身高位，世人亦因此称他为理学大儒。梁启超对李光地不无偏见，认为李光地大力倡导程朱理学，有投康熙帝所好之嫌，可对李光地在维护程朱理学地位所起的作用，并没有否定。李光地作为清初道学集大成者，他与康熙帝共同推崇理学，并将理学确立为官方意识形态，奠定清政府思想统治重心，既促进了满族汉化和中国传统文化延续，且对当时的政治发生了积极影响；既找到了维系社会人心的有效工具，亦促进了社会经济的稳定发展。李光地正因为落实清朝“崇儒重道”基本国策做出巨大贡献，因此被称为理学名臣，康熙朝“主持正学”的中坚人物。

一、性为本的本体论

本体论问题，即天地万物的本原问题，或者说天地万物的本原为何物，这也是人类社会自古以来一直在探讨的最本质和最深刻的问题。中国古代哲学,本体论亦称本根论,它是指探究天地万物产生、存在、发展变化的根本原因和根本依据的学说。中国古代哲学家一般都把天地万物的本根归结为无形无象的与天地万物根本不同的东西,这种东西大体可分为三类:一是没有固定形体的物质,如"气";二是抽象的概念或原则,如"理";三是主观精神,如"心"。这三种观点分别归属于朴素唯物主义、客观唯心主义和主观唯心主义。

宋明以来的道学家,关于天地万物的本原问题,尽管各有不同见解,然而皆否认人格神和彼岸世界存在。张载提出气本论哲学,认为太虚之气是万物本原。程颐、程颢提出"天即理"的理本论哲学,认为观念性的理是世界本原。朱熹提出理为本气为具学说。理是程朱理学最高哲学范畴。在程朱看来,理是世界万物的总根源,是太极,无极之极,是至高无上的永恒法则。陆九渊、王阳明则把心作为天地万物本原,作为其心学思想最高范畴。陆九渊认为宇宙便是吾心,吾心便是宇宙,宇宙万物不过是吾心的产物。王阳明则认为心外无物,心外无理,天地万物之理都在心中,天地万物和天地万物之理都是由心所决定。

李光地作为清初著名理学家,他的理学思想,就其对程朱陆王的态度而言,诚如不少研究者所指出,总体而言,更倾向于程朱理学,尤其是晚年,这种倾向更为突出,极力提倡程朱理学,反对晚明王学之疏狂,被视为康熙时代"主持正学"的中坚人物。不过,李光地尽管标榜尊崇程朱,然而所构建的理学体系并没有以理作为最高范畴。按《榕村语录·中庸一》载,他曾与陆陇其就鸢飞鱼跃问题做过一次有趣的讨论。他问陆陇其:"飞跃即是道否?"陆陇其答:"不是。飞跃好的是道,翔而后集是道,自投罗网不是道。"李光地听后开始还觉得甚有道理,"甚喜其说",可是后来越想越觉得不对头,终于想明白了,说陆陇其讲得不对:"不消如此讲。飞跃便是道,自投罗网,原不是天之所命,何须剖白。"李光地对鸢飞鱼跃这种见解,显示出他与严守程朱学说的陆陇其的重大分歧,同时也显示出他的理学思想与程朱理学的分歧。分歧的实质在于将人的天性作为最高本体,还是将天理作为最高本体。李光地与程朱理学把理作为思想体系最高范畴不同,他的思想体系的最高范畴是性。程朱把天理作为最高的实在,他则把天性作为最高的实在。程朱是天理本体论,他则是天性本体论。性的地位的提高和理的地位的降低,这无疑是个引人注目的新思想动向。

李光地理学体系的最高范畴，既不是程朱所讲的理，也不是陆王所讲的心，而是性。程朱理学以理为本，阳明心学以心为本，李光地则以性为本，性高于理，天地之性即人之性，性亦高于心，性统心。在他看来，理与心皆非天地万物产生的总根源，性才是天地万物产生的总根源。

按照李光地的见解，这个作为最高实在的性，尽管是看不见摸不着的，然而又是无时不在无处不在的，是不会改变的，同时又不断地发挥着作用，因而“性立天下之有”。这就是性的本质。按《榕村语录·性命》载，李光地曾用著名的“谷种之喻”来通俗地说明这种本质。他说：“谷种生处尚不是性，所以生之万古不变者为性。性本无形，如大麦，万古是大麦；小麦，万古是小麦。不是性如此，如何不会变？有性，所以有许多物事，若没有这个不会变、不肯住的，如何有这许多物事？所以云性立天下之有。”这个比喻应当说颇为形象。谷种发芽生长，还不能称为性，所以发芽生长且万古不变的才是性。这个比喻告诉人们，性是事物之所以生的源头，特点是不会变、不肯住，因而“性立天下之有”。说得通俗点就是：性是事物所以成为其自身的本质属性和内在依据，同时也是事物的内在生机和活力，凭借这种内在的生机和活力，事物得以保持其自身的本质，即不会变，同时又不断地对象化自身，即不肯住。正是由于万物都依据其本质而成为其自身，所以说性是最高的实在。这样，性也就成为万事万物的本质中概括出来的最高哲学范畴。

李光地以性作为最高的实在，那么他所提出的这个性的内涵又是什么？他认为性包括天地之性、人性、物性三个方面，亦可称为三个范畴或三个层次。

天地之性最为根本。所谓天地之性，李光地又称为天地之德、生物本体、太极等，它的唯一使命是生化万物。他明确提出，天地之性是“生物之本体”。天地间一切事物，都是从这个本体化生而来，而天地之性作为生物之本体，则是永恒不变的。按《榕村全集·初夏录二·太极篇》载，李光地说：“从古及今，不知其千万年也。天地之为天地，无有他事，生万物而已。生生也，不生则成其所生，而又以为生生之地也。”天地之性既为生物之本体，是万物之所以生的本原，因而也就没有任何事物能够加于其上，万物的本质属性既由它而来，所以它就具有了万物之根柢标准和主宰纲维的意义，所以称之为太极。因此，李光地又说：“极也者，纯粹以精之理，至真而无妄，至善而无恶。其为物也不二，其为道也不息。此所谓天地之性，而万物得之，亦各一其性，有若以之为根柢标准者然。比之两仪、四象，则无声无臭，为之主宰纲维，至极而无所加于其上，故曰太极也。”简而言之，天地之性是太极，是“至极而无所加于其上”的主宰纲维，是根柢标准。

什么是人性？李光地认为人性得之于天地之性，得天地之性之全。天地之性有元、亨、利、贞四德，亦称天德，人性全得这四德，从而具有仁、义、礼、智诸善端。他在《四书解义·中庸余论》中说：“元之气为春，其职生。亨之气为夏，其职长。利之气为秋，其职收。贞之气为冬，其职藏。人之生也，得乎元之德以为仁，得乎亨之德以为礼，得乎利之德以为义，得乎贞之德以为智。”因此，人性具有仁、义、礼、智四端，或仁、义、礼、智、信五常，所以说人性皆善。李光地接着又说：人“及乎感于物而动也，由仁而发则为恻隐，由礼而发则为辞让，由义而发则为羞恶，由智而发则为是非。故曰人者天地之德，阴阳之交，五行之秀气也。仁、义、礼、智者，性也。恻隐、羞恶、辞让、是非者，情也。性情皆道心也，达乎天德者也。”在李光地看来，人正是得天地之性元、亨、利、贞四德之全，故有礼、义、礼、智四端。由此四端出发，又有恻隐、羞恶、辞让、是非之情。

什么是物性？李光地认为物既为天地所化生，物性自然也就禀受了天地之性，因而物性也有“天命之善”。按《榕村全集·经书笔记》载，他说：“神天德，化天道。地之化育也，万物之生成也，昼夜之藏显也，皆化也，无体者也。化育一心也，生成一事也，昼夜一贯也。神也，无方者也。当其显而生育，神之机妙乎化，故谓之盛德；当其藏而化成，化之用归乎神，故谓之大业。非显无以见其德之盛也，非藏无以见其业之大也。不能显者其德薄矣，不能藏者其业浅矣。”这就是物性所禀受的天地之性，也是物性所显示的天德、天道。但是物性和人性不同：人性是得天地之性之全，物性则是得天地之性之偏。按《榕村全集·初夏录二·人物篇》载，李光地又说：“物明于天而暗于地，不能与天地相似，则不足以言善。不足以言善者，非谓无一端之善，不足以语于纯粹至善之本，而得乎天地之性之全也。”也就是说，物性既不能与天地之性相比，亦无法与人性相比，物性虽亦有善端，然而人性中的种种善端，都不是物性所能完全具备的，所以只能说人性皆善，而不能说性皆善。

在李光地看来，天地之性、人性、物性三者，天地之性是产生人性和物性的本原，是纯粹至善的。按《榕村全集·初夏录二·太极篇》载，他说：“树之道在成实，天地之道在生人。人与物同生也，而种之美者尔，故天地之性在焉。”这就是说，人性和物性都是禀受天地之性而生，因此都有天命之善，这是人性和物性之同。至于两者之异，则有两点：一是人性得天地之性之正，物性只得天地之性之偏,故人性具有仁义礼智四端,物性只具有其中某一端。李光地在该文中又说:“人受天地之中阴阳五行荟萃均和,得其正者也。物则偏而不能全乎天地之性。”诸如虎狼只知有父兄而不知有君臣,蜂蚁只知有君臣而不知有父兄。人性最能表现出天地之性的纯粹至善,因而天地之生人为贵,人性高于物性。按《榕村全集·经书笔记》载,李光地说:“天地之性人为贵,又曰人者天地之德,又曰人者天地之心,皆夫子之言也。天心至灵,天性至诚,天德至精,惟人也全受所付。非仲淹元气、元形、元识,尧夫形气交而神主乎其中之谓也。呜呼!人可以丧天心、灭天性而悖天德乎?”所谓天心、天性、天德,均指生生之德,是人性所有而物性未必有的禀性。二是人性具有物性所没有的“无所不亲、亲亲为大”特点。李光地认为人性的仁义礼智四端,并非平列,当中仁最为根本,是人性中的第一位,是起统帅作用的。仁,犹如人们不可须臾离开的饮食,人们应当“尽性”,充分发掘天地之性赋予每个人身上的善性,通过主观努力都可以成为善人。按《榕村全集·经书笔记》载,李光地又说:“仁应乎万事而不流,尽性之尽性也。乐天安土,高明与游,而博厚与居,尽性之至命也。范围天地,其理在我也,至命之穷理也。曲成万物,其性无间也,至命之尽性也。通知昼夜之道,其命不二也,至命之至命也。穷理者,精义入神以致用;尽性者,利用安身以崇德;逮乎至命,则穷神知化,德之盛也。故神无方,‘易’无体,于至命言之。”在李光地看来,人充分发挥自身善性的努力,就是“至命之穷理”,就是“至命之尽性”。

李光地认为知性,即对性的认识非常重要,世间万物皆与人相关,研究性,可以体认天地的生生之德。而且在他看来,性也是可以认识的,并非有人所认为的不可认识。他不仅驳斥“知性非要”的看法,而且否定“性不可状”的观点。按《榕村全集·观澜录·性》载,他说:“或言知性非要,曰:是《中庸》《大学》之眩学者也。或言性不可状,曰:是以仁义喻民者空也。去其眩之见,则明者至矣;去其空之疑,则实者得矣。”在李光地看来,那种认为知性不重要的观点,是受到儒家经典《中庸》《大学》的迷惑;那种认为性不可言说的观点,实际上是怀疑通过教化复归人的善性的可能性。这些见解,显然都不正确。倘若去掉这种因受迷惑而产生的偏见,就会明白知性极为重要;倘若去掉这种没有实际根据的怀疑,就会得到真正符合实际的见解。学者不应受“人心惟危,道心惟微”说的迷惑,忽视对于性的探求,也不应把性看作神秘的不可知的。按《榕村全集·初夏录二·太极篇》载,他又提出万物皆以其所出者为模仿对象的观点:“盖凡物枢纽,乃其至极无以复加之处,而其以为根柢而生者,必无不与相似,是亦所谓标而准之者也。夫天地之间,物化同流,无一不肖其所自生者。故一暝寤似昼夜也,一昼夜似望晦也,一望晦似春秋也;万物精魄似水火也,水火似日月也,日月似天地也。”因此,他的结论是:“观天地之为天地者,天地之情之心可见矣。观天地之情之心者,天地之性可识矣。”就是说,观天地之情之心,就可认识天地之性,怎么能说性是神秘的,是不可名状不可言说的呢?

李光地既然把性作为最高哲学范畴,那么作为程朱理学最高哲学范畴的理,自然必须退居相对次要的地位。程朱认为理是世界万物的总根源,是太极,是无极之极,是至高无上的永恒法则。李光地认为不然,在性与理这对范畴中,性的重要性远远超过理,性是生命存在的内在根据,理则是由性所规定的事物条理,是性在事物上的体现。按《周易观象·说卦传》载,李光地说:“所谓理者,即性命之流行于事物者尔。”所以理是从属于性的,性是理的总名。他在《正蒙注一·诚明篇第六》又说:“性者,理之总名尔。著而为道,则有阴阳、刚柔、仁义之两名,而性其合也。”性包万理,囊括一切的理,所以万物都是“性一分殊”,而不是朱熹所讲的“理一分殊”。按《榕村全集·初夏录一·诚明篇》载,李光地称:“万物散殊,无非完其性之固有,此所以谓自明诚而为教之用。”就是说,理只是性在事物上的具体体现,它是由性所规定的事物条理。性类似本性或本质,理只是本性的部分特征,故理是从属于性的。据此,他认为朱熹的哲学根基理一分殊说,是颠倒了哲学的本原关系,从而提出了自己的性一分殊说。朱熹用“月印万川”来比喻理一分殊,李光地则用“月印万川”来比喻性一分殊。按《榕村语录·诗》载,他说:“天地神人,以至鸟兽草木,总是一个性情。雎鸠之挚而有别,麟之仁厚,草木之荣落翩反,皆天地之性,万古不变。月落万川,处处皆圆,一散为万,万各有一,原自无两。”

程朱著名的哲学命题:性即是理。按《朱子语类·卷五》载,朱熹说:“天即理也,命即性也,性即理也。”李光地对此不以为然。按《榕村语录·性命》载,他说:“伊川说性即理也。蔡虚斋、罗整庵辈,着实参想,以为天地之气,若偏于阴,偏于阳,便不是理。阴了又阳,阳了又阴,阴阳得中,便是理。已经说得傍,却还隔一层。为甚么阴了又阳,阳了又阴?这是天地不能自已,万古不易,极纯极粹,至好的一个性,连天地亦不知其所以然。只是不如此,便过不得。此生理也。”程朱将理视为永恒不变的规律,李光地明确表示,他不赞同程朱“性即是理”的命题。他认为理只是条理，如果性即是理，那就是强调性是理在人身上的体现，以及理的至高无上地位，如此世间万物将“泛然无情”，即把世界做非人化的理解。在李光地看来，性实际上比理更根本，理是性的体现。按《榕村语录·理气》载，他明确提出：“程子言性即理也，今当言理即性也。不知性之即理，则以习为性，而混于善恶；以空为性，而入于虚无。不知理之即性，则求高深之理，而差于日用；溺泛滥之理，而昧于本源。性即理也，是天命之无妄也；理即性也，是万物之皆备也。”李光地将程朱的性即理改为理即性，看似文字上不经意的改动，实则乃是对性即理的重大修正和补充。因为在李光地看来，性即理的命题，将理推到至高无上地位，在人生哲学上会带来不小弊端，差于日用，溺于高深，昧于本源，这就势必导致使人“求理于外，其于性也日远矣”。所以必须修正和改造，只有补性即理为理即性，才会让人感受到温馨的人性化世界，感受到人伦秩序的合理性和重要性。应坚持理即性，人人都应求理于内，加强自身世界观改造，在人伦日用之间用功，维护社会统治秩序，维护社会和谐关系。在李光地看来，倘若补“性即理”又为“理即性”，则天上人间不再间隔，天理与人欲皆在理序之中，皆在正道中。李光地的“性”论乃至其全部理论的出发点和落脚点正在于此，即强调人伦关系的作用。所以他反复强调性的人性化意义，以及所赋予的生命伦理内涵。按《榕村全集·初夏录二·人心篇》载，他说：“天下无性外之物，而性无不在，故浑然太极之全体，无不各具于一物之中，诚也，性也。朱子所以言太极也，即其所以言理也。由是而赋于万物，散为万事，皆此理也、此性尔。”李光地关于理即性的诠释，无疑是将至高无上的抽象的理，下落到万物，回归到人身上。因为性俱在万物心体之中，道德修养于此更具切身之感。本来，程朱理学是以理来说明封建伦理道德的合理性和不可易移性，而李光地以性说之，意图则在于强调封建伦理秩序的亲和性，以性之“生生之德”和“一体之仁”来增强封建制度的亲和力与感染力。这种理论无疑符合清初政权初创尚需巩固的政治需要。而从李光地对天、理的这些解释，亦可看出他固然是程朱理学的继承者，但是并不唯程朱之说是从。

李光地从以性为本出发，又提出性和命虽是相同层次的概念，但性比命更为根本。按《榕村全集·经书笔记》载，他说：“性为之主，理者其流也，命者其源也。学者缘流以溯源，故曰穷理尽性，以至于命。”这就是说，命固然是源，理亦不过是流而已，惟性是生命主宰。命与理，或者性与理，是源与流关系，主与从关系。按《榕村全集·读书笔录》载，李光地又说："理即性，性即命。吾儒所谓心、性、命者，如此。"按《榕村语录·理气》载，他又指出："孔子曰：穷理尽性以至于命，和顺于道德，而理于义。顺性命之理，谓之理。都是在事物上说。君臣、父子、夫妇、昆弟、朋友不相紊乱，这是理。然此理不是到事物上才有，性即有仁义礼智，不可混矣。命即有阴阳五行，不可乱矣。顺性命之理，说得最好。性命皆理也。程子说性即理也，是因人把性字说空了，故指点此句。其实在事物为理，人之所秉为性，天之所降为命。命本以天言，性本以人言，理本以事物言。道亦理也，但理以事物条理言，道以人所行之路言。"这段论述，通过阐释孔子"穷理尽性以至于命"的观点，进一步说明性是根本，性统理，命亦不过是性之禀赋。

李光地以性为最高本体，显然是种巧妙的调和程朱陆王本体论的手段。程朱向外求理，陆王返求诸心。李光地讲的性从外来说，根源于天地；从内来说，又是人与生俱有。这就将程朱陆王的学说在性本论基础上统一起来。所以按《榕村全集·观澜录·诸儒》载，他说："程朱以理言性，惧夫混于气质以言性者也。别而言之，理散于事物，性统乎人心。知之者以为万物皆备于我，则性与理一也；不知者求理于外，其于性也日远矣，而犹曰程朱之说云尔。攻之者又不深考，因曰程朱故尝云尔，以率天下求理于外也。"李光地对性所下的定义，以及关于性与理关系的阐述，既表现出不囿于前人见解的学术个性，也表现出其思想中蕴含着的"在传统中打破传统"的积极因素。理即性，是李光地理学思想的核心，是他对程朱理学理论缺陷的修正和补充，也是对程朱理学在明末清初时代背景下的新发展。他兼采多家之长，将程朱理学与时代特征结合起来，在不违背程朱理学基本思想的基础上，强调人伦关系的作用，由此构成自身新的理学思想，亦为儒学的持续发展奠定了基础。理即性的思想，将性的地位提高，强调人伦关系，对以儒家思想为代表的传统文化如何在当代社会中发挥应有作用，具有重要意义，可以让人们更多地感受到人性化的温馨。进而言之，它亦表明传统儒家思想并不必然与当代社会价值观截然对立，以儒家思想为代表的传统文化，在当代社会中仍可发挥出它应有的作用。

李光地既以性为最高范畴，同时又从抽象到具体，进一步以仁义来定义性，以兼爱和博爱来定义仁。按《榕村全集·初夏录二·人心篇》载，他说："在人者率性为道，天地何独不然？一阴一阳之道，亦天地率其至善之性而为之者也。故曰：立天之道，曰阴与阳；立地之道，曰柔与刚；立人之道，曰仁与义。言道则可以对待言，若性则不可以对待言。性者，浑然一无极之真而已。然则言性，以仁义，以四德。盖亦自发用之后，而推原其本体，分别其名状之云尔。性则冲漠无朕，乌有所谓两且四者哉？是故圣贤惟以善名之，不可加一辞。率之斯为道，散之斯为理，故有涂辙之可循，条贯之可析。此性道之说，太极二五体用之分也。”在李光地看来，先天之性不可见，而其发用处则可见，这就是仁。性，就是仁。按《榕村语录·性命》载，他又说：“人心中只有一团生理，发出来便是爱。爱不可即谓之仁，然其理则仁也。”在他看来，仁就是爱。按《榕村全集·观澜录·诸儒》载，他又说：“天地以生物为心，而人、物之生，因各得天地生物之心以为心。此朱子之说仁也。洙泗、邹峄之道，一言蔽之矣。生物之心，爱为之端。”这就是说，人因得天地生物之心，故得仁，而天地生物之心，爱为首端，故仁即是爱。按《榕村全集·初夏录二·人心篇》载，李光地说：“性之所以为性者，善而已矣；性之所以为善者，仁而已矣。在天地则为生物之本体，所谓大德曰生者也。”性之为善，所以为仁。仁即兼爱、博爱，源自天地化生万物之性。按《榕村全集·初夏录二·人物篇》载，李光地又说：“夫人物亦天地之子也，惟天地能广生人物而兼爱之，人物则不能。”就是说，天地之性化生万物，天地之性亦兼爱万物。人得天地生物之心，以为仁心，故仁也是兼爱。按《榕村全集·初夏录一·孟子篇》载，他又说：“程子谓退之以博爱为仁为非，盖谓其举用而遗体。然以愚观之，欲以一言尽仁体，未有善于博爱者也。《易》曰天地之大德曰生，又曰大生广生。夫此即博爱之谓也。”李光地认为既然天地之性化生万物，亦唯天地之性能兼爱万物，所以程颐批评韩愈以博爱为仁不对，实则是程颐不对：“程子曰：仁，生理也。朱子申之，曰：天地以生物为心，而人物之生，因各得夫天地生物之心以为心。夫此亦博爱之谓也。《论语》立人达人，程朱以为状仁之体。夫立人达人者，博爱而已。言博爱则体用具举，固无嫌于体之遗也。”他认为程朱讲仁，又讲人得天地生物之心以为心，这不就是博爱吗？《论语》讲立人达人，程朱用来描述仁之体，这不也是博爱吗？李光地将性解释为博爱，又将博爱之情定义为人伦五常。按《榕村全集·初夏录二·性命篇》载，他说：“《西铭》有一直一横之理，直上，父母也；横出者，兄弟也。直上，天地也；横出者，民物也。人能孝于父母者，未有不能爱其兄弟者也。人能善事天地者，未有不能仁及民物者也。爱兄弟者，父母之心也，故能心父母之心，则不患于无爱矣。生民物者，天地之心也，故能心天地之心，则不患于无仁矣。《西铭》言‘民吾同胞，物吾与也’，而后所言者，畏天乐天之学，不及乎博爱兼仁之事。盖全乎其心之德，则爱之理固在其中矣。”可见这也是个理论与实践相结合的理学体系。李光地以仁定义性，又以兼爱和博爱定义仁，批判了儒家的爱有差等说，突破了儒家思想的中古局限性。

应当指出，把仁定义为博爱，并非孔子的思想，自然亦非纯粹的儒家思想。孔孟讲的爱是等差之爱，爱是要讲等级差别的。墨家则与儒家相反，讲兼爱，亦即不分等级差别的爱。兼爱思想，显然是种带有平民性的思想，这对于等级森严的传统社会来说，当然也是种具有危险性和破坏性的思想，所以被孟子斥为异端邪说。汉唐儒家对此辨析不严，所以在汉初，有儒家援墨入儒，借孔子之口宣扬“不独亲其亲，不独子其子”大同理想，又有扬雄直接以博爱解释孔子所谓仁。唐代，韩愈亦以博爱释仁。只是到了宋代，在极端强调封建等级制的社会背景下，程颐、吕祖谦等人经严格辨析后才明确指出，大同思想并非孔子的思想，以博爱释仁实际上是以墨学冒充孔学。可是为何在这种情况下，李光地仍坚持以博爱释仁，且以巧言辩说驳斥程颐，说博爱合乎历代圣贤思想，是“体用具举”。更有甚者，他还公然驳斥所谓仁有厚薄之说，实际上也是批评孔子爱有差等说。按《榕村语录·中庸一》载，他强调说：“亲亲之杀，尊贤之等，今人说是仁有厚薄，如父子恩厚，至兄弟则稍薄，由人及物则愈薄了；义有轻重，如君臣义重，至朋友便稍轻，由人及物则愈轻了。不知仁如何说得薄？义者如何说得轻？……所以亲亲之杀，不是杀到薄处；尊贤之等，不是等到轻处。”这种见解，显然是在跟孔孟程朱唱反调了。

如果说汉唐儒家以博爱释仁，主要是因对孔墨学说辨析不严，那么经过宋儒“明异端正学之辨”后，李光地为何还要明知故犯？为何还要这样立论？为何不用汉唐儒家的博爱二字而竟公然直接用墨子的兼爱一词？又为何甚至借批评“今人说仁有厚薄”而实际上在批评孔子的爱有差等说？这就值得思考了。应当说，思想往往是时代的反映，是时代要求的折射，时代决定了思想家对先行思想者思想的改造，以及进一步发展的方式。李光地将兼爱思想引入“性”，并将其抬到“性本”的高度，这与明代中叶后中国资本主义萌芽的发生和早期启蒙思潮的兴起，显然有着或多或少的某种联系。

李光地以性为本的理学体系，抬高了人性地位，贬低了天理地位，这在客观上对中国传统社会是潜伏着危险性和破坏性的。因为如果人性是“无所加于其上”的主宰纲维和根抵标准，那么它就成为衡量理是否合乎人性的准绳，衡量传统社会政治法律、伦理道德、风俗习惯的准绳，凡是合乎人性的，就是值得保留的；凡是不合乎人性的，都在扫除荡涤之列。李光地把人性抬高到主宰纲维和根柢标准的地位，思想体系虽远不能和近代思想体系相提并论，然而毕竟有新的思想方式萌芽，反映了中国社会变动和思想变动新动向，实际上又是中国传统社会意识形态向着近代思想转型的开端，是新思想在传统思想体系内部孕育并开始突破传统的某种征兆。

二、理气观与性气观

理与气的关系，同样涉及最高哲学范畴，亦即谁是万物本原，乃是宋明理学家争论不休的问题。张载提出气本论哲学，认为太虚之气是万物本原，天地之性来源于太虚之气，构建了天地之性与气质之性和心统性情学说。二程建立天即理的理本论哲学，认为观念性的理是世界本原。程颢提出了心即天以及性无内外的命题，把心、性、天统一起来。程颐则提出性即理的命题，把性说成形而上之理。朱熹提出理为本气为具学说，认为心之本体即是性，是未发之中，心之作用便是情，是已发之和，性和情是体用关系，心是主宰。因此，理气问题涉及朱子理学体系本体论的根本性问题。

朱熹的理气论，按《朱子语类·卷一》载，主要由三个要点构成：一是理先气后。“未有天地之先，毕竟也只是理”，理气“本无先后之可言，然必欲推其所从来，则须说先有是理”。二是理为本，理生气。“有是理后，生是气”，但理是本。三是气能凝结、造作，理却无情意、无计度、无造作。虽然他承认“天下未有无理之气，亦未有无气之理”，肯定“气凝聚处，理便在其中”，但又强调“无是气，则是理亦无挂搭处”。他把理气关系，说成是挂搭关系，似有以理气为二物之嫌。总的来说，朱熹理气论本身带有二元性矛盾，其伦理观，明显具有理本论特征。其自然观，却带有某种气本论色彩。而从其体系的总体而论，却是理本论占主导地位。

朱熹理气观的二元性矛盾，在明代受到罗钦顺、蔡清、王守溪等哲学家的极大质疑，罗钦顺则是代表。罗钦顺，号整庵，著名哲学家，明代气学代表人物。他在其著作《困知记》中提出，“气本一也”，“理果何物也哉？盖通天地，亘古今，无非一气而已”。他强调，“理须就气上认取，然认气为理便不是”。这就把就气认理与认气为理区分开来。罗钦顺从其气本论出发，明确指出朱熹理气论存在二元性矛盾，他说：“盖其言有云：理与气决是二物。

……惟答柯国材一书有云：一阴一阳往来不息，即是道之全体。此语最为直截……然不多见，不知竟以何者为定论也？”罗钦顺在该著作中，评述周敦颐《太极图说》时又指出：“凡物必有两而后可以言合，太极与阴阳果二物乎？其为物也果二，则方其未合之先，各安在耶？朱子终身认理气为二物，其源盖出于此。”又说：“尝考朱子之言有云：气强理弱，理管摄他不得。若然，则所谓太极者，又安能为造化之枢纽，品物之根构耶？”如此，罗钦顺便从朱熹理气二元矛盾入手，进而对朱学以太极为道体的理本论提出质疑，大有否定宋代理学道统之架势。

罗钦顺等哲学家对朱熹的质疑和挑战，使以捍卫朱学为己任的李光地甚为不安。他作为清初朱学之领袖，作为维护朱学理论体系的人，在理气关系的看法上，虽然意识到朱熹理气论的某些漏洞，但总体仍然坚持朱学的理论基础。同时，努力对朱熹的理论加以修正和补充。

李光地赞同朱熹理先气后说。按《榕村全集・尊朱要旨・理气》载，他指出：朱子论理气有两大要点：一为理先气后；二为理即气，气即理。他赞同朱子这两个观点，明确表示理先气后，理与气实际上是不可分离的，理亦在气中。

李光地关于性与气、理与气关系，不同意张载、罗钦顺等人的气为世界本原的观点，明确表示性为本气为具，性先气后，先有理而后有气，道属上器属下。这是他关于性气、理气、道器关系的基本观点。按《榕村全集・初夏录二・太极篇》载，他说：“性者，生物之本也；气者，生物之具也。由此观之，道器安得谓无上下？阴阳有终始，天地有混辟，而其性终古不移，故混兮辟兮，终则有始。由此观之，理气安得谓无后先？”在李光地看来，世界上有两种东西，一为性，类似于本性或本质；一为气，类似于各种现象，包括自然现象、心理现象和生理现象。就性与气的先后、上下关系而言，性是事物的内在本质，是本原，气只是构成事物的材料。性决定气，性产生气。他根据这种认识，于是又宣称：“气者性之所生，因而为性之用。”

应当指出，李光地这种论述实际上把性与气、理与气混为一谈。如前所述，在性与理的关系上，李光地无疑是很明确的，即性为本体，性主理从时。但是当其论到性与气、理与气关系时，他的思想就显得颇为复杂了。这种复杂性主要表现在：从所使用的范畴来看，他为了使自己的用语与传统用语相一致，所以将性与气、理与气、道与器的关系问题，作为同一个问题来论述，将性、理、道诸范畴相混同。他在同一段的论述中，往往既是论性与气的关系,也是论理与气、道与器的关系。这点必须首先把握。李光地对性与气、理与气关系的论述,强调“一则不离,二则不杂”。所谓“二则不杂”,即离气以言性,离气以言理,明确认为性先气后,理先气后,表现了他的体系在总体上的唯心主义性质。然而又有所谓“一则不离”,即是说性与气、理与气实际上又是不可分离的,性在气中,理亦在气中,这又说明他的体系中容纳了唯物主义思想因素。当他强调其体系的唯心主义性质时,他批评主张理在气中的唯物主义者,而当他讲性与气、理与气不可分离时,特别是在专论宇宙间的气化流行时,他又很像是个唯物主义者。把握了以上两个要领,对于李光地在性气、理气关系上的大量论述,这些思辨性极强而又充斥着内在矛盾的论述,就比较容易理解了。然而就理与气关系而言,他无疑坚持理先气后,这又是非常明确的。

理先气后,本是朱熹理学的基本观点,并不是李光地的创造,但是这个观点在明代受到一系列挑战,罗钦顺、蔡清、王守溪等人都对这个观点提出质疑。李光地为维护朱子理学,不能不对这些质疑者提出批评。按《榕村全集·观澜录·诸儒》载,他批评几位质疑朱熹的学者说:“议朱子之言理气者,有整庵罗氏,有虚斋蔡氏。盖曰天下一气而已,而其行而不偏,散而有条者,理也。乌有所谓理先气后者乎?读朱子之书,而其说性合于王伯安者,有守溪王氏。盖曰性者心之精神之谓,如镜之明、之能照物而已矣。由罗、蔡之说,是气莫为之主者也,其弊也以气为理。”在李光地看来,几位对朱熹理先气后说质疑者的最大问题,无非在于“天下一气”,以气为主,以气为理。

李光地认为罗钦顺质疑朱熹,理论上站不住脚。按《榕村全集·尊朱要旨·理气篇》载,他称罗钦顺质疑朱熹,“其疑之何据?曰:理气一物也,而朱子二焉,一物并有也,而朱子后先焉。微独疑之,且斥之曰,是不明理者也。且溯而上之,曰是出于濂溪。盖太极无极之误,实启之者也”。又称:“罗氏之学,自以为宋氏之粹,与姚江异。夫朱子而于理不明,则余奚取焉?濂溪之无极既非,则余奚善焉?为宋氏之学而前无周、后无朱,则于姚江奚尤焉?……彼谓理气有定质也,先后有定时也。然则孔子所谓上下,有定位也耶?彼以朱子所谓先后者,介然有理,介然有气。然则形而上下,其亦道器相偶,如天地阴阳之属耶?其固甚矣。是故上下无位者也,先后无时者也。虽无位,不得不有上下;虽无时,不得不有后先。知此谓之知道,明此谓之明理。”作为唯物主义者,罗钦顺反对朱子关于理先气后的说法,但是并不反对程颐关于“道上形下”的说法,所以李光地认为罗钦顺并不彻底,因而不足以信:“然则其尰程说何也？曰:以其为夫子之言也。夫徒以言出夫子而不敢疑之也,又乌能信?”李光地的这种批评才是真正击中了罗钦顺的要害。罗钦顺反对朱子将理与气二分,并把理提高到超越层,而主张即气即理、理气为一物。按其《困知记》所载,在他看来,理即气之理,理是气之属性。这与朱子理先气后、理为气之道的理气观,显然相差甚远。李光地不赞同罗钦顺的观点。按《榕村全集·书后·书王守溪性善对后》载,他批评罗钦顺说:“观整庵《困知记》,其疑与虚斋同。其大指亦曰,气之外无所谓理者而已。而又曰观理者,观于气之曲折而已。至其果于自信,遂訾朱子而上及濂溪,则与虚斋之退然存疑者,又未可同日论也。夫整庵当日号为直谅于姚江者,而其说乃如此。则其所以失者何也？曰失皆在于不敢离气而论性。”可见他对罗钦顺的批评既直截了当,且颇为尖锐。罗钦顺是明代著名的唯物主义者,不仅公然批评朱熹“不明理”,而且批评道学祖师周敦颐的“太极无极”之误。罗钦顺的著名命题是“理在气之转折处”,如春转到夏,夏转到秋,自古及今,何尝有一毫差错,这便是理。李光地批评罗钦顺时,并不在这个命题上做文章,而是批评他“不敢离气而论性”。因为在李光地看来,性比理更根本,纵然理可于气之转折处见,理可以看作是变化着的气的条理,但是还有一个永恒不变的最高本体的性在,这才是根本所在,是本原。他在《书王守溪性善对后》中又说:“吾之所谓性者,非灵非迹,虽离气言之而未尝无。此则所谓本体,所谓大原。实验之在阴阳五行之中,默识之则超乎阴阳五行之上者也。”李光地认为性作为本体、大原,即使离气亦仍存在,是可以“默识”的。所谓“默识”,实际上还是思辨哲学的逻辑推导,即“谓气流行不已,其转折处即理,到底有所以转折者在”。

同时,李光地又对王守溪以“气之灵”为性的观点提出了批评。王守溪即明代著名哲学家王鏊,深得王守仁赞赏,而王守溪对阳明学亦颇推崇,他的气之灵为性观点,即是深受王阳明影响。李光地认为王守溪以性为气之灵,人得气以生而灵随之,也是不对的。佛教尚且尊灵觉于无上,而王守溪则以为灵觉随气而有,这未免浅陋,亦必定要被佛教徒所嘲笑。他在《书王守溪性善对后》说:“守溪之论性,曰天地间逼塞充满皆气也,气之灵则性也。人得气以生,而灵随之也。姚江之传,守溪举是为称首。夫释氏之说,尊灵觉于无上,守溪以为随气而有,其陋必为佛所嗤也。”大抵唯心主义者所注重探求的,皆在于精神心理方面,因而把精神夸大为脱离了物质的绝对、本体,理学的客观唯心主义是如此,佛学的主观唯心主义也是如此。佛学的主观唯心主义，由于没有把主观精神扩展为客观精神，因而在理学唯心主义者看来，已经失之浅薄。至于王守溪所服膺的王阳明的主观唯心主义，把性看成是随气而有的气之灵，没有"尊灵觉于无上"，这在坚持理学的客观唯心主义立场的李光地看来，也就更是失之浅薄，连佛学唯心主义也不如了。

李光地对闽南老乡蔡虚斋亦提出批评。蔡虚斋即蔡清，虽然是朱子学者，可是对朱子理气说也多有质疑，并提出理气上下无位先后无时说。按《蔡文庄公文集》载，蔡虚斋质疑朱子说："以愚管见论之，尽六合皆气也，理则只是此气之力耳。先儒必先有理而后又气及理生气之说，愚是有所未解。"可见蔡虚斋同样不认可朱子理先气后、理生气的观点。按《榕村全集·尊朱要旨·理气》载，李光地称蔡虚斋对朱子，"虽不敢讼言攻之，而疑与罗氏同"。对此，李光地直言不讳地指出，蔡虚斋作为明代著名朱子学者，某些理学问题也没有弄清楚，诸如理气问题，就没有完全弄懂，"理气性命，说得全不是"、"分别理气不清，直认气为理，固不是"。李光地在《书王守溪性善对后》中，又批评蔡虚斋说："余少读虚斋《蒙引》，见其拘拘焉疑于朱子理气先后之说，大指盖曰，天地间皆气也，无始无终者也，安有所谓理先气后者哉？至求其所谓理者，盖曰凡气之运行，无过不及者是也。朱子《图说》曰：太极者，所以动而阳、静而阴之本体也。则欲更之曰：所以动而阳、静而阴之全体也。意以为言全体，则运行不偏胜之意可见，而云本体，则不可知也。"按《榕村语录·理气》载，李光地又称："先有理而后有气，有明一代，虽极纯儒，亦不明此理。蔡虚斋谓：天地间二气滚作一团，其不乱处则是理。……某初读其书，只觉得不帖然，不知其病在何处。及读薛文清《读书录》，有性即气之最好处，颇赏其语而未畅。到五十一岁后，忽悟得三说之差，总是理气先后不分明耳。……即谓气滚作一团，其不乱者即理，到底有所以不乱者在。谓气流行不已，其转折处即理，到底有所以转折者在。"这就是对蔡虚斋的批评。在李光地看来，蔡虚斋的学说太拘，想把太极说成是气之全体，而把理仅仅看作是气的"运行不偏胜"之意，这实际上是认为在气之上没有更高层次的范畴，取消了对真正的本体的探究，因而是昧于本体的认识的。同时，李光地又运用思辨哲学知其然而求其所以然的逻辑推导，指出气所以"滚作一团而不乱"，原因就在于有性或理作为气主宰，以此说明朱子性先气后、理先气后并没有错，错的倒是蔡虚斋。

李光地反对罗钦顺、蔡虚斋等人对朱熹的质疑，否定理气合一说，同时，又对朱熹理先气后说重新做了阐释。按《榕村语录·理气》载，他称："先有理而后有气，不是今日有了理，明日才有气。如形而上者为道，形而下者为器，岂判然分作两截？只是论等级，毕竟道属上，器属下；论层次，毕竟理在先，气在后。理能生气，气不能生理。……明乎此，则知天地虽气化迁流，万端杂糅，亦有不能自主之时，却有万古不变的一个性在。……理气固不可分为两截，然岂得谓无先后？如有仁之理，一感于事，便有温和之气。有义之理，一感于事，便有果决之气。”按《榕村全集·尊朱要旨·理气》载，李光地又说：理气“虽无位，不得不有上下；虽无时，不得不有后先。知此谓之知道，明此谓之明理”。这些阐述，主要说明两点：一是性、理是天地间气化流行的主宰，性、理决定气，产生气，性、理是体，气是用，因而不能不讲先后。二是性与气、理与气，固然不能判然分为两截，但是就等级、层次而言，是性先气后、理先气后。这里的等级、层次，是逻辑上的等级层次，意思是说，气之所以有种种变化，必定有其终极原因，既然主宰着气的流行变化的所以然者是性是理，那么从逻辑上来说，也就不能不把性或理看作是最终的决定因素了。李光地还以人的喜怒哀乐及仁义行为皆取决于性或理作为比喻，来说明自己的观点。按《榕村语录·理气》载，他称：“大凡道理不明白处，即以人身验之。如人之欢欣暴厉者气也，但未有漠然无喜而忽欢欣，恬然无怒而忽暴厉之事。何以有喜？以有仁之理故也。何以有怒？以有义之理故也。喜中乎仁之节，则喜得其理矣；怒中乎义之节，则怒得其理矣。是未发之先，此理本自充满坚实于中，故及其已发，自有条理。”可见这是一种极善于利用逻辑思辨的精巧的唯心主义观点。李光地严守理先气后说，捍卫朱熹客观唯心主义的鲜明立场，实际上是自觉维护朱熹理学体系的核心理本论。

理气论是朱熹思想的骨架，李光地要复活朱熹思想，重新树立起朱熹的崇高地位，不能不坚决维护朱熹的理气论。他反复强调，不能对朱熹理先气后论有所怀疑：“知此谓之知道，明此谓之明理。”按《榕村全集·尊朱要旨·气质一》载，他阐释说：“理统其全，气据其偏。全乎理者中气也，过乎中、不及乎中，则谓之偏气，杂糅不齐之气，而理不受焉。理者当然也，过焉不及焉，可谓之当然乎，否乎？当然者常然也，过焉、不及焉，可谓之常然乎、否乎？喻诸五行焉，有火、有水、有金、有木，不相无谓之理。然且有偏火之气，偏水之气，偏金之气，偏木之气。气之偏者亦理也，而非理之全也。喻诸五常焉，有仁、有义、有信、有智，不相无之谓性。然且有偏义之心，偏仁之心，偏信之心，偏智之心。心之偏者亦性也，而非性之正也。凡正理、正性者，乐而不厌，久而无弊。今使天之五行偏，则万物死矣。人之五性偏，则万事坠矣。其使万物死、万事坠，非理性本然也，气之偏者为之也。理则全而不偏，惟中者近之，故论道者贵中。”在李光地看来，宇宙间理和气是紧密联系在一起的，理是气之本，气是理之用。气在不停地变化。由于气在不停地变化，有偏有中正。气偏而不中正，则理之不全。人与物、人们等级之别，也是基于此理，其源盖出于气之偏中正和理之中正。中则理之全，五常之性具备。因此，儒家最推崇中庸，认为中庸是最高的道德，它具有仁义礼智信五常之性。

应当指出，李光地对朱子理先气后说的释义，实际上并没有超出朱学理论之外，只是对朱学理先气后说长期来遭到的种种误解，努力加以澄清，或者说极力为之做辩解。朱子处处强调理之纯净无杂，其理先气后说，也就不免令人产生理气不相容的印象。然而事实上亦如同李光地所言，朱子却于几处说明理气之先后并非时间之先后，而是理路之先后。如按《朱子语类·卷一理气上》载：“问：先有理，抑先有气？曰：理未尝离乎气。然理形而上者，气形而下者。自形而上下言，岂无先后！理无形，气便粗，有渣滓。”可见李光地于朱学的确用心着力，未有轻率。然而基于维护朱熹理学的核心理本论，又不能不费力澄清理先气后说。

李光地理先气后、性先气后的主张，显然是种客观唯心主义，所以陷入唯心主义，是由以下几个方面原因导致的：

一是赋予自然以道德伦理属性的古老的中国文化传统的制约。中国传统哲学中的天，既是自然之天，也是道德伦理之天。中国传统哲学之所谓道或理，既是自然的道理，又是伦理道德的道理。中国传统哲学几乎从一开始就是讲天为人立法，老子讲道法自然，孔子讲天示人以行事，董仲舒讲天人感应等等。于是所谓体天意以施诸人事，修人事以合乎天意，遂成为中国传统的思维方式。当中略有不同的是，老子的道家更注重自然无为，孔子的儒家更注重赋予天以道德伦理属性。李光地给道或理下定义，开始时对儒家思想和道家思想并未做严格辨析，后来才逐渐走向比较纯粹的儒家思想。按《榕村全集·尊朱要旨·理气》载，他说：“气也者何也？阴阳、动静、明晦、出入、浮沉、升降、清浊、融结、盈乎天地之间，而淆以降命。曰离是而有理焉，孰从而证诸？夫阴阳、动静，振古而然也，至于今不异也；出入、明晦，振古而然也，至于今不异也；浮沉、升降、清浊、融结，振古而然也，至于今不异也。不异之为常，有常之为当然，当然之为自然，自然之为其所以然。是故皋陶谓之天，伊尹谓之命，刘子谓之天地之中，孔子谓之道、谓之太极，程子、朱子谓之理。”李光地明确指出，阴阳动静为气，而阴阳动静变异的“所以然”之则，即是理。所谓理，即是气之所以然之故，是气的自然之则或当然之则。然而按《榕村全集·要旨续记》载，李光地又认为自己的上述定义欠妥。他说：“所谓道者，不过自动自静，出入乎机，而偶与自然者会。此其与庄、老之学，相去几何？而于吾圣门之道远矣！”这就是说，认为道或理是气的自然之则，也就与老庄的道法自然的自然无为学说没有区别了，如此又何以能显示出人类社会之高于自然界的特殊优越性呢？又何以能显示出人之理高于自然之理的特殊的价值和意义呢？因此，李光地认为他当年没有讲到人之气禀“蔼然而生、凛然而肃”是一大欠缺，不应该因此有“落形气”之嫌而不讲，“乃今知所谓善者，即蔼然者善也，即肃然者善也”。人之理即蔼然、肃然之理，亦即伦理道德之理。在这里，李光地比较自觉地将自然之理与人类社会之理做了区分，对朱子的“理一分殊”学说做了修正，这是他的理论贡献。但是与此同时，他又重蹈了以往的儒家赋予自然以道德伦理属性的覆辙，认为人的蔼然之理、肃然之理也就寓于天地气化之中。从思维的逻辑来说，这就为走向理先气后的唯心主义打开了大门。

二是认识论的根源。从认识论上说，走向唯心主义是通过将认识的某个环节片面地夸大为脱离了实际的神化了的绝对所导致的。例如人们在实践中要创造一个完善的事物，必须先在头脑中构造出关于这个事物的完善的理念，这就会导致夸大理念的作用，而将理念看作是可以脱离实际而存在的先验的精神要素，陷入以理念为万物的创造主的唯心主义观点。宋儒周敦颐、二程、朱子都不否认道器、理气实际上是不分离的，但又一定要讲无极在太极之先，道在器之上，理在气之先，就是因将理念夸大为物质的主宰所导致，李光地陷于唯心主义，也是如此。按《榕村全集·初夏录二·太极篇》载，他说：“理气虽无上下先后之可言，然所谓天地之性纯粹至善者，自超然形气之表。”按《榕村全集·要旨续记》载，他又说：“有蔼然之理，故有蔼然之气以生物，是生物之理善也。有肃然之理，故有肃然之气以成物，是成物之理善也。”以上两段论述，都是从不同的侧面夸大理的作用。前者将理夸大为“超然形气之表”的纯粹至善，既是万物得以产生和存在的根据，又是气化流行的主宰，因而不能不以理为先，以气为后。后者，更专从自然的道德伦理属性的角度，讲有蔼然之理才有蔼然之气，有肃然之理才有肃然之气，由此才能生物、成物，因此亦不能不以理为先，以气为后。所有这些都表明李光地走向理先气后的唯心主义，有其深刻的认识论根源。

三是社会现实的需要和唯心主义的学派性原则的局限。中国传统社会安邦治国的基本立足点和出发点，不是现实的社会经济运动，而是道德伦理至上主义原则。这种原则具有两个局限：一是衡量社会发展的道德尺度高于经济的功利尺度，必须把经济发展限制在政治伦理原则所允许的范围内；二是把道德伦理原则看作是永恒不变的，任何时候都不能不讲君臣、父子上下之别，天不变，道亦不变。这种以道德原则为基本立足点和出发点的观点，将原则神圣化和永恒化的观点，无疑都是唯心主义和形而上学的。许多近代学者都未能摆脱这种局限性，三百年前的李光地就更摆脱不了这种局限性了。基于维护传统社会稳定的伦理秩序的现实需要和唯心主义的学派性原则，李光地不能不坚决维护朱熹理先气后的唯心主义观点，并不惜以很多言论来与敢于批评朱熹不明理的唯物主义者罗钦顺论战。在这些阐述中，他的唯心主义的学派性原则表现得十分明显。

李光地哲学思想的归宿虽然属于唯心主义，但是当中也包含了大量唯物主义思想因素，甚至可以说，他的哲学思想中，唯心主义最少而唯物主义最多。这一点，在自然观方面表现最为突出。这是与其受到北宋哲学家张载的影响分不开的。张载是北宋著名的唯物主义哲学家，关学的创始人，所著《正蒙》是部阐述元气本体论的名著。后来的哲学家著书，许多人借注释《正蒙》来阐述其唯物主义观点，如王船山的《张子正蒙注》，就是最有名一部。李光地亦曾注《正蒙》，对张载《正蒙》一书，给予很高评价，按《榕村语录・观澜录・诸儒》载，他说："横渠之言神化、言性命也精矣，其以太和言道，发而中节者也；以太虚言性，人生而静者也。言虚空即气，性道合一者也。"张载自然观中的朴素唯物辩证法的思想因素，李光地亦有部分吸收。他甚至引述张载的话，用阴阳二气的变化来阐释性命之理。按《榕村全集・要旨续记》载，他说："张子曰：动静两端循环不已者，立天地之大义。又曰：阴阳之精，互藏其宅，则各得其所安。故日月之形，万古不变。若阴阳之气，则循环迭至，聚散相荡，升降相求，絪缊相糅。盖相兼相制，欲一之而不能。此其所以屈伸无方，运行不息，不曰性命之理，谓之何哉？呜呼！尽之矣。"在这里，所谓性命之理，完全是用阴阳二气既互相对立，又互相吸引、互相交感、互相渗透、互相制约、互相转化的规律来解释的。在李光地看来，这就把性命之理讲得非常清楚透彻了。

李光地对中国古代哲学的气一元论的朴素唯物主义思想，特别是宋明以来的元气本体论的思想，是有所继承和发挥的。按《榕村全集・读书笔录》载，他说："盈天地之间者气也，气之凝聚成质者谓之形，气之著见流精者谓之象。其节度分限谓之数，其灵机妙用谓之神，而其自然而然不可易者则谓之理。象形也，气数也，神理也，一物而已矣。象形可观而察，气数可推而知，神理可穷而至。"这段论述中，李光地对哲学基本问题的两个方面分别做出了唯物主义的和可知论的解答。从哲学基本问题的第一方面看，李光地把气看作是世界的本原，形是气的凝聚，象是气的体现，数是气的节度分限，神是气的灵机妙用，理则是气的自然而然。从哲学基本问题的第二个方面看，李光地认为世界是可知的，可以观察其"象形"，可以推知具气数，可以穷至其神理。这些观点，显然都是唯物主义的。李光地还具有物质不灭的近代科学思想。这种思想本是明代嘉万年间哲学家吕坤的一种猜测，后来被《天工开物》作者大科学家宋应星所论证，又为明清之际的哲学家王船山和方以智所发挥。当然，王船山和方以智的著作康熙年间还没有流传，李光地不可能读到，他或许是读到了吕坤和宋应星的著作，所以按《榕村全集·读书笔录》载，他又提出了这样的哲学命题："形有死生，而气不可以死生言也。"这就是唯物主义。

按照李光地的气化论，人也是天地中的一气流行所化生。按《榕村全集·读书笔录》载，他说："形气则身也，神则心也，理则性也。人之身则天地之形气，人之心则天地之神，人之性则天地之理。故养气践形，身之固有也；穷神知化，心之能事也；穷理至命，性之极功也。"同时，他又进一步指出，人的精神现象，包括情、意、志等等，都是依赖于物质性的气的。他说："气之精英谓之神，神之聚会谓之心，心之发用谓之情，情之营度谓之意，意之趋向谓之志。情、意、志皆心之动也，性则涵于静，著于动，而所受于天之理也。凡情之中节、意之诚、志之正者，皆性也。其或不然，则气拘物蔽而迁焉者也。"在李光地看来，由物质性的气之精英凝聚成的心是体，而情、意、志等精神现象则是心之用。这种见解已蕴含着精神现象是高度精致的物质的属性和机能的观点。显然，这也是一种深刻的唯物主义命题，是在当时自然科学发展水平的条件下所能做出的对人类意识现象的正确解释。以上这些阐述，李光地的唯物主义立场无疑又都表现得相当明显，很像是个朴素的辩证唯物主义者。所有这些表明，李光地的自然观中不仅包含着大量的朴素唯物主义因素，而且包含着朴素辩证法因素。

三、心非性的心性说

李光地在理与气关系问题上，坚持严守理先气后说，反对罗钦顺的气本论，目的在于维护朱熹理学的核心理本论。同样，在心与性关系问题上，他反对王阳明的心即理之说，也是为了维护程朱理学的性即理之说。

心与性关系问题，即人性来源和心、性、情关系。张载提出天地之性与气质之性以及心统性情学说，认为天地之性来源于太虚之气。程颢提出了心即天以及性无内外的命题，把心、性、天统一起来。程颐提出性即理的命题，把性说成形而上之理。朱熹认为心之本体即是性，是未发之中。心之作用便是情，是已发之和，性和情是体用关系，心是主宰。陆九渊和王阳明，把心作为其心学思想最高范畴。陆九渊认为宇宙便是吾心，吾心便是宇宙，宇宙万物不过是吾心产物。王阳明认为心外无物，心外无理，天地万物之理都在心中，天地万物和天地万物之理都是由心所决定，以心为性，即心即性。

李光地在心性论问题上，坚持程朱理学性即理的基本观点，继承程朱理学区分道心与人心的观点，对陆王心学以心为性、即心即性的观点提出了尖锐批评。同时，他也不赞同程朱理学对天命之性与气质之性的区分，主张人性皆善，而且在主张人性本善前提下，高扬人的主观能动性，明确反对“上智与下愚不移”的传统观念，并对两者关系问题，做出注重人的自觉能动性和后天努力的正确阐述。

李光地坚持程朱性即理的观点。按《榕村全集·初夏录二·人心篇》载，他明确指出：“性从心、从生，说者谓与心俱生，非也。谓心乃能生者，心之所以能生，是之谓性焉尔。向与友言：《中庸》至于天地之道，可一言而尽也。其人云：其生物者，即其为物者。叹其谈理之妙，词省而意足。”观点非常明确。李光地认为：“自汉以下，儒者以气质为性，故程子为之说曰，性即理也。言气之中，有亘古今不易之理，是之谓性，不可以气为性也。自是至今日，虽人能言理，实未免于以气为理。故宜为之说曰，理即性也。言气之中，有亘古今不已之性，是之谓理，不可以气为理也。”在李光地看来，说性即理与说理即性，这两种说法并无本质区别，所以在性即理说的基础上，又提出理即性，只是为了防止走向以气为理的极端。他的目标是维护程朱理学。关于程朱理学与阳明心学的本体区别，他做出简要的概括。按《榕村全集·

要旨续记》载，他称：“吾学本天，彼学本心。”他为维护程朱理学形上、形下两层结构的一体存在，不至于走向以心为性和以气为理两个极端，煞费苦心地在气学和心学之间周旋。

李光地反对陆王心本论。按《榕村语录·诸子》载，他明确指出，陆九渊的宇宙便是吾心，吾心便是宇宙，使心无有凭据，“是学术不是”。至于对王阳明，他批评更加尖锐，宣称阳明心说与佛教流弊异曲同工。按《榕村语录·诸子》载，他说：“所恶于姚江者，为其以四书六经皆是闲账，直指人心，立地成佛尔。其流毒无穷，王龙溪已不像样。万历以后，鬼怪百出，姚江作俑也。”他不同意陆王心学以心为性、即心即性的观点，明确提出自己的观点，即性实心虚。

李光地认为性实心虚，陆王心学使心失去凭据。他把心分为两个范畴，即肉体之心和思维之心。所谓肉体之心，是指生理器官的心，即心之室，血肉之心，它在人的身上有确定处所，在“腔子里，可指其处所而言”。所谓思维之心，是指心的思维功能，即心之神，心的灵机妙用，它无在而无不在。然而在李光地看来，无论心之室，或心之神，倘与性比，都只是第二位，处于从属地位。按《榕村语录·性命》载，他说：“心者性之郛廓。心如物之皮壳，性是皮壳中包裹的，故言心必合性言，方是本来的心。”李光地认为心之室只是性的载体，只是性之外壳，或感知事物的媒介，就像是物之皮壳。皮壳于性而言，只是包裹的物件。至于心之神，则是由性所派生，是性之所生。按《榕村语录·理气》载，他又说：“人生虽至万亿，无不与天相肖。故皆能心天之心，行天之道，尽其性以尽人物之性，真与天一般。何则？以天亦只此性，而人全得之故也。”这就是说，性是心的认识来源，性比心更为根本。在李光地看来，正因为有性作为心的主宰，作为心之神的功用，所以人才能获得对外界各种事物的认识能力。简而言之，性实心虚，离开性，心也就失却凭据。所以不能笼统地以心为性，即心即性。就哲学范畴而言，把心分为肉体之心与思维之心，无疑是颇有见地。

就心之神即心的功用而言，李光地赞同朱熹将其区分为人心与道心的论述。朱熹在《中庸章句序》中，阐发自古道统之传的十六字诀，即“人心惟危，道心惟微。惟精惟一，允执厥中”，认为“心之虚灵、知觉，一而已。而以为有人心、道心之异者，则以其或生于形气之私，或原于性命之正”，进而强调“必使道心常为一身之主，而人心每听命焉。则危者安，微者著，而动静云为，自无过不及之差矣”。王阳明从其“心外无理，心外无事”的心学出发，在其《传习录》中抨击朱熹:“道心为主而人心听命焉,是二心也。天理、人欲不并立,安有天理为主,人欲又从而听命焉?”实际上,朱熹论人心道心,亦未称二心。按《朱子语录·卷二十八》载,其门人曾问及人心与道心之别?朱熹说:“只是一个心。知觉从耳目上去,便是人心;知觉从义理上去,便是道心。”按《朱文公文集·卷三十》载,朱熹又说:“盖心,一也。自其天理备具,随处发见而言,则谓之道心;自其有所营为谋虑而言,则谓之人心。”他强调:“全体是天理流行,即人心而识道心也。”李光地对王阳明诘难朱熹,亦做出自己有理论深度的回应。按《榕村全集·初夏录二·人心篇》载,他明确指出:“道者理也,理原于天。”至于人心与道心异同,他说:“人,形也;道,性也。心居形性之间,形性妙合,而心为之主,故有道心,又有人心也。性者生物之本也,故自心而上之,通极于天命之德,则曰道心;形者生物之迹也,故自心而下之,发见为耳目口鼻四肢之情,则曰人心。无两心也。”他否定王阳明攻击朱熹二心说,认为心作为形性妙合体,只是一个心。所谓道心,实际上是人的本然之性,即天命之德之流行与觉悟。而人心,则是人发见于耳目口鼻四肢之情。李光地认为王阳明攻击朱熹二心说,是没有真正理解朱熹对人心与道心的区分。按《榕村语录·性命》载,他指出:“姚江以一段灵明者为性,虽少近里,然所见乃心而非性也。心便有别,但看声色臭味,平时多少耽著,至遇疾病,便生厌恶;遇患难,便不复思想。惟孝悌忠信,则坎壈之中,转见诚笃。至于生死利害,更生精彩。故知人心、道心,确然两个。可见义理之性,不以形骸而生,自不与形骸俱毙。嗜欲之性,皆因形骸而有,自与形骸俱亡。此处认得确,发言行事,大段不出定盘星矣。”在李光地看来,朱熹所谓二心,只是特定情况下的区分,说到底,并没有二心。

李光地认为不能以心为性、以性为心。陆王心学以非本心来说明不仁之人的不仁之心难以自圆其说,李光地则认为这种见解不对。在他看来,正如理与气实际上是不分离的一样,心与性也是不分离的。同样,正如不能以气为理、以理为气一样,也不能以心为性、以性为心。按《榕村全集·尊朱要旨·心性》载,他称:“主于天,曰理也,气也。主于人,曰性也,心也。一也。之二者之在天人,又一也。一则不离,一而二则不杂。”他从“二则不杂”的观点出发,极力反对王阳明的即心即性说,明确指出:“《书》曰道心惟微。夫曰天事,则阴阳化育具焉;曰道心,则有是心矣。是气也、心也,而以为无声臭焉、微焉,则理与性之不离于斯与?不杂于斯与?是心也,又曰人心惟危,果心之即性,则何危之有与?即心即性,异氏之言也。后之君子或述焉,始于陆，盛于王。”按《榕村全集·尊朱要旨·心性》载，李光地又说：“愚乃以孔、孟之言折之。孔子所谓仁者人也，心性之合也。孟子所谓仁人心也，心性之合也。然且有不仁之人，有不仁之心，是心不与性合也。心不与性合，而曰即心即性，可与？不可与？”在他看来，孔子所说的仁者人也，是说遵循仁与义的人道的人才是仁人，而并不是说每个人都是仁人，世界上既有不仁之人，即有不仁之心，可见心不与性合。孟子所说的仁人心也，“恻隐之心，仁之端也；羞恶之心，义之端也”，虽然是统心性而言的，但“非谓心也性也”，即并非说心就是性。按《榕村全集·尊朱要旨·心性》载，李光地又指出：“姚江之说，谓心自仁，心自义，心自恻隐、羞恶、辞让、是非。其不然者，非本心也。以是谓即心即性，殆可与？曰：其言似，其意非。”在李光地看来，王阳明说心即是性，把不合仁义的说成不是人的本心，貌似有理，实际不对，还不如像朱熹那样，将道心与人心在理论上做明确区分：“奚不曰仁义之心，道心也？其不然者，人心之流也。则心性之辨，明矣。”他尖锐地指出，王阳明即心即性论的要害，在于以觉为道。而以觉为道，必然以无为宗。所以他的结论是：“以无为宗者，道亦无矣。故无善无恶心之体，姚江晚年之说也。其异于孔、孟之旨，又奚匿焉！”李光地认为王阳明的即心即性说，显然不合于孔孟之说的要旨。

李光地阐述心性，着眼点在批评王阳明心学即心即性说，但是亦涉及蔡清和罗钦顺有关性的论述。李光地认为论性之人，自孔孟之后，唯董仲舒明于天性，不少论述说得很好。自此而后，汩于佛老，都是以气质为性，以心之灵明为性。迨至韩愈，虽以仁义礼智信为性，可是又怀疑孟子性善之说，直到程朱出来，方把性字说了个透。程朱之后，人们又糊涂了，王阳明及蔡清、罗钦顺诸人，可谓典型代表。按《榕村语录·性命》载，李光地称：“性之不明也，虚斋、整庵欲于气之曲折处见性，姚江以昭昭灵灵言之，皆难以口舌争。须知气不过运动，神不过知觉，而所发之理乃性也。如见孺子入井而恻隐，能恻隐者，气也；知恻隐者，神也。而恻恻然发于不自觉，动于不得不然，此处非气、非神，乃情之正而性之真也。”在他看来，无论王阳明，或者蔡清和罗钦顺，最大问题皆在于“性之不明”，未能晓得“情之正而性之真”。按《榕村全集·尊朱要旨·心性》载，他又称：“即心即性，异氏之言也。后之君子或述焉，始于陆，盛于王。整庵罗氏，既诽理气之说，则与心性而混之。其于陆、王也，抱薪而救焉。”李光地认为罗钦顺质疑朱子理气说，又把它与心性混同起来，以此来批判阳明心学，无异于抱薪救火。

李光地批判王阳明心学即心即性说，亦涉及南宋理学家胡宏的性体心用说。在性与心关系问题上，胡宏以性为体，以心为用，提出性体心用说，认为性是心的本体和本原，心是性的表现和作用。朱熹对这个学说加以改造，变为性体情用说，提出心统性情论，旨在发挥心的主体性。按《伊洛渊源录》载，朱熹说："心是神明之舍，为一身之主宰。性便是许多道理得之于天而具于心者，发于智识念虑处皆是情，故曰心统性情也。"又称："心统性情。统，犹兼也。"朱熹非常强调心对性、情的主体作用。按《朱文公文集·卷七十四》载，朱熹说："性，本体也，其用情也。心则统性情，该动静而为主宰也。"李光地对朱熹这种改造，并不完全赞同，尽管他也说"万物皆天，万事皆心"，可是基本主张则是心性并论。按《榕村语录·性命》载，他说："心统性情，形生神发后，便著如此说。若论自来，须先说性，而后及心，心亦性之所生也。及有此心，则性具于中，感物而动，而情生焉。又曰：心亦性之所生，此句甚险，然理却如此。有一团要发见的意思，便是生理。"李光地认为朱熹的心统性情说，并非具有普遍意义，只有在特定条件下才有价值，即"形生神发后"。因为说到底，起主宰作用的还是性，性统心、情。所以他强调性对心、情的本体地位。按《榕村全集·观澜绿·性》载，他说："德即性也，故曰天地之大德曰生。心也者，其生机也；情也者，其生意也；性之德，则其生理也。德有四，曰元、亨、利、贞。而统之者元也。元也者，一生生之善而已矣。《孝经》曰天地之性人为贵，《记》曰人者天地之德。是故天地之性之德，返之于身而可知也。"在李光地看来，性是根本，天地之性，至真至善，就表现于生生之德。可见在心与性情关系上，朱熹强调心对性情的主体作用，李光地则严守性即理说，强调性对心情的本体地位。从十分强调性的本体地位看，李光地与胡宏的性本论，无疑是有相通之处。实际上，他在不少论述中，甚至强调性的绝对主宰地位，如按《榕村全集·经书笔记》载，他说："性为之主，理者其流也，命者其源也。学者缘流以溯源，故曰穷理尽性，以至于命。"这又大大越出所持守的性即理范围。不过，这也正反映出自身学术思想的某种矛盾。

李光地对朱熹心统性情论并不完全认同，亦不同意程朱把人性分为天地之性与气质之性。他认为人性就是纯粹至善的天地之性，气质则不属于人性的范畴，因此把人性分为天地之性与气质之性，完全没有必要。他对张载、二程、朱熹的观点提出了批评。按《榕村语录·下孟》载，他明确指出："程朱分理与气说性，觉得孟子不是这样说。孟子却是说气质，而理自在其中。若分理气，倒象理自理、气自气一般。气中便有理，气有偏全，理即差矣。……大约天地之气，本于天地之理，何尝有不善？……气质虽或偏驳，而天地之性无不有。如银子之成色虽不等，然饶使极低，毕竟陶炼得银子出。”在李光地看来，程朱将人性分为天地之性与气质之性，这既与孟子见解不同，亦容易使人产生错觉，似乎既有善的人性，亦有不善的人性，这样就会否认儒家人性本善说的普遍意义。气质并不是性，正如气本于理、理在气中那样，天地之性就存在于气质之中。人的气质固然有差异，正如银子的成色不等，但毕竟是银子，即使成色极低，也还是可以提炼出比较纯的银子来。人性也是如此，尽管气质不尽相同，但是人性毕竟还是善的。所以不能把人的气禀说成气质之性，亦不能把气质之性与天地之性对立起来，谈论什么义理之性与气质之性。

既然不能把人性分为天命之性与气质之性，那么如何解释人的气质的种种不同？李光地继承程朱区分道心与人心的观点，坚持程朱论心的二重性取决于性的二重性，亦即道心、人心取决于天命之性与气质之性。按《榕村全集·尊朱要旨·气质一》载，他说：“知心性之说，则知天命气质之说。何以故？曰：知人则知天。夫性无不善，而及夫心焉，则过也，不及也，杂糅不齐，于是乎善恶生焉；天命无不善，而及夫气焉，则过也，不及也，杂糅不齐，于是乎善恶生焉。”在李光地看来，性所秉受的是精神性的天命，所以人的本性是善良的；心所秉受的是物质性的气，气有过，有不及，杂糅不齐，于是就产生了善恶的区别。有人对这个观点提出质疑说：既然无理则无气，理是气的主宰，那么气的过或不及、杂糅不齐，也就是理的表现，又怎么能说理是纯粹的善、气则有种种不善呢？李光地答：“理统其全，气据其偏。全乎理者中气也。过乎中、不及乎中，则谓之偏气，杂糅不齐之气，而理不受焉。理者当然也，过焉不及焉，可谓之当然乎，否乎？当然者常然也，过焉、不及焉，可谓之常然乎，否乎？”他又以五行之气中的金、木、水、火之气皆常有偏为例，说明“气之偏者亦理也，而非理之全也”。以此类推，仁义礼智信五常，五常俱全称为性，但人常有偏仁之心、偏义之心、偏智之心、偏信之心，“心之偏者亦性也，而非性之正也”。他由这种类比推理出发，进而总结说：“凡正理、正性者，乐而不厌，久而无弊。今使天之五行偏，则万物死矣；人之五性偏，则万事坠矣。其使万物死、万事坠，非理性本然也，气之偏者为之也。理则全而不偏，惟中者近之，故论道者贵中。”在李光地看来，只有天地之中气才包含了仁义礼智信五常之理，才体现了理之全，只有不偏，才体现了正理和正性。

李光地进而认为由于气有偏正，有精粗，有粹驳，导致人的气质有种种差别，使得体现理之全的正性或被遮蔽而不能显示出来，或偏于仁义礼智信正性的某个方面，或竟然完全没有了正性等。按《榕村全集·尊朱要旨·气质二》载，他阐释说："气之推移有中偏，故有精粗，有粹驳。夫非无仁也，得仁之偏者也，仁之驳者也，则不知其为仁也。夫非无义也，得义之偏者也，义之粗者也，则不知其为义也。中则合仁与义。抑且粹然仁矣，粹然义矣。降而中人焉，偏于仁，不足于义，非仁之至也；偏于义，不足于仁，非义之至也。降而庸恶焉，岂无所谓爱，不得谓之仁，是无义也，并与仁而失之者也。岂无所谓果，不得谓之义，是无仁也，并与义而失之者也。降而禽兽焉，岂能无所贪，而去仁也远矣；岂能无所决，而去义也远矣。夫愚前者之说，举中人而止者也，未及乎所谓庸恶、禽兽也。庸恶、禽兽，盖气之愈偏焉，愈粗焉，愈驳焉。故昏然而无类，泯然而俱失。"在李光地看来，人的气质上表现出的差异，尤其是仁义方面的差异，归根到底正是因为偏，偏得愈严重，正理和正性就被遮蔽得愈利害。

人所表现出来的气质，既然在现实生活中是如此不同，那么又如何理解每个人都禀受了天命之性，如何理解人性本善？李光地亦做出自己的解释。按《榕村全集·尊朱要旨·气质三》载，他说："人受天地之中以生，虽其偏之极矣，而理未始不全赋焉，而性未始不全具焉。特其掩于气之偏，故微而不能自达。"在李光地看来，问题正是出在气之偏，使人的先天善性未能充分发挥出来。但是他又指出，人可以通过后天的努力，使得这种先天具有的善性彰显出来："或感而动，或学而明，或困而觉，然后微渺之端绪，可得而见焉。要皆其所本有，而非其所本无也。"李光地认为人所以能够通过努力而向善，归根结底，还在于人本来就具有先天所赋予的善性，在于人性本善，因而就有可能排除气质遮蔽，复归于善根，即"其根在焉"。李光地在强调人性本善的前提下，又进一步高扬人的"赞化育而与天地参"的主观能动性。按《榕村全集·尊朱要旨·气质三》载，他说："人者，天地之心，鬼神之交，阴阳之会，五行之秀气也，中之谓也。若物则不然，得气之偏者甚矣，甚则缺于理而蔽于性。间有不可殄灭者，千之一焉。虽然，其偏不能自反者，人则制之；其美不能自达者，人则遂之。收其利，远其害，于以当理而若性一也。……故曰能尽人之性，则能尽物之性，赞化育而与天地参矣！"在李光地看来，正由于人得天地之性之中正，人性本善，所以充分利用人的主观能动性，就能把人的善端最大限度地发挥出来。

李光地固然承认人有习性和禀赋差别，这种差别既表现为“性相近而习相远”，又表现为“才之不齐”，然而坚决反对所谓“惟上智与下愚不移”之说。他反对张载、二程、朱熹分天命之性与气质之性，真正目的亦在于此。按《榕村语录·下孟》载，他说：“张、程补出气质之性，其实熟看《孟子》，亦不必补。孟子曰：非才之罪也，不能尽其才者也，非天之降才尔殊也，才即气质之性。”在李光地看来，如果把才或气质也看作是性，那就势必会肯定“惟上智与下愚不移”之说。反之，如果不把才或气质看作人性，那么所谓“上智下愚不移”之说也就站不住脚了。按《榕村全集·观澜录·性》载，他说：“性相近也，习相远也，非天之降才尔殊也，其所以陷溺其心者然也。然而上智下愚不移者，皆其志不自移焉尔。圣罔念焉则狂矣，狂克念焉则圣矣。然而圣、狂不自移也，非不可移也。”那么所谓下愚者，又如何才能变成上智呢？李光地认为人的智与愚，关键还在于自觉能动性和后天的主观努力。他明确指出：“既有上智下愚，则是才不齐矣。然而非才之罪也，不能尽其才者也。人一能之，己百之；人十能之，己千之。然后为能尽其才。愚必明，柔必强，则才何罪焉。及其同归，一也。故曰非天之降才尔殊也。是故赋受之根深，而糅错之缘浅，气质之用小，而学问之功大。”在李光地看来，所谓上智下愚，尽管不能自动地发生变化，但是并非不可改变。问题关键在于下愚者应对自身有清醒认识，不能自安于愚昧无知状态，而要立志变成上智，并通过努力变成上智。上智与下愚之分，取决于人们主观努力的程度。圣者倘不注重涵养，亦会变成狂者；狂者通过注重涵养，亦可以变为圣者。所谓下愚者，完全可以通过努力，达到“人一能之，己百之；人十能之，己千之”的效果，从而由愚者变为智者，从弱者变为强者。

李光地的心非性及气质亦非性的心性论，不仅在哲学思辨上比宋明道学更为精致，而且在由抽象思辨向感性具体的还原和转化方面，亦比程朱理学更具有提倡人的自觉能动性的积极意义。这无疑是值得充分肯定的。

四、认识论与知行序

认识论，即认识的来源与认识方法问题。本体论、认识论和方法论是哲学研究三个基本方向，也是哲学领域中三个不同层次的问题。本体论是认识论的基础，认识论是本体论的发展与应用。同样，认识论是方法论的基础，方法论又是认识论的发展与应用。正是由于人类对上述三个不同层次的深入研究，才使哲学结构化，使之成为指导人类认识的一门完整和有用的学科。认识论是在本体论基础上进一步探讨人类认识问题。如果说自在世界需要进行关于本体论的研究，而现象世界是认识对象，则理论世界就需要进行关于认识论的探讨，以确定理论世界与自在世界和现象世界的关系，进而更有效地指导建立和发展理论世界。具体地说，认识论是要说明人类的认识究竟为何物。按照一维认识观，人类的认识要么是客观世界的反映与摹写，要么是主观世界的意志与显现，它们都是原有事物的再现。而根据二维认识观，人类的认识是主体与客体的相互作用，是由主体和客体双方共同确定的，是认识主体构建的关于认识客体的同构系统，是关于认识客体的相对认识。不同的本体论会导致不同的认识论，不同的认识论又可以决定不同的方法论。因此，本体论、认识论和方法论只有当它们共同作为哲学一个有机认识体时，才具有它们各自存在的价值和认识意义。本体论、认识论和方法论的认识意义就在于作为认识工具必须彼此相匹配，进而从它们各自不同的角度提高人类的认识效率。宋代张载首先提出见闻之知与德性之知两种知识，并提倡穷理尽性之学，成为理学家共同讨论的问题。二程提出格物致知的认识学说，朱熹提出即物穷理的系统方法。

李光地在认识论问题上，亦做出独到的理论贡献，主要表现在三个方面：一是通过对“前知”说的批判，不仅反对了传统的天命观和祯祥妖孽、蓍龟占卜之类迷信，且涉及对人的认识能力的评估问题，肯定了人可以认识事物的必然性而否认人有预言偶然性的可能；二是通过对尊德性与道问学关系的辩证分析，将向外观认与向内省视两种认识方法统一起来；三是在知行先后问题上，深入细致地分析了志、敬、知、行四者相互关系，提出了知与行二者循环使用、相须并进的知行观。

“前知”说在中国源远流长，先秦时代就已流行，兴盛于西汉哀平之际。东汉以后，虽然经过历代唯物主义者的批判，但鼓吹前知说者依然绵绵不绝，并且为众多的人所信奉。前知说有三大要点：一是圣人是生而知之者，可以前知千岁，后知万世，不学自知，不问自晓；二是天地间出现的非常征兆，预示人事将发生重大变化；三蓍龟占卜可预知吉凶祸福。这也是李光地所谓“世俗所云前知”。

李光地对前知说基本上持批判和否定态度。首先，他反对所谓圣人可预言未来之事的说法，按《榕村语录·中庸二》载，他说：“五经、四书所说天命，指后天的多，都是说作善降祥，作不善降殃，不肯说吉凶祸福有一定的命。未来之事，岂惟圣人不知，连天地亦有不知处。至那时候，气数所积不得不如此，方有这事出来。孔子五十知天命，难道自五十以往，孔子便知道寿止七十三岁？一生不遇，所云道之不行，已知之者，只是见气运压得积重难返，约略其理数如此，岂如世俗所云前知哉？”李光地既不同意说吉凶祸福有一定的命，也不同意说圣人能预见未来之事。未来之事，是“到那时候，气数所积不得不如此”才产生的。孔子说他自己“五十而知天命”，并不是说他对自己五十岁以后的命运就了如指掌了，他所说的“道之不行”，也不过是根据当时礼崩乐坏积重难返的状况，所做出的基本判断，而不是世俗所说的前知。李光地认为所谓前知，乃是知其理，而不是知其具体事。按《榕村语录·中庸二》载，他又说：“向日有客问前知，某说是知其理，不是知其事。……问前知，曰：以一定至理前知者，是圣贤正经道理，此外有二种：曰数，曰神。数者，以万事万物不外阴阳五行，算到精细，便能得之；神者，如人做事，必心先盘算，心知则鬼神亦知。”又称：“朱子以诚则生明讲前知，道理极精，但与下祥、孽、蓍龟等句不甚紧对。既诚而生明，又何须说到祥、孽、蓍龟之等耶？”这些论述，以理性主义态度对传统前知说做出自己的解释。在李光地看来，所谓前知，不过是去认识事物的基本道理，在这个前提下，努力发挥意识的能动作用，从而可以预见发展变化趋势。他认为朱熹以诚则生明讲前知，亦即认识实理而明智通达之意，这个见解非常值得称道，可是朱熹又把诚则生明与祯祥、妖孽、蓍龟占卜等联系在一起讲，这就不大对头了，如此就会陷入世俗的迷信，就像算命先生对人讲诚则灵那样。李光地又说：“朱子说，几动于彼，诚动于此。郑康成言天不欺至诚，朱子说乃郑说之根。尝疑祯祥妖孽，人皆看见，何消至诚始能前知？”李光地认为即使人心至诚，占卜也是靠不住的，吉不必吉，凶不必凶，“几兆容有不验者，只是为鬼神所戏弄”。如此说来，人的预见究竟能达到什么程度，按《榕村语录·中庸二》载，他做了比较科学的说明：“知其理，虽只得大概，其实倒确；知其事者，必不尽确。如乱久必治，自是一定道理。若说隋之后，参、井之墟，真人出焉，必定是唐太宗；后汉之末，梁、沛之间，英雄出焉，必定是曹操。这便可恶。圣人于该知道的，知道个透；于不该知道的，便留却一边黑暗。这便是他知道到尽处。”这段论述实际上涉及对历史必然性与偶然性认识问题。乱久必治，由乱返治之际，必定有英雄人物出现，这是历史的必然性。这个历史必然性是可以为人们所认识的。根据这个道理，人们在天下大乱之时可以预见到天下大治的到来，预见到由乱返治的英雄人物行将出现。但是恰巧某个英雄人物在某个时间出现于某个地方，例如恰巧李世民这个陇西成纪人在隋末逐鹿中原的群雄混战中崭露头角，并成为贞观之治的缔造者。恰巧曹操这个沛国谯郡人在汉末军阀混战中成了扫除割据统一中国北方的军事独裁者，这当然纯粹是种偶然现象，是任何人也无法预先料到的。李光地认为人们可以根据对必然性的认识来预见未来，但是无法预见历史进程中的偶然性，这是对人的认识能力和预见能力做出的比较合乎实际的评估。

认识论是从本体论派生而来的。按照中国传统的天人合一思维方式，道德既根源于客观的宇宙，亦根源于人内心的善端，天地之心即人之心，人之心亦即天地之心，这是几乎所有中国古代哲学家共有的思维方式。所不同者，或偏重于客观，讲理一分殊，或偏重于主观，讲心包万理。宋明道学中，朱熹是客观唯心主义者，以理为最高本体，所以认识对象是天理；王阳明是主观唯心主义者，以心为最高本体，所以认识对象是心中固有的良知。李光地试图将二者统一起来，以性作为最高本体，性统心、理，所以认识对象是性，包括天地之性和由此派生的人性、物性。由于认识对象不同，遂派生出不同的认识方法。朱熹既以天理为认识对象，所以强调道问学，讲格物穷理，以此达到“一旦豁然贯通，则众物之表里精粗无不到，而吾心之全体大用无不明”的境界，这是一种向外观认的直觉法。王阳明既以吾心之良知作为认识对象，所以强调尊德性，讲致良知，以此达到“万物皆备于我”、“吾心之全体大用无不明”的境界，这是一种向内省视的直觉法。在李光地看来，这两种不同的认识方法的分歧，早在孔子的学生子夏和子游那里就已发生了，朱熹与王阳明的歧异，不过是子夏与子游的分歧进一步的发展罢了。

李光地既以性作为认识对象，性既然包含天地之性、人性和物性，所以“性之德含内外之道”。因此他认为可以，而且能够将朱熹的道问学与王阳明的尊德性统一起来，将向外观认的直觉法与向内省视的直觉法统一起来。

李光地对王阳明的良知说，并没有全盘否定，在某些场合，甚至还相当肯定。他对朱子格物之说提出质疑，可谓承袭了王阳明的心学历程。他认为格物不是物物都要格尽，也不是格一物便知天下之物。按《榕村语录·经书总论》载，他说：“学问全要知本，知本之学，所学皆归于一本。格物之说，郑康成是一说，司马温公是一说，程朱是一说，王阳明又是一说。自然是程朱说得确实，但细思之，亦未有尽。如云格物也，不是物物都要格尽，也不是格一物便知天下之物。积累多时，自有贯通处。”李光地在这里讲到本原的重要性，既没有对朱熹完全肯定，亦没有对王阳明完全否定。按《榕村全集·读书笔录》载，他对王阳明所谓“人之良知，即草木瓦石之良知也。盖天地万物，与人本乎一体也”的说法，则较明确表示肯定：“愚以为阳明之言似矣，而未畅其说。”“似”是什么意思？李光地认为王阳明的良知说，在这方面颇近似朱子学，他认为“草木瓦石，亦自有良知耳，不资于人也。然气不清，神不灵，则良知亦为之蔽塞。要其不容泯灭者，未尝无也。是以至诚至于贯金石，中孚可以格豚鱼，良知之一体而感通者，如此”。可见并没有全然否定良知说，甚至还颇有赞赏之意。他为了肯定王阳明良知说，直接发挥孟子的思想。按《榕村全集·初夏录一·孟子篇》载，他说：“义理者心之所固有，而心能生之物也。心固生物，然不以其所固有者而充之长之，未有能生者也。”这就是孟子所谓人心先天具有善端，且需要后天加以扩充的道理。李光地又进一步发挥孟子关于“求放心”的思想：“学问之道无他，求其放心而已。此操存涵养之要也，而以为多于发用，略于本体，何也？曰：凡此篇所谓心者，皆仁义之心耳，故曰放其良心，曰失其本心也。良心也，本心也，即仁义之心也。仁义之心放失之后，追求复之，是之谓求其放心。非体验，无以发其端；非充广，无以尽其实；非操存涵养，亦无以为体验充广之地也。操存涵养，体验充广，皆学问之道，皆所以求其已放仁义之心而已。”这段论述所发挥的孟子所谓“求放心”思想，亦正是王阳明所谓致良知。在李光地看来，王阳明的认识论确有可取之处。按《榕村全集·初夏录·大学篇》载，他说：“姚江之言曰：《大学》只是诚意。诚意之至，便是至善。《中庸》只是诚身，诚身之至，便是至诚。愚谓王氏此言，虽曾、思复生，必有取焉。”李光地认为陆九渊与王阳明的认识论有助于弥补程朱认识论的不足。按《榕村全集·观澜录·学》载，他明确指出：“以知本为格物，象山之说也。与程、朱之说相助，则《大学》之教明矣。”但是他不同意王阳明关于人只要诚意谨独就可以致良知的观点，认为必须通过“穷理致思，讲明开悟，然后俯焉日有，孳孳而不能自已”的认知过程，才能达到致良知目的。按《榕村全集·经书笔记》载，他说：“盖程、朱所谓穷理云者，非逐事物而忘身心之理也。心即理之心，理即心之理，合一之道也。”李光地认为阳明学说根本弊病在于讲“无善无恶心之体”，这是阳明学说的本旨，而所谓“心自仁义，心自恻隐、羞恶、辞让、是非”，不过是借孔孟之言来文饰自己的学说，实非孔孟之旨意。在他看来，王阳明良知说的弊病，根源在于心之即理，按《榕村全集·尊朱要旨·知行二》载，他说：“王说之病，其源在心之即理。故其体察之也，体察乎心之妙也，不体察夫理之实也。”他还进一步指出王说来自于陆说的即心即理，并由此产生了诸种弊端。按《榕村全集·初夏录二·通书篇》载，他说：“象山之学，亦言志，亦言敬，亦言讲明，亦言践履。所谓与朱子异者，心性之辨耳。象山谓即心即理，故其论《太极图说》也，谓阴阳便是形而上者。此则几微毫忽之差，而其究卒如凿枘之不相入也。近日姚江之学，其根源亦如此。故平生于心理二字，往往混而为一。……晚岁遂有心无善恶之说。”李光地认为不能“只守着一个心”，所谓物有本末，事有终始，须是自始至终无不讲究。按《榕村全集·尊朱要旨·知行二》载，他又说，倘若按王阳明学说，让人一味去体察“心之妙”，势必导致人们“遗书史，略文字，扫除记诵见闻，以是为非心耳，非道耳”。在李光地看来，尊德性是道问学之基，可是尊德性又不可不道问学，批评王阳明驳格物的路径不对。他为强调道问学在认识过程中的重要性，不能不对王阳明强调尊德性排斥道问学的片面性进行批评，并揭示明末“束书不观，游谈无根”的学风根源。

李光地对朱子道问学也有自己的见解。在他看来，道问学固然值得肯定，可是还须落实到尊德性，向外格物穷理还须落实到知人自身的本性，这就叫知至，亦称知本。他不同于朱熹只在于用“合内外”的性代替外在的理，从而避免过于强调向外观认导致迷而忘返的弊病。他清楚地看到，朱熹和王阳明无论偏重道问学还是偏重尊德性，最后落脚点都是在人自身的道德修养，所以着重强调两者这个相通之处。按《榕村全集·初夏录一·大学篇》载，他说：“何谓知至？知本之谓也。盖国家天下末也，身者本也。天子有天下，等而下之，虽庶人亦有家。本乱则末乱，厚者薄则无所不薄也。能知乎此之谓知本，能知乎此之谓知之至也。所谓诚其意者，至此谓知本，以能得言也。……欲诚其意，所以先致其知也。……程、朱以穷理言格物、致知，盖其重也。今第以知本当之，可乎？曰：夫穷理而至于知本，然后其理穷。致知而至于知本，然后其知至。曰：朱子言知至者，全体大用无不明。今第曰近道而已，何也？曰：小知则已近，大知则弥近，知之至则将与道为一矣。朱子所言，极至之地；经文所言，入德之初也。曰：知性明善之云，与此合乎？曰：性者善而已矣。物之性犹人之性，人之性尤我之性。知其性善之同，而尽之之本在我，此所以为知性明善也，此所以为知本也。”这段论述把人的修养认识化，把人的本性看成是知的对象，由此把朱熹的穷理致知改为知本、知至。这就是说，知人自身的本性是最根本的知。在这里，李光地不仅修改了朱熹的穷理致知，还对知至内容提出了新的界说。在朱熹那里，知至即“全体大用无不明”，李光地则认为，知至为“近道而已”。他所谓的近道，就是“小知则已近，大知则弥近，知之至则将与道为一”。这种见解，显然也存在着明显矛盾，可他说是一致的，即其谓“穷理而至于知本，然后其理穷。致知而至于知本，然后其知至”。在李光地看来，道德既根源于客观宇宙，亦根源于人本心善端，向外观认是体察天地之性，向内审视是体察人性，而天地之性与人性本是一回事，最后还要落实到“体天地万物之性于身”的道德修养上。这就既不违背程朱，同时也吸取了陆王。李光地的知本思想，显然含有浓厚心学因素。这亦反映出明代中叶后，由于王阳明学说冲击，朱熹理学思想体系分化解体，即使如李光地这样的朱子学者，亦具有心学倾向。

李光地明确主张，既要尊德性，亦要道问学，尊德性不能不道问学，道问学亦不能不尊德性。这就是他的基本观点。他还以种树做比喻，阐明两者相辅相成的辩证关系。按《榕村语录·中庸一》载，他说：“德性中原有许多道理，只是离了问学，却亦不能成就。如草木便以实结，实有何不好？必须由根而干，而枝，而叶，而花，方能结实。但看松子中原有一颗全松，莲子中原有一颗全莲，后来根干、枝叶、花果，都在实内。何尝有德性外之问学来？扫去问学，便是德性受亏。陆王乃看问学为外事，观此则其学不足辟矣。”李光地之不同于王阳明，在于说明善性并不完全是内在的，它既是心中固有而又本之于天地，因此要认识人性也不能排斥观认天地之性的道问学。道问学的基础是诚，至诚便能尽性。诚，是儒家重要道德观念之一，指自我意识不自欺己心，保持恪守诚实内心。主诚是朱熹等理学家倡导的重要修养方法。按《榕村全集·初夏录一·中庸篇》载，李光地说：“体天地万物之性于身者，诚之至也。”这就是说，把事之道、心之性、天之命皆体之于身。他又说：“诚者实也，在事之谓道，在心之谓性，在上天之载之谓命。”他由此得出结论：“体天地万物之性，而能尽事理精微之极者，圣人也。尊德性而能道问学者，君子也。”这就是孔子所说的“通古今之宜，知天知人，以善其道”。性既然是既统心又统理，那么无论主观唯心主义的致良知或求放心，或是客观唯心主义的格物穷理等，都可以被纳入同一个体系中，并行不悖，殊途而同归了。

为了扫除明末以来懒惰游谈的浮夸学风，李光地极力主张要多读书，不仅读圣贤书，且还要博学。按《榕村全集·尊朱要旨·知行二》载，他说：“夫书史、文字，记诵见闻，不可去也。书史、文字，无非道也。记诵见闻，无非心也。古之人不曰观理，曰博文；不曰求道，曰格物。博学然后笃志，切问然后近思，离经然后辨志，敬业然后乐群。”有人质疑说，要求人们知识务求渊博，这不是好高骛远吗？读书是为了穷理求道，难道可以不加选择吗？君不闻王阳明“树之初生，删其繁枝。人之初学，除其杂好”之言乎？李光地不以为然地说，听说过种树的道理吗？“吾闻种树者，刊其条，伤其根，其枝繁，其根大。学闻以养心，不闻以害道。孔子之学，一则曰多闻多见，再则曰多闻多见，又曰好古敏以求之者也。一以贯之，而何害于道！若种树而必芟其枝者，小芟而干不大，大芟而树死，望其修乔不可得也”。在他看来，尊德性与道问学关系也是如此，只讲尊德性不讲道问学，正如种树而芟其枝叶，小芟而树干不大，大芟而树死，怎么能够指望它能长成参天大树呢？李光地这段话以种树做比喻，形象地说明了尊德性与道问学的关系：只讲尊德性不讲道问学，正如种树芟其枝叶，芟其枝叶则伤其根。反之，树枝繁，树根大，叶茂则根深，根深则叶茂。道问学无害于尊德性，尊德性亦无妨于道问学，二者是相辅相成关系。他主张尊德性与道问学的“践行工夫”，揭示两者之间辩证关系，将程朱的知识学习与陆王的向内省察相互调和。这一论述使宋明以来聚讼不已的尊德性与道问学关系问题，得到了比较圆满的解决。李光地是在批判王阳明心学过程中实现自己从心学到理学的转变，他提出“穷理格物，而良知乃致”的观点，在承认王阳明致良知学说的同时，已经把其心学消解于理学之中了。他之所以不同于王阳明，即在于他是先讲向外观认的格物致知，然后再讲向内省视的认识本心，并没有排斥在求放心、致良知之前或同时，应有一个多闻多见多读书的向外观认的过程。

如果说，李光地的认识论颇有特色，那么他的知行观同样值得一谈。知行观，主要是知行先后问题。他的知行观所探讨的知与行问题，与人们今天所说的理论与实践关系并非全然一回事，特别是在知行先后问题上，他所着重论述的主要是认识与道德践履关系问题。

知行先后问题，朱熹主张先知后行，王阳明主张先行后知，或知行合一。朱熹的根据在于《尚书》之言“知之匪艰，行之惟艰”，以及前圣讲“博文”在“约礼”之先等。王阳明的根据是古代圣人讲志讲敬皆在学问思辨之先，尊德性在道问学之先等。在王阳明看来，尊德性既是知，又是行，把志与敬看作是行，所以有知行合一之说。朱熹则认为志和敬不属于行的范畴，应该在未讲知行之前就先讲立志和主敬。

朱熹逝世后，门人黄榦撰《朱熹行状》，将朱熹论学概括为“穷理以致其知，反躬以践其实，居敬者所以成始成终也”。李光地继承和发展了黄榦的思路，认为对朱熹论学应分为四项：立志、居敬、穷理、力行。按《榕村全集·初夏录一·诚明篇》载，他说：“立志所以植其本也，居敬所以持其志也，穷理所以致其知也，躬行所以蹈其实也。”他在《尊朱要旨》中，有立志篇、主敬篇、知行篇，唯独没有穷理篇，或许是将穷理、力行二项并入知行篇，或许是因为对穷理见解与朱熹有歧异，故存而不论。朱熹将尊德性、道问学作为道体流行两个方面，所以李光地亦将立志、居敬两项归入中庸之尊德性，而将致知、力行两项归入中庸之道问学。实际上，李光地认为对朱熹论学应分为四项，亦反映了他本人阐发朱学的纲要。

李光地不仅将朱子论学分为立志、居敬、穷理、力行四项，而且循着朱熹的思路，对于朱熹的著名论断，即知先行后和“知者学之始，行者学之终，主敬者学之所以成始成终”，进行了深入剖析，并提出了自己的见解。

第一，立志。朱熹主张学者大要立志，认为志于学，皆志于道也。李光地亦主张学以立志为先，志之立最先，志于学亦志于道。他强调志于道者，须是“向道而行，望道而至，念念不舍”。所以按《榕村全集·观澜录·学》载，他将志于学，比之为“如江河之有源也，如百果草木之有根也”，若志不立，则无下手处。“是故志之立，然后顾日月逾迈而心忧也；志之笃，然后忘身之老，不知年数之不足也；志之正，然后中庸以为依，而道德以为归也。由前二者，振于欲者有矣；由后一者，其鲜乎。先觉萎，前修远，有志者亦贸贸然荣华其业，而小成其身乎？故志必于学，志必于道，志必辨，而辨志莫先于离经。经道明，则俊民兴矣”。按《榕村全集·尊朱要旨·立志》载，他明确指出：“孔子之圣，自志学始，然后立，然后不惑、知命，然后耳顺，而从心所欲不逾矩也。”所以他强调立志为“知行之总”。对于将立志放在第一位的重要意义，他说：“立志然后可与共学，致知然后可与适道，德行然后可与立，知尽行至然后可与权。志道故志立，知深而德可据矣。行成而仁可依矣，知行皆化而艺可游矣。学未有不自志始者也。《大学》之教，必视离经辨志，然后敬业乐群，然后至于知类通达，强立而不返。”在这里，李光地提出了志统知行的观点，认为只有先立志，才能使知和行有明确方向。他对立志与居敬、致知、力行之间的关系，将立志比喻为播种，将居敬比喻为灌溉、培壅，将致知、力行比喻为谨察、勤治。按《尊朱要旨·立志》载，他说：“学不先于志，犹无种也。志立而不务知，若苗之有莠，恐其乱也。知而不行，若害吾苗者不能去也。不始终之以敬，若灌溉培壅之不加，或槁焉，或有苗而不硕也。”简言之，“志立则果，志立则诚。不果不入，不诚不久。故言立志，不言立诚可也”。

第二，居敬。朱熹认为居敬是“圣门之纲领，存养之要法”。按《朱子语类·卷九》载，他称：“此心常卓然公正，无有私意，便是敬。”按《朱子语类·卷四十四》载，他又强调：“居敬是个收敛执持的道理。”李光地亦认为“居敬为学问之本”。按《榕村全集·尊朱要旨·主敬一》载，他说：“朱子曰：知者学之始，行者学之终，主敬者学之所以成始成终。”他对朱子这段话这样阐释：“敬者，动容貌，谨威仪，正辞色，敛心志。必有事焉，而在乎用其力，不用其力之间。行则迁善也，改过也，诚意之属也；节欲也，惩忿也，正心之属也，用力之事也。诚意正心，莫非敬者，以见敬之无乎不在，而为知行主。”按《榕村语录·中庸一》载，李光地还认为朱学以性即理说注释《中庸》首章，是“朱子传绝学处”，尤其赞赏朱熹《中庸首章说》，认为其理益精，“寻到诚、明、敬、义圣学源头”。他对该文所提出来的“敬义夹持，涵养省察”工夫，曾在《尊朱要旨》主敬篇中，做出自己的诠释，只是语意不精，似欠新意。十年之后，按《榕村全集·初夏录一·诚明篇》载，他进而指出：“敬以直内，涵理于心也。义以方外，顺理于事也。”并且他又将《易》之“敬义夹持”，与《中庸》之戒惧、慎独结合起来，论述存养省察工夫。按《榕村语录·中庸一》载，他说：“戒惧是敬以直内，慎独是义以方外。当戒惧时，只是敬而已。初未别出邪正、公私、是非、善恶，至一念之动，便须自省是公、是私、是邪、是正。应一事，便须自省正当否，有差错否。大抵心贯动静，事有终始。静时戒惧之心，至应事时依然以此为本。慎独则自发念时始，至于事已，此心便休。存养省察，正是如此。”这段话对朱学“敬义夹持，涵养省察”工夫的理解和阐发，无疑是比较深刻的。他还用主敬来解释主静，反对离敬言静。按《榕村全集·观澜录·学》载，他说：“敬为知、行之要者，心常存也。先儒言静，不在敬之外，外敬言静者，其放于寂乎？今夫手之为物也，常动而不离其处，故思不出位者象之。知止而后有定，定而后能静，是静之本也。然则主一无适，静在其中矣。”李光地认为所谓主静，并不是叫人不要动，而是叫人心思专一，要矢志不移。因此，他在这里强调不能离敬言静，离开严肃认真的敬业精神去谈论所谓静，就会使人丧失活泼泼生机，走向佛教唯心主义空寂幻灭的境界。那么为何在讲了立志之后，还要讲主敬？因为主敬是一种对学问和为人处事的正确态度，主敬就是要心志专一，要严肃认真。在李光地看来，这种严肃认真的敬业精神，必须贯穿于知和行的始终。按《榕村全集·尊朱要旨·主敬一》载，他称："敬之无乎不在，而为知行主。……有敬与行对，而知在其中，有敬与知对，而行在其中。"要"反复于知行，而始终之于敬"。李光地认为只有以敬的态度对待学问，才能孜孜以求，好学不厌；只有以敬的态度对待事业，才能笃志力行，矢志不渝。无论是学问还是事业，如果没有浓烈的敬业精神，最终可能都会一事无成。

第三，穷理。朱熹在《大学章句》格物致知补传中，首倡即物穷理说。这在中国古代认识论发展史上，具有划时代意义的理论创造价值。朱熹本人对此尚有更具体阐明，按《朱文公文集·卷十三》载，朱熹说："夫格物者，穷理之谓也。盖有是物，必有是理。然理无形而难知，物有迹而易睹，故因是物以求之，使是理了然心目之间，而无毫发之差。则应乎事者，自无毫发之谬。"这段论述有两点是明确的：一是所谓穷理，是指格物而穷理；二是所谓物理，是"因是物而求之"，使"是理了然心目之间"。这就是朱学即物穷理说的本来意义。李光地由于认为朱熹《大学章句》格物致知补传"尤启后人之疑"，所以对《大学》一书，他尊古本说。也正因此，他对格物致知说亦有自己的理解和诠释。按《榕村语录·大学》载，他说："格物之说，至程朱而精。然物有本末一节，即是引起此意。物，事即物也；本末始终，即物中之理也。格之，则知所先后，而自诚意以下，一以贯之矣。象山陆子看得融洽，未可以同异忽之。"李光地既然赞赏陆九渊的某些看法，因而对穷理的理解也就必然带有心学的某些色彩。按《榕村语录·下论》载，他说："古人之学，皆是以心地为之本。圣人固是以一心而涵万理，学者亦当涵养其心，以为穷理之源。"所以他将穷理解释为心思，这就改变了朱学即物穷理本意。按《榕村语录·下孟》载，他又说："盖思是穷理，以上便是操持。操持者，穷理之根。惟其此心常存，是以事至而常能思。"这种"存心思理"的穷理说，实质上正是陆王心即理的变异。不仅如此，李光地还主张汲取道家和佛家理论。按《榕村全集·读书笔录》载，他说："道家之要，曰精、曰气、曰神。释氏之要，曰戒、曰定、曰慧。二氏之旨有相同者，盖所谓养精，即戒也；所谓养气，即定也；所谓养神，即慧也。释氏虽言气，而所贵者神，离形而存神，明心而见性者也。道家言性，吾所谓神；道家言命，吾所谓气。释氏言心，吾所谓意；释氏言性，吾所谓心。二氏所谓心、性、命者，如此。儒者之教，正其心未尝不知有心也，诚其意未尝不知有意也，养其气未尝不知有气也。然其所以一而贯之者，理也，理即性，性即命。吾儒所谓心、性、命者，如此。"这种态度不仅反映出他确实具有陶冶百氏熔于一炉的恢宏文化气魄，而且也从某种角度折射出明清以来儒释道三教合一的思潮发展的趋向。他还批评那种矫枉过正的做法，按《榕村语录·上论一》载，他说："但看如今学者，亦有终日用功讲习，躬行实践，岂必是假伪？然大本大源上实不曾见得，奈何？"在如何穷理的问题上，李光地还提出要正确处理好博学与笃志、切问与近思等方面辩证关系。按《榕村语录·下论》载，他说："不博学无以为笃志之地，然博学而不笃志，徒以广见闻、资口耳而已。笃志是鞭策所学，必定要讨个实理。不切问无以为近思之地，然切问而不近思，徒求之事迹而已。切问已是切于事情，裨于日用，近思却又体验到自己身心上去。"这段话的后几句，还包含着行中求知的意思，即先"切于事情"，进而"体验到自己身心上去"。不切于事情，就不可能有体验，但是如果不近思，不用心去体验，也不可能获得实理的认识。这里又有感性认识与理性认识的关系问题，切问获得的只是感性认识，近思方能获得理性认识。最后，穷理致知的目的，无疑是为了指导行。李光地还以花果之喻，进一步说明知与行关系。按《榕村全集·观澜录·学》载，他说："非知之艰，行之惟艰。知之于行，犹华实也。不华则无实，华而不实则徒华也。是故草木之成也，曰实，又曰果，皆诚然如是之称也。"在李光地看来，知固然在行之先，犹如花在果之先。可是知是为了行，如果知不能指导行，那么这种知识亦不过是像不结果实的花罢了。

第四，力行。知的目的是为了行，然而李光地认为朱熹的知先行后论，王阳明的先行后知论，皆有问题。就朱熹而言，按《榕村全集·尊朱要旨·知行一》载，他说："朱子之学，曰知先行后，何据？曰：非知之艰，行之艰也。"在李光地看来，知固然重要，行同样重要，甚至更为重要，朱熹没把知行观重心放在力行，显然不妥。不过，朱熹有些话，他倒是颇为赞同。如按《朱子语类·卷十四》载，朱熹称："知与行工夫，须着并到。知之愈明，则行之愈笃；行之愈笃，则知之愈明，两者不可偏废。"李光地很赞赏这段话，并借此来批评王阳明的知行观。按《榕村全集·尊朱要旨·知行一》载，他说："姚江王氏曰：先行后知。彼见圣贤之语志也，语敬也，皆在学问、思辨之先矣。"他将王阳明的知行观，概括为先行后知，并据此提出了批评。按《榕村全集·尊朱要旨·知行二》载，他指出王学的核心是致良知，并抨击说："王说之病，其源在心之即理。故其体察之也，体察乎心之妙也，不体察夫理之实也。"应当说，这个批评是比较深刻的。不过，王阳明知行观的特点，是知行合一。李光地对此也颇为清楚，因此他对王阳明知行合一的批评，主要还是借用上述朱熹的知行并重论。按《榕村全集·读书笔录》载，他说："今为知行合一之说者曰：知之精切即行也，行之著察即知也。夫知之精切即行，是朱子所谓知愈真则行愈力也；行之著察即知，是朱子所谓行愈笃则知愈至也。然则朱子之所谓知行者，初未尝离而二之也，虽未尝离而二之，而终不得混而一之。此朱子之教，所以为不偏而无弊也。"那么李光地本人对知行关系又是如何认识的呢？按《榕村语录·学一》载，他说："吾学大纲有三：一曰存实心，二曰明实理，三曰行实事。"可见他主张存心明理，最后要落到行实事上。至于知行的先后关系，他亦有自己的见解。按《榕村全集·要旨续记》载，他说："言小学，则先行而后知也；言大学，则先知而后行也；言成德，则又先行而后知也。小学之说，是持敬辨志之说也；大学之说，是择善强行之说也；成德之说，是自诚而明，成已仁、成物智之说也。"这种从人的成长过程的不同阶段，各有所侧重，来区分知行关系的先后，无疑也有自身知行观的特色。

从李光地对志、敬、知、行的秩序来看，他同意朱熹先讲立志和主敬的观点，主张知先行后。知之先，又需有志、敬工夫。这四者中，立志最根本。人的认识，首先立其志，接着就是以敬来保证知与行的实现了。敬，意为自我抑制的能力，讲精力要集中，使自己的思想专一而不涣散，不为外物所牵引，并要时时警惕，定要按所立之志致知力行。敬贯串于知行始终，志敬是知行实现的保证。志、敬、知、行是紧密联系在一起的，知先行后，知始行终，秩序是不能改变的。但是在李光地看来，这四者排列的先后次序，不应做机械的凝固的理解，四者既是"一时并用""相须并进"的关系，又是"循环迭用"的关系。就是说，他把志、敬、知、行秩序，看成是一个循序渐进的过程。从四者并用、相须并进的关系看，按《榕村全集·初夏录一·诚明篇》载，他以孔子为例指出："立志所以植其本也，居敬所以持其志也，穷理所以致其知也，躬行所以蹈其实也。此非独近儒之说，盖上古圣贤之说也。四事者一时并用，非今日此而明日彼。故欲行而不知，则伥伥然其何之；求知而不敬，则心昏然不能须臾；敬而非志，则又安得所谓日强之效也？且志而非敬，则此志何以常存；敬而非知，则措其心于空虚之地；知而非行，则此理皆非在我而无实矣。然四者虽相须并进，而其序既有先后，则得效亦有难易浅深。故夫子曰：吾十有五而志于学，志已立矣。三十而立，盖敬始成也。自不惑、知命、耳顺，而知始精。又至从心不逾矩，而行始熟。先儒认为因其似以自名，为学者立法是已。古学校之教亦然。始视离经、辨志，观其志之如何也。继视敬业、乐群，察其能敬与否也。又视其博习、亲师、论学、取友，则知其学问思辨之日新。卒乃知类通达，强立不返，则知其力行之有成矣。"这段话后半部分所讲的志、敬、知、行先后次序，是就一个人一生而言。从人的一生而言，先立志，再主敬；先求知，再实行。从这个意义上讲，立志在主敬之先，求知在实行之先。前半部分则是阐明学理上所谓志、敬、知、行先后次序排列，在日常生活中是相辅相成不可分割的：没有知为指导的行，乃是盲目的行；不以敬的精神去求知，也就不可能获得知识。敬而没有志作为奋斗目标，也不可能收到自强不息的效果。反过来说，志虽大而缺乏敬业精神，志是不可能长久的；敬而不求知，敬又用在何处呢？至于有了知识而不力行，不以知识为指导去取得实际效益，那么知识再多再好也是没有用处的，与无知并没有什么差别。因此，志、敬、知、行四者在实际生活中是同时并用、互相依存而并进的。

再从四者相互推移来看，又是循环互用的关系。一个人从立志始，进而以敬的态度求知，再到力行之有成。从总体上看，有个志、敬、知、行的先后次序，但在实际上，四者的循环互用是体现在人生的阶段性行程和总体性行程之中的。按《榕村全集·初夏录一·诚明篇》载，李光地说："然则此四者，循环迭用，日月有日月之功，终身有终生之验，圣人有圣人之效，学者有学者之益。虽一日服行之，朝暮之间，亦可以旋变。又如志于道，亦立志之谓也；据于德，亦持志之谓也；依于仁者，真知允蹈乎天理之中；游于艺，则义精仁熟之事也。"在李光地看来，志统行，敬主知行，因知以力行，既体现在人的一生之中，也体现在每年每月乃至每日生活践履之中。但是志、敬、知、行的关系，又是循环互用关系，不能说谁绝对为先，谁绝对为后。按《榕村全集·要旨续记》载，他又以阴阳两者关系没有先后次序做比喻，说明志、敬、知、行关系也是如此："知行犹阴阳然，阴阳者不可为首，而如环斯循也，惟所主焉尔。故曰其静也专，其动也直，是静为本也。曰显诸仁，藏诸用，是显为先也。曰万物资始乃统天，是以始统终也。曰万物之所成终而所成始也，是以终为始也。夫主于知则先知，主于行则先行。善论学者，虽姚江之说，不足以为道病。不善论学，则虽朱子之说，其病道也多矣。"就是说，阴与阳不可以说谁为先谁为后，只能说是如环斯循，循环往复，知行观亦如是，志、敬、知、行同样是种循环互动关系。李光地解释志、敬、知、行关系，无疑颇为深刻，亦充分体现出辩证法思想。

五、人欲非恶理欲辨

天理人欲之辨，是中国古代哲学史上一个大问题，也是程朱理学的根本观点和理论归宿。天理，既指自然法则，犹言天道，儒家则把它看作是本然之性。程朱理学将天理引申为天理之性，是仁、义、礼、智、信的总和，即封建的伦理纲常。人欲，是指人的生活欲望或物质利益要求，最为基本的是食欲和性欲，这是人的本性。孔子《礼记》里讲"饮食男女，人之大欲存焉"。这是孔子对人生本质的看法，人的生命，离不开两件大事：饮食、男女。一个是生活问题，一个是性的问题。所谓饮食，属于民生问题；所谓男女，属于康乐问题。人生离不开这两件事。关于天理和人欲关系，《礼记·乐记》说："好恶无节于内，知诱于外，不能反躬，天理灭矣。夫物之惑人无穷。"又曰："人化物也者，灭天理而穷人欲者也。于是有悖逆诈伪之心，有淫泆作乱之事。"这里所谓"灭天理而穷人欲者"，就是指泯灭天理而为所欲为者。孔颖达疏云："理，性也，是天之所生本性灭绝矣。"

程朱理学在理论上的重大缺陷，是把天理与人欲对立起来，强调"不出于理则出于欲，不出于欲则出于理"。无论是二程还是朱熹，都认为天理与人欲是根本对立的，主张"存天理，灭人欲"。二程《遗书》说："人心，私欲，故危殆；道心，天理，故精微。灭私欲，则天理明矣。"这里所谓"灭私欲，则天理明矣"，就是要存天理、灭人欲。又说："无人欲即皆天理。"要求人们放弃生活欲望，绝对遵守封建伦理教条，甚至鼓吹妇女"饿死事极小，失节事极大"。朱熹作为宋代儒学集大成者，则把存天理、灭人欲看作儒学精髓所在。朱熹认为"天理存则人欲亡，人欲胜则天理灭"，因而提出"遏人欲而存天理"的主张，要求人们"革尽人欲，复尽天理"，以此作为道德修养目标。按《朱文忠公文集·卷四十》载，朱熹说："天理只是仁义礼智之总名，仁义礼智便是天理之件数。"按《朱子语类·卷十三》载，他的学生问："饮食之间，孰为天理，孰为人欲？"朱熹答："饮食者，天理也。要求美味，人欲也。"这就是说，除了充饥以外的物质欲望都是罪恶。按《朱子语类·卷六十四》载，朱熹还说："今天下之事莫不有理。臣之事君便有忠之理，子之事父便有孝之理。"按《朱子语类·卷十二》载，朱熹又说："孔子所谓'克己复礼'，《中庸》所谓'致中和，尊德性，道问学'，《大学》所谓'明明德'，《书》曰'人心惟危，道心惟微。惟精惟一，允执厥中’。圣贤千言万语，只是教人明天理，灭人欲。”可见他说的天理，要义乃是维护封建统治的三纲五常。朱熹之后，天理人欲之辨争了几百年。反理学思潮的兴起，主要源于反对这种禁欲主义观点。南宋时期陈亮、叶适等已开其端。明清之际，王夫之和戴震等人，更指出天理离不开人欲人情，猛烈抨击道学家“以理杀人”的罪状。

宋代，尤其是明代以来，程朱理学的理欲观受到极大质疑，尤其是禁欲主义说教受到来自两个方面巨大冲击：一是统治阶级说教的虚伪。封建统治者固然大力宣扬程朱理学，口口声声要存天理，灭人欲，然而这不过是用来欺骗人民，禁锢人民，自己并不理睬这套，奉行的是放纵私欲，穷奢极欲，日日欢宴，夜夜笙歌，醉生梦死，荒淫无度，本身的行为证明了这种说教的极端虚伪性。二是普通民众人性意识的觉醒。随着时间的推移，特别是明代中后期，伴随着商品经济发展，资本主义生产方式萌芽的产生，普通民众，特别是早期市民阶层对存天理、灭人欲的说教亦愈来愈感到厌烦，认为这种否定人的生活欲求的说教是非人道的，不少封建士大夫则成为这种思潮的代言人，诸如明末李贽及清初王夫之等。正是在这种背景下，李光地既要维护程朱理学地位，复兴理学，不能不直面天理人欲之辨，把程朱理学与时代特征结合起来，对之进行深入思考，并在此基础上做出了既非禁欲主义，亦非纵欲主义的理性主义修正。这种修正，既不违背程朱理学的思想脉络，又能容纳博爱、人欲善等观念，由此构成新的理学思想，从而为儒学生命的持续发展奠定了基础。

作为宋明理学的根本信条，“存天理，灭人欲”的理论前提是阳善阴恶、神善形恶、道心善人心恶等基本观点。李光地要修正乃至批判、破除“存天理，灭人欲”的蒙昧主义、禁欲主义信条，必须首先推倒这些理论前提，破除阳善阴恶、神善形恶、道心善人心恶等荒谬信条。

按照朱熹的基本逻辑，从阳主生，阴主杀可推导出心思阳，形体阴，进而推导出“形体主于为恶之理”。李光地对此大不以为然。按《榕村语录·性命》载，他明确提出：“善固本之性，恶亦必寻其根。朱子谓：阳主生，阴主杀。主字觉得太重。如形体阴也，心思阳也，岂有形体主于为恶之理？然恶却从形体而生。故人以心思为主，而贯彻形体，则形体亦善；以形体为主，而役使天君，则心思亦恶。善出于心，恶亦出于心。如君命官，尽忠效职，乃君命也；枉法行私，非君命也。然尽忠效职，固凭君命以行事，即枉法行私，何尝不假君命以作威？毕竟尽忠效职者，君命之本然，枉法行私，非君命之本然也。如此看恶字有根，而亦不碍于本性之善矣。”在李光地看来，朱熹在这个问题上的看法，显然有较大偏颇。善固然是人的本性，恶亦必然有其根源。对于阴与阳，形体与心思，不能机械地将其做善与恶的区分。诸如形体与心思。形体既可以为善，亦可以为恶。心思也是如此，既可以是善的，也可以是恶的。形体与心思，都有为善和为恶两种可能性，不可以把心思恶专门归于形体。恶固然从形体表现出来，然而“岂有形体主于为恶之理”？说到底，恶还是出自于心思，正如善亦出自于心思。正如君主授官，本旨在于让官员尽忠尽职，而非让官员枉法谋私。可是官员既有尽忠尽职者，亦有枉法谋私者。尽忠尽职，是君主授予官位。枉法谋私，也是得君主授予的官位，借此官位枉法谋私。尽忠尽职，是君主授官本旨。枉法谋私，并非君主授官本旨。可见，尽忠尽职或枉法谋私，问题不在于君主授官。由此亦可见作恶自有根源，这跟人性本善没有关系，不能以此否定人性本善。李光地认为亦只有以此来看待心思与形体的善恶，才能找到恶的根源，不至于否定人性本善。

李光地对于朱熹阳善阴恶、道心善人心恶的信条，亦明确表示无法苟同。按《榕村语录·性命》载，他称自己对这个问题的认识，也有一个逐渐深化的过程。刚考中进士后，在翰林院庶常馆读书时，经常与德格勒、徐元梦等聚在一起切磋学问，受到德格勒、徐元梦的影响，亦曾相信阳善阴恶说。但是后来经过自己的独立思考，终于发现这个观点其实是错误的，“阴与阳都是好的，如何说阳善阴恶”。他说：“当年与德子谔、徐善长所言皆错。其时于一切天理人欲，都从动静分看，便不是。阴与阳都是好的，如何说阳善阴恶？阳气也，阴形也，气非理也，然气与理近。犹之心非性也，然心与性近。一切欲心都从形体上生来，如鼻欲闻好香，口要吃好味之类，凡此非即恶也。中节仍是善，惟过则恶耳。虞廷说道心，是从天理而发者，说人心，是从形体而发者。饥渴之于饮食，是人心也；呼蹴不受，则仍道心也。人心、道心，大体、小体，都从此分别。能中节，则人心与道心一矣。”这段话前半部分是反驳阳善阴恶说，认为阴与阳都是好的，不能机械地将其做善与恶区分。后半部分是针对所谓道心善、人心恶的观点而言，既然阴阳不可做善与恶的机械区分，那么道心与人心，亦不应做此善彼恶之分。道心固然是纯粹至善，人心亦并非全是恶，两者在一定条件下也可以融为一体。按《榕村全集·初夏录二·人心篇》载，李光地又说：“人心，道心。人，形也；道，性也。心居形胜之间，形性妙合，而心为之主，故有道心，又有人心也。性者生物之本也,故自心而上之,通极于天命之德,则曰道心;形者物生之迹也,故自心而下之。发见为耳目口鼻四肢之情,则曰人心。无两心也。别为人心,而曰危者,盖形气之用,徇之可以流而为恶,而失心之本。然亦不得谓之非心也,故曰人心危也。其后孔门谓之人欲、天理,盖人心惟有欲也,是以危。道者理也,理原于天,无声无臭,是以微。其告颜子也,曰己、曰礼。此则又指夫人欲之私,天理之实之所在也。"在李光地看来,道心与人心,本是一心。讲二心,只是就其发用而言。道心因得天地之性之全之正,"通极于天命之德",故至纯至善。因发见于耳目口鼻四肢之情,未必全善。然而无论道心或人心,说到底都是出于一个心。所以"人心惟危,道心惟微",应当如此理解。这种观点,实际上推倒了孔门"人心惟危,道心惟微"的心传,对于程朱理学来说,更是一个巨大的冲击。

程朱理学"存天理,灭人欲"的理论前提,既然被推翻,那么,"存天理,灭人欲"的命题,自然也就无法站得住脚。按《榕村全集·读书笔录》载,李光地在推倒程朱"存天理,灭人欲"的理论依据基础上,明确指出:"人心惟危,人欲也。人欲者,耳目口鼻四肢之欲,是皆不能无者,非恶也,徇而流焉则恶矣,故曰危。所以谓之人者,以其生于耳目口鼻,是形气之私也。然而恭从明聪,亦不外于耳目口鼻,而不谓之人,何也?曰:夫恭从明聪者,岂有资于物而以为耳目口鼻之利哉?无所为而为者天也。"这段话表述非常清楚,在李光地看来,人欲、耳目口鼻四肢之欲,是从人的形体上产生的,是人的正常欲望,是人皆不能无者,不能直接以人欲为恶。只有不依赖形体欲望而活者,即无所为而为者的天,才可以说欲望是恶。如此也就否定了二程和朱熹视人欲为罪恶的观点。同时,人的欲望又必须适中,适中乃是善,"徇而流焉则恶",放纵是恶,亦只有放纵才是恶。如此必须借助理性来加以节制,否则就会导致人欲横流而陷于罪恶。这种见解既使人欲合理化,又与只顾追求物质享乐的纵欲主义划清了界限。

实际上,明清之际,人欲非恶观念已颇为流行,王夫之乃是较为典型的代表。按李光地以性为本的理学思想,他认为这种观念与程朱理学并不矛盾。因为理学中的天、理、性等先验本体,是绝对的全善,任何经验实体相对于绝对全善而言,都是偏善、专善。但是不能因为是偏善、专善,就将其视之为恶。按《榕村全集·初夏录二·性命篇》载,李光地这样解释:"耳、目、口、鼻,四肢之欲,人心也,非正性也。质之昏明强弱,遇之多寡厚薄,气禀也,非正命也。世人皆以人心为性,恣而不相非,皆以气禀为命,委而不自勉。故孟子指示之曰，性之真者通于命，命之真者通于性。言性而不本于命，言命而不本于性，非性命之真也。君子不谓之性命也。今于耳、目、口、鼻、四肢之间，极其声色臭味安佚之欲，如世俗之论，以为性或可耳，敢曰天命使之然乎？故徇性则逆天命矣，君子岂以是为性哉？今于人伦天道之际，能尽其仁义礼智信之分，如世俗之论，以为天实命之亦可耳，敢曰性与人异乎？故委之命则失其性矣，君子岂以是为命哉？然则君子所谓性命者，可知矣。天命之谓性也，物与无妄之谓命也，无有不善者也，无有不正者也。”这段论述再次申明人的耳目口鼻四肢之欲，是人性使然，是人的正常欲望。尽管人性并非纯粹至善的天地之性，因而不可简单地称为正性。人的欲望所表现出的昏明强弱不同状况，以及多寡厚薄的不同程度，也正反映出这一点。世人以人性为天性，没有对欲望放纵提出非议；以气禀为天命，没有很好地对自身加以约束。这无疑是错误的。也正因此，孟子早就提出，讲人性要与天命联系起来，不能离开天命讲人性，亦不能离开人性讲天命。依此而论，耳目口鼻四肢之间，“极其声色臭味安佚之欲”，说是人性也可以，但绝不能说是“天命使之然”。放纵欲望，无疑是违背天命，君子岂能以此为性？但是人性因禀受天地之性而生，因此有天命之善，具有种种善端，又因得天地之性之全之正，因此具有仁义礼智四端，或仁义礼智信五常，能充分发挥这些善端。简而言之，人欲既有恶亦有善，不能直接以人欲为恶。关键在于欲望必须适中，适中才是善，放纵乃是恶，借助理性加以节制，就不会导致人欲横流而陷于罪恶，就可以充分体现天地之性之全之正。

可见按照李光地的见解，人欲与天理，不是互不相容的对立的两极，人欲亦有其正当性。人们要做的事，不是提倡禁欲，更不是革尽人欲，而是节欲，用天理去调节人欲，节制过度的欲望追求，保持心灵宁静和谐，不被物欲所扰乱。这种观点无疑合情合理，较为容易为每个正常的人所接受，亦比二程和朱熹的理论更为高明。二程和朱熹这方面的理论，尽管看上去非常纯洁，非常高尚，但是因为过分强调天理和人欲对立，违背人性，将人的正常生活欲求都予以否定，结果也就只能适得其反。

应当指出，李光地尽管承认人欲非恶，但是仍然尖锐地批评了以偏善、专善的人欲为绝对全善之性的错误主张。按照逻辑推理，特殊个体之欲即私欲是偏善、专善，那么普遍全体之欲即“公欲”是绝对全善，所以李光地并不一概反对人的欲望，他反对的只是沉溺于一己之私的欲望。按《榕村全集·初夏录二·人心篇》载，他明确指出：“夫公天下之欲不为恶，惟有己则私耳。理涵于心之谓性,见乎事物则为礼而可循,而理斯实矣。”很清楚,在李光地看来,公天下之欲不为恶,只有沉溺于一己之私的欲望才是恶。按《榕村语录·性命》载,他又说:“人心中只有一团生理,发出来便是爱。爱不可即谓之仁,然其理则仁也。为甚么又说公则仁?大概人不能全其仁者,只是为私欲所蔽隔,克去己私,仁心自在。公字有工夫,爱字无工夫,公便爱心自然流出。如一片土地,但不使瓦石压占,自会生草。”在李光地看来,正确处理好天理与人欲关系的关键在于“公天下之欲”,并不“为私欲所蔽隔”。不能要求老百姓“存天理,灭人欲”,统治者自己则奉行纵欲主义。只有公天下之欲,并不为私欲所蒙蔽,才能建立起良好的社会道德秩序。李光地认为公天下之欲是天理之实,满心只想着实现自己私欲的才是人欲之私。至于如何公天下之欲,李光地的主张,首先要明辨人欲之私与天理之实,认清何为天理之实,何为人欲之私,只有通过明辨天理之实,才能灭去人欲之私,防范个人欲望过度膨胀。在李光地看来,存天理,灭人欲,属于心性修炼。天理是公,是大善,是人的仁爱之心。人欲是私,是小恶,是人的自私之情。存天理,就是存善,追寻天理,循道而行。灭人欲,就是去恶,克己省身,修身养性。存天理就是向善,灭人欲就是去恶。只要人皆向善去恶,社会自然风清气正。按《榕村语录·性命》载,李光地又说:“圣人所以说克己,己私克去得尽,则践形尽性,我便是天,即《中庸》所云至圣、至诚也。人物皆禀此理以生,吾浑身都是天理,而人物自化。又加之在己有学问,处物有法度,则存神过化而赞天地,夫何疑?”所以应牢记圣人之言,努力克己,克尽恶之私欲,使天地之性之正得以充分体现,社会道德水平提高,风尚良好,社会就会更为和谐美好。

宋明道学,千条万绪,归根结底就是“存天理,灭人欲”六个字。针对这种封建禁欲主义的反动说教的批判,成为中国早期启蒙思潮的一个显著特征。王船山针对宋明道学存理灭欲论,提出“人欲之大公即天理之大同”“人欲之各得即天理之至正”的著名观点。同样,李光地从批判阳善阴恶、神善形恶、道心善人心恶的理学命题入手,把批判矛头指向“存天理、灭人欲”的禁欲主义说教,提出人欲非恶和公天下之欲的人文主义命题,这对宋明道学而言,也是个突破。李光地与王船山相似,既反对由批判禁欲主义而走向纵欲主义的晚明颓风,亦反对封建统治者自己奉行纵欲主义要求人民实行禁欲主义的虚伪说教,无疑值得充分肯定。所谓人欲非恶,所谓公天下之欲,就是肯定人的正常生活欲求和追求功利的合理性,亦针贬由禁欲主义走向纵欲主义的社会病态，将理欲关系的解决途径诉诸人的平等。这种近乎理想主义的思想主张，尽管在当时历史条件下不可能实现，但是也展示出思想家宽广胸襟和宏伟抱负，具有重大历史进步意义。肯定人的正常生活欲求和追求功利的合理性，亦曲折地反映了当时中国社会行将走出中世纪的某种时代要求。

第四章

李光地的易学思想

李光地作为思想家，易学建树也是重要体现。他继承和发展了中国古代朴素辩证法思想传统，着重阐发了《周易》的相生相对意义，就矛盾的对立、依存、渗透、转化规律进行了具体阐发，并对矛盾的同一性和斗争性、主要矛盾和次要矛盾在事物发展中的作用等问题，做出了富有新意的探索。他甚至还接触到今天所讲的否定之否定规律的某些边际，特别是对继承与变革关系的论述，辩证思维方面具有颇高的理论水平。不仅如此，他还从《周易》中发挥出一套"论道经邦，整理阴阳"的辩证法和指导人生道德践履的辩证法。当中对于不断清除腐败的必要性的论述，对于变革的论述，对于人生如习险的论述等，皆表现出对于国家、对于民众、对于人生的深沉的忧患意识，充满了辩证智慧的光辉。李光地一生几乎是和康熙朝相伴始终，他的易学思想的建立、发展和成熟与清朝统治政权的建立、稳定和发展几乎是同步进行的，其易学思想既是清初易学发展史的重要一环，且对清初政权稳定和社会治理产生了不小影响。他所阐发的许多人生哲理，至今读来仍然使人感到亲切，具有不容忽视的启迪作用。

一、榕村易学的特色

易学是研究《周易》的学问，为变化之意，是探求宇宙万物变易规律的学术，属于在天人相应的学术思想指导下研究万事万物运行规律及相互关系的哲学学问，是中国古人思想智慧的结晶，被誉为"大道之源"。因源于《周易》之学，简称易学。它起始于古代筮占，但高于筮占。《周易》记录了很多上古的古代历史事件，因此是本于实践。《周易》是中国文化最古老、最系统、最厚重的典籍，是中国人文文化的基础。在中国，除《尚书》外，《周易》可说是一部最古老的经典了。《周易》是一部什么样的书？从其源头来说，相传是伏羲仰观于天，俯察于地，近取诸身，远取诸物，于是始作八卦，即乾、坤、离、坎、震、艮、兑、巽。八卦的基本元素是阳交和阴交阴灵。从伏羲到周文王，又过了几千年，相传是周文王将八卦推演为六十四卦，三百八十四爻，每爻都有爻辞，是为《周易》一书。现代人认为《周易》未必是周文王所作，但周武王夺取商朝天下后，生怕到手的江山又被谁抢走，充满了忧患意识，战战兢兢，遇事都要求神问卜，于是有了《周易》。《周易》是用来预测吉凶祸福的占卜之书，通过卦爻、象数、占筮的模型或形式，模拟、预测宇宙万物起源、结构、变化规律，因而包含颇为深刻的理论思想，具有很大抽象性、灵活性与适用性，带有浓厚的神秘色彩，故被称为占筮之学、天人之学、自然哲学。《周易》把阴阳哲理寓于八卦的形式之中，即以象征天、地、风、雷、水、火、山、泽八种自然现象的不同排列组合的八卦，推测自然和社会的变化。《周易》之阴阳相互作用的朴素辩证思想，对中国哲学的发展影响最大，因而《周易》既为五经之首，且最难。历代注《易》千家，现在外国人也对《易》产生极大兴趣。易学已成为世界性研究课题。

历代文人以注释圣人经典为能事，易学传统源远流长。上古时人们为了了解宇宙自然，采用龟卜、占筮等方法向鬼神卜问，在因无知而求有知的过程中不断向卜筮输入有知因素，经漫长岁月的积累，《连山》《归藏》《周易》分别在夏、商、周三代集结成书，为易学形成奠定了基础。因《连山》《归藏》等早期易书经典已佚，故历代文人以研究《周易》为对象。战国时期一些系统阐释《周易》经文的文字陆续被收集起来，汇成《易传》，逐渐成为一门学问，标志易学诞生。易学不仅研究《周易》卦爻、象数、占筮等形式，且研究《周易》蕴藏的深刻义理及思维方式；不仅研究《周易》本身的内容，且研究《周易》在中华文化文明史上的巨大作用，在社会人文科学、自然科学等各门类学科中的影响、渗透和运用。历代对《周易》的解说、研究和阐发，构成易学。两千多年来，研究不绝，经历古易、汉易、魏晋易、唐易、宋易、清易、现代易等不同阶段。易学在发展过程中，出现具有个人风格的易说，如京氏易、王弼易、程颐易、朱熹易、船山易。逐渐形成不同流派，如易理学派、象数学派、数理学派、纳音学派。历代许多著名哲学家、思想家及科学家，依据《周易》经传所提供的思想资料，建立自己的学派体系和学科体系，故又有儒家易学、道家易学、医家易学、术家易学之分。由此易学不断得到丰富和发展，范围和包含量也不断扩大，诚如《四库全书总目提要》所称："易道广大，无所不包，旁及天文、地理、乐律、兵法、韵学、算术，以逮方外之炉火，皆可援易以为说。而好易者又援以为易，故易说至繁。”因此，形成一门具有东方独特思维方式、集中国几千年文明智慧于一体，以探索天道人理变易规律为目的的系统学术。易学对中国传统文化产生了巨大影响，各代、各派易学是所处历史环境的产物，反映了当时的哲学思想与时代特征，是华夏文化及其理论思维的体现。

明末清初，《周易》仍是文人学者研究对象和学问热点，出现了众多流派，李光地易学是当中一个重要流派，是有清一代易学大师，与惠栋、张惠言、朱轼并称易学四家。清代李慈铭《越缦堂读书记·经部·易类》云：“易之讲象数者，汉家法也；讲理蕴者，宋家法也。……近儒若惠氏栋，汉之大宗；张氏惠言，其继大宗者矣。若李文贞，宋之嫡子；朱文端，其嗣嫡子矣。我朝易学，有此四家，绍往嬗来，便足以卓立一代。”李慈铭认为清代有此四人便可卓立一代，在中国易学史上占有一席之地。可见李光地易学在清初学术史上的地位相当重要，实乃儒学道统之重要一环。李慈铭推崇王学，李光地推崇朱学，两人在学术上相左，但李慈铭还是肯定李光地在易学方面的贡献。

李光地的易学思想，主要体现在其易学论著中。李光地的著述中，有关易学的著作主要有：专著《周易通论》四卷，综论易理，前二卷发明上、下经大旨，后二卷阐述系辞、说卦、序卦、杂卦诸《易传》之义。《周易观象》十二卷，《周易观象大指》二卷。编纂的易学书籍有《周易折中》《易义前选》。此外，《榕村全书》中的经学笔记、读书笔记、序、记、论、说、讲义、疏、札、赞等，以及《榕村语录》《榕村语录续编》中的《周易》部分、经书总论、宋六子、道释、论学等，不少篇章都蕴含着李光地的易学观点。《周易通论》《周易观象》《周易折中》，皆收入《四库全书》。

谈到李光地易学成就，学者无不首先推崇他于康熙五十二年（1713 年）受命主持编纂的《周易折中》。这之前，康熙帝认为《周易》是六经之源，欲编纂一部关于《周易》的书惠及万世，因此非常重视，可又不知道让谁来编更合适。这个时候，康熙帝屡次出示图象让李光地解释，李光地“依义条答”，基于本义阐释，大都吻合康熙帝见解。因此，康熙帝对李光地说：你潜心河图、洛书已经很久，看了你呈送的有关书籍，更知道你对《易》“理明识远”，造诣确实非同一般，朕想编部关于《周易》的书，希望能辨明是非，“此事非卿万不能辨其是非”，这件事是非你莫属了。于是又把这个任务交给李光地。确实，李光地自十八岁开始，即潜心于《易》，至是年已七十三岁，“前后凡《易》

稿数十次”,易学造诣甚高。李光地受命后,立即着手进行。《周易折中》因为是李光地等人奉诏编纂,故又称《御纂周易折中》。尽管是集体劳动的产物,当中亦包含着康熙帝的政治思想,然而李光地毕竟是总裁,且倾注了大量心血,也大体可反映其易学思想。

李光地作为清初占有重要地位的易学家,不仅易学著作丰富,而且由于个人的原因及清初政治社会环境的影响,他的易学也很有特色,故学者们又称之为榕村易学。榕村,是李光地四十四岁时为自己在家乡湖头所建书屋的命名,学者以此作为其别号。榕村易学的鲜明特色,主要表现在以下四个方面。

第一,尊崇程朱易学。这是榕村易学的突出特色,这既由于程朱对易学的突出贡献及李光地的家学渊源,亦与清初朱子学复兴的大环境有关。《周易》在儒家五经中的地位独特,《诗》《书》《礼》《春秋》皆论人事而少天道,而《周易》则推天道以明人事,为天道人事兼论之书。儒家以天道为信仰对象,不明天道则会动摇信仰基石,这决定了《周易》在儒学中必然占据重要地位,因而自孔子赞《易》后,《周易》被儒门奉为圣典,从汉朝起就开始占据五经之首位置。在儒家易学发展过程中,程朱易学是个重要发展阶段。北宋时期,为北宋儒学复兴做出卓越贡献的“北宋五子”中,周敦颐、邵雍、张载和程颐四人,皆为著名易学家,留有易学专著。程颢虽没有专著,但论易之语也很精辟。南宋时期,朱熹更是成就卓著,著有《周易本义》《易学启蒙》等,是南宋非常著名的易学大家,继程颐之后对义理派易学进行了发展,成为以后几个世纪官方易学的代表。他吸收了程颐的义理易和邵雍的象数易以及图书易,提出自己的易学见解。这就表明易学在儒者思想体系中地位重要,研究儒学必须深究儒者的易学思想,而宋代儒者的易学思想是重要内容。清初,在康熙帝的干预下,程朱理学重新开始盛行,程朱易学思想自然也受到学者的高度重视。就李光地而言,亦不能不受重大影响。程朱易学对李光地影响甚大,重要标志就是其易学思想主要还是以程朱为尊,首先是朱熹,其次是程颐。李光地在和康熙帝讨论易学时,明确表示自己推崇朱熹易学思想,按《榕村谱录合考》载,他说:“上曰:古今言易,或理或数,有何定论?奏云:言数始于焦赣、京房,言理始于王弼。但王弼已中了老、庄之说,故其学不纯。六朝、唐浮华相尚,未见有深于经学者。直至邵雍传先天之图,立象尽意,其功极大。程颐《易传》,义理醇正。朱某折中二家之学,理数俱极其归,而易学始定于一。”从这段对话可以看出,在李光地眼里,从唐到宋几百年,唯有邵雍、程颐、朱熹三人的易学思想在易学史上功绩较大，当中又尤以朱熹折中邵、程二人的易学，贡献最大。《周易折中·凡例》亦称："今案易学，当以朱子为主，故列《本义》为先，而经传次第，则亦悉依《本义》原本。"又曰："易之本义，朱子独得也。……易之义理，程子为详也。"尊崇程朱的思想，突出体现在《周易折中》对《周易》的解释。经文传辞之后，先引用朱熹《本义》，次用程颐《易传》。六十四卦中，对乾坤两卦的解说从卦辞开始，先用朱熹《本义》，后用程颐《易传》，余者六十二卦则先用程颐《易传》解说卦象。解说卦爻辞则先引用朱熹《本义》后用程颐《易传》，再集萃众家，最后加以按语，且不少按语还会提到《朱子语类》里的阐释。这些都是尊崇程朱的体现。《周易折中·凡例》亦称："然《易》之为书，实要于象数而作，非它书专言义理者比也。但自焦赣、京房以来，穿凿太甚。故守理之儒者，遂鄙象数为不足道者。至康节邵子，其学有传，所发明图卦蓍测，皆易学之本根，岂可例以象数目之哉！故朱子表章推重，与程子并称。《本义》之作，实参程、邵两家以成书也。后之学者言义理、言象数，但折中于朱子可矣。"事实正是如此，《周易折中》在综合象数和义理的基础上折中于朱子，亦可见对朱子易学的推崇。

李光地编纂的《周易折中》，继承了程颐以义理解易方法，有很多义理性发挥。如关于"性命"的解释："性即德也，命即道也。性命流行于事物而理名焉，即道德之散而为义者也，故总之曰性命之理。六画成卦，则与三极之道相似。其与天地之道，人性之德也，不亦和顺矣乎。六位成章，则阴阳刚柔仁义之用不穷，其于事物之宜也，不亦曲尽其理矣乎。"这就是说，性就是德，命就是道，理就是性命的流行。六画之卦与天地之道和人性之德都是相似的。像这种以义理解易的例子在《周易折中》中非常之多。有些学者认为御纂《周易折中》是在康熙帝直接监督下进行的，李光地不能不在编纂时有所顾忌，因此会极力表现出尊崇程朱的色彩。这当然有一定道理。然而如果看看李光地自己独著的《周易通论》《周易观象》等书，当中反复提到程朱的思想，则不难发现，他确实对程朱易学甚为推重。李光地所著《周易观象》，反复提到程颐。如按《周易观象·上经二》载，他解释师卦六三爻辞"师或舆尸，凶"时说："舆尸，当从程传作众主，盖与丈人之义相发明也。六三才弱志刚，居下之位，躁险轻冒，正有弟子之象。故设为占戒。象曰：师或舆尸，大无功也。"李光地折中诸家易学的方法，以及十分强调变易之说的思想，相当程度上亦受程颐易学的影响。程颐易学的精要之处，有"以中为贵，以中为德，强调随时变易，变易以从道”的思想。这些都对李光地易学思想产生不小启发。李光地对朱熹易学亦很推崇，按《榕村语录·经书总论》载，他说：“《周易折中》纲领，采程传序者，不敢主程传也。朱子说，《易》之取象，不可尽以道理求。盖谓随人随事，皆可以生解耳。虽象皆有根，根即是道理，却要知他原可以随人随事求之也。朱子此说，毕竟是讲《易》的定盘星。”可见他对朱熹解易是非常服膺的，把朱熹这种“易取象之根在于随人随事”的观点当作理解《易》的定盘星。李光地对朱熹易学的尊崇，还表现在对《周易本义》卷首九幅图出自朱熹之手完全相信，且在许多场合指出朱熹对《周易》先天图的推重。按《周易通论·易本》载，他说：“《本义》卷首诸图，朱子所作也。”按《榕村语录·周易一》载，他又说：“朱子崇重《先天图》，得《易》之本原。明为占筮之书，得《易》之本义。”这些评述充分反映出对朱熹易学的高度肯定。按《周易通论·易本》载，李光地还把程朱的地位和四圣并称：“间尝论《易》之源流，四圣之后，四贤之功，为不可掩。盖自周子标太极之指，邵子定两仪以下之次，而伏羲之意明；程子归之于性命道德之要，其学以尚辞为先，而文、周之理得；朱子收而兼用之，又特揭卜筮以存《易》之本教，分别象占以尽《易》之变通，于是乎由孔圣以追羲、文，而《易》之道粲然备矣。”可见他认为自伏羲、文王、周公、孔子四圣和周敦颐、邵雍、程颐三贤之后，对易学贡献较大的就是朱熹了。他继承朱熹的说法，并将四圣三贤再加上朱熹，而成“四圣四贤”。

第二，博采众家之说。这也是榕村易学的突出特色。榕村易学尽管总体上尊崇程朱，然而这并不影响对其他易学家思想精华的吸收。李光地对中国易学史上的诸家学说，既兼收并蓄，博采众家之说，且又不是简单照抄照搬，而是融会贯通诸家学说，并提出自己的独特见解。影响最大的《周易折中》，无疑是典型代表。虽然《周易折中》题为御纂，实际上是李光地起草编成，书前康熙皇帝的序言，亦清楚地说明了这点：“易学之广大悉备，秦汉而后无复得其精微矣。至有宋以来，周、邵、程、张阐发其奥，唯朱子兼象数天理，违众而定之，五百余年无复同异。宋、元、明至于我朝，因先儒已开之微旨，或有议论已见，渐至启后人之疑。朕自弱龄留心经义，五十余年未尝少辍，但知诸书大全之驳杂，奈非专经之纯熟。深知大学士李光地素学有本，易理精详，特命修《周易折中》。上律河洛之本末，下及众儒之考定，与通经之不可易者，折中而取之。越二寒暑，甲夜披览，片字一面，斟酌无怠，康熙五十四年春告成而传之天下后世。能以正学为事者，自有所见欤！”可以说，这部书的编纂，李光地确实起了至关重要作用，并不仅仅只是个牵头组织者，而且相当程度上亦体现出他对历代易学诸家的态度。《周易折中》共二十二卷，最突出特点就是博采众学，既宗主程朱，又广采汉魏以来诸易家之解，折中求本。《四库全书》总纂官纪昀在《御纂周易折中提要》称："自宋以来，惟说《易》者至夥亦惟说《易》者多岐。门户交增，务求相胜，遂至各倚于一偏。故数者，《易》之本。主数太过，使魏伯阳、陈抟之说窜而相杂，而《易》入于道家。理者，《易》之蕴。主理太过，使王宗传、杨简之说溢而旁出，而《易》入于释氏。明永乐中官修《易经大全》，庞杂割裂，无所取裁。由群言淆乱，无圣人以折其中也。我圣祖仁皇帝，道契羲文，心符周孔，几余典学，深见弥纶天地之源。诏大学士李光地采摭群言，恭呈乙览，以定著是编。冠以《图说》，殿以《启蒙》，未尝不用数，而不以盛谈河洛致晦玩占、观象之元。冠以《程传》，次以《本义》，未尝不主理，而不以屏斥谶纬并废互体、变爻之用。其诸家训解，或不合于伊川、紫阳而实足发明经义者，皆兼收并采，不病异同。惟一切支离幻渺之说，咸斥不录，不使溷四圣之遗文。盖数百年分朋立异之见，至是而尽融；数千年画卦、系辞之旨，乃至是而大彰矣。至于经传分编，一从古本，尤足正费直以来割裂缀附之失焉。"实际情况也正是如此。从汉朝到宋朝，易学形成发展积累了一千多年成就，保留了极为丰富的易学资料。

纵观《周易折中》全书，不难发现，采撷群言非常广泛。从时代看，上自汉晋，下迄元明；从作者流派看，既有义理派学者，亦有象数派学者；从引用书目看，既有被官方立为教科书的《周易》解释学著作，又有在民间流传的各种注疏本。涉及范围之广，可谓空前，既充分折射出李光地极为广博的学识，也突出反映了他博采众家的兼收并蓄精神。《周易折中》有凡例八则，主要说明编纂体例，易学发展源流，象数义理之比较，朱程易学之异同，交代冠以图说及附录朱子启蒙之原因。凡例之后，又有《纲领》三篇和《义例》一篇，这有助于读者对正文的理解和加深对《周易》的认识。《纲领》较为明确地阐述了易学发展渊源，从产生、流传、传授到形成各家各派的情况，说明数千年来易学不断丰富发展，经久不衰，日益盛传。同时，论述易学之精蕴，指出"象者出意""言者明象"，点明经传义例，读《易》方法，指出"一爻之中常包涵数意"，"须先看卦乃看得辞"，以及各家易说的"醇疵"。《纲领》尽管非常突出程朱之说，但是《义例》则有所不同。例如《义例》第二则明确指出，"历代诸儒叙述源流，讲论指趣，其说皆不可废"，"周子、张子、邵子皆于易理精邃，虽无说经全书，而大义微言往往独得”，因此“以世次义类”相互说明，与程朱之易论互相补充。书中收集了汉代司马迁、班固、扬雄、王弼，隋唐王通、孔颖达、陆德明，宋代刘牧、石守道、税舆权、蔡元定、王应麟，元代许衡、胡炳文、胡一桂、吴澄，明代薛暄、蔡清等十多家之说，与程、朱、周、张、邵五家之说相互映衬，显示出既尊崇程朱又广收博采的精神。《周易折中》的正文注疏，更是突出体现了这种精神。它所采用的上自汉晋下迄元明的历代诸家易说，竟多达二百一十八家，当中引用宋明理学家的易说有一百五十九家，确实资料丰富，可谓集历代各家易说之大成，使后人能够深刻了解易学发展脉络，实为研究《周易》不可或缺之书。“采撷精纯，刊取领要，熔铸百氏，陶冶千载，易之道于是大备”。即使各家解说有不同，也能使人阅后有新鲜之感，而更好地理解卦爻辞之义。因此，人们在书中集说部分可以看到有大量其他易学家的论述。诸如编纂革卦初九爻辞“巩用黄牛之革”，先是摆出朱熹的论述：“虽当革时，居初无应，未可有为，故为此象。巩，固也。黄，中色。牛，顺物。革所以固物，亦取卦名而义不同也。其占为当坚确固守，而不可以有为。圣人之于变革，其谨如此。”随后是程传内容：“变革，事之大也，必有其时，有其位，有其才，审虑而慎动，而后可以无悔。九，以时则初也。动于事初，则无审慎之意，而有躁易之象。以位则下也，无时无援而动于下，则有僭妄之咎，而无体势之重；以才则离体而阳也，离性上而刚体健，皆速于动也是。其才如此，有为则凶咎至矣。盖刚不中而体躁，所不足者中与顺也，当以中顺自固而无妄动则可也。巩，局束也。革，所以包束。黄，中色。牛，顺物。巩用黄牛之革，谓以中顺之道自固，不妄动也。不云吉凶，何也？曰：妄动则有凶咎，以中顺自固，则不革而已，安得便有吉凶乎？”而在集说部分，干宝、刘牧、吕大临、龚焕的论述都展现出来：“干氏宝曰：在革之初，未可以动，故曰巩用黄牛之革。刘氏牧曰：下非可革之位，初非可革之时，要在固守中顺之道，而不敢有革也。吕氏大临曰：初九当革之初，居下无位，比于六二，上无正应，虽有刚德，不当自任，唯结六二以自固，故巩用黄牛之革。六二居中柔顺，故曰黄牛，与遁六二同义。龚氏焕曰：《易》言黄牛之革者二。遁之六二，居中有应，欲遁而不可遁者也。革之初九，在下无应，当革而不可革者也。所指虽殊，而意实相类。”可见李光地并没有一味地匍匐在程朱脚下，而是对诸家易学都有吸收。集说之后又加按语，卦后再立一则总论，表达作者见解。如果说，集说部分还是如某些学者所说的“照搬照抄”，那么按语和总论则充分体现出李光地作为主编者的见解。《周易折中》中的按语，占了此书很大分量，从中可以看到李光地的不少独到见解。诸如，解释同人卦九四爻辞“乘其墉，弗克攻，吉”，先是引朱熹《本义》说法，紧跟程颐《易传》，而后是集说，再后就是李光地按语：“卦名同人，而三四两爻所以有乖争之象者，盖人情同极必异，异极乃复于同，正如治极则乱，乱极乃复于治。此人事分合之端，易道循环之理也。卦之内体，自同而异，故于门于宗，同也。至三而有伏戎之象，则不胜其异矣。外体自异而同，故乘墉而弗克攻，大师而克相遇，渐反其异也。至上而有于郊之象，则复归于同矣。三四两爻，正当同而异、异而同之际，故圣人因其爻位爻德以取象。三之所谓敌刚者，敌上也。四之所谓乘墉者，攻初也。盖既非应则不同，不同则有相敌之象矣。以为争六二之应，而与九五相敌相攻，似非卦意也。”李光地在分析了同人卦三四爻后，认为二者是在论述“同而异”和“异而同”时，由此引出圣人取象依据是爻德爻位。这种例子在《周易折中》中不胜枚举。除按语外，《周易折中》中很多地方还附有总论，说明编纂者对《周易》传论的理解，附有总论的卦有：乾、蒙、需、讼、履、泰、同人、谦、随、观、噬嗑、贲、复、无妄、大畜、大过、坎、咸等共四十卦。附有总论的传文，有《系辞上传》《系辞下传》《文言传》《说卦传》《序卦传》。虽然总论中不少只是列举相关说法，但也有不少地方是提出自己独到的见解，发前人所未发。可以说，李光地对众家学说的态度，绝对不是简单的拿来主义，而是经过自己深入思考认真甄别的。除《周易折中》外，李光地自己独著的《周易通论》《周易观象》等，同样体现出这种博采众家之长的精神。《周易通论》诞生于《周易折中》之前，似乎是《周易折中》的一个预演。《四库全书总目提要》称，《周易通论》“在宋学中，可谓融会贯通，卓然成一家之说”。博采众说也意味着并没有对程朱易学独尊。实际上，李光地虽然对程颐易学非常推崇，易学思想也受到程颐易学的不小影响，但是并没有盲目照搬程颐易学，这从他诸多著作的易学论述中，皆可以得到体现。按《榕村语录・经书总论》载，他说：“立言最难，伊川穷一生之力，著一部《易传》，多是自己的《易》，还不是《周易》的本义。”他在这里明确指出，程颐易学是他自己的易学，还不是《周易》的本义。这既说明理解《易》确实不易，所谓“立言最难”，但也说明他对程颐易学并没有绝对肯定，还是有自己独到理解，持有某种保留态度。李光地对于朱子易学也是如此，并没有盲目尊崇。他对《易》的很多看法是绕过朱熹，直接回归到孔子。他认为孔子的伟大之处，在于添一两个字便能使爻辞本意显现出来。例如按《榕村语录・周易一》载，他说：“孔子读《易》，却是一字不放过，所以挑剔爻词，只添一二字，便醒出本意来。勿药有喜，朱子谓勿药自愈，是不消吃药也。夫子却云不可试，言不可吃药，吃药便有害。有孚惠心，勿问元吉，朱子谓不用问而可知其元吉。夫子却说勿问之矣，言我有诚心施恩于人，不必问其感与不感，故加之矣二字。井渫不食，为我心恻。可用汲，王明，并受其福。所谓我者，似井自我，夫子却云井渫不食，行恻也。言行路之人，为之心恻，下皆行路者云云也。夫子却像晓得人必至错会而挑剔之，所关于道理甚大。”李光地在这里举出三个例子，一是“勿药有喜”，二是“有孚惠心，勿问元吉”，三是“井渫不食，为我心恻。可用汲，王明，并受其福”。对于这三句话的理解，朱熹和孔子有所不同，李光地都是以孔子的理解为准。由此可见，当后人对《易》的理解和孔子发生冲突时，他一般情况下都是认同孔子的理解。这也可以看出，他在理解《易》时是回归孔子的，并不像有些学者所认为的是一味地匍匐在程朱脚下。事实上，李光地在《榕村语录》中，针对程朱解《易》的观点，有不少不同的看法。如按《榕村语录·周易一》载，他在解释“先迷”句，“后得主”句，“利西南得朋，东北丧朋”句时，直接说“程传说不必从”。然后，给出了自己的解释：“《说卦传》曰：致役乎坤。坤为役，则必有为之主者矣。若主利另为句，《彖传》中不应全然不释，其曰后顺得常。顺字中，无主利之义也。即《文言传》后得主而有常，有常即得常，亦无主利之义也。利字自属下文读，言西南则利于得朋，东北则利于丧朋，一字双管。”在这里，李光地提出了自己的鲜明观点，认为“利”字亦当属下文读，也就是说言西南时则有利于得朋，言东北时则有利于丧朋。因此，并不是盲目地崇拜程朱，且在不少地方对程朱易学思想进行了修正。如他指出朱熹否认王弼调整《周易》经传次序的合理性，进而恢复古本经传，这显然不对。他所著的《周易观象》，遵从王弼所调整的《周易》经传，而不用朱本《周易》。

第三，义理与象数兼具。这也是榕村易学突出特色。易学在历史发展进程中，形成了诸多不同的学术流派，但是总体来说基本上可分为两派六宗。两派指的是象数派和义理派，六宗则是指占卜宗、禨祥宗、造化宗、老庄宗、儒理宗、史事宗。六宗实际上可归属于两派，占卜、禨祥、造化三宗归属于象数派，老庄、儒理、史事三宗归属于义理派。象数派注重从八卦所象征的物象来解释卦爻象和卦爻辞，义理派则强调从八卦和六十四卦卦名的含义来解释卦爻象和卦爻辞。亦有人认为象数派着重将《易》用于占卜，义理派则发掘《易》的哲学价值。自汉代以来，有以孟喜、京房为代表的汉代象数学家和以邵雍、周敦颐为代表的宋代象数学家，也有以王弼、程颐等人为代表的义理学家。学术界一般把以具体物象释《易》的易学流派称为象数派，把以抽象、概括的意义释《易》的易学流派称为义理派。从整个易学史发展的过程看，两派互相攻讦一直没有停止。诚如《四库全书总目提要》所言："《易》之为书，推天道以明人事也。《左传》所记诸占，盖犹太卜之遗法。汉儒言象数，去古未远也。一变而为京、焦，入于禨祥，再变而为陈、邵，务穷造化，《易》遂不切于民用。王弼尽黜象数，说以老庄，一变而为胡瑗、程子，始阐明儒理。再变而为李光、杨万里，又参证史实，《易》遂日启其论端。此两派六宗，已互相攻讦。"这不仅勾勒出易学史上象数派与义理派的产生和演变的大体轮廓，而且也指出了各自的主要特点。客观而论，象数派与义理派对《易》的解释各有千秋，皆有所长，但是各自又有偏激的弊病。就拿象数派来说，它固然将自然科学成果吸收进自己的体系之中，可是又在许多问题上把易学的发展引到神秘主义路上去。例如汉代象数派易学经师解《易》时，搞什么互体、旁通，象外生象，穿凿附会，而专讲阴阳灾异的五行家又把这种象数学应用到人事天象的观察与分析中，比如把"狗生角"看成"刀兵之象"，即角字乃头上用刀，是上天对失政之君的谴告等等。诸如此类，不胜枚举。这就使象数学系统十分庞杂，被蒙上了一层神秘面纱，象数往往也被看作是术数、占算的代名词，象数学家被看作是掌握天机、预测未来的神秘大师。这亦充分说明，如果把《易》中的象数随意引申附会，必然会陷入神秘主义泥潭。

与象数派相比，义理派则较重视哲理的研究。从三国时的王弼开始就是如此。王弼扫象数，"尽去旧说，杂之庄老之言"。从儒家正宗的立场看来，这也是一种偏向。宋代理学家程颐就说："王弼注《易》，元不见道，但只以老庄之意解说而已。"这就是说，王弼以老庄思想解《易》并没有发明儒家圣人之道。这种批评固然不尽完全符合实际情况，但是也反映出义理派"扬理抑象"的基本特点。就《易》本义的发掘来说，明理自然很重要，但是如果由此而废弃象数，那也是离开了《易》的本来宗旨。因为《易》六十四卦符号本身就是象数的体现。义理派与象数派互相抗衡，各执一端。在李光地看来，这种各执一端的做法，并不是理想的释《易》方式。所以他在《周易折中》卷首"凡例"中明确指出："汉晋间说《易》者，大抵皆淫于象数之末流而离其宗。故隋唐后，惟王弼孤行，为其能破互卦、纳甲、飞伏之陋，而专于理以谈经也。然弼所得者乃老庄之理，不尽合于圣人之道。故自程传出而弼说又废。今按溺于象数而枝离无根者，固可弃矣，然《易》之为书，实根于象数而作，非他书专言义理者比也。”李光地对象数派与义理派可谓各有褒贬，他既不废弃象数，又不废弃义理；既不专言象数，又不专言义理。而是从《易》本身出发，既吸收象数与义理两派的“合理”成分，又削去其枝蔓之说，以合于“中正”之道。

李光地跟古代很多易学家一样，以象数为基础，阐发易理，因为在他看来，《易》之成书，实源于象数，非其他专言义理之书可比。因此，他释《易》的一个突出特点，是很难说他更偏重于象数或更偏重于义理，应当说他是一个象数与义理兼具的易学家。按《榕村全集·序一·进易论序》载，他论《易》要旨说得很清楚：“臣惟《易》之为书也，大而言之，则六经之原，天地鬼神之奥也。切而言之，则动息语默、酬物应事，修之吉而悖之凶，盖有不可斯须去者。然其为书，始于卜筮之教，而根于阴阳之道。故玩辞必本于观象，而不为苛言；占事必由于极数，而不为苛用。非徒以象数为先也，象数而理义在焉。”因此，李光地明确主张象数与义理不可偏废。《周易折中》卷首“凡例”主张“言义理，言象数，但折中于朱子可矣”。而其《纲领》三篇，结论也是“义理象数，一以贯之，乃为尽善”。此书虽偏重义理，但主张理数一体，《启蒙附论》一篇，特别肯定象数的意义，认为“万理于是乎根本，万法于是乎权舆”。因此，书中对于能够说明易理的象数之说，采用不少，只是反对专言象数而枝离无根，如焦赣、京房穿凿附会的象数流于谶纬的易说一律不用，而对邵雍的卦图之说，则按朱熹所推重的，先列卦图，说明义理。李光地一再申明，解《易》最佳方法，在于融两者之长。按《榕村全集·论·序卦论》载，他说：“六十四卦，皆忧患而有作。得乎六十四卦之理，则皆所以审忧患之理。而独九卦云尔者，其意盖有深焉。神明其道而不凿，则于《易》也几矣。是故言《易》而局于象数者，其失也胶；专于义理者，其弊也泛。”在李光地看来，研究《易》不能局限于象数，也不能专注于义理，两者应该兼具，等同而观，不可偏废。尽管从他的易学论著上看，义理部分内容稍有偏重，但是仔细研究后就会发现，他对象数的论述亦很有特色。如李光地精于互体之说，诚如学者刘大钧《读〈周易折中〉》所言：“好学慕古的李光地，不仅精于汉人互体之说，更以此注《易》，虽然奉旨撰《折中》，然与康熙易学不同。他总是在不同场合，以不同方式，发表自己的见解。正因为以互体解《易》在先，而《周易述义》在后，全取互体说解《易》，故《折中》在清代易学研究上，除了集宋易之大成，其对汉代象数学的复萌，的确起了巨大的作用。”实际上，李光地在其易学著作中，反复强调申明《易》本源于卜筮，只有通过象数才可掌握《易》义理。他认为象数乃义理之本，先有了八卦之画，然后才有后面的卦辞和爻辞及易传之辞，按《榕村语录·周易一》载，他说："看《易》要见得这几画，何以系这个名，何以系这几句辞，有断断不可改移者。即使这名辞都泯然无存，只剩这几画，再有圣人出，毕竟还是这样系方得。"可见在李光地看来，理解《易》最重要的是要看得懂卦画，然后把卦画和卦爻辞联系起来看。对于这两者的关系，他认为即使没有卦爻辞，只剩下卦画，圣人一样可以演绎出《易》的卦爻辞，所以说卦画乃为根本。按《周易折中·纲领三》载："自秦汉以来，考象辞者，泥于术数，而不得其弘通简易之法。谈义理者，沦于空寂，而不适乎仁义中正之归。求其因时立教，以承三圣，不同于法而同于道者，则唯伊川先生程氏之书而已。……程子言《易》，谓得其义则象数在其中，朱子以为先见象数，方说得理。不然，事无实证，则虚理易差。……盖自辅嗣之学行，而象数之说隐，然义理象数一以贯之，乃为尽善。"李光地认为《易》以卦理而通人事，进而阐发义理，阐述义理时，必先渊源象数学。因此，读《易》需先明卜筮卦象之义，进而推求道德性命之理。

在象数方面，李光地主要论述了河图、洛书及太极图等。在对《易》卦象和爻象解释时，他注重"比应"说和"卦主"说，"交象"说和"卦象"说，认为八卦与人心之德是相对应的，对于八卦的取象，认为乾坤两卦取象龙马最为精妙。他还论述了《易》的"大衍之数"，认为"大衍之数"和天文历法是相关联的。在论述筮法变卦时，他主张"挂一"说，提出在筮法占卦的第二变和第三变时，要挂一根象征"人"的蓍草。所有这些都表明他在这个问题上采取的也是折中态度，也就是象数与义理兼具。

第四，重在实际应用。这也是榕村易学突出特色。李光地研《易》，可谓花了大量时间，耗费了许多精力。然而他所以这样做，并非只是为研究而研究，仅仅把它作为一种学术研究，只是为了弄懂这部深奥的典籍，更非以此作为占卜之用，而是有着很强的实际应用追求，即通《易》以致用，通过深入钻研，从中获得"义理"，作为修身处世和匡世济民的指导。在这个问题上，李光地与康熙皇帝可谓不谋而合，颇为默契。清初的社会背景极为复杂，除了基本的阶级矛盾外，还有深刻的民族矛盾。对于统治者来说，如何处理好这些矛盾，保持社会稳定和正常运转，无疑是极大的挑战。康熙帝提出编纂《周易折中》《性理精义》《朱子全书》，目的就是为了实现儒家"内圣外王"理想，所以特别注重儒家的实践性。诚如李光地在《御纂朱子全书序》所言，康熙帝在阐述编纂《朱子全书》的目的时宣称："非此不能知天人相与之奥，非此不能治万邦于衽席，非此不能仁心仁政施于天下，非此不能内外为一家。”康熙帝在《御制周易折中序》中，对于让李光地编纂《周易折中》的意图，也说得颇为明白：“上律河洛之本末，下及众儒之考定，与通经之不可易者，折中而取之。……能以正学为事者，自有所见欤！”很显然，就是通过此书的编纂，加强思想上的大一统，实现对国家和社会更加有效的治理。正因如此，康熙帝把编纂《周易折中》《性理精义》《朱子全书》等重要工作，全部交给李光地。李光地于此无疑是心领神会。从李光地而言，他对易学的理解，“践行”即修身处世的意义，无疑比康熙帝要看得更重。

《易》作为群经之首，群经之源，推天道以明人事。按照中国传统的天人合一思维方式，天道与人事是合一的，体天道是为了施诸人事，修人事是为了体现天意，所以李光地不仅对《易》中心思想做了十分精辟的概括，更是主张以《易》致用，把易学应用于生活实践和社会人伦，贯彻到治国修身实践中。他非常看重这点。按《榕村谱录合考》载，康熙二十六年（1697年），李光地请假回乡省亲得到批准后，向康熙帝辞行时，曾对康熙帝说：臣去年见皇上时，承蒙皇上见爱，问及《易经》之书，至今依然记得皇上所说的话：“他经言理言事，各有指归，《易》为阴阳变化之书，然却是日用之间不可须臾离底。此处极是要紧，最难理会。”李光地作为易学家，尽管有时亦为康熙帝卜卦，预测吉凶祸福，但真正注重的还是借《易》阐发思想，通经致用，这可以说是他易学思想的一个纲要，主要体现在《周易通论》《周易观象》《周易折中》等著作中。因此，《周易折中》有言：“人能用《易》，是为知《易》。如孟子，可谓善用《易》者也。”李光地认为“知《易》而行”，非常重要，研究《易》正是为了指导人生。他所著《周易通论》，以消息盈虚、观天道以修人事立说，正是基于学以致用的思想。所著《周易观象》，采用孔颖达《周易正义》本，大旨在阐述《易》义理，《四库全书总目提要》称其书：“发明《易》理，兼参《易》象，而数则略焉。盖亦谓邵子之学为《易》外别传也……其大旨虽与程、朱二家颇有出入，而理足相明，有异同而无背触也。”这里有必要对程朱易学略做说明。

程颐对邵雍的数学易学不以为然，他以义理解《易》，并凭借《程氏易传》建立起理学的哲学体系。朱熹虽认为《程氏易传》“言理甚备，象数却欠在”，但论证“《易》本卜筮之书”，并据此探求卦爻辞文义并非朱熹治《易》的根本目的，他最终还是回归到《程氏易传》所大力阐扬的义理之路。李光地偏重于义理，故《四库全书总目提要》称其以邵雍之学为“《易》外别传”。李光地以《易》释“理”，也是如此。这里所说的理不是单单指天理，而是理学的理，宋明理学的很多范畴如理、气、心性等都包括在里面。李光地以太极、阴阳等易学的基本范畴为逻辑起点去解释和阐扬理学，他在论乾坤君臣之义、圣贤之学时，将乾卦卦爻之义，解释为人体会天地运行之刚健精神；将坤卦卦爻之义，解释为人效法地之柔顺，顺理而行之德。按《周易通论·论乾坤君臣之义圣贤之学》载，李光地说："乾卦爻之义，则欲人之体其健也；坤卦爻之义，则欲人之法其顺也。健顺者，一身之德，则体健顺者，非必二人之身。然先儒或以为君臣之义，或以为圣贤之学者，何也？曰：就其所居之位，而取数多焉，则君臣之义分焉矣。就其所备之德，而专主言之，则圣贤之学见焉矣。盖乾天也，于人则为心官，而有君道也。坤地也，于人则为百体，而有臣道也。性之实理，以心体之之为诚，而诚者圣人之德也。心之神明，以身存之之为敬，而敬者贤人之学也。"按《周易观象·上经三》载，李光地解释谦卦卦辞"亨，君子有终"，说："愚谓亨者，事之可通。有终者，道之可久。彖曰：谦亨，天道下济而光明，地道卑而上行。兼释名辞之义。下济卑者谦也，光明上行者亨也。然不下济则不能光明，不卑则不能上行矣，是以谦而亨也。按：此也是以卦之体象言。盖一阳在下体之上，是下济也。艮德是光明也。坤居上体，是卑而上行也。但非名卦之本象耳。天道亏盈而益谦，地道变盈而流谦，鬼神害盈而福谦，人道恶盈而好谦。谦尊而光，卑而不可逾，君子之终也。以礼自处故尊，其气接物故光，退然自下故卑，人莫不敬故不可逾。"李光地认为，谦卦所以可以亨，就是因为"天道下济而光明，地道卑而上行"。光明、上行都是亨象，但天如果不下济就不能光明，地如果不卑则不能上行，只有两者同时进行，才可以得到亨的结果。为人处世也是此理。他解释同卦初六爻辞"谦谦，君子用涉大川，吉"，说："六爻皆谦者，初居下，是谦而又谦也。君子用此，以涉大川，则能得人之和，而可以济矣，故吉。象曰：谦谦，君子卑以自牧也。卑者，明初居下也。爻君子字，本属下句。传则以谦谦为君子之行也。"可见特别重视《易》所揭示的谦的美德，认为谦谦为君子之行。李光地还用易学原理论述君臣关系。按《榕村语录·道释》载，他说："乾坤合撰，天地同符。但看世间凡气所贯，皆天也。地在天中，初非截然天为一物，地为一物也。说《易》者皆以乾为君，坤为臣，即以君臣论，君要留心臣民，所谓天道下济也，亢则有悔矣；臣要一心王室，所谓承天时行也，否则有咎矣。其理也是如此。《参同契》以人身言乾坤，则神魂其乾也，体魄其坤也。神不得形，何所附丽？故为游魂；形不得神，何所作为？故为滞魄。惟刻刻相守，合而为一，形即神，神即形，则丹还矣。此即天地交泰，水火既济之理。从来说《易》者，却不曾说到。又发明出先天图位，故知其传授必有端绪。"这段话表面上是对"乾坤合撰，天地同符"的解释，实际上则是在阐明君臣观，君臣各自应遵循的准则。他以天地乾坤来喻君臣关系。历来阐释《易》者皆以乾为君，以坤为臣。为君者要留心臣民，这就是所谓"天道下济"；为臣者要"一心王室"，辅佐君王。这就是所谓"承天时行"也。李光地认为君臣之间的道理本就应该如此。他也是按照《易》的道理践行为臣之道，做到自己所说的"一心王室"。他在《进易论序》说："钦惟皇上讲学勤政孳孳不息，则应乾之行。厚德深仁视民如伤，则配坤之道。进君子退小人，则察乎否泰之几；忧盛危明，则协乎日中之戒。皇上之体易者可谓至矣。"他在这里用乾坤之道比喻康熙的帝王之政，告诫康熙帝应遵循乾道"讲学勤政，孳孳不息"，遵循坤道"视民如伤"，真正做到勤政爱民。同时，还要明白否泰道理，只有这样才可以说是真正体证了《易》的道理。

李光地易学具有浓厚的人事色彩，竭力向臣民展示王道思想的政治蓝图，宣扬君尊臣卑的专制思想。同时，也试图通过塑造君主的理想人格，以约束和限制君主极权，使君主尽可能尊重臣属人格，保障百姓的基本生存权。此外，李光地还很重视易学知识的社会普及。如编纂《易义前选》，收集明代八十多位作者二百五十多篇易学论文，供士人应科举考试参考，此书与《程墨》《名文》合称易义三种"前选"。他在序言中称："明代经学，专精逊昔，《易》之一经，剿说尤多。然方其中盛，讲贯未衰，制义之文，蔚然可采。说卦爻者，知其足以涵天下之有；诠系传者，知其足以一天下之动。择其词义之醇，有汉、魏学者所未发者焉。夫其勤不如汉、魏，而醇则过之，岂非先觉渊源所渐？故虽性与天道，可得而与闻也与？夫一代文章，知其盛也。由经学师说，则识其后之所以弊矣。署中欲选《易》义，而苦无底本，就坊刻文征若干首，选得若干首，资于业举。故华实兼，而又序其源之出于治经者，以告子弟辈。"在众多易学家中，李光地特别推崇两位同乡，即林希元和蔡清。《易义前选》以林希元《九二见龙在田》开篇，并于文后注称："次崖先生继虚斋之绪，尽心朱学，《引》《决》两书，近代论家未能或之先也。此文可为作爻辞者法律。"《易义前选》录文最多的也是泉州老乡傅夏器，计十七篇，李光地评价称，"字字得朱子论说精处，理醇而气亦厚。允矣！《易》义名家"。因此，注重学问的实践，以易学致用，确实是榕村易学突出特色。

正因有上述突出特色，榕村易学自成一家，李光地亦成为康熙朝大臣中最精通易学者，甚至是程朱以来至清初最出色的一位易学家。曾有学者把榕村易学与王夫之易学进行比较，认为犹如《道德经》与《系辞传》是先秦易学两座不朽丰碑，榕村易学与王夫之易学在清代又在易学史上竖起两座不朽丰碑。尽管由于各种因素，长期以来学术界对王夫之评价甚高，而对李光地则冷落得很，然而就康熙时代对社会政治生活的实际影响看，榕村易学较之王夫之易学无疑要大得多。榕村易学受到官方提倡和支持，直接服务于康熙盛世，而王夫之易学主要著作是在反清失败后躲在山沟里写出的，当时尚未能流传，只是传授给几个学生，直到鸦片战争后，才被曾国藩发掘和继承，服务于没落的咸同之世。客观而论，榕村易学与王夫之易学各有千秋，皆应得到应有的地位。

二、论易之相生相对

相生相对亦即矛盾对立统一原理，指事物之间或事物内部诸要素之间既对立又统一的关系。对立统一是唯物辩证法最根本规律，揭示事物发展的源泉和动力，主要内容是阐发事物的矛盾性。事物都是对立面的统一，都存在着矛盾。一切矛盾都具有两种基本属性，即矛盾的斗争性和同一性，二者是绝对和相对的关系。绝对的斗争性和相对的同一性相结合，构成一切事物的矛盾运动。对立统一规律的精髓是矛盾普遍性和特殊性的辩证关系原理，矛盾是普遍存在的，没有矛盾就没有事物。但事物的矛盾又是各个特殊的，都有自己的个性。所有事物都是共性和个性的统一。对立统一规律是唯物辩证法的实质和核心，质量互变规律和否定之否定规律以及其他一系列基本范畴，都是这个规律的具体展开和体现。李光地以性理解《易》，并由阴阳、动静之体用关系，提出变易、交易、互宅、互根等概念。可以说，在李光地易学思想体系中，相生相对的矛盾对立统一思想占有突出地位，贯穿其整个易学思想。

中国古代经典《周易》用阴和阳两种对立力量的相互作用解释事物发展变化。程颢和朱熹释《易》，都认为矛盾是普遍存在。程颐明确肯定："天地万物之理，无独必有对"；"万物莫不有对，一阴一阳，一善一恶。"就是说，万事万物都是对立面的统一，矛盾是普遍存在。朱熹进一步发展了程颐这种思想，不仅认为"物皆有对"，且明确指出"独中有对"。这就不仅说明了事物之间的矛盾关系，而且涉及事物内部矛盾，从而大大深化了辩证法的矛盾观。李光地继承了古人“有阴便有阳,有阳便有阴”的思想,同时认为正确理解阴阳这对范畴,对于研究和读懂《易》非常重要。按《榕村语录·周易一》载,他说:“读《易》全要看明阴阳二字。向来看阴阳是两物,只是此往彼来,此来彼往,循环交互。今观之不然,有阴便有阳,有阳便有阴。”他反对把阴阳割裂起来理解《易》。阴阳不是两个事物,不是此往彼来,此来彼往,循环交互,而是一个整体,有一个阳,就会有一个阴。同时有一个阴,便会有一个阳与之相对。《周易·系辞上》说:“一阴一阳之谓道,继之者善也,成之者性也。”对这段话,中国哲学史上不同的哲学家有不同解释,李光地编纂的《周易折中》按语的解释,显然比较恰当:“一阴一阳,兼对立与迭运二义。对立者,天地日月之类是也,即前章所谓刚柔也;迭运者,寒来暑往之类也,即前章所谓变化也。”在李光地看来,世间万事万物并无抽象的不变实质,也不是抽象的无差别的“一”,而是由一阴一阳相互交合产生的“道”或者说本质产生的,这个道本身包含着对待流行,包含着对立统一。这里所说的道与西方哲学的质,有所区别。正因为它是由一阴一阳所构成,所以是变动不居的。同时唯其一阴一阳,也才不能不迭运。《易》中不直接说本质而说道,因为道兼体用。从体上看,道是阴和阳对立统一;从用上看,道又可以“迭运”交合产生万物。在李光地看来,所谓“继之者善”就是迭运不穷、自然为善之意,而“成之者性”就是道运成物的意思,亦即说成为此物之性,个性犹有道之一体。也就是说,任何事物及事物内部和事物之间都包含着矛盾,都存在着自始至终的矛盾运动,矛盾是事物变化的内在动力。

李光地从《易》六十四卦中,窥探《易》借由卦象所揭示的事物发展变化之动力,引申出对待即矛盾是事物发展变化的动力的观点,并提出《易》有交易与变易两者之关系。关于交易,按《周易通论·论图象》载,他说:“八卦相错者,犹相交也。天与地交,山与泽交,雷与风交,水与火交,推之重卦,则凡两卦相合者,莫不各有交焉。此天地万物之情,所以感通无间,而圣人之作《易》也。既圆而列之,以明其对待之交,又因而重之,以明其错综之无所不交也。”在李光地看来,交易是普遍现象,不仅天与地、山与泽存在交易,且天地万物皆存在交易。简言之,矛盾具有普遍性,存在于一切事物,每一事物发展过程中都存在着自始至终的矛盾运动,即所谓矛盾无处不在,无时不有。运动本身就是矛盾。一切事物中包含的矛盾方面的相互依赖和相互斗争,决定一切事物的生命,推动一切事物的发展。没有什么事物是不包含矛盾的,没有矛盾就没有世界。李光地认为交易的普遍存在,正是圣人作《易》

的基本出发点。至于变易，则是运动变化，同样是《易》的属性，是世间万物普遍存在的属性。因此，按《榕村语录·周易一》载，他又说："《易》有交易，有变易。交易是对待，变易是流行。"他认为《易》有交易和变易的属性，交易就是对待，就是矛盾。变易就是流行，就是变化。交易和变易，流行和对待，同是《易》的两种属性。交易和对待是矛盾互相对立的方面，变易和流行则是矛盾相互作用的方面。简而言之，对立变化是事物常态，对立双方的统一与斗争，推动着事物运动、变化和发展。这正是事物发展的动力。

明代著名理学家蔡清提出，"形有对待而无流行，气有流行而无对待"的观点，李光地不同意这个观点，他认为对待既表现在形中，也表现在气中，这就把对待贯穿于一切事物之中。进而他又认为有对待，有交易，才有流行，才有变易。这就是说，任何事物都存在着自始至终的矛盾运动，矛盾是事物变化的内在动力。按《榕村语录·周易一》载，他明确指出："蔡虚斋谓：对待是形，流行是气。某谓：形有对待，亦有流行；气有流行，亦有对待。如天与地，是对待，是交易，而天施之气，入地生物；水土之气，上为云雨，非流行变易乎？春夏秋冬，是流行，是变易，而春夏与秋冬，非对待交易乎？天有日月，地有水火，然于月取水，于日取火，亦有对待，亦有流行。日与月，水与火，亦然。分属形气，殊不备。"蔡清提出"对待是形，流行是气"，李光地对此予以批评，并提出"形气皆对待流行"的见解。在他看来，流行和对待是形和气两种属性，这两种属性同是蕴含于形和气当中。首先，形是对待，也是流行。例如天与地相对待，相交易，同是天之气又"入地生物"；水土之气又上升为云雨，也有变易之义在其中，亦有流行之义蕴含其内。其次，气是流行，同时也是对待。例如春夏秋冬相互交替，是变易，也是流行。但是同时，天上有日月相对待，地上有水火相对待。另外，月和水相对待，日和火亦相对待，这也是流行。因而他得出结论：蔡清把对待和流行、交易和变易简单地分属于形和气，显然不妥当。李光地这种思想，既包含了辩证法的内因论观点，也包含了辩证法关于矛盾的普遍性观点，尽管这种观点在表述上尚是属于朴素辩证法的理论形态。

李光地批评蔡清"对待是形，流行是气"的观点，实质在于反对交易与变易是相互对立，认为对待与流行两者是相互作用，主张交易与变易是事物中共有且相互依存，故而两者是一体的两面。在李光地看来，对待并非外在的，而是内在的，是对立双方共处于一个统一体的事物内在矛盾。按《榕村语录·周易一》载，他说："有阴便有阳，有阳便有阴。如心神，阳也；形体，阴也。形神岂能相离？只是各有用事之时。天依形，地附气，岂有离间？亦只是各有用事时耳。”就是说，阴阳只是统一体中两个方面。在这里，李光地驳斥了把阴阳看作是事物外在对立的观点，认为阴阳是事物的内在矛盾，是每一事物中共有的互相依存的两个方面。天地是阴阳对立的统一体，人自身的形与神也是阴阳对立的统一体。这就反对了所谓“君属阳、臣属阴，主子属阳、奴才属阴”等传统偏见。这个统一体具有同一性，此同一性决定了万事万物不因有差异而互相隔绝，所以能够互相作用，相辅相成，而此同一性也即天道本体之内涵，天道本体之一遍体于万物之多之中而生成之，则万事万物皆能生、能立、能成。所以按《周易通论·论图象八》载，李光地又说：“日月寒暑，水火山泽，风霆雨露，各有专司，而皆以育养成就为职。如百官有司之恪事，知其主之者帝也。日月寒暑，水火山泽，风霆雨露，其气各异而不相通，其道并行而不相悖。如耳目手足之捷应，知其妙之者神也。”此神，就是天道本体之一，就是万物之同一性。按《周易通论·论图象》载，李光地进一步阐明对交易与变易的见解，认为二者相互依存，是一体两面：“是故《易》之为道，有不易，有交易，有变易。不易者，天高地下，万物散殊者也；交易者，合同而化者也；变易者，流而不息者也。不易者为体，变易者为用。然非有交易者存，则不易者何以相远而相亲，变易者何以相反而能相成哉！”也就是说，交易与变易互为一体，相互依存，交易为体，变易为用。

李光地关于交易与变易的关系，在论河图中还有更深入的阐述。《易》起源于伏羲八卦，伏羲八卦又源于河图、洛书。李光地认为河图是《易》的源头。这一点，明显受到朱熹影响。朱熹在《易学启蒙》中着重论证河图、洛书是《易》之源，李光地在这个问题上看法与朱熹一致，他在《论河图》一文中表达了这种观点，并在朱熹《易学启蒙》基础上，做出更加深入细致的阐明。他把河图中的奇偶和天地的阴阳之数对应起来，认为河图奇偶之数是纪阴阳之数，尽天地阴阳之理。按《周易通论·论河图》载，他说：“河图何以作《易》也？曰：天地之间，阴阳而已。河图之奇偶者，所以纪阴阳之数，仿阴阳之象，而尽阴阳之理也。一奇为阳数，二偶为阴数，其余凡奇者，皆从一而为阳也；凡偶者，皆从二而为阴也。其位则节于四，备于五，而加于十。四者，天地之气，分司于四方，迭王于四时之用数也。五者，兼其中之体数也。十者，倍五而成。在四方四时，则阴阳互藏互根之数。在中央，则阴阳混一和会之数也。今以图观之，除五、十为体数居中，则一、三、七、九者，奇数之始终也；二、四、六、八者，偶数之始终也。阳始于北，盛于东，极于南，而终于西，此图

一、三、七、九之序也。阴始于南，盛于西，极于北，而终于东，此图二、四、六、八之序也。在北在东，则奇内而偶外，奇为主而偶为宾，奇为生数，而偶为成数。此则阳主事，而阴受命，阳息而阴消之象也。在南在西，则偶内而奇外，偶为主，而奇为宾，偶为生数，而奇为成数。此则阴用事，而阳仰成，阴息而阳消之象也。盖其并立而同运者，固不容一息而相离。而其迭为宾主，互为始终者，又无一息之不相推而相变也。自其推行之迹言之，谓之变化，自其合一之妙言之，谓之鬼神。推行者，变易为用，而其体不可执。合一者，交易为体，而其用不可知。此河图之蕴，而圣人所因以作《易》之源也。”这段阐释，把河图和《易》联系起来，认为河图奇偶之数对应《易》阴阳之理。在河图中，五居中央表示五行居于核心地位。在这里，李光地已认识到河图是四方加中央的方形布局，阴阳五行所生成的物质与物象居于一个统一体中，互相制约，互相依存，相生相克，和谐发展。而且不难看出，他不仅把河图和阴阳联系起来，而且又与天地之气、四方、四时、主宾对应起来，并由此得出河图是《易》源的原因。他用交易变易来说明阴阳的对立统一，无疑颇为精彩。

李光地《周易通论》《周易观象》等，不仅把《周易大传》所表述的有应有比和无应无比各自构成阴阳对立的排斥与联系思想，概括为交易变易，而且关于交易与变易双方处于一个统一体，以及双方之间的关系，还提出了双方互藏、互根论，颇有创见。按《周易通论·论易言阴阳之序》载，他说：“流行者，变异也，而定位者，则已具交易于其中。则交易者，变易之本也。故《系传》之言鼓润运行也，以相摩相荡者先之；《说卦》之言动散晅润也，以相薄不相射者先之。而其言动挠燥说也，又以相逮不相悖者推而本之也。交易者，阴中有阳，阳中有阴，互藏其宅者也。变易者，阴极而阳，阳极而阴，互为其根者也。互藏其宅，故其情相求而相须；互为其根，故其道相生而相济。此皆所谓行乎其间之易，然离设位成列者求之，则亦不可得而见矣。”在李光地看来，事物的变易，实则已寓于交易之中。因此，交易乃是变易之本。所谓交易，指阴中有阳，阳中有阴，即互藏其宅，“故其情相求而相须”。所谓变易，指阴极而阳，阳极而阴，即互为其根，“故其道相生而相济”。也就是说，事物中正面的东西存在着负面的因素，负面里头可能存在着正面的因素，它们互相存在于各自对立面当中，因此就有相互争逐和相互依赖的地方。同时，事物的积极面或者消极面，有利因素或者不利因素，在一定条件下，会向对立面转化，可以产生相反的情况。这当中的效用，皆以适应时机为准则。具体来说，就是“因其时，当其宜，故陈用焉”。也就是说，因应于特定时间，出现于最恰当时候，就能取得成效。这是采取行动收到事功的一面。另外，有时条件尚未成熟，那么便如艮卦之义“寂然不动”，止于其所当止，以待时机到来。这就是“时止则止，时行则行，动静不失其宜”。某个决策者的成功与否，关键正在这里。李光地重视变易与交易对立统一，抓住“用皆以趋时”的关键，提出以此来处理社会现实问题和人生际遇问题，避免丧失时机以取得较好效果，很有见地。这并不是盲目主观立论，而是跟他的互宅、互根，可动则动，可止则止，唯变所适等《易》理观点，正相吻合。

李光地释《易》还提出，事物的存在也是动与静的对立统一。他阐述的这个观点，主要从两方面来说明：一是动静有常。何谓动静有常？按《榕村语录·周易三》载，他说：“动静有常兼二义：其分，则或动或静；其变，则时动时静。如风雷是动的，山泽是静的，就山泽言，则泽是动的，山是静的，所谓或动或静也。水停蓄处又是静，山发生处又是动，雷迅风行是动，敛气收声又是静，所谓时动时静也。”这就是说，动静有常有两重含义：一是或动或静，二是时动时静。这两重含义讲的是一个道理，即动静的相对性，说某个事物究竟是动还是静，都是相对于特定参照物而言，相对于此一事物来说是静，相对于彼一事物来说又是动。例如就风雷与山泽而言，山泽相对于风雷是静的，可是就山与泽而言，泽相对于山又是动的，山则是静的。这就叫动静有常。二是动静互根。周敦颐在《太极图说》中提出：“无极而太极。太极动而生阳，动极而静，静而生阴，静极复动。一动一静，互为其根。分阴分阳，两仪立焉。阳变阴合，而生水火木金土。五气顺布，四时行焉。”在周敦颐看来，世间万物都是由太极生化演变出来。太极是世界宇宙的源起，太极动而生阳，动极而静，于是生阴。静极则复动，动静互根，阴阳变合，于是有了五行，乾坤交感化生世间万物。李光地很赞同周敦颐这个动静互根说，按《榕村语录·宋六子》载，他说：“《太极图》直发千古所未发，从来人不敢图理，而周子图之。天下惟圆者方满，凡圆物，中间积实便饱满。如其大而方之，便少。又三角之，更少。此上圈之妙。天下道理俱包在太极内，十分满足也，若动静不相生，则有息时，而太极亦破。虽分动静，而中圈自若。此第二圈之妙。”李光地还联系到孔子赞《易》所说的许多关于神的话，进一步加以发挥。按《榕村语录·周易三》载，他说：“夫子赞《易》许多神字，有说似鬼神者，有说似神化者，有说似心神者，要想个至当不易的着落才好。神者，两物相感之几，互根之妙，其原只是一理。如人一心，放之可以千头万绪，敛之便自一些没有。可见一些没有处，便有那千头万绪在其中。至千头万绪时，原有那一些没有者在其内。此之谓变化。千载而上，千载而下，我一思便到。可见千载上下，我有他的，他有我的，不然如何相及？无他，一理故也。动中有静之理，故于动便知有静；静中有动之理，故于静便知有动。阴有阳，阳有阴，相生相克，此是一理。”李光地说孔子讲《易》时有许多神字，有说似鬼神者，有说似神化者，有说似心神者，究竟如何解释这个“神”字较为妥当？他认为，孔子所说的神，就是“两物相感之几，互根之妙”的变化之理。因此，他即以这个变化之理来解释孔子所说的神：阴阳交感，一动一静，动与静互相依存，互为存在的根据。所以动中有静，静中有动，两者都不是孤立的存在。同时，静是相对的静，动则是绝对的动，如此方有天地的广生大德，有种种变化的发生。而所以有动静的对立统一，天地阴阳“相感之几，互根之妙”的矛盾运动是根源。

李光地关于动静的论述，尤其动静有常、动静互根、阴阳交感等，所阐述的对立统一基本原理，无疑颇为合乎辩证法精神。他从对《易》的深入研究中，既引申出事物的辩证法，且引申出认识的辩证法。按《榕村语录·周易三》载，他说：“天下道理只有相生、相对二义。《序传》因经卦之序，流水说去，以明卦卦钩连，皆有相生之义。《杂传》因反对之卦，双双发明，以见卦卦配搭，皆有相对之义。如此看《易》，方觉得活活泼泼，头头是道。而占筮者，引伸触类，能事可毕。夫子如此赞《易》，后来诠《易》者，尚多看作板定物事，岂不可叹？”在李光地看来，天下道理，只有相生相对之义，《易》所揭示的也正是这个道理，应当以此来看待天下事物。相生相对之义非常重要，只有用相生相对的辩证观点看问题，才能揭示事物的辩证联系，把事物的存在看作是“活活泼泼”的，是处于普遍联系之中的不断流行和变易的动态过程。同时，也只有用相生相对的辩证观点看问题，才能够避免把事物看作“板定物事”的凝固僵化观点，如实地反映客观世界的辩证联系，促进认识的不断深化。

李光地不仅提出交易与变易互为一体，相互依存，交易为体，变易为用，而且在他看来，从交易到变易，还有个不可忽视的中间环节，就是“阴阳相薄”的自然之理，也就是矛盾双方斗争过程。按《周易观象·上经二》载，他解释《易》屯卦卦辞“元亨利贞。勿用有攸往，利建侯”，说：“震阳动阴下为始交，坎阳陷阴中为难生。震继以坎，是刚柔始交而难生也。刚柔始交，治乱之际。凡乱极将治，多难必生。如欲晓必骤暗，将春而陡寒。盖阴阳相薄，自然之理也。又动乎险中，陷而求出之意。雷动于下，云生于天，亦将通未通之时也。是以名屯。屯者，物始生而未通。然生意满盈，有必通之势。事之未通，困极积久，亦有必通之道，故曰元亨。”在李光地看来，屯卦卦辞揭示的正是矛盾双方的斗争性。由乱返治之际所以会多灾多难，黎明之前所以会特别黑暗，早春时节所以会特别寒冷，都可以用阴阳相薄的自然之理来解释，是阴阳两种势力处于激烈交战状态的表现。所谓阴阳相薄，实际上就是指矛盾双方的斗争性。由于这种斗争性，才有乱极而治、昼夜更替、寒暑相推的变易流行。这种说法，以今天角度看，虽然显得十分朴素且并不完全合乎科学，但是揭示出矛盾的斗争性在事物发展过程中的作用，因而具有一定合理性，亦值得肯定。

李光地释《易》，论述事物内在矛盾斗争，从交易到变易的阴阳相薄过程，又提出矛盾双方的斗争在一定时间内必有一方居上风。按《榕村语录·周易一》载，他说：“有阴便有阳，有阳便有阴。如心神，阳也；形体，阴也。形神岂能相离？只是各有用事之时。天依形，地附气，岂有离间？亦只是各有用事时耳。人清明时，便是心神用事；昏浊时，便是形体用事。人心中本空空洞洞，举一念，作一事，皆自无而之有。一心盘算，是阳用事。到行时，目视耳听，手持足行，是阴用事。然盘算时，视听持行之理，般般皆具，及至视听持行，又即所盘算之事也，岂能相离？处处皆须以此意看。”这里关于阴阳“各有用事之时”的提法，无疑是所要表达的核心思想。在李光地看来，阴阳对立，双方固然互相依存，互相渗透，互相贯通，互相转化。然而在一定时间内，阴阳对立双方中，必有一方占据主要地位，成为矛盾的主要方面，这个矛盾的主要方面，也就决定着事物的性质。李光地还以人的心神和形体做比喻，形象地加以说明。心神属阳，形体属阴。心神和形体不能分离，同样阴和阳也不能分离，只是“用事”之时不同。人们头脑清晰明朗时，是心神、阳气在起主要作用，而浑浑噩噩之时，便是形体、阴气在起主要作用。用心盘算、思考事情时，是阳气在起主要作用，而耳目视听之感观以及手持足行之动作，都是阴气、形体在起主要作用。正如视听持行之理与视听持行之行不能分割一样，心神和形体、阳和阴亦不能分割开来，只有这样，才能正确地理解《易》的精髓。

李光地用《易》发挥其朴素辩证法思想，还涉及否定之否定规律问题。例如按《周易观象·上经四》载，他解释蛊卦初六爻辞“干父之蛊，有子，考无咎，厉终吉”说：“诸爻皆言父母者，明所以与革不同之理。盖虽更始，而其绪有承，非全然改革之比。”这就是辩证的否定观。辩证的否定并非否定一切，当中既有变革，有否定，亦有继承，有肯定，是批判的继承，否定之否定。再如按《周易观象·上经四》载，他解释贲卦卦辞“贲亨，柔来而文刚，故亨。分刚上而文柔，故小利有攸往”说：“或疑刚上文柔，言分何也？曰：末附于本，理也，岂可谓本附于末乎？使末反于本，而其中之本自在也，岂非其一本之分乎？如枝叶则附于根种，及枝叶成实，而复归于种，无非一种之分而已，其中之根种固在也。”这里虽然是阐述本末关系，论本与末之间的相互转化，然而所举的例子，即种子变成植株而植株又变成种子的例子，无疑亦正是对辩证法的否定之否定规律的诠释。在李光地看来，本可以转化为末，犹如种子生出植株。末又可以转化为本，犹如植株结出果实又复归于种子。这不就是否定之否定的思想吗？这种阐释，既颇为形象，亦颇为精辟。

综而观之，李先地解《易》，从阴阳、动静之体用关系，提出变易、交易、互宅、互根等概念，继承和发展了中国古代朴素辩证法思想传统，着重阐述发挥《易》的相生相对意义。他不仅对矛盾的对立、依存、渗透、转化规律进行具体阐释发挥，且对矛盾的同一性和斗争性、主要矛盾和次要矛盾在事物发展中的作用等问题，做出颇有新意的阐释，甚至还接触到否定之否定规律，做了某些阐述发挥，特别是对继承与变革的关系论述，表明在辩证思维方面具有颇高的理论水平。

三、释易辞论道经邦

李光地研究《周易》，既从中引申发挥出一套天地阴阳流行变化的朴素辩证法思想，且从中引申发挥出一套体现这种朴素辩证法思想的政治哲学，亦即“整理阴阳，论道经邦”辩证法。李光地关于天地阴阳流行变化的朴素辩证法思想，无疑是与其政治哲学相互贯通。后者实际上是前者的运用，堪称是种应用哲学或实用辩证法。这套从易理中演绎出的论道经邦辩证法，主要涉及君道、臣道和治道，故亦可称为治国安邦辩证法。

从治国安邦的角度言，体天道施诸人事，它的主要角色，首先无疑是掌握国家权力的统治者，尤其是皇帝和大臣。因天道而明治道、君道，以及臣道，这也是李光地思考的重点，这方面的思想亦突出体现在他对《易》的阐释。《易》六十四卦，每卦各有六爻，因所处地位不同，象征事物发展的不同层次。李光地对每卦主爻当位与不当位提出了自己的看法，并借此引申发挥出"位"应与"德"配的观点。按《周易通论·论位》载，他说："考《象传》，凡言位当、不当者，独三、四、五三爻尔，初、二皆无之。盖所谓位者，虽以爻位言，然实借以明分位之义。初居卦下，上处卦外，无位者也。二虽有位，而未高者也，惟五居尊，而三、四皆当高位。故言位当、不当者，独此三爻详焉。凡言位当、位正当者，皆谓德与位称也。不然，则谓时位有所适当，而必善所以处之也。凡言位不当、未当者，皆谓德不称位也。不然，则谓时位有所未当，而必善所以处之也。"李光地认为《象传》所言当位不当位，只有三、四、五这三爻，初、二两爻，没有涉及当位不当位。因为初爻无位，二爻位不高，而三、四爻皆当高位，五爻更是高居尊位。所谓当位之爻，意味着爻与位相符合，象征着事物发展遵循正道，符合客观规律，因而皆可称为德与位相配；所谓不当位之爻，意味着爻与位不相符，象征着事物发展背离正道，违反客观规律，因而皆可称为德与位不相配。李光地明确提出，德是当位与不当位的标准。德应与位相配，只有这样，才能够有善。凡是当位的，就是德与位相配，就可以有善；凡是不当位的，都是德与位不相配。治道当以德为基，德与位相配。

位与德如何相配，治道如何以德为基，方能达到最佳效果？对此，李光地释《易》时，亦有深入阐述，这就是"直方大"。何为直方大？按《周易观象·上经一》载，他解释坤卦用六爻辞"利永贞"时指出："直者，心之正也。方者，义之行也。君子之学，以敬为主，使邪曲之念，不得萌于其心，则内不期直而处直矣。义以为质，使偏颇之端，无所施之于事，则外不期方而自方矣。孤犹偏也，敬立则本固，而有以为致用之基；义行则用利，而有以为立本之助。内外既合，则德不偏而大矣。然其大矣，盖以直而为方，其心既正，故事循乎理，而不疑于所行。何待学习而后利乎？凡物之直者，未必大也。以其直而周方之、厚积之，则大矣。敬而无义，其德犹孤，程子所讥佛氏之学是也。然非直则不能成方，如申、韩引绳墨切事情，而卒流于偏曲。故敬者，义之本也。"在李光地看来，治道以德为基，既要直，亦要方。直即正直、正义，既是理念，也是态度，这是发自内心的，又是根本的准则。只有秉持直的理念，才能自觉抵御各种邪曲之念，从而在处事时能够直道而行。方即方正，是存心直的践行，也是正义行为的使然。直道而行，坚持正义，坚持公义，处事自然就会方正，就不会偏离正确轨道，不会出现太大偏差。有正确理念，又切实践行，如此德就可以达到大的境界，"德不偏而大矣"。然而这种大，首先还是出于直，即治道理念，有正确的理念导引，并贯彻于安邦治国的行为中，于是有方，终则成大。只有直，没有方，自然成不了大。但是没有直，则不能成方，而大也就无从谈起了。李光地认为《易》中的直和大，都是就乾而言的，只有方是就坤而言的。直的属性受之于天，大本来就是天的属性，所以说大归之于天。大除了要合时宜外，还必须有方才可以。按《榕村语录·周易一》载，他说："直与大都是乾，惟方是坤本位。直是受之于天，大仍归之于天，故曰不习无不利，是个顺字。又云合德无疆，而终之以承天而时行。地道无成，而代有终也。直而不方，则不能大，如一件挺直之物，四面不方，未免褊窄。譬如一树，耸然直上，然周围枝叶，不能布置均匀，却算不得大树。故曰敬义立而德不孤。"李光地还认为只有从动中才可以看到直和方。按《榕村语录·周易一》载，他说："爻无动意，象言动者，非动则无由见其直与方也。盖柔静者体也，直方者用也，故曰坤至柔而动也刚，至静而德方。动、刚即直也，如人心敬义之德，义固动而制事，敬亦动而制心也。爻直方并言，而象言直以方，非直无以为方。如欲作方物，非有一直者以度四面，必不方矣。非敬无以为义，先儒云无忠做恕不出是也。"在李光地看来，柔静者属于体，直方者属于用，两者是体和用关系，所以说"坤至柔而动也刚，至静而德方"。动和刚都属于直，比如人们心存恭敬、仁义之德，仁义动而后能指导人们做事，恭敬动亦可以影响人们的心。卦爻言直方大，把直和方并列，象则言直以方，以为非直无以为方。他举例说，如丈量事物，必须首先要有一个直，然后才能以直方物。如果没有直度量四面，则不能方物。所以说非直无以方物，非敬无以为义，这就是直和方的关系。他接着又说："动而直方，则大矣，大故不习无不利。地道光，即大也。"就是说，动而后有直方，然后则有大，所以才能"不习无不利"。直方在前，大在后。李光地还引入几何学中点线面体的关系，来说明直方大三者关系。凡数都是起于点，开始只有一点，后来多点引而长之，则形成直线，然后四方直线又可围之成面，多面叠置又可成体。他说："直方大，即是此意。"他解释说，直就是线，方就是面，而大就是体。唯直而后可方，唯方而后能大，只有先有直，然后才能有方，所谓"直以方也"。然后才能有体，所以说"敬义立而德不孤"。李光地对直方大的理解，最终还是落在德上。按《周易观象·上经一》载，他解释坤卦六二爻辞"直方大，不习无不利"说："直方大者，地德也。乾之动也直，坤顺之而动，则亦直矣。乾道变化，各正性命，坤因之而定理不易，则亦方矣。至大者，乾也。坤之德合无疆，则亦大矣。要皆顺天而为，而以简能，无俟乎效法之劳，所谓不习而无不利也。在人则存心直，处事方，积之以至于德业盛大，则亦仁熟义精。推之万事，无所为扞格不通者矣。坤爻惟六二，柔正中顺，备德之纯，故其辞如此。与乾之龙德，皆圣贤之占也。若众人遇之，则必以自习者始。柔静者，坤之本体。直、方皆其动也，而方又根于直，则是直以方也。地道光，言大也。大则合乎天德之自然，故不习而无不利。”这里明确指出，直方大乃是地之德。直方大之后就是“不习无不利”，在人就是存心直、处事方，累积德业，日久月长，自然会仁熟义精。这些道理，也是安邦治国之道。治道，无论是臣道或君道，只有存心直，处事方，才能使德业盛大。

李光地非常清楚，安邦治国，君主是关键，因为居于最高地位，所谓九五之尊是也。按《周易观象·上经一》载，他解释乾卦九五爻辞“飞龙在天，利见大人”说：“五，天位也，故有飞龙在天之象，圣人而得尊位者也。利见大人之义，与九二同。”他解释同卦的上九爻辞“亢龙有悔”，说：“时位既极，若德与之俱亢，则不能处盈盛而有悔矣。盖一念之满，即所以招损。当时之大，易至于失居。虽以圣人处之，不敢不戒也。”这里明确指出，居于最高地位的人，德应与位配，则能保持国家强盛而不致后悔。倘若德有失，德与位不配，即使国家非常强大，亦难以持久不衰，故不能不非常注意。在李光地看来，重视以德治国，是君道之要义。他在解释观卦时，认为观卦彖传有神道设教之说，而象传当中又提到观民设教之说，两者的说法是相互融通的，但是神道设教是总说，而观民设教则是针对先王明君“省方一事”所言，并不是说前者是设教以德，后者是设教以政。实际上，德和政，自古以来就是统一的，《论语》中就有“为政以德，譬如北辰，居其所而众星共之”。这段话，讲的就是孔子“为政以德”的思想，意思是说，君主倘若施行德治，群臣百姓就会像众星拱月那样，紧紧围绕在君主身旁，自动拥护君主。这是强调道德对治国安邦的决定作用，主张以道德为治国原则。在孔夫子那里，德和政同样也是并行不悖的，按《论语·子路》载，子贡曾向孔夫子提出“何如斯可谓之士矣”的问题，即怎样做才能称得上是“士”。孔夫子回答说：“行己有耻，使于四方不辱君命，可谓士矣。”在孔夫之看来，要想成为“士”，就要“行己有耻”，在道德上规范自己的行为，并努力完成君主所交付的使命。李光地继承了这种思想，并把它亦运用到君主身上。按《榕村语录·周易二》载，他说：“《彖传》神道设教是总说，象言观民设教是就省方一事说，非上设教以德，而下设教以政也，犹之天有四时，风雨霜露，无非教也。而风之动物，尤为深入而远被。岂彖之设教以神道，而象之设教非神道乎？王者既设教以为民观，复因省方而观民以设教，象意总包举于《彖传》中。”可以看出，李光地认为以神道设教为总纲，这个象征天德的总纲可以指引设教之政，使得社会民风得以教化。象意总是包含在《彖传》之中的，“观民”与《彖传》“观天下”意义相同，观卦之九五是此卦之主，受万民所观仰。因此，要有自我省察意识，重视德行，感化万民之心。“苟其德之未至，则不足以为民所观。故必观我之平生皆合于君子，而后无咎”。倘若君主有失于德，就无法获得百姓的心，让百姓衷心爱戴。因此，要永保江山，不能不置德于首要地位。

李光地认为君主以德治国，首先应重视体察下情，倾听大臣和百姓呼声。因此，他从《易》中发挥出的治国安邦的政治辩证法思想，强调君与臣民上下之情应通泰。按《榕村全集・读书笔录》载，他说：“天地交则泰，上下交则治。天地不通，则闭塞而成冬矣。君与臣民之情阔绝，则天下无邦矣。是故尧之舍己从人，舜之好问好察，禹之悬铎悬鞀，周公之握发吐哺，皆所以求交也。天之气贯乎地之中，君之心周乎人民之内，上帝甚神，周之所以衰也；闺中邃远，贤人之所以叹也。”这段论述，从“天地交则泰”引申出“上下交则治”的道理，反对“君与臣民之情阔绝”的独夫政治，主张“君之心周乎人民之内”的开明政治。李光地认为正如天地不通泰就会使万物凋零那样，上下之情不通泰则会导致丧邦亡国的结局。在他看来，尧舜禹这三位上古三代的帝王，是很注意体察下情的，诸如“尧之舍己从人，舜之好问好察”，以及“禹之悬铎悬鞀”等，就是典型表现，所以那时能够达到天下大治。周朝在周公时这方面也做得不错，“周公之握发吐哺，皆所以求交也”，所以周朝曾因为上下通达，君王深得民心，保持了一段很长的强盛时期。而周朝后来所以衰落，就在于周朝后期的统治者深居简出，不体察下情，终致败亡。这让贤明之士扼腕叹息。李光地对上古三代的原始民主制遗风，甚为推崇，主张君主必须注意倾听大臣和百姓呼声。他的这种观点，同样也通过对《易》的阐释加以发挥。按《榕村全集・读书笔录》载，他又说：“雷出地奋，所以作乐；风行地上，所以陈诗。省方观民，即古者天子巡狩，命太史陈诗，以观民风之事也。风雷在天地间，皆以声闻，而诗与乐所以取异者。诗也者，民感上之化以有言，而言又足以感人。如物感天地之气以有声，而声又足以动物也。有和风，有凄风，有厉风，物之感以成声，亦以类异。故《诗》有十五国风焉，盛衰之变异，哀乐之音殊。若雷则发者无不知也，感者无不动也，故作乐象之。”在李光地看来，百姓的喜怒哀乐，政治的兴衰和社会风气的好坏，会在百姓的歌谣中反映出来。典型者，如《诗经》有十五国“风”，它所发出的哀乐之音殊，正反映了盛衰之变异。所以上古时代，君主巡视四方，令太史采集民间歌谣以观民风，这正反映了那时君主试图了解下情的努力。李光地认为这种做法很值得赞赏。

在李光地看来，上下之情通泰，意义并不仅仅在于能够了解民情，且很有利于保持政治的清明。按《周易观象·上经三》载，他解释泰卦卦辞"小往大来，吉亨"说："天地之气通泰，则阴冷去而阳和来矣。上下之情通泰，则邪慝去而正直来矣。吉亨并言，吉近而亨远矣。彖曰：泰小往大来，吉亨，则是天地交而万物通也，上下交而其志同也。内阳而外阴，内健而外顺，内君子而外小人。"这就是说，正如天地之气通泰会使阴冷去阳和来那样，君主注意体察下情，上下之情通泰，才会有更多正直的人出来讲真话，这样也才能了解到更多社会真实情况，不会被那些巧言令色专说假话的小人所蒙蔽。进一步而言，也只有通过认真倾听百姓呼声，才能使祸害百姓和国家的奸邪小人无处藏匿，现出原形，受到应有惩罚，使吏治得到澄清。按《周易观象·下经二》载，李光地解释损卦上九爻辞"弗损，益之，无咎，贞吉，利有攸往。得臣无家"，又进一步发挥出关于君民上下关系的辩证法思想。他明确指出："盖必损下而后益上，则损者至矣，乌得益乎？弗损于下而益于上，然后谓之大益，而无咎可贞，且利有攸往也。"按《周易观象·下经二》载，他解释益卦卦辞"益，损上益下，民说无疆。自上下下，其道大光"说："损上益下者，必贵于自上而下，言泽必下究也。民说无疆，则王道大光也，所以名益。"在李光地看来，统治者不能靠损害百姓利益来满足自己的利益，如果靠损害百姓利益来维护自己的利益，满足自己的私欲，那么结果只能适得其反，自己的利益最后亦会毁于一旦，自己的私欲最终亦会付之东流。相反，统治者如果能保持清醒头脑，自我约束，不去做损害百姓利益的事，尽量去做有利于百姓的事，那么最终反而会给统治者带来大益，达到"利有攸往"的境界。李光地甚至还主张"损上而益下"，即统治者宁愿损害自己的利益，也要把这些利益给予百姓，正如水往低处流那样，使百姓得到好处。李光地认为统治者只要真心实意，切实这样做了，百姓自然就会感恩，就会衷心祝愿皇帝万寿无疆，就会使王道大光，天下太平！

安邦治国，人才为要，这是李光地治国理政的又一重要理念，这个理念在他对《易》的解释时，同样得到了充分的体现。《周易折中》解释鼎卦初六爻辞"鼎颠趾，利出否，得妾以其子，无咎"说："大臣之位，初在下之人，而相上求于下，下从其上也。上能用下之善，下能辅上之为，可以成事功，乃善道，如鼎之颠趾，有当颠之时，未为悖理也。得妾以其子无咎六阴而卑，故为妾。得妾，谓得其人也。若得良妾，则能辅助其主，使无过咎也。子，主也，以其子，致其主于无咎也。”身为皇帝重要辅臣的李光地，深知人才对国家治理的重要性，“天下全以人才为主”，人才乃国运所系，事关封建王朝长治久安。所以作为统治者，尤其最高统治者，应高度重视人才，善于使用人才，充分发挥人才的作用，如此方“可以成事功”。《周易折中》解释鼎卦初六爻的按语称：“易例初六应九四，无亨吉之义。盖以初六乃材德之卑，应四有援上之嫌，故于义无可取者。其动于应而凶咎者，则有之矣，鸣豫、咸拇之类是也。惟晋有上进之义，萃有萃上之义，鼎有得养之义，此三者则初六、九四之应，容有取焉。然晋初则晋如摧如，萃初则乃乱乃萃。盖主于在下者之求进求萃而言。则居卑处初，未能自达者宜也。惟鼎之义，主于上之养下。上之养下也，大贤固养之矣。及其使人也，器之，薄材微品，所不遗焉。当此之时，虽其就上也，如颠趾，而因得去污秽，以自濯于洁清。虽其媒鬻也如妾，而因得广嗣，续以荐身于嫔御。盛世所以无弃才，而人入于士君子之路者此也，故观《易》者知时义之为要。”这段按语主要就是讲君主如何善用人才的问题。该卦爻的原意是说鼎未实物而烹时就倒翻了，反而有利于倒掉鼎中污物，使鼎因而得到清洁，犹如当人花了钱去买妾，却可以因此而多得子以广嗣，亦算是好事，故“无咎”。这里引解卦之《义例》，称“初六应九四，无亨吉之义”，唯有晋、萃、鼎三卦，值此爻象容有可取之处。但是前二卦是在下位者求进求聚，即聚以得众，虽艰巨而终亦得“无咎”，而鼎之义独殊，是“上之养下”。这比在卑下者更有条件去办好事，亦自应更加宽容大度，发挥更大优势，充分发挥人才的作用。应当广泛罗致人才，“大贤固养之”，“器之”，即使“薄材微品，所不遗焉”。简而言之，努力做到“盛世所以无弃才”，使天下各种人才皆能为国家所用，“入于士君子之路”，如此方能成就更宏伟事业。这既是君道，也是治道，是君主治国理政的要义。

同样重要的是，在李光地看来，国家用人，安邦治国，除了注意选贤任能，广泛搜罗各种人才外，还要非常注意摒弃奸佞小人，不能让小人有得志的机会。他对《易》的解释，有不少涉及这个问题。诸如按《周易观彖·上经二》载，他解释师卦上六爻辞“大君有命，开国承家，小人勿用”，说：“象曰：大君有命，以正功也。小人勿用，必乱邦也。”又说：“用师之时，锡命于丈人，而不使弟子众主之，成败之机也。及师既终，有命以正功赏，而小人不用焉，治乱之本也。”就是说，作为最高统治者的帝王，用人时应非常注意贤与否。打江山之时，当用正人君子，切不可用小人，用小人必坏事，这是成败的关键。

同样，打下江山后，有功之臣应封赏，而小人亦不可用，这是防止再发生动乱的根本！“小人勿用”，是《易》中的爻辞，也是李光地非常重视的问题。按《榕村语录卷·周易二》载，他又着重对“小人勿用”做这样阐释：“小人勿用，谓既拨乱世反之正。则当建官惟贤，不可复用小人，以酿他日之乱阶耳。用者，所谓是崇是长，是信是使，是以为大夫卿士，非不用以开国承家也。小象必乱邦邦字，是谓大君之邦，非指所开之国。若以小人为即指开国承家者言，则当命将出师之初，所谓长子帅帅，弟子舆尸者，已致其叮咛之意。是论功行赏之人，大率皆长子之类，安得小人哉？自古战胜之后，多致骄盈，而小人因以得志。圣人之特为设戒者以此。故既济于三年克之下，亦曰小人勿用。”这里，李光地同样认为打天下时固然不能用小人，治天下就更不能用小人了，否则就会埋下祸患之根，不仅使国家无法完成拨乱反正，且最终又会酿成新的动乱。所谓小人勿用，就是在拨乱反正之时，不能再让小人得志窃取重要官位。可是历代帝王往往忽视这个问题，常常在打下江山后，产生骄傲自满情绪，被胜利冲昏头脑，忘乎所以，喜欢那些吹牛拍马之徒。所以小人容易得志，导致政治腐败，酿下祸患。所以作《易》的圣人于此卦中特别提出告诫，用意非常清楚。而在既济卦中，同样提出小人勿用，否则必然给国家带来祸乱。

李光地深谙历史，亦洞悉现实政治，对小人危害性有深刻认识，因而释《易》时，反复强调安邦治国须注重选贤任能，摒弃奸佞小人，防止天下被弄得大乱。按《榕村语录·周易二》载，他在解释《易》巽卦时，亦强调清除小人的重要性：“巽者，阴伏于内，弊于端也。……巽如果子受淫，有一二软腐之处。……故巽不过要搜索那一点伏阴，制而去之。”又称：“巽，训卑巽，始于辅嗣，殊为附会。巽者，入也，非谓一阴能入，谓二阳能入一阴以散之也。如腹中无故肠鸣，不为佳事。若中有痞块，元气盘旋而解散之，则周旋作声，人方通泰。国家有藏奸伏慝，必搜索整治而后消散，也是此理。”治国安邦，倘若让奸人在暗中作奸犯科，兴风作浪，定会出现严重问题。所以必须坚决采取措施，把奸人清除出局，如此国家才能保持安宁。这就像人的腹中长了个肿瘤，导致呼吸未能顺畅，只有把这个肿瘤彻底消除掉，才能够获得健康。所以李光地认为，巽卦就是要以二阳对付一阴，破散阴气。换言之，就是用正气驱散邪气，让小人不能得逞。可是正如清除人腹中肿瘤并非那么容易一样，清除奸邪小人也并非那么容易，因此更需要有坚定不移的态度。按《榕村语录·周易二》载，他还用“风云之喻”表达自己的这种主张。他说：

“常见五六月间，空际云起，旋即风来吹散之，云散则风亦止矣。再有云起，则风又至。故巽有伏义，主阴而言也。又有入义，有齐义，皆主阳而言也。何以谓之小亨？破散阴气，到底不过去滞，非元气本然流行者可比。利有攸往者，搜擲不可不急也。利见大人者，必得阳刚而后能化也。史巫以搜其奸邪，资斧也，齐斧也，谓以断物斩齐也。上九不断，故凶。问：上不断，不有疑于卑暗乎？曰：彼亦刻刻欲搜奸发伏，非安于暗弱者，但不能断，终正乎凶耳。”在李光地看来，清除奸邪小人，犹如风驱散乌云那样，确实是件不容易的事。风停之后，云很可能又聚集而来，某些小人被清除后，又会有新的小人出现。因此，必然持之以恒，方能防止小人卷土重来。也正因此，扫除奸邪不可不急。同时，决不可心慈手软，还要有果断气魄，当断不断，反受其乱。如果未能当机立断，及时加以惩治，最后是会发生祸乱的。有人问李光地：皇帝对惩治小人不果断，是不是有疑溺于卑暗呢？李光地对此不能不有所顾忌，故回答得较为婉转：皇帝不是安于暗弱的人，也未尝不想彻底惩治那些腐败小人，只不过未能及时做出决断，这当然也会带来不良后果。实际上，在李光地看来，后果非常严重。

在李光地看来，既然彻底根除小人并非易事，小人随时都有可能出现，那么对小人乱政的危险性就必须始终保持高度警惕，方能防患于未然，维护国家长治久安。按《周易观象・下经二》载，他解释夬卦上六爻辞“无号，终有凶”说：“阳虽盛而阴虽衰，然警戒之心不可忘也。故卦辞曰孚号，二之爻辞曰惕号，此处决之道也。至于上六阴既穷矣，然当此之时，犹未可忘戒惧。苟以为阴既尽，而无呼号之备，则其终必有凶。盖虑怠于所安，而患生于所忽，故乱本犹在，则能复萌。害气虽究，而能复生。古之人有去小人而不尽者，王允、五王是也；有以外宁致内忧者，唐宪宗、庄宗是也。”李光地认为尽管小人可能在某个时期受到抑制，没有多大市场，罪恶欲望难以得逞，然而即便如此，亦并不等于说小人从此绝迹，天下从此太平，可以高枕无忧。恰恰相反，小人随时可能卷土重来。因为滋生小人的土壤始终存在，这就是权力带来的利益诱惑，只要权力能给人带来利益，也就会有人想借权谋私，小人的出现就具有某种必然性。在李光地看来，从历史角度看，也正是如此，任何朝代都未能使小人绝迹。汉末和唐末的那段历史，就是活生生的证明。“盖虑怠于所安，而患生于所忽”，这是历史反复宣示的深刻教训，必须引为鉴戒。因此，应对小人始终保持高度戒备之心，倘若放松警惕，以为小人已经绝迹，没有斗争的准备，未能及时将小人清除，那么结果必然又给小人可乘之机，给治国安邦带来恶劣后果，到那时就会国将不国，后悔也来不及了。这些阐述既表现出浓烈的忧国忧民情怀，亦反映出对现实政治的深刻洞察力。

安邦治国，君臣关系无疑极为重要，事关国家盛衰，那么如何因天道而明治道君道，以及臣道，李光地对《易》大畜和小畜两卦的解释颇有代表性。按《榕村语录·周易二》载，他说："《易》有大畜，有小畜。大畜者，圣君在上，正名定分，布德发政，天下风靡。小畜则如以臣子而匡救其君父也。自上而变下者易，自下而变上者难。然始虽势逆，积久自效。故曰既雨既处，言畜之极而阴阳亦合也。但大畜功成，则身名俱泰，故曰何天之衢。小畜功成，便宜引退，若以宠利居成功，必致凶咎，故又曰妇贞厉，月几望。"这段阐释既涉及臣道，亦涉及君道，主要还是臣道。就臣道而言，李光地认为臣与君关系，犹如父与子关系，臣应当像儿子匡救父亲那样匡救君主，忠诚于君主，一心事君，全力辅助君主治理国家，包括必要时勇于向君主谏言。尽管以下变上甚难，君主是天下至尊，向其进言并使之接受是很难的，但是并非完全不可能做到，只要善于进言，坚持不懈，还是会有效果的，君主还是可以改变的。这种见解亦体现了量变可以导致质变，以及矛盾的主要方面和次要方面可以相互转化的思想。同时，为臣者必须保持清醒头脑，摆正自己的位置，注意知进退，尤其功成名就之时，要懂得急流勇退，倘若一味追求更多利禄，不知进退，必然招致灾祸，甚至引来杀身之祸。这种见解当然只是传统社会中大臣的自保之道，但是也反映了那个时代君臣关系的实际情况，当中亦包含祸福倚伏的朴素辩证法观念。这就是为臣之道。至于为君之道，这里虽没明确指出应怎么做，但从他对君与臣地位的阐述及对为臣之道的阐述中，无疑亦已经反映出他的某种见解，或者说某种理想愿望，这就是为君者同样应保持清醒头脑，正确处理好君臣关系。因为他说得很明白，在传统社会中，君臣关系不平等，君主居于上风，处于主导地位，拥有至高无上的绝对权威，一声令下，天下风靡。臣则处于下风，只能服从，听命于君主。这就是中国传统社会的实际情况。而且臣为何必须识时务，为何必须功成身退，以免招致灾祸，这种自保之道，无疑有消极一面，然而究其根源，正在于君对臣拥有生杀予夺大权，所谓君要臣死臣不得不死，不就是这个道理吗！但是君主要治理好国家，又需要靠大臣辅助，建言献策，齐心协力，方有可能。因此，从安邦治国的要求而言，拥有支配地位的君主，同样要保持头脑清醒，正确处理与大臣的关系。这就是为君之道，只是李光地没有说得很明白。

安邦治国，李光地非常注重忧患意识，强调统治者必须始终保持忧患意识，无论为臣为君皆应如此。《易》本为忧患之书，司马迁《史记》云："文王拘而演《周易》。"《系辞传》亦曰："《易》之兴也，其于中古乎？作《易》者，其有忧患乎？"李光地认为整部《周易》，说到底，就是告诫人们要有忧患意识。因此，编纂《周易折中》，重视社会人事评论，凡能引为鉴戒的解说，皆收揽在内，认为具有重要意义。诸如解说临卦卦辞，引用程传解释："大率圣人为戒，必以方盛之时。方盛而虑衰，则可以防其满极而图其永久。若既衰而后戒，则无及矣。自古天下安治未有久而不乱者，盖不能戒于盛也。方其盛而不知戒，故狃安富则骄侈生，乐舒肆则纲纪坏，忘祸乱则衅蘖萌。是以浸淫不知乱之至也。"这段解说清楚地告诫人们，应该正确对待盛衰关系，盛世之时，忧患意识更加重要，自古以来，没有长治久安而不发生动乱的，不知鉴戒必出乱子，待到动乱发生后，后悔也来不及了。编纂否卦九五爻辞注解时，又引用程传解说："是故君子安而不忘危，存而不忘亡，治而不忘乱，是以身安而国家可保也。"这种对社会人事的辩证解说，确实是历史经验之谈。《周易折中》同人卦九四爻辞的按语，特别强调："盖人情同极必异，异极乃复于同，正如治极则乱，乱极乃复于治。此人事分合之端，易道循环之理也。"当然，治与乱并非简单的机械的循环，但是李光地把有关社会人事的警诫之言编纂到注解中，目的很清楚，就是借此告诫人们，应该做什么不应该做什么，而最为根本者，无疑还是要有忧患意识，居安思危。在他看来，正因为忧患意识极为重要，君主在"既济"之后，仍要存"未济"之心，不能忘乎所以，应保持清醒头脑，谦虚谨慎，不骄不躁。按《榕村全集·序一·进易论序》载，他说："观夫序卦、杂卦，皆以未济终篇。非欲其终于未济也，谓夫虽当已济之时，而常存未济之心。此则所谓惧以终始，《易》之道也。故六十四卦，三百八十四爻，而一言以蔽之，终日乾乾是也。"所谓"终日乾乾"，就是行进不已的意思。在李光地看来，帝王学《易》的目的就在于通过学《易》，能够掌握易理，并把它运用到治道上，不满足于已有功业，能够始终保持进取之心，行进不已，终日求治，成为终日乾乾的样子，这样就不会失败了。但是他又认为这种忧患意识应该是忧患天下，而不是只为自身忧患。按《榕村语录·周易三》载，他说："圣人忧患，都是忧患天下，不是只为一身。作《易》者其有忧患乎？吉凶与民同患，圣人满腔都是仁，原不见有一层皮壳。"在李光地看来，忧患天下，正是圣人作《易》本旨，圣人忧患皆不是只为自身，皆是为天下黎民百姓着想。这些阐述不仅对《易》的要义做了非常精辟的概括，且所着重强调的忧患天下思想，对于今人乃至后人来说，无疑有重要意义，仍是非常有益的教诲。

正是从忧患天下的思想出发，李光地释《易》，又把胜利时不要骄傲的思想作为一个重点加以发挥。按《榕村全集·读书笔录》载，他说："满招损，谦受益，禹、益岂以退舍左次为谦哉。盖自武功之竞，未有不骄且满者，虽以大舜之圣，其臣犹且不敢穷武以抑骄满之心。此禹、益言外意也。故欲释三苗以为外惧，而重舜之修德。桓公会葵而骄，晋襄归殽而淫，霸业所以坠也。武帝克匈奴而悔，太宗擒颉利而惧，汉、唐之祚所以康也。江左平而羊车肆，朱梁灭而伶官盛，二君之祸，皆不旋踵。是故岂独祖宗之功不可恃，身之功亦不可恃也。恃身之功，而始于治，卒于乱，唐之开元、天宝是也。"这段论述明确提出"满招损，谦受益"的观点，并从总结上古至隋唐五代兴衰治乱的历史经验加以说明。在他看来，虞舜、夏禹因为有忧患意识，故不因武功而骄傲，所以能修德，始终保持谦恭态度。汉武帝、唐太宗可谓武功显赫，但在胜利时没有被冲昏头脑，反而担忧因外患消除而产生贪图安逸情绪，所以汉唐国势能在相当长时期内延续不衰。而与此相反，齐桓公、晋襄公尽管也曾功勋卓著，显赫一时，然而因在取得胜利后产生骄傲自满情绪，甚至奢侈淫逸，因而霸业很快衰落了。曾当过隋军灭陈的军事统帅杨广，继承父位当上皇帝后，贪图安逸享乐，不久就导致了隋朝灭亡；后唐庄宗李存勖，消灭了篡唐的朱温，建立后梁政权统一黄河流域后，整天沉湎于声色犬马之中，仅一年时间就因发生兵变丢掉了皇位。鉴于这些历史教训，李光地谆谆告诫人们，不仅祖宗之功不可恃，即使自己的功劳也不可恃，千万不可忘记满招损、谦受益的道理。这些阐述指向非常清楚，主要还在于取得统治地位的帝王。当然，也包括自己所辅佐的康熙皇帝。

实际上，李光地对康熙皇帝日渐滋长的自满情绪，也不无看法，且有忧虑之心，并以较为委婉的方式予以规劝。按《榕村谱录合考》载，他编纂《周易折中》时，每次进呈给康熙帝审阅，康熙帝都非常认真，亲自召一些儒臣讲论，勤奋程度，仍然如读《朱子全书》那样。康熙帝有疑义，又下发到李光地处，李光地"解剥敷陈"，总能很好地解释，康熙帝非常满意。有时，康熙帝也有不同意见，他则加以改定。康熙帝"嘉其冲挹，益虚已尽下"，赞赏他如此诚恳，亦更加虚心向他请益。于是他利用这期间康熙帝召对机会，通过讲易理来达到规劝不自满的目的。康熙五十三年(1714 年)八月某天，康熙帝问及《易》鼎卦"鼎覆悚"是什么意思？李光地答称："易例以九四应初六者多凶，为居大位而昵匪人也。以九四承六五者亦多凶，为位近君而任刚德也。鼎四既犯二例，又卦中三阳者鼎腹，至四则腹满矣。物不可满，满则必覆。禄位固尔，功名亦然。即学问而有自满之心，德必退矣。”这段话的意思很清楚，为官为学皆不可有自满之心，倘若开始骄傲自满，德行必然退化。尽管并没有指到康熙帝，然而实际上也是在隐约地告诫不要骄傲自满，有意将爻辞讲力不能胜任而导致倾覆的原意改为“有自满之心，德必退”的意思。这本是一套附会之辞，可是这一席话却也给康熙帝敲了警钟，使他“悚容”，受到震动。李光地娴熟用《易》，由此亦可见一斑！

安邦治国，在李光地看来，如何与时俱进，随着社会不断发展变化，适时调整统治政策，改革某些不合时宜的制度，无疑亦非常重要。他通过释《易》，亦发挥出一套关于改革的见解。按《周易观象·下经三》载，他解释革卦卦辞“巳日乃孚，革而信之”说：“《易》之变，莫大于革也。其余如蛊如巽，振伤更新而已。故独赞其时之大。”在他看来，《易》言变易，革就是最大变易。他根据卦象解释革，就是“以下陵上，则不相得而为革”。革是在下位者起来反对在上位者。何以会有革？因为上下位“不相得”，在下位者对在上位者强烈不满，“不相得，则必有变革之事”。李光地认为变革是很重要的事：“象曰：泽中有火，革。君子以治历明时。程子曰：君子观变革之象，推日月星辰之迁易，以治历数，明四时之序也。夫变易之道，事之至大，理之至明，迹之至著，莫如四时。观四时而顺变革，则与天地合其序矣。”就是说，变革是事物发展的必然要求。按《榕村语录·周易二》载，他说：“蛊当以革、巽二卦比看。巽者，阴伏于内，弊于端也。蛊者，蠹蚀于中，弊之成也。巽如果子受淫，有一二软腐之处。蠹则内生虫蛀矣。故巽不过要搜索那一点伏阴，制而去之。若蠹，则须从头整顿，所谓甚者必举而更张是也。”就是说，事物内部出了问题，就必须有针对性地加以解决。如水果，如果受到浸渍，部分腐烂，就把腐烂部分去掉。如果内部生了蛀虫，就必须把蛀虫彻底清除。国家社会治理也是如此，弊病严重，就要改弦易辙，进行改革。按《周易观象·下经三》载，李光地说：“革而信之者，言巳日而后革，则孚信也。文明则见理详审，说则举事和缓。此所以能见信于人，大亨而得其正也。所革者当，其悔乃亡。否则岂能免于后悔莫及哉？”改革所以重要，关键在于这是社会发展客观要求，是时代呼唤。当国家施行的政策已难以实现有效统治时，就应有清醒认识，及时进行改革，才能保持长治久安。按《周易观象·下经三》载，他解释革卦九四爻辞“悔亡，有孚改命，吉”，说：“四之时，革而当矣。故在己为悔亡,而在人为有孚。其志见信于人,故以此改命而得吉。”解释革卦九五爻辞“大人虎变,未占有孚”,说:“有德有位,当革之时,大人虎变之象也。所谓顺乎天而应乎人者,何待占决而后知人之孚信乎?”解释革卦上六爻辞“君子豹变,小人革面。征凶,居贞吉”,说:“若象贤继德,久道化成,则豹变之义也。世变风移,故虽小人亦革面而听从矣。斯时而复有所征行则凶,居其正常则吉。彖所谓利贞悔亡者,盖革道之至,故爻义以此终焉。”在李光地看来,当需要改革时,就必须当机立断,坚决改革那些阻碍社会发展的政策制度,方能顺应民心,取信于民,得到百姓拥护,不致造成统治危机,不会为此而后悔。倘若安于现状,必然会出现严重问题,甚至酿成亡国结局。按《周易观象·下经三》载,他解释革卦卦辞“文明以说,大亨以正,革而当,其悔乃亡”,说:“天地革而四时成,汤武革命,顺乎天而应乎人,革之时大矣哉!”改革所以重要,商汤革命,灭了夏朝;周武王革命,灭了商朝。正是很好的说明。汤武革命,也正是顺应历史发展潮流,是顺应人心之事。

李光地认为改革是大事,涉及面广,社会影响很大,因此既要积极,又要慎重,必须注意把握时机。按《周易观象·下经三》载,他解释革卦初九爻辞“巩用黄牛之革”,说:“当革之初,时未至也,故未可有为。如巩固其物者,束以黄牛之革,中顺固守而不可妄动之象也。”就是说,改革条件尚未成熟时,不可盲动而为。他解释革卦九三爻辞“征凶,贞厉。革言三就,有孚”,主要讲的也是这个道理:“三四之间,改革之时也。九三过刚而不中正,故以征凶贞厉为戒。盖当改革之时,妄动而往固凶,固守其常亦危也。”这段话说得很清楚,对于改革,既不能抱持僵化保守态度,亦不可急躁冒进,前者凶,后者亦危,都不会有好结果。当社会已强烈要求改革时,当改革条件基本具备时,固守其常,安于现状,以不变应万变,必然带来恶劣后果。然而倘若改革时机尚不成熟,客观条件尚不具备,轻举妄动,这样的改革也有极大危险性,同样会造成严重后患。这些见解,无疑也是非常正确的,且蕴含着深刻的辩证法思想。

李光地还认为改革既是大事,也容易造成社会震荡,因此必须尽量妥善处理,减少所带来负面影响。按《周易观象·下经三》载,他解释革卦九三爻辞“征凶,贞厉。革言三就,有孚”,说:“然时则当革矣,故又言苟能反复详审改革之言。至于三就,则人必信之,而可以革矣。亦已日乃孚之意也。”当需要改革时,应当进行改革,但是改革方案应“反复详审”,再三斟酌,考虑尽量周详,以求实施起来能见信于民,没有太多后遗症。按《周易观象·下经三》

载，他解释革卦六二爻辞“巳日乃革之，征吉，无咎”，说：“六二中正，上与九五相应，是上下合德，可以有为之时也，故爻义与卦同。盖其为文明之主则能审，柔顺则不迫，中正则不偏。备革道之善，故往而有为，吉且无咎也。”又说：“言改革之道甚大，不可以易而为，必迟之至于巳日之久，乃去其故。则人心孚信而可以得元亨矣。然必其道合于至正，然后革之时，没有偏弊。革之后，不复更张。一革而得其当，故悔可亡也。”在李光地看来，改革应尽量“中正”，减少偏差，不能走极端化，降低社会震荡度，这样才能保持社会稳定。考虑周到，措施得当，改革之后，新政策就可得以持续，不会出现反复，也就不会有后悔之事。这些见解显然亦非常精辟。

四、人生修养之易理

历代治《易》学者，皆将《易》作为人生与处事哲学的指导。李光地研《易》，重视实际生活中的应用，主张以《易》致用，更是继承和弘扬前人之法，融易理于政治和人生处事之中。他不仅从《易》中发挥出一套论道经邦的实用政治辩证法，且还发挥出一套关于人生道德修养的学说，同样亦充满辩证法精神，很有启发意义，也是榕村易学的杰出之处。

人生道德修养，向来是中国传统文化重要组成部分，更是儒家文化的核心组成。儒家所宣扬的重要信条修身、齐家、治国、平天下，首要内容就是修身，亦可称为修身养性。何谓修身养性？简单地说，就是通过自我反省体察，完善自己，使身心达到完美境界，行为有规范。换句话说，经过锻炼和培养，使人的品质、道德、气质，对生命的领悟等，能够达到很高水平，达到理想境界。儒家文化对此极为重视。《礼记·大学》曰：“古之欲明明德于天下者，先治其国；欲治其国者，先齐其家；欲齐其家者，先修其身；欲修其身者，先正其心；欲正其心者，先诚其意；欲诚其意者，先致其知。致知在格物。物格而后知至，知至而后意诚，意诚而后心正，心正而后身修，身修而后家齐，家齐而后国治，国治而后天下平。”就是说，古代那些想要在天下弘扬光明正大品德的人，先要治理好自己的国家；要想治理好自己的国家，先要管理好自己的家庭和家族；要想管理好自己的家庭和家族，先要修养自身的品性；要想修养自身的品性，先要端正自己的思想；要端正自己的思想，先要使自己的意念真诚；要想使自己的意念真诚，先要使自己获得知识，获得知识的途径在于认识研究万事万物。通过对万事万物的认识研究，才能获得知识；获得知识后，意念才能真诚；意念真诚后，心思才能端正；心思端正后，才能修养品性；品性修养后，才能管理好家庭家族；家庭家族管理好了，才能治理好国家；治理好国家后，天下才能太平。李光地作为儒家文化的信奉者，作为传统社会的士大夫，自然对此亦极为重视，因而在释《易》时于此亦有许多发挥。

李光地认为《易》本卦八卦，皆指人心之德。按《榕村语录·周易一》载，他说："诸卦各有其时，惟本卦八乃指人心之德，欲人兼体之，不可以时言。乾、兑、离、震、巽、坎、艮、坤，如何说时？乾者德之健，坤者德之顺，震者德之动，巽者德之入，离者德之明，艮者德之止，兑者德之说。惟坎不可言德之险，故加一习字。更习于险者，历试诸艰之意，是亦德也。又通部立卦，何以有升矣？又有晋、有渐。有困矣，又有蹇、有屯。圣人必有深意。"在李光地看来，《周易》六十四卦，除本卦八卦外，其余各卦皆有卦时，只有本卦八卦是直指人心道德的，是要人注意道德修养的，所以"不可以时言"，没有卦时。本卦八卦，即乾、兑、离、震、巽、坎、艮、坤。乾即天卦，坤即地卦，震是雷卦，巽是风卦，艮是山卦，兑是泽卦，坎是水卦，离是火卦。乾主健，坤主顺，震主动，巽主入，兑主说，艮主止，坎主险，离主明。也就是说，这八本卦分别具有健、顺、动、入、说、止、习险、明八顶之德。这八种德皆是人心之德，也就是人生的修养。按《榕村语录·周易二》载，李光地又说："八卦皆人心之德，乾健是不息的，人气血不周流便病，脉歇至便病。坤顺，所谓百体从令也。健主神上说，顺主体质上说。震主动，巽主入而散，兑主说，艮主止，皆人心之德不可无者。惟水主险，岂可说人心有险德？故圣人于坎上加一习字。"这段话进一步说明"八卦皆人心之德"。乾卦，指心神；坤卦，指体质。乾健坤顺，百体从令。震卦主动，巽卦主入而散，兑卦主说，艮卦主止，如此等等，都是人不可缺少的素质。

什么是人心之德？人生道德修养应达到什么境界？在李光地看来，乃是"中道"，没有偏颇。按《周易通论·论德》载，他对此有较为深入的阐述："何以谓之德也？有根于卦者焉，健顺、动止、明说之类是也。有生于爻者焉，刚柔、中正之类是也。德无常善，适时为善。故健顺、动止、明说之德，失其节则悖矣。刚柔之道，逆其施则拂矣。……推此类之，则所谓德之善者可见矣。惟中也、正也，则无不宜也，而中为尤善。何也？《易》之义莫重于贞，然亦有贞凶者矣。有贞吝、贞厉者矣，其事未必不是也。而逆其时而不知变，且以为正而固守焉，则凶危之道也。中则义之精而用之妙，凡所谓健顺、动止、明说、刚柔之施，于是取裁焉。先儒所谓中则无不正者，此也。或曰：《易》之卦爻，于贞盖谆谆焉，其于中行，仅数四见而已。何也？曰：正理可识，而中体难明，非深于道者不能知，是故难以察察言也。存其义而没其名，则圣教之精也。……然则存其义而没其名者，何也？曰：六十四卦，三百八十四爻，所系皆中也。然必曰如是则得其正，则人皆知道义之是守矣。倘必曰如是乃得其中，则有误于依违两可、混同无辨者，而不自知其非也。故舜之智，必问察乎善，而后执其中。颜子之贤，择乎中庸，而必得其善。正非中，则正之实未至；中非正，则中之名亦易差。圣人所以尊中之道，而略其名，精求乎正之实，而必广其教者，此也。”这段话包含了四层意思：一是卦和爻都有自己的特性，卦的特性如乾、坤、震、艮、离、兑体现健顺、动止、明说等特征，爻的特性有阳刚、阴柔、中道、刚正等。这些特性除了中正外，余者皆以合乎时宜为善。二是中正乃最美善，是健顺、动止、明说、刚柔等的取裁标准。三是中正是圣人教化的精华所在，只可意会，难以言传。四是中正乃六十四卦三百八十四爻的核心思想，是隐藏在现象背后而通过刚正表现的事物。李光地由德入手，逐层剖析中正所具有的美善特征，极力赞扬中正所拥有的境界。推而广之，中正应是一种不偏不倚，无过无不及的行为方式，是人类社会孜孜以求的道德准则及精神境界。按《周易观象·上经四》载，他解释蛊卦九二爻辞“干母之蛊，不可贞”说：“以阳上应于阴，有干母之蛊之象。喻母于道，视父尤难，故不可一于贞固。巽顺以入之，然后可以孚格。九二居柔得中，故因爻德以设戒也。象曰：干母之蛊，得中道也。”李光地对《易》“中”的认识确实非常深刻，他把《易》的“中”上升到思想层面上，充分体现了《易》强调“中”的思想，与先秦儒家极力崇尚的中庸之道，正相吻合。他编纂的《周易折中·义例·德》亦提出：“刚柔中正、不中正之谓德。刚柔各有善不善，时当用刚，则以刚为善也；时当用柔，则以柔为善也。惟中与正，则无有不善者，然正尤不如中之善。故程子曰：正未必中，中则无不正也。六爻当位者未必皆吉，而二五之中，则吉者独多，以此故尔。”倘若把这段话与上面那段话相互印证，可以清楚地看出李光地理解的德主要就是“刚柔中正”，这正是《易》的要求。这些在爻位的体现上更为明显。除位之外，他认为时也很重要，如果当用刚的时候，那么刚就是善。反之，如果当用柔的时候，柔也是善。如果能够中正，肯定是善的。那么中和正哪个是更高的更完善的德？他认同朱熹的看法，认为中为最善，正不如中，因为正未必中，中则无不正。这也是六爻当位未必全吉，二五之中，吉者独多的原因。因此，他在释《易》时，非常重视中之德。那么这中之德如何体现？按《榕村语录·周易一》载，他说："行道而有得于心之谓德，所谓有得，非泛泛之谓……然德又不是空空存在这里便了，须见之于实事。"就是说，德并非空泛之谈，而是见之于实事的行为。

李光地释《易》时，还用乾、坤两卦之卦爻辞，强调君子应重德修业。按《周易观象·上经一》载，他解释乾卦九三爻辞"君子终日乾乾，夕惕若，厉，无咎"说："言所以乾惕者，非役于物也，非动于外也，盖进德修业而已。德得于心者，业成于事者，内主忠信，则德日新。谨于言辞以立实事，则业有可守。知理之极至，而实心以至之，则于天德也庶几矣。……君子之德性学问至于如此，则自修不暇，而又何骄乎？内省不疚，而又何忧乎？因其时，释终日之义，言无时不乾乾也。无时不乾乾而心犹惕，故虽危无咎。"在李光地看来，九三爻辞中的"惕"，既"非役于物"，又"非动于外"，而是为了告诫君子进德修业。德得于心，业成于事，君子只要内心主忠信，就可以做到德日新，谨慎言辞，立行实事，则可以守业。君子终日乾乾，如能做到"心犹惕"，那么即使有危险，最终也会无咎。李光地在这里是在用《易》理告诫君子要重德修业，同时在方法论上也给出了答案，就是内主忠信，谨于言辞。他还提到《易》中的"存养之功"。按《榕村语录·学一》载，他称："存养之功，盖取诸乾，《说卦》曰：战乎乾。终日钦钦，如对大敌，非战则无以为存也。天德流行，纯亦不已，非健则无以为养也。省察克治之功，盖取诸巽，《说卦》曰：齐乎巽。巽者，入也，非入则无以为察也；齐者，断也，非齐则无以为克也。"在如何对待心和性问题上，李光地提出应修养心性，或称存心养性。何谓存心养性？按《榕村语录·学一》载，他说："心是出入无时，莫知其乡的，故须存；性是无为的，故须养。敬以直内，倒是存心；义以方外，倒是养性。养性不是空空守静之谓，大概寡欲是存心。充无穿窬，充无欲害人，扩充四端，却是养性。"李光地认为心和性有很大区别。心是活动的，人们不知道它何时出入，以及出入的去向，它活动自由，不好把握，所以要用存的工夫，把放出去的心收回来，使心能专聚起来。敬以直内，就是心里时时存有谨敬之心，也就是存心工夫。而性是无为的，所以要用养的工夫，要对性进行发挥和扩充。义以方外，就是行为要能符合仁义礼智信要求，做到合时合善，也就是养性工夫。按《周易观象·上经五》载，他解释颐卦彖辞"观颐，观其所养也"时，进一步发挥了这个思想："观颐者，观其所养。如养人则公，养己则私。养心则大，养体则小，是不可以不辨也。”在李光地看来，修心养性，固然是自身道德修养，然而说到底，应是为了养公，为社会国家做出贡献。这是不能不明白的重要道理。

李光地认为人生如历险。按《榕村语录·周易二》载，他在解释坎卦即水卦时着重发挥了这个观点，他说：水卦主险，程朱讲这里是说人心险恶，不对，“惟水主险，岂可说人心有险德？故圣人于坎上加一习字。王辅嗣云更习也，最妙。程朱不用，而以重坎为习坎。哪一卦不是重？何独坎卦？孔子所云重险，乃是解习字之意。一重险过，又一重险，非更习而何？不是以重字训习字也。不独上圣大贤，将降大任，必先穷饿困苦，动心忍性，增益其所不能，即平常人，亦困心衡虑而后作，征色发声而后喻。所谓险，不独贫贱患祸也，那极如意之中，一切饮食男女、声色嗜好，哪一处不是陷阱？都要在此等处炼过方好。加一习字，便是人心之德最不可少者。”这段阐释讲人生犹如历险，过了一重险，又有一重险，不仅圣人贤人免不了，不能不经历各种艰难险阻，即使普通人也是如此，亦难免不断面对各种艰险考验。在李光地看来，就人生而言，不仅贫贱遭祸的失意之人，陷入险境之中，即使那些春风得意之人，凡是“饮食男女，声色嗜好”，哪一样又不是陷阱？处处潜藏着危险性，弄得不好也会掉进这种“极如意”的陷阱中不能自拔。简言之，艰难困苦是险境，极为如意也是险境。如此说来，人生过程就是历险过程，就是不断经历险境的过程，要不断面对各种艰险的挑战，经受得起险境的考验。既要经得起贫贱患祸的险境考验，亦要经得起极如意的险境考验。这两个方面的考验皆非常重要，特别是要经得起后一种险境考验，因为这更不容易。所以李光地力主在象征险的坎卦上加个“习”字，反对程朱的人心险恶说，主张能够“习”险，经得起险境考验，方是人最不可缺少的德行。这个论述无疑非常精辟。

正因为人生充满险境，人生过程就是习险过程，李光地认为不仅治理国家要有强烈忧患意识，居家处世也要常怀忧患意识。按《周易观象·上经三》载，他解释豫卦六五爻辞“贞疾，恒不死”这五个字时，发挥出一大段生于忧患死于安乐的道理：“贞，常也。恒，亦常也。言因多疾之故，而得以终其性命而不死也。盖当豫之时，柔而不正，必溺于豫也。居得尊位，易溺之甚者也。然乘刚则是常有危难之象，得中则是有德之象。常有危难，则警戒震动，而不得以宴安。有德，则能恐惧修省，而不溺于宴安。如人之有病者，每能谨疾爱身，则不至于大病而伤其寿年矣。是因常疾而常不死也。孟子所谓生于忧患而死于安乐者，正合此爻之意。”在李光地看来，正如经常生点小病的人非常注意调节饮食，重视防病治病，因而不致生出大病。虽然常病却也常不死那样，经常遇到危难的人，因为对险境有较深刻体会，能保持清醒头脑，为人处世亦格外谨慎戒惧，注重自身道德修养，不敢放纵自己，不敢纵情逸乐，因而能够防患于未然，不致遭受大灾祸。这也就是孟子所说的生于忧患而死于安乐的道理。李光地认为经常遭遇危难正如经常生病那样，固然是坏事，但是如果有正确认识和正确态度，像防病治病那样注意品德修养，这样的坏事反而可能会成为好事。关键在于首先要有忧患意识。凡事预则立，不预则废。无论处于顺境逆境，都要保持某种忧患意识，没有这种忧患意识，势必会带来严重后果。这一点，在人处于逆境时，可能较容易做到。而当处于顺境时，往往容易懈怠，尤其那些春风得意者，更易忘乎所以，丧失忧患意识，从而酿成祸害。因此，必须非常注意。

李光地认为历险的人生，既要保持忧患意识，更要有积极应对态度，正确的人生态度非常重要。他在解释《易》“乾以易知，坤以简能”这句话时，是从两个方面加以阐释的，一是人生态度，二是行为方式，主要还是从人生态度阐释。按《榕村语录·周易三》载，他说：“某解易以知险、简以知阻，与《本义》略异。盖身亦入险阻，便难有济，我即易以知其险，即简以知其阻，以此知之，即以此处之，即险者易而阻者简矣。人心之光明，易也；行事之顺理，简也。在我无邪曲暧昧，而行所无事，当险阻有何不济？静专、动直，静翕、动辟，即是诠解易、简二字。盖在人之易简，可以心地、行事言之，天地之易简于何见？天之道，其静也专一，其动也直遂，岂不易乎？地之道，其静也都包在里面，不见形声；其动也一放出来，色色俱全，岂不简乎？朱子说得妙，专直是一个，翕辟是两个。如两扇门，有闭有开，闭则一无所见，开则无所不有。却不是开时方逐物造出来，原是一有都有也。”这段释《易》的话，可以说也是自身丰富人生经验的总结。李光地在漫长宦海生涯中，曾遭遇过诸多艰难险阻，遭受过许多无端的指责攻讦，甚至不少阴谋诡计的打击陷害。普通人遇到这种情形，往往难以忍受，也难以正确对待，总是设法以其人之道还治其人之身，而在李光地看来，这并不是正确的态度，既不“易”也不“简”。因此，他始终主张以“易简”之道来对付这种险恶处境，且落实到行为上。李光地所谓“易”，即人心光明，光明磊落，胸怀坦荡。所谓“简”，即行事以顺理，正道直行，不搞阴谋诡计。也就是不以牙还牙，不以阴谋诡计去对付阴谋诡计，秉持自己的理念，坚守正道直行。在李光地看来，这样也就可以度过危机，最终战胜险阻而达到“有济”。当然，这也得看具体情况，他遇到的皇帝毕竟是还算较为明智，所以能够“有济”，得以保全官位，恩宠至极。倘若遇到的是个昏君，恐怕就很难能够“有济”了。可是他认为即使遇到险阻，也要光明正大行事，这毕竟是道德高尚之人所应秉持的态度。同时，李光地亦把“简”视为一种正确的行为方式。按《榕村语录・周易三》载，他说：“理本易简，惟健顺者能体之。若谓易简生于健顺，则非也。天地之道，可一言而尽者，诚也。诚，则自然易简；不诚，而自谓易简者，妄也。健以圣人之心体言，顺以圣人之行事言，非两人也。易对险，不对难。前章所谓辞有险易，《中庸》谓君子居易，小人行险，皆是以险、易相对。盖以险遇险，则不能知险，而亦无以处此险也。故惟易者能知之，亦惟易者能处之。《本义》却用难字为对，然难亦险也。虽易而能知险，所谓不逆诈，不亿不信，抑亦先觉者也。简与阻亦然。易乃坦易，如居易以俟命之易，不是难易之易。如人以机械变诈来，我亦以机械变诈应，倒往往为所欺蔽。遇机械变诈人，我只以明白坦易处之，倒都照见得他的情伪，所以云易以知险也。既知之，便能以此处之，不过坦易明白，诚心直道，彼亦久而自化矣。简与阻亦然。遇事之繁难琐碎者，我只求得其要领，则烦难琐碎处，亦俱知其故。若仍以丛脞御之，如何知其阻？以简知之，即以简虑之而已。”这段论述提出道德修养要以诚为中心，通过明确自己的信念和目标，让自己头脑清醒，是非曲直分明。正念分明后，就要在待人处事各方面做到真诚二字，努力断恶修善。久而久之，自身修养就会有效果，就会有智慧，自然也就“易简”了。这里所谓“求得其要领”，“以简知之，即以简处之”，实际上也是要抓住主要矛盾。处理各种繁难琐碎事情，多种矛盾并存时，对各种矛盾应当清楚，然而更应分清主次，注意抓住主要矛盾，并把主要精力用于处理这个矛盾，如此事情反而会变得简单化，各种矛盾也容易迎刃而解。反之，倘若不懂抓住要领，四面出击，陷于那些琐碎之事中，为其所羁绊，反而难以达到理想效果。

李光地认为历险人生既应秉持易简之道，以简处之，且要有从容随顺而不刚激的小心谨慎态度。他所编纂的《周易折中》对大过卦上六爻辞“过涉灭顶，凶，无咎”的解释，主要就是发挥出这种观点。朱子《本义》对此爻的解释为“君子杀身成仁”，程传则释为“小人履险蹈祸”，李光地对两者进行比较，虽然认为《本义》注解说得较好，但是并不承袭，又用另一种说法，即“从容随顺”。《周易折中・大过》按语称：“此爻，程传以为履险蹈祸之小人，《本义》以为杀身成仁之君子。《本义》之说，固比程传为长。然又有一说，以为大过之极，事无可为者。上六柔为说主，则是能从容随顺，而不为刚激，以益重其势。故虽处过涉灭顶之凶，而无咎也。……况上六居无位之地，委蛇和顺如申屠蟠、郭泰者，君子弗非也。”这段按语主要对从容随顺加以阐明，指出能够从容随顺，不为刚激，所以虽涉险而无甚灾祸。《周易折中》解释大过卦初六爻辞“藉用白茅，无咎”，又指出：“自古任大事者必以小心为基，故圣人于初爻发义……茅之为物薄，而用可重也。正对栋为重物重任而言。又大过本为阳过，若复以阳居阳，则愈过矣。故上六柔为说主。”这里强调的则是“小心为基”，谨慎对待，这与从容随顺不为刚激，可谓相辅相成，异曲同工。按《周易观象·上经三》载，李光地解释大过卦初六爻辞“藉用白茅，无咎”亦称：“居初未过也，质柔非刚也。然刚以柔为基，任大事者以小心为本，柔才巽生，有慎密之象焉。敬慎沉密之至，乃大有为之基本也。藉用白茅者，如将置重物于上，而先设柔物于下，以承藉之，则不虞于倾桡矣。当大过之初而如此，所以无咎。”他解释大过卦上六爻辞“过涉灭顶，凶。无咎”，说：“当过之极，处兑泽之盈，故有过涉灭顶之象。大事过当，非柔才所能济，其凶必矣。然爻义为无咎也。盖柔为说主，时穷无位。时穷则无可为之理，无位则非当事之人。于是以柔处之，和顺不争，而养晦以俟，无咎之道也。”这些释语，除了更深入阐述从容随顺的小心谨慎态度外，同时又提出应注意韬光养晦，等待时机，如此方能取得最佳效果，方可度过难关。李光地始终认为正确的人生态度非常重要。按《周易观象·上经五》载，他解释坎卦六四爻辞“樽酒簋贰，用缶，纳约自牖，终无咎”，说：“近君多惧，至险者也。惟极其诚素，乃处之之道。一樽贰簋，而用瓦器，至俭约之物也。纳此至约之物，奠之牖下。盖交于神明之礼，以喻人臣谦让不盈；积其孚诚，以自荐于君。则克保其终，虽危无咎也。象曰：樽酒簋贰，刚柔际也。谓以柔正而承刚中。”李光地认为，坎卦六四承九五，就好比人臣位于君主之下，非常危险，只有非常小心忠诚，才能最终避免灾祸。他用君臣关系做比喻，既是他的释《易》方法，也是他的易学特色，反映出注重把《易》用于社会生活的学术旨归。他的这些见解，可谓精当独到，而无疑亦与自身经验有关，可以说是自身经验的总结和升华。他在漫长的宦海沉浮生涯中，正是始终保持小心谨慎态度，从容随顺而不刚激，从而能够避开“灭顶”之凶的政治旋涡，得以终其天年，保其殊荣。

李光地认为人生处事，尤其是面对难关，除了从容随顺小心谨慎，还有个注意时机问题，如此才能收取事半功倍效果。这种思想见解，亦体现在对

《易》的阐释。《易》六十四卦卦爻，各自在特定时间环境下，会产生微妙变化。卦有卦时，爻有爻时，它们分别象征着形势的变化，所谓时移世移。李光地认为时局与人事变化亦如此，人亦应顺应这种变化，“因其时，用其宜”。他的《周易通论》有专门的“论时”篇，按《周易通论·论时》载，他说：“夫时也者，六位莫不有焉。各立其位以指其时，非必如并生一世，并营一事者也。如言屯也、蹇也，莫不有屯焉，莫不有蹇焉，不必皆言济时之艰难，平时之险阻也。大有也、豫也，莫不有所有焉，莫不有所豫焉，不必皆言际明盛之朝，值和乐之世也。如此则何至局于一而不通乎？且莫不有屯矣，则初有初之屯，五有五之屯，非五因初而屯膏也。莫不有豫矣，则四有四之豫，五有五之豫，非五因四而贞疾也。如此则何至互相牵合，而说不贯乎？盖必其所谓时者，广设而周于事，所谓动而趋时者，随所处而尽其理，然后有以得圣人贞一群动之心，而于辞也几矣。是故一世之治乱穷通，时也；一身之行止动静，亦时也。因其人，因其事，各有时焉，而各趋之云尔。”在李光地看来，“世”与“身”的变化，常取决于时局与人事变化迁移，故六十四卦三百八十四爻，即指事物有其各自不同的性质与事理，且有固定的发展历程。但是发展历程会因世易时移与人事不同，产生不同脉络情境与解读。他编纂的《周易折中·义例》，又把“时”具体化：“消息盈虚之谓时，泰、否、剥、复之类是也。又有指事言者：讼、师、噬嗑、颐之类是也。又有以理言者：履、谦、咸、恒之类是也。又有以象言者：井、鼎之类是也。四者，皆谓时也。”这里将“时”分为四种不同类型，亦应有不同的把握。泰、否、剥、复之类，指人面对事物变化或行为出处进退时，能心随境安，不受外物干扰；讼、师、噬嗑、颐之类，指面对人事纷争时，能就事论事，以天道事理为准则；履、谦、咸、恒之类，指人在面对困难危险处境时，是否能安时处顺；井、鼎之类，则是借由卦象阐释其义。

李光地释《易》，还以变易与交易特点，提出用“皆以趋时”观念，处理纷扰官场际遇与为人处事。反之，如果时机尚未成熟，则宜以静制动，等待时机。按《周易观象·上经二》载，他解释蒙卦爻辞“山下有险，险而止”，明确指出：“止于所当止，藉以待时机来临。”他几十年宦海生涯，看似顺遂，实则暗地波涛汹涌，曾多次陷入党争，每次总能逢凶化吉，且晚年官拜文渊阁大学士，这亦与能“知所进退”有关。按《周易折中·晋卦》载，该卦按语说：“晋其角者，是知进而不知退者也。知进而不知退者，危道也。然亦有时事使然，而进退甚难者，惟内治其私，反身无过。如居家则戒子弟，戢僮仆；居官则杜交私，严假托。皆伐邑之谓也。如此则虽危而吉无咎矣。若以进为常，纵未至于危也，宁无愧于心乎。”这里明确指出人生在世，进退之际，宜有分寸，应知进知退。进退的把握也是最难的，如果只知进而不知退，就会陷入危境。进退维谷之际，实乃因时势和环境使然，此时需反躬自省，以求无过于内外，如此便可安然渡过险境。据此，他又对居家和为官都给出建议，居家要“戒子弟，戢僮仆”，居官要“杜交私，严假托”。只有这样，才可以进退自如，实现《易》所谓“吉无咎”。

李光地释《易》，关于人生品德修养，还提出要正确对待得意和失意。在他看来，人生不可能一帆风顺，既有得意之时，也会有失意之时，这都是无法避免的，问题在于如何对待。有的人一旦失意，便意志消沉，心情悲戚，萎靡不振，原先好端端一个人，很快就什么病都来了，甚至很快就呜呼哀哉，见阎王去了。他的同僚和好友汤斌就是如此，本也是个活泼开朗之人，可在官场失意后，竟总是做恶梦，梦见康熙帝将于某月某日某时杀掉他。李光地尽管对他极力安慰，并对他的恶梦做出相反解释，可是没有多大效果，未能使汤斌重新振作。不久，汤斌便抑郁而死。李光地目睹人世风波，宦海浮沉，对这种现象进行深刻反思，并在解《易》时发挥出一番见解。按《榕村全集·读书笔录》载，他说：“当失意而戚戚者，由于得志而喜也；处贫贱而陨获者，由于富贵而骄也；临患难而震丧者，由于安逸而乐也。故得志而不喜，则失意而不忧矣。富贵而不骄，则贫贱而不沮矣；安逸而不乐，则患难而不慑矣。当逆境之至而用其力也难，当其处顺而为之地也易，故图难于其易，则立身也豫。”在李光地看来，遭遇失意而悲悲戚戚，是由于得志而大喜；处于贫贱而意气消沉，是由于富贵而骄傲。陷于患难而震丧，是由于安逸而享乐。这无疑很不可取，也是人生的致命弱点。李光地认为人生处世，只有得志时不要过分高兴，也就不会因失意而过分忧伤；只有富贵时不要骄傲，贫贱时才不至于灰心丧气；只有身处安逸而不贪图享乐，患难时才不至于恐惧。他还告诫人们，当人处在逆境时，要想崛起当然很艰难，而人在顺境时，立身处事就较容易。所以人在顺境时要想到可能遭遇逆境，要有遭遇逆境的思想准备，如此反而可以尽量避免陷入逆境。退一步而言，即使在逆境真的到来时，也不至于悲戚、消沉、沮丧、震慑。这就是人生应持的正确态度。

李光地还认为对于人生的得意与失意，也应当辩证地对待。物不可以终通，故泰极否来。但物亦不会终否，故否极泰来，这些都是事物发展变化的常理。《周易·否》上九爻辞说：“倾否，先否后喜。”倾否，有否极泰来，转变于顷刻之际之意。上九以阳刚之才，居否卦终极，能倾覆时代否塞，所以不曰“否倾”，而曰“倾否”。因先必有危亡之惧，通过人的努力而转化，终得“倾否”之喜。犹如孔子在《周易·系辞传》所说：“积善之家必有余庆，积不善之家必有余殃。臣弑其君，子弑其父，非一朝一夕之故，其所由来者渐矣，由辩之不早辩矣。易曰：履霜坚冰至，盖言顺也。”这些都是表示未注意“履霜”坏信息而加以防止，从而酿成“坚冰至”的祸患。天下之事，大多如此。所谓千里之堤，溃于蚁穴，顺之则为祸，当防微杜渐。在《周易折中》中，不断提及卦体、卦德，就是强调本卦诸家的集注，逐爻细论其辞，更是掌理世事变幻之机。

李光地释《易》阴阳转化，提出以类相生和反类相生辩证法，并把这种辩证法运用到人生喜怒哀乐和吉凶祸福上。他在《中庸余论》中说：“喜、乐阳也，怒、哀阴也。喜极则生乐，怒过则生哀，以类相生者也。哀生喜，乐生怒，反类相生者也。”他释《易》时，对事物的辩证关系，有很多论述。按《周易通论·论对卦》载，他称：“泰与否对，其初爻虽皆曰拔茅茹，然泰之所谓贞吉者，否极泰来也，即倾否之时也。否之所谓贞吉者，泰极否来也，即复隍之候也。”又如按《周易观象·上经二》载，他对小畜卦上九爻辞“月几望”的解说：“当月之几望，而君子有行，则凶。盖当阴道极盈之时，知进而不知退，如月几望而有行之象也。此以小畜之极为义，于爻之阴阳无所取也。”又称：“月望则昃，阴极则消，自然之理也。”这里讲的也是物极必反的道理。李光地还把《易》中包含的“无平不陂，无往不复”辩证观念，运用于看待人生旅程中的忧喜祸福，并提出“忧人所喜，喜人所忧”的深刻人生辩证法思想。按《榕村全集·读书笔录》载，他说：“泰之三，于泰方半也。而曰平且陂矣，往且复矣，不胜其忧惧之心。否之四，于否方半也，而曰有命矣，离祉矣，不胜其喜幸之意。所以然者，盖循环者理也，先见者几也。圣人明理而知几，故喜人之所忧，忧人之所喜。喜人之所忧，则有迓休之道；忧人之所喜，则有防患之谋。”李光地认为从泰卦卦象看，当泰即某种吉祥征兆才出现一半时，作《易》的圣人就说：“无平不陂，无往不复”，而对喜事即将降临而不胜忧惧之心。相反，从否卦卦象看，当否这个凶的征兆才出现一半时，圣人就说，“有命，无咎”等等，面对灾祸即将降临而不胜喜幸之心。在普通人看来，这可能违背常理，显得有些离谱，有点不可思议。可是在李光地看来，根本不是这回事。作《易》的圣人所以是圣人，所以深刻，就在于能洞察吉凶祸福转化道理，能在吉凶祸福处于潜在或萌芽状态时，就预见到它向着相反方面转化的可能性，所以才有“喜人之所忧，忧人之所喜”这种似乎是违背常情的看法。但是这种喜与忧，并不是也不应仅仅停留在精神层面上，而是有着更深刻的行为意涵，即当坏事即将出现时，可及时采取有力措施，促使坏事向好事转化；当喜事降临时，不仅不忘乎所以，且格外警惕戒惧，以防止好事转化为坏事。在这里，李光地突出强调的是“明理而知己”的重要性，说明人只有通晓事物辩证转化规律，才能有先见之明，以便更好地发挥人的自觉能动性，最终立于不败之地。

李光地释《易》，不仅提出人生道路上应注意吉凶祸福转换，且进一步指出如何促进凶祸向吉福方面转换。他在解释需卦时，就发挥出一番如何避免失败及如何转败为胜的见解。按《周易观象·上经二》载，他解释需卦九三爻辞“需于泥，致寇至”说：“过刚不中，居内卦之极，而前遇险，是轻进而不能需者也。盖不能慎之于先，至陷于泥而乃需，则寇之至也。实自致之耳。在泥而需，非失也，所以至于在泥者，失也。象曰：需于泥，灾在外也。自我致寇，敬慎不败也。在外与自我正相对，在外之灾，犹可避也；自我之咎，不可逭也。诚能敬慎于先，则不至于败。然能念其自我而加敬慎，则亦有转败之理也。”这里所谓“泥”，实际上就是困境，是外在的不利条件，而所谓“需”，则是未能摆脱困境，最终导致失败结局。所谓“在外”与“自我”，实际上讲的是影响人的行为结局的外因与内因关系。在李光地看来，由外在不利条件造成的灾祸，人可以设法避免，但是由自身过失所造成的灾祸，那就难以逃避了。人生为人处事，倘若始终保持敬慎，兢兢业业又谦虚谨慎，是不至于遭遇失败的。退一步而言，即使已经遭遇某种失败，倘若能够深刻反省，充分发挥自觉能动性，总结遭遇挫折的经验教训，以更加敬慎态度对待事业和人生，那也是可以转败为胜的。在这里，李光地更加明确地发挥了注重内因，注重人的自觉能动性和促使坏事向好事转化，促使逆境向顺境转化的辩证观念。坏事可在一定条件下转化为好事，这个促使坏事向好事转化的条件就是发挥人的自觉能动性。

李光地认为人生无止境，人生过程尽管是历险过程，有得意也有失意，有成功也有失败，然而无论如何，必须始终保持坚韧不拔的奋斗精神，永不自满的精神，不断地努力进取，这是人生的正确境界。中国有句老话，叫作“靡不有初，鲜克有终”，是说做事善始者多，善终者少。李光地不仅讲要善始善终，且认为“终即是始”，必须不断进取才好。按《榕村语录·周易三》载，他解释《易》卦位说：“乾卦，伏羲原放在南边，此是天的正位。文王却放在西北，妙处正在此，不可放过。大凡人做事已完，则此心必懈了，不然则昏了。故放一乾卦在此，欲人提醒此心，使常常分明。孔子下一战字，最妙。此时不战，便昏惰了。如人日间做了许多事，到得夜来睡后，便昏昏沉沉，不省觉了。此是不战之敌。必提醒此心，使虽在梦寐，常有清明之气始得。此一卦是文王最用意处。劳乎坎，则休息了。成言乎艮，言事至此而始成也。万物之所成终而所成始也，此句甚有力，不可轻抹过。言万物到此方成，是万物之所成终。然人但知其为成终，不知其成始者，即在此。其实万物之所成终，即万物之所成始也。而所成始也五字，须著眼。”在李光地看来，人在经过努力取得成就后，往往容易放松自己，懈怠意志，放松对理想的更高追求，甚至因此头脑发昏，最终导致失败。这是“不战之敌”，不是人生正确态度。那么正确的态度，亦就是不可放过的“妙处”，究竟是什么？李光地认为就在于事业取得成功时，仍要保持清醒头脑。这段话是从事物发展的辩证法引申出人生奋发进取的辩证法。就事物的发展而言，是阶段性和连续性的统一，并不是某个阶段完结，发展也就停止了。恰恰相反，某个阶段的终点，同时也是新阶段的起点。人所从事的事业也是如此，并不是说某件事情做完了，从此可以不思进取了，而应“提醒此心”，看到阶段性事业的终结也是新阶段的开始。李光地认为孔子在解释这个卦位时，下了个“战”字，最妙。“此时不战，便昏惰了”，所以态度非常重要。正确的态度就是要以不断“战”的精神状态，去迎接新的挑战，从事新的事业，追求更大理想，实现更宏伟目标。这就是事业的阶段论与不断进取论的统一。这个观点，从事物发展的辩证法引申出奋发进取的人生辩证法，同样精辟，值得充分肯定。

第五章

李光地的其他思想

李光地思想博大精深，作为一位思想家，他不仅在政治、理学、易学思想方面卓有建树，提出了内容丰富且有许多新意的理论见解，而且在经济、文化、教育、宗教、科技诸方面，也提出自己的不少独到见解和主张，这当中同样不乏创新性的思想主张。

一、重效的经济思想

李光地固然称不上是经济学家，也缺乏系统的经济思想，可是在长期从政的过程中，对于诸多经济问题还是有较为深入的思考，并提出不少建议和主张。他的经济思想的最大亮点，乃是经济活动必须遵循客观经济规律，并努力实现效益最大化，这是很值得充分肯定的。这种遵循经济规律且注重效益的思想主张，从他多年负责治理河患过程中提出的诸多见解和主张，可以得到充分说明。

李光地认为国家各种经济政策和经济行为，无不直接关系国计民生，它的出发点和归宿点，无疑应在于能够利国利民，有利于改善国计民生，因此不能不讲求实效，既要考虑社会效益，亦要考虑经济效益。如此不能好大喜功，搞劳而无功之事，甚至劳民伤财之事，这也是以民为本、不劳民不病民的思想体现，是国家与百姓“和而安”的重要保障。按《榕村谱录合考》载，康熙三十八年(1699年)冬，李光地任直隶巡抚时，有人建议在直隶南部开凿一条大河道，将附近几条河道的水全引入这条大河道。李光地对此很不以为然，认为工程量浩大，耗费钱粮数额将非常巨大，无疑皆得向百姓征收，加重百姓负担，且数条河流合流后，倘若遇到大洪水，水势大而凶猛，附近府州县大量田园房舍将会被淹，“害将莫大”。按《文贞公年谱》载，李光地认为修建工程应讲求实效，这种浩大工程，既无实效，且可能后患无穷，实在得不偿失，坚决反对，阻止这个劳民伤财的工程建议。康熙四十年（1701年）十月，又有人疏请在广平县的漳河段筑堤，李光地奉命前往考察，当地百姓皆认为不可在此筑堤。李光地经深入考察后，也认为在此筑堤确实不适宜，因为土松沙深，筑堤很快又会垮塌，坚决否定这个建议。

在李光地看来，经济运行和发展有其内在规律，这是不以人的意志为转移的。经济政策和经济行为要能取得切实效果，首先必须尊重经济规律，按客观规律办事，否则，不仅谈不上效益，且可能阻碍甚至破坏经济发展。他所以反对官僚也卷入商品经济竞争，关键亦在于在他看来，从以农为本到“金币之重”是“势之必然”，商品经济发展是客观规律使然，是必然趋势，官员利用权力去与民争利，依仗权势谋取私利，势必破坏商品经济正常发展，于国于民不仅无利且有害。李光地反对沿海官员以防止海盗为名，要求严施海禁的主张，亦在于认为这是经济发展的要求，应充分考虑沿海地理位置和自然环境特点，鼓励沿海百姓扬帆出海，捕捞海产品，甚至开展贸易活动，使沿海百姓生计得以复苏。如果禁止百姓海上贸易，甚至禁止出海捕鱼，只能带来沿海经济的萧条，于民不利。从根本上说，于国也不利，也是不尊重经济规律的表现。李光地这种思想，显然亦与在家乡的长期生活有关，深受闽南文化务实精神传统影响。

李光地主张尊重经济规律，注重讲求实效，努力实现经济效益最大化的思想，任直隶巡抚期间，在治理河患这个当时清王朝所面对的重大问题上，表现得最为突出。河道治理攸关国计民生，历朝历代皆高度重视。中国古代社会以农立国，以水为生，水利既是农业命脉，更是整个中华文明的命脉。中国又是个长期深受洪涝灾害侵扰的国家，远古就有大禹治水的传说。自有文字记载以来，直到1949年新中国成立，中国各地洪水灾害难以数计。巨大洪水所过之处，往往江河横溢，汪洋一片，“人或为鱼鳖”，满目疮痍，令人触目惊心，惨不忍睹。能否成功治理水患，关系到百姓安危，社会繁荣与稳定，国家兴盛与衰亡。因此，历代封建王朝无不把治理水患当作重要事务，作为不得不担当起来的重要职责。

清朝建立后，治理水患也是重大任务。明朝末年以来，政权腐败，战乱连年，社会动荡，导致水利严重失修，洪涝灾害频繁。对于清王朝来说，黄河水患威胁中原地区，固然是个重大问题。直隶水患亦不可轻视，因为直接威胁皇城。因此，清朝定都北京后，开始着手治理北方水患。直隶省的水患，主要是北部的永定河和南部的子牙河。这两大河流因水利长期失修，泥沙常年淤积，倘若遭遇大雨，往往泛滥成灾，给百姓生命财产带来巨大祸害。康熙帝亲政后，把三藩、河务、漕运列为三件头等大事，“夙夜廑念”，曾书写悬挂于宫中柱上。三藩之乱平定后，康熙帝更是把河务作为首要大事，多次巡视河道，做了许多指示。按《清史编年》载，康熙三十七年(1698年)十一月，康熙帝召集大学士及几位朝廷要员，专门讨论治河，他说：“今寰宇升平，海宇宁谧，惟河工关系运道民生，朕数十年来夙夜萦怀。”康熙帝对直隶治河很不满意，任命正提督顺天学政的李光地为直隶巡抚，把治理直隶河患重任交给了李光地。

李光地任直隶巡抚八年时间，肩负的一大重任就是治河。他对于当时北方治河效果的认识，应当说是有个不断深化过程。按《榕村语录·治道二》载，李光地自称：“某巡抚直隶时，奉命筑永定河堤。当时私心以为何须与水争地，但免其民之钱粮，使无催科之扰，则民赖水利，亦足以生，堤久必坏，终归无益。今思之，圣见为是。大禹之功，万世永赖，然不久亦辄废迁。如今既与斯民同时，得几年安享地利，令少者长，长者老，老者死，亦可矣。譬如年荒赈济，明知此三日粮，不能保其三日之外，但且救他三日。未有逆料其三日后之必死，并勒现在之粮，而速之死矣。”这说明他对北方治理河患的效果曾有某种疑虑。但是随着时间推移，亦愈来愈认识到这个问题的重要性。因此，当接受了康熙帝交给的治河任务后，义无反顾，为此殚精竭虑，做了大量工作，付出巨大心血，亦取得突出成就。李光地治河的基本指导思想正是尊重规律，讲求实效，化害为利，争取效益最大化。

李光地肩负治河重任，面对严重河患，究竟应当如何治理，采取什么样方式，他的基本主张乃是“不与水争”，因势利导，以疏导为主，辅之以修堤筑坝。这种主张，任直隶巡抚前已经提出。康熙三十年(1691年)九月，时任兵部右侍郎的李光地，奉旨偕户部侍郎博际、工部侍郎徐廷玺同河道总督靳辅视察高家堰。高家堰在江苏淮安，乃洪泽湖东堤，是黄河的天然减水坝，明代水利专家同时又是朝廷大臣的潘季驯所创，长达六十里，堤坝并不甚高，却很少出现溃决。康熙年间，河道总管将堤坝加高，仅留下六个泄洪闸门，每当洪水来临时，反而时常决口，给沿岸百姓带来巨大祸害，“值水盛口决，大为民害”。按《文贞公年谱》载，李光地偕博际、靳辅等到高家堰视察时，靳辅问李光地：以前河堤没有加高，祸害较少。如今筑高了，反而祸害甚大，这是为什么呢？李光地答：这是肯定的。旧时以六十里堤坝减水，河水虽涨，水力分散缓慢。如今只留下六个闸门，高涨的河水全往这六个闸门冲,水势太大,水力凶猛,故洪水所到之处,人畜田庐无不尽淹,这是必然的结果。李光地这番关于河水为何泛滥成灾的言论,无疑很有见地,说的正是"以水争"必然既达不到治水目标,且会带来严重祸害。反之,以或疏或导或泄办法,方能取得较好效果。

李光地负责治理直隶水患后,进一步发挥"不与水争"的基本治河理念。治理子牙河水系的漳河和滹沱河时,鉴于这两条河道迁徙无常,提出主要采用"泄"的治理方法,疏通河水至浅平处,同时辅以疏浚河道。按《文贞公年谱》载,李光地认为治理河患,因河性湍悍,筑堤则患塌,疏浚则患淤,"惟引而泄之于洼处,勿事防束,使四平皆容水之区。则虽或泛滥,势将随涨随溢,不至骤满横决,无一道崩冲之虞,而河害自减"。在李光地看来,这就是所谓"不与水争"的体现,治水"莫要与水争","治河不用堤,用堤而坏",是最为明智的办法。他反对治河过分依赖堤坝等大型工程,认为这样做不仅劳民伤财,且堤坝"久必坏,终归无益"。这种见解和主张是效法古代圣人"行所无事",亦即今人所说的人与水和谐相处。而对永定河的治理,李光地则提出"浚直河身,直流冲沙"主张,疏浚河道为主,河床淤积之处,酌量疏浚,务使河身直,河底深,使淤沙尽皆冲刷,"束水使流,藉其奔注迅下之势,则河底自然刷深,因道安流,不致泛滥"。

实践证明,李光地这些治理主张是正确的,因为能够因地制宜,付诸实践后获得巨大成功,康熙帝赞赏有加。康熙帝后来每遇治水大事,都要先咨询李光地。按《清圣祖实录》载:某地河堤常被冲决,康熙帝欲沿河建坝,曾亲临巡视,决策前仍派李光地前去评估,方才放心,可见对李光地治水能力的信任。李光地治理子牙河和永定河的理念,亦为清朝治理黄河和淮河提供了经验和借鉴。永定河与黄河具有共同特性,即从西部地势高处夹带大量泥沙奔流而下,导致河床淤积,水位增高,泛滥成灾,因而素有"小黄河"之称。李光地采取"浚直河身,直流冲沙"治河主张,很快被康熙帝推广于治理黄河和淮河,亦大见成效。

李光地的治河理念,最大的亮点还在于尊重规律的同时,追求效益的最大化,即不应仅仅是为了防害,而且应同时考虑如何化害为利。按《榕村别集·卷五》载,李光地在《饬兴水利牒》中,明确提出:"水利之兴,其与积谷备荒,其利不止于倍蓰而什百也。用地利以济天时之穷,用人力以补天地之缺,自古为政,莫不以此为先。只因近来守令,但恤身谋,无能以民事为家事者,故视此等议论,邈若河汉。"因此,认为治河应重视化害为利。他在这里所说的化害为利，着眼点在于兴修水利，即开凿水沟水渠等，把治理河患与兴修水利结合起来，通过兴修水利促进农业生产，提高粮食产量。在李光地看来，这是比单纯的"积谷备荒"要好得多的事，自古以来，人们在治理河患时亦把这个问题放在优先地位加以考虑。

事实也正是如此，历朝历代治水之害，亦注意兴水之利。最为典型者，莫过于秦国蜀守李冰修建四川都江堰，使得旱涝频仍的成都平原从此旱涝无忧，变成名闻遐迩的"天府之国"，亦为秦国最终统一六国奠定了坚实的物质基础。李光地则有所不同，他关于化害为利的基本思路，主要是把治河与漕运联系起来，治理河患之时，大力兴修水利，开凿水沟水渠，促进北方粮食生产发展，尤其是推广南稻北种，以此减少南粮北运数量，解决漕运成本太高的问题。在李光地看来，这就是效益的最大化。

秦汉以后，江南地区农业开发取得长足进步，粮食产量逐渐超越北方，南粮北运的局面开始形成，于是开凿运河，漕运也开始繁荣起来。然而到了明清时期，漕运制度已暴露出严重弊端。在李光地看来，漕运最大弊端乃是成本很高。漕运的成本，实际上就是南粮北运的运输成本。漕运的主要弊病在哪里呢？按《文贞公年谱》载，李光地说："考漕运之法，本色之输耗，几倍于折色，则其累在民。上运之日，文武接受，窦穴千孔，则其累在官。至旗丁之廪食，运员之禄糈，以及漕艘之大修小修，闸夫浅夫之千里棋置，其累总中于国。综而计之，每运米一石，无虑需银八九两。更合之以治河之费，盖斤金不啻矣。"简而言之，成本实在太高。

李光地认为应当把治河与漕运联系起来，通盘考虑治理之策，治理水患的同时，兴修水利，种植水稻，增加北方粮食产量，改南粮北运为南粮北种。按《文贞公年谱》载，李光地尖锐地指出："三百年来，不得不讲治河之方者，徒以济运也。"在他看来，明代以来治理河道，总是以"高筑"为基本思路，主要根源在于总是考虑漕运需要。为了保证漕运河道正常通航，北方自然水系遭到人为破坏和干扰，进而水利不济，河患屡治而不绝。如果北方粮食产量提高，漕运压力自然减轻，而治河也就不必过于考虑漕运需要，就可以采用更加行之有效的方法。按《榕村语录·治道一》载，李光地明确提出："兴北方水利，以省漕运之烦。"在他看来，通过兴修水利，可大大提高北方粮食产量，减少南粮北运，如此可以节省大量钱财。

李光地认为北方粮食产量不足，重要原因在于水利不修。按《榕村别集·卷五》载，他在《饬兴水利牒》中明确指出："北土地宜，大约病潦十之二，而苦旱者十之八。然北方苦旱,遂至于不可支,不能如南人补救者。非独惰农自安,盖根在于水利不修,束手无措故也。"北方农业落后,粮食无法自给,以往官吏往往归咎于"惰农自安",李光地则认为实际上主要问题不在这里,根本原因在于水利失修,每遇旱灾就束手无策。按《榕村语录·治道一》载,他说:"明代虽经泰平,然诸事多未曾整理。如直隶、山东,尽可开沟洫,修水利,治其田土以省漕运。乃置之不理,安坐而待哺于东南。使江淮之间有窃发者,中梗漕运,则青、冀、兖、豫、幽、并之地,无以取给矣。"因此,改变北方农业落后面貌,关键在于兴修水利,"用地利以济天时之穷,用人力以补天地之缺"。

李光地认为北方兴修水利,主要应当是多开沟渠,将河水引入沟渠,灌溉农田。按《榕村语录·治道一》载,他说:"太平之世,民生日滋,而土不加广,欲其地利之尽,则水利不可不兴。沟渠开泄,大以成大,小以成小,随地宜而修之。要在守令得人,著实留心耳。"因此,他在给康熙帝的奏疏中,明确提出要多开沟渠。按《榕村谱录合考》载,他向康熙帝提出,多开沟渠实在是件大好事,好处甚多,"使旱可灌田,涝可泄水,响马不得纵横,菱芡鱼虾多利。禹治水后,大约工夫全在此。故孔子称之,不曰尽力堤岸,而曰尽力沟洫。不曰尽力江、淮、河、汉,而曰尽力沟洫。盖尽力堤岸,洪水之所以湮,鲧之事也。尽力沟洫,四隩之所以宅,禹之事也"。在李光地看来,多开沟渠最大益处在于,既可缓解北方苦旱问题,且可大大减轻雨季时洪水泛滥。鉴于康熙帝对此事并不是很热心,李光地多次向康熙帝提出这个主张。按《榕村全集·疏二》载,他在《请兴直隶水利疏》中又称:"查北方土性,往往苦旱为多。然麦谷黍豆之类,原属旱种,稍得浇灌,便获收获,非若南方纯赖稻田,必日日浸润者比也。直隶泉源甚众,随处可以通沟灌田。若近河乡地,则又可筑坝蓄水,引渠广溉。至于无泉无河之处,劝令民间凿井,亦足以济水利之穷。"李光地还提出,地处低洼的十来个州县,实际情况不同,主要不是苦于旱灾,是苦于地势低而水多,因此各有应修应浚的大小河道,必须在去除水害的同时,大力兴修水利工程。"再查近京处所,通衢平野,辇毂所经,不便多行开凿。至于各府州县穷乡僻壤,似皆可一例施行"。可见他对这个问题有深入考察,有深入思考,因而主张亦颇为执着。

李光地所以极力主张北方大兴水利,复原"沟洫之制",修建水渠、水沟,引河水灌溉农田,扩大水田面积,并大量开凿水井,主要是为了实现南稻北移的宏伟目标。李光地认为解决漕运问题,根本办法是增加北方粮食产量,尤其是实行南稻北种。按《文贞公年谱》载，他明确提出："若于畿甸之内，矚有泉源处所，与洼下之乡，厥壤涂泥者，仿古沟洫之制。采虞集之说，择干吏以兴稻田，既可少杀北河水患，又可上供玉粒，下给吏俸。至各旗甲米，则量岁高下，就近省采买杂粮以匀给之。如此则东南漕额渐次可省，每岁量漕以牣天庾，自可改用小艇，直凌浅波，不必藉水于河。于是度河之势，引而泄之，一以损漕道岁挽之劳，一以免河防岁修之费。北收沟洫之大利，南减崩冲之甚灾，计莫便此者已。"在李光地看来，如果采用这样的兴修水利方法，把京畿周遭洼地变成泄洪区，不必费力去筑堤修堤，水患自然就会消失，既可减少治水费用，且可变水患为水利。洼地积水完全可用作水田之资，以此扩大水田面积，进而广泛种植水稻，增加京畿地区水稻面积以达到自给，可满足京城所需，减少乃至取消对漕运的依赖。这是万全之策，没有比这个方案更好的方法了。

应当说，南稻北移，明代就有人试验过。明万历初年，徐贞明曾开水田于京东，成效颇为显著，不过次年"即为谗者所阻"，未能继续实行。随后，天津巡抚汪应蛟上《海滨屯田疏》，提出在葛沽开渠引水灌溉，种植水稻，可是亦未能施行。明末天启年间，徐光启又提出在北方开水田，并自告奋勇前往天津试验。然而传统观念根深蒂固，主张既得不到朝廷支持，也得不到保守的地方官员拥护，加上明末社会动荡，计划也未能得以实现。李光地再次主张推行南稻北移，并把它与治河结合起来，无疑是种创新。他为了实现自己的主张，首先在直隶河间府推广扩大水田，取得不错效果，然后在全省推广。不过，康熙帝对实行南稻北移并不大支持，因此，李光地的主张未能广泛推行，最终草草收场。然而后来实践证明，天津并非不能种水稻，最精美的"小站米"正是产出于天津。

李光地的南稻北移主张，尽管未能为康熙帝所接受，也未能广泛推行，且本身也未必全然正解，然而把治理水害与开沟渠等兴修水利事宜结合起来，还是值得肯定。而且他把治理水患与解决漕运弊端结合起来考虑，力求实现治河效益最大化，无疑是很有创见性的，亦值得充分肯定。

二、兼容的文化思想

李光地的文化思想，最为鲜明的特点，或者说最大亮点，是在学术文化方面主张兼容,博采众家之长,繁荣学术文化。这在对待理学和易学的态度上,无疑体现得较为鲜明,而在对待汉学与宋学的态度上,更是表现得颇为突出。

李光地兼容博采的学术文化思想,很大程度上来自于他的治学宗旨,即“存实心,明实理,行实事”的基本宗旨。这个宗旨的三个基本点,既相互关联,具有内在逻辑联系,又各自有不同立足点。存实心是基本指导思想,明实理是方法路径,行实事是目标。这当中,“明实理”极为重要。在李光地看来,文人学者读书治学,存实心还得明实理,才能达到治学目的。明实理,就是探究真理,判断是非,“发明道理”。他反对思想僵化和绝对化,认为任何学问皆有不足和缺陷,皆不可能完美无缺。同时,不同的学术流别,亦有各自的可取之处。因此,采取兼容态度,吸收各家之长,是治学的正确态度。他所以既不迷信陆王学说,也不盲从程朱学说,而以王学修正朱学,正是基于这种理性主义治学宗旨。同样,他对汉学和宋学采取兼容态度,也是基于这种治学宗旨。

中国向来有所谓汉学与宋学之争。汉学一词出现于宋代,宋人将汉代经学称为汉学。南宋赵师秀诗写道:“辅嗣易行无汉学,玄晖诗变有唐风。”辅嗣,即三国时曹魏的王弼,经学家、哲学家,魏晋玄学创始人和主要代表。他的《周易注》以义理为指归,打破了汉代象数易学的传统。玄晖是南齐诗人谢朓的字,诗具有唐诗风格。宋学是元朝学者对宋人学术的总称,元人文集中多见。汉学、宋学,有广义与狭义区分。广义汉学不仅指汉代经学,还指清代考据学。同样,广义宋学也超出了宋代学术范围,还把元明清某些阐释和发挥宋人学术思想的著作也纳入其中。宋学是传统儒学或称经学发展到两宋时期的产物,是宋代学者对中国儒家经典的认识学说。宋学是与汉学相对应的概念,汉学重训诂,是训诂之学。宋学重义理,是义理之学。汉学严禀师承,笃守家法,不越雷池一步;宋学疑古惑经,不守传统,敢于创立新说。宋学注重阐释古代经典“微言大义”,宋明理学就是如此。由于汉学与宋学治学方法不同,对儒家经典诠释不同,因此有门户之争,成为儒家经学史上两个对立派别。

宋学所以成为汉学对立物,是由于汉学只从辑补、校正、训诂入手,从而形成重考据训诂的研究方法。久而久之,演变为钻牛角尖,以至于有的汉代经师为解说经文一两个字,居然动用了三五千字加以考据,陷于烦琐泥坑,从而失去生命力。这导致宋学应运而生,取代了故步自封的汉学。宋学摆脱了汉学的章句之学，从经书要旨、大义、义理着眼，探究丰富内涵，所谓阐释微言大义也。清初顺治、康熙之际，理学复兴，也引发学术争论，进而引发汉学兴起。如黄宗羲批“空谈性命，不论训诂”。清代汉学兴起，有着多方面的复杂历史背景，比如康乾盛世强盛的财力和物力，生活水平的提高，使学者有可能安心从事文化和历史的考辨，从而推动学术沿考据一途发展；政府不断发起的大规模文化建设工程，特别是大量有关古代典籍的文化项目，推动学术界将注意力集中到经史典籍整理上。与此同时，清朝严酷的文化专制政策，文字狱增加，也促使一些学者远离现实，加入考据行列，使考据风气更盛，等等。不过，更为重要的是，宋明以来，学术发展本身已显示出以考据和训诂为重要特征的汉学复兴具有客观必然性。原因很简单，程朱与陆王二家观念上的纷争，如道问学与尊德性之争等，最终必定都要落实到对儒家经典的认识和理解上。而要准确理解先儒经典，就必须借助于考据和训诂等手段，充分重视和认真参考生活时代离古代较近而经学素养相对较精湛的汉儒取得的学术成就。当学术走到这一步，汉学的出现实际上已经呼之欲出了。

明清之际，不少学者不满明朝“游谈无根”空疏学风，试图用“训诂声音”的实证方法，解决理学内部学术争论及有关的其他学术问题。先是有黄宗羲、顾炎武为代表。康熙中叶后，17 世纪后期，讲究学术严谨已成为知识界重要风气，尤其是某些涵养深厚的理学名家，更是感觉到理学空谈的弊端，开始注重考据和训诂对理解儒家经典的重要性。以胡渭、阎若璩、毛奇龄为代表的学者，纷纷采用考据的方法，验证理学经典真伪，开启了 18 世纪学术转变的先河。从 17 世纪末到 18 世纪初，胡、阎、毛三家学术著作的问世与传播，从不同的角度预示着一种带实证色彩的学风的兴起，同时也宣告了理学在清朝知识界独尊地位开始步向衰落。清代汉学的兴起，既可以说是宋学发展的特殊产物，也可以说是对理学学术垄断的反对。没有理学复兴中暴露出来的种种学术问题和社会问题，可能就没有清代汉学的兴起。

清代汉学亦称为朴学，是致力于文字训诂、名物考订、古籍校勘等方面的研究。朴学又称考据学，属于汉学的范畴。李光地虽然是个理学家，并为清初理学的复兴不遗余力，立下汗马功劳，因而从学术流派讲，亦可归入宋学。可是李光地并没有那么多的门户之见，他既推崇宋学，也对朴学颇为重视，认为宋学重义理，朴学重训诂和考据，两种不同治学方法各有特点，皆有可取之处，应该“融贯汉宋，汉宋之学兼收并采”，有利于学术文化繁荣。他亲自撰写了《顾宁人小传》和《阎百诗小传》，表彰顾炎武和阎若璩这两位著名朴学家的治学态度与学问，以及他对清代著名史学家万斯同的推崇，正是他对朴学充分肯定的突出表现。

顾炎武和黄宗羲一样，尽管学术根底还是宋学，然而治学却强调实证。顾炎武曾尖锐批评明朝强化理学，导致经学不彰。按全祖望《顾先生炎武神道表》称，顾炎武说："古今安得别有所谓理学者？经学即理学也。自有舍经学以言理学者，而邪说以起，不知舍经学则其所谓理学者，禅学也。"顾炎武认为明朝修《四书五经大全》，对于学风带来极为恶劣的影响。按顾炎武《日知录》载，他说，明朝修了这部书后，"而制义初行，一时人士尽弃宋元以来所传之实学。上下相蒙，以饕利禄，而莫之问也。呜呼！经学之废，实自此始。后之君子，欲扫而更之，亦难乎其为力矣"。顾炎武又指责说："自八股行而古学弃，《大全》出而经说亡，十族诛而臣节变。洪武、永乐之间，亦世道升降之一会矣。"按《榕村全集・传》载，李光地在所撰《顾宁人小传》中，热情赞扬顾炎武重考据的治学态度，他称顾炎武："自幼博涉强识，好为搜讨辩论之学，十三经、诸史，旁及子集稗野，列代名人著述，微文碎义，无不考究。骑驴走天下，所至荒山颓址，有古碑版遗迹，必披榛菅，拭斑藓读之，手录其要以归。十余岁至七十而老，勤如一日，于六书音义，为独得。"李光地回顾自己年轻时对音韵学毫无所知，幸得顾炎武指教，可当时自己并未完全听懂。如顾炎武所说的这些话："古者同文，声与形应，凡字旁从某，音必从某。后世不悟音讹，反谓古书为叶，皆非也。唐韵承江左末流，部居悉舛，分合之间，纷不可洽。今当以《诗》《易》、周、秦之文为正，质验字傍，分者并之，合者离之，使古书无二音，然后得复其句。"李光地说后来在耿精忠叛乱期间及为父守制期间家居七年，只得独立地对顾炎武的学问进行研究，而再来北京时，顾炎武已经与世长辞了。李光地对此深以为憾。他在《顾宁人小传》中，对顾炎武学问的价值给予高度评价："有顾氏之书，然后三代之文可读，《雅》《颂》之音各得其所。语声形者，自汉、晋以来，未之有也。书既刻，厚自宝秘，曰五十年后，乃有知我者耳。尚有《日知录》数十卷，识大小，覆同异，辨是非，亦有补于学者。"李光地还向人们推荐顾炎武在地理学方面的成就，并称尽管不少江南读书人攻击顾炎武，可是在学问的"博雅淹洽"方面，近代是没有任何人能与顾炎武相比的。

李光地在《顾宁人小传》中，并没有提及他抢救顾炎武《音学五书》刻版之事，扬人善名不遗余力，对自己所做好事却不肯提起。顾炎武生前曾作

《音学五书》，晚年将这部著作交给书商刻版。顾炎武将此书厚自珍藏，秘不示人，并且说："五十年后乃有知我者。"他认为这本书在当世是找不到知音的，没想到这本书的知音竟是康熙四十四年(1705年)当上文渊阁大学士的李光地，这位当年只听他讲授过两三个小时音韵学的年轻人。顾炎武于1682年去世后，世人都不知道《音学五书》哪里去了，刻版被沉埋于扬州坊间。康熙四十六年(1707年)，书商拟将《音学五书》刻版上的字迹削去，用来刻其他的书。李光地此时也正注意打听流传在民间的珍贵典籍，有人将这个情况告知。他得到这个信息，非常高兴，立即派人将书版赎出，使这部书不致绝版而得以流传，从而抢救了这份珍贵的文化遗产。李光地高度评价顾炎武《音学五书》，称之为"不朽之书"。按《榕村续语录·诗文》载，他说："顾亭林《音学五书》是不朽之书，今之知之者鲜。顾亭林足迹几遍天下，而本乡昆腔家所谓《度曲须知》忽略未见，无惑乎怪骂退之错用韵。此圣人察迩言也，夫毛稚黄之论本此。"按《榕村续语录·诗文》载，李光地甚至称顾炎武为"千古杰出"的学者，并对那些指责《音学五书》的人皆予以严厉驳斥："本朝如梅定九之历学，不特精中西之法，能表章出《周髀》，为西法不能外。及顾宁人韵书，真不刊之业，千古杰出，前贤未之有也。毛大可作书驳宁人韵书，浅陋至甚，所谓不自知分量者。毛稚黄书却与宁人互相发。宁人吴人，而不知唱曲。稚黄则本之《度曲须知》，可叶之管弦矣。然稚黄又不知天地元音，元音惟本朝得之。音声起于歌麻，反切起于影晓，本朝起于外地。徐文定及西洋人讲求一度越千古之历，而本朝用之。自古以来，韵学不知有元音，而本朝合之，非偶然者。人须知古韵，又知唐韵，又须知今所用韵。凡学问皆须如此。"李光地对形声训诂本身不但亲自参究，而且对这一学术还相当支持。按《榕村语录·诗文》载，他说："汉有董子及刘子政、郑康成，唐有韩昌黎，宋有周、程、张、朱，明二百余年全不出人。想因靖难搜穷种类，而胡广、杨荣、金幼孜，皆迎降无耻之辈，历相多年，士气遂尽。试看其一代所传著述，可与董、刘、韩比并者为谁？即今顾亭林之音学，梅定九之算学，亦明朝所未有。徐文定之《崇祯历书》，尚是西洋人作，算不得徐氏之书。顾、梅二书，是《中庸》里边有的，一是车同轨所资，一是书同文所资。"可见他对顾炎武的治学态度、治学方式及学问皆极为推崇。

李光地推崇朴学，对清代重要考据家阎若璩治学的肯定和赞赏，也是突出的体现。阎若璩，生于明崇祯九年(1636年)，卒于康熙四十三年(1704年)，字百诗，号潜邸，先世为山西太原人。阎若璩生长于江苏淮安，科场受挫后，遂潜心著述，成为康熙时代著名朴学家。按《清史编年》载，阎若璩于清康熙十八年(1697 年)应博学鸿儒不第，留于京师，帮助徐乾学修《一统志》。阎若璩治学擅长考据，而且极其勤奋，时人称其“考据精核，前无古人”、“读书等身，一字无假；孔思周情，旨深言大”。阎若璩除作《古文尚书疏证》等，又精审地理山川形势，对州郡沿革了若指掌，著有《孟子生卒年月考》《毛朱诗说》《潜邸杂记》等。阎若璩在清代学术史上最大的贡献是作《古文尚书疏证》一书。阎若璩自年二十，读《尚书》至古文二十五卷，即疑其伪，“沉潜三十余年，乃尽得其症结所在，作《尚书古文疏证》八卷”。是书以翔实可靠的材料，从文献和史实两方面考证《古文尚书》为伪书，从而震动了当时的学术界。阎若璩的考据成就，开创了一种风气，就是用实证的方法，重新审视儒家的经典，起到了推动思想解放的作用，起到了以考证方法辨析真伪示范后人的作用。李光地在任直隶巡抚时，阎若璩曾不远千里托人将自己几部著作带到保定，送给李光地，深得李光地赞赏。李光地一直以未能与阎若璩谋面感到遗憾，待到当上文渊阁大学士后，想要请阎若璩出山，到朝廷“备顾问，搜秘府，校艺文，与诸儒上下折衷，赞经史于方微，补遗失之文献”，可是已经太晚了，阎若璩已于康熙四十三年(1704 年)去世，李光地深为悲伤。按《榕村全集·传》载，李光地在其所撰《阎百诗小传》中，充分肯定朴学的学术价值，对当时流行的华而不实的文风和贬低朴学的观点大加抨击：“今之学者，大抵搜华撷卉，为文辞之用而已。至于字义故实，书文形声，尚未有留意讲考于其间者。若大者为遗经源流，礼典同异。细而地名山川，史载人物真赝是非之迹，则岂徒以朴学置之，抑其恶赜就简，而自恬于讹陋。呜呼！文、武之道，岂有小大哉？万一朝廷举行石渠之典，吾知众籍罗凑而莫之措辞，儒者之羞，非云小缺矣！”李光地认为那些贬低朴学的人，无非是些不愿下苦功夫深入探讨而只图省力之人，是不以自己的浅陋无知为耻之人，这是儒者的羞耻。至于阎若璩的学问，则是“学极博，论极核，间有出新意，扫沿说者。究其持辨本末，悉有所据依”。李光地对此极为推崇，誉之为“专门名家”“古人不让”。他所写的《阎百诗小传》，乃是以此寄托对这位著名专家学者的深切哀思。不过，阎若璩以考据方法论证理学经典之伪，特别是作《古文尚书疏证》，论证《古文尚书》乃伪书，这又确实起到了冲击理学正统地位之作用。《古文尚书》既伪，那么理学所谓十六字“心传”之伪，也就随之大白于天下，这就使程朱理学受到沉重一击。事实上，清代学术界对阎若璩的学术成就，由于不同的立场和角度，长期存在争论。

李光地毕竟是理学家，他对某些考据学家否定理学经典的做法深恶痛绝，对阎若璩论证《古文尚书》为伪书亦不赞同。因为阎若璩论证《古文尚书》为伪书，对理学最大的打击就是戳穿了所谓孔门心传的十六字真言之神话。所谓孔门心传，即："人心惟危，道心惟微。惟精惟一，允执厥中。"出自《尚书》之"大禹谟"。阎若璩的考证在当时引起了强烈反响，赞同者诚有之，但反对者也不乏其人。作为当时理学代表人物的李光地也不赞同，按《榕村续语录·本朝人物》载，李光地说："浙东人又是一种学问，如黄黎洲、万充宗、季野，淮人阎百诗辈，《古文尚书》《周礼》两部书，便是他们仇敌。人做人，做文章，谁能尽好？看是甚么事，甚么话。朱子文字也有平常的，只是肤浅，没甚紧要精彩便了，决无悖理伤道。如人，他事有出入，不伤。此人曾不孝其父母，残贼其兄弟，纵他后来勋业弥天地，也难着推奖。黄黎洲乙卯年为典试徐果亭、钱塘令许有三延请讲学，便讲泰卦。谓此卦是指祭祀，牵强没道理，还是小儿戏语。至论人心惟危四句，为魏、晋人假造，但观《尧曰》章，只有允执其中一语可见。魏、晋人因荀子说性恶，故曰人心惟危；荀子说礼伪，故曰道心惟微；荀子说考索数语，故曰惟精惟一。荒唐至此。心与性何涉？又况有人字在。心、危又与恶何涉？道与礼何涉？荀子说礼仪三百，威仪三千此为伪，不是说道心微，又与伪何涉？况孔子明说操则存，舍则亡，岂非危乎？人着此等议论，谁复论其他！"可是阎若璩等毕竟开创了清代重实证之风，开辟出明辨真伪的治学新途径。因此，李光地还是予以充分肯定，因而在《阎百诗小传》中称："余尝慨夫老成日远，旧学凋伤，晚出后生，益将无所考质。自余登朝后，识面者长洲顾宁人、宣城梅定九、鄞县万季野，知名者尚有三数辈，而先生其一也。诸君子者，皆博极群书，能以著述自通于后。中间有专门名家者，就其所造，古人不让也。今惟定九尚老而康，时致音问，余则皆零落不可复见。每览《周易》硕果之辞，《大雅》典型之诗，俯仰斯文，不胜瘝叹。"从李光地这段话，亦可见对阎若璩还是甚为推崇。

李光地在《阎百诗小传》中，还表彰了清初著名史学家万斯同，且将万斯同与梅文鼎、阎若璩相提并论，称"诸君子者，皆博极群书，能以著述自通于后"。这是李光地推崇朴学的又一重要表现。万斯同，字季野，生于明末崇祯年间，浙江鄞县人，从学黄宗羲，博通诸史。按《清史编年》载，清康熙十七年(1678 年)，荐博学鸿儒，坚辞不就。康熙十八年(1679 年)，徐元文监修《明史》，欲荐入史馆，亦力辞。康熙三十二年(1693 年)，王鸿绪任修纂《明史》总裁，乃延至家中，委以编纂之事。《明史》最后刊定，即以王鸿绪之稿本为增减，而王鸿绪稿大半出自万斯同之手。万斯同于史书精熟，平生淡于利禄，喜奖掖后进，朝野上下无不称他为万先生。所著有《历代史表》《历代宰辅汇考》《宋季忠义录》等。万斯同是残明遗老黄宗羲的学生，黄门弟子多把主要精力放在辨析朱、程、陆、王学术异同上，而万斯同则注重史学，治学方法颇近似于朴学路数，“于有明十五朝之实录，几能成诵。其外，邸报、野史、家乘，无不遍览熟悉”。康熙十八年，朝廷开明史馆，他遵先师黄宗羲“国可灭，史不可灭”教诲，应聘北上，“以布衣参史局”。他主张修《明史》应以历朝《实录》为主要依据，可是又反对拘泥于《实录》，曾以《太祖实录》和《孝宗实录》为例，对当中某些歪曲史实、颠倒是非之处做了有力揭露。他的治史方法是，“凡《实录》之难详者，吾以他书证之；他书之诬且滥者，吾以所得于《实录》者裁之”。这种治学方法，亦完全是朴学的方法。李光地在表彰阎若璩的同时，对万斯同也予以热情表彰，这正是对其治学方法的鼓励和支持。

李光地以文渊阁大学士身份推崇朴学，倡导朴学，亲自为朴学家作传，领风气之先，对于扭转当时浮华学风，对于后来朴学的发展，即乾嘉学派的兴盛，无疑起了不小的推动作用。18世纪中叶，由残明遗老顾炎武开创的，经过长期酝酿的考据和训诂风气，逐渐形成了独立的学术风格和理论体系，标志清代朴学的兴起，并在乾隆、嘉庆年间达于极盛，故史称乾嘉学派。朴学能在后来得到蓬勃发展，李光地继往开来，热情表彰，无疑有推波助澜之大功。他所提出的“汉宋折中”的学术方向，把清代学术思想推向一个新阶段，促进了清代学术文化的繁荣，为清代朴学的产生和发展提供了强大的理论支持。近代学者梁启超和胡适都对朴学的治学方法给予高度评价，甚至把清代的朴学看作是中国式文艺复兴的重要组成部分，认为朴学的方法实际上是近代科学的方法。因此，李光地功不可没。李光地推崇朴学，倡导朴学，亦有力地推动了清代重实际、重实证、重实践的学术风气的开创，值得高度肯定。

三、崇实的教育思想

李光地非常重视教育，且担任过几年学政，直接主管教育，因此对于当时的教育现状与存在问题皆颇为清楚，并就教育的发展提出了自己的不少见解和主张。他的教育思想，最为突出的特点，乃是极力反对蹈虚空疏的学风，主张重视实际，重视实学，学以致用。

李光地重视教育，无疑是由于对教育重要功能与作用的认识。因为教育在普及知识、传承文化、提高社会文明水平、培养人才等方面皆有重大意义，最为突出表现在两个方面：一是人才培养，二是社会教化作用。就人才培养而言，教育是摇篮。自隋唐以来，历朝历代皆推行科举制度，把科举取士作为国家人才选拔的最主要途径。科举是以一定的文化水平为基础的。科举考试的基本内容，无论经义诗赋，或者策论等，都属于文化知识的范畴。文化传递在很大程度上依赖于教育。作为一般意义上的文化，它的普及与提高，基本上依靠社会教育来实现。没有相应的社会教育组织为依托，文化传递也就失去了最主要载体。学校正是承担了这个基本功能，并在相当程度上满足了科举要求。科第人物都是学校培养出来的。虽然科举取士并不完全以真才实学为标准，登科中举者未必就是人才，但是毕竟还是为国家网罗了大批人才，造就出许多在各方面卓有成就的人物。因此，教育的重要性不言而喻。同时，教育又是风化育人的中心，是施行道德教化的重要阵地。历代封建王朝奉行“以兴文治，以隆风化”的国策，以儒立国，以道觉民，尊孔重儒，教育是落实这个国策的重要阵地。正如李光地家乡嘉靖《安溪县志·学校志》所云：“学校，化原也。为教宜崇，为制宜广。故古之教者，家有塾，党有庠，术有序，示广也。大学始教，皮弁祭菜，示崇也。”又曰：“古人建国君民，必以教学为先。《诗》颂泮宫，礼先释菜。历代因庙建学，所以重报祀、育贤才，岂非为政者之首务乎！”因此历代统治者及社会有识之士，无不把教育摆在重要位置。

李光地高度重视教育，正是由于对教育功能和作用有深刻认识。按《榕村谱录合考》载，他在所撰《怀玉书院记》中，明确指出：“为政者，以新学校、育人才为先。”在他看来，兴学育人是为政者的首要任务。按《榕村语录·历代》载，他又说：“人材之兴，端由学校，太学为四方观瞻，尤属要紧。洪武虽不读书，却能以此为急务。每日下学，听诸生讲诵，即偶不至，亦令画工暗图师弟子作何营干。诸生有归省者，必赐之表里，至廪气居处之细，件件理会周到。迄今勒石学宫者，犹可考。直恁专一诚切，故虽经永乐及魏忠贤之摧残，而节义滚出。大率培养之力居多。”这里，不仅指出兴学育才的重要性，而且高度肯定明代开国皇帝朱元璋非常重视教育，因而教育对明代社会崇尚气节的风气养成起了极为重要的作用。

李光地为何重视教育，这从他所撰写的《重修泉州府学记》可以看得颇为清楚。清康熙五十年(1711 年),泉州知府刘侃重修泉州府学。竣工之际,通过举人陈万策请李光地写重修记。李光地欣然应允。按《榕村全集·记》载,他在这篇《重修泉州府学记》中,回顾了各级官学的来源,指出教育的重要性,历代有识之士皆重视教育,“夫学校之设远矣,古之知道能文者,学记备矣,重言累陈,无以为也。盖周礼在鲁,则问旧章。诸子赋诗,不逾郑志”。又称:“学校者,四术所从出,故曰学术也。其废其兴,昔人重之。《诗》曰:‘於论鼓钟,於乐辟雍。’盖言学校之盛,待文王而后兴也。又曰:‘佻兮达兮,在城阙兮。’盖言学校之废,为贤人君子所忧悯也。今天子恭承道运,以六艺渐摩四海,必世而再矣。周王寿考,则应在作人,固宜其令行风流,而蒸蒸者众。”《诗经·灵台》曰:“虡业维枞,贲鼓维镛。於论鼓钟,於乐辟雍。”李光地引用《诗经》这两句,是期望以孔孟礼乐文化,广而化之培育人才。在他看来,当朝皇帝推崇朱子学,非常重视教育,借助教育来重兴儒学源头活水,即孔子六艺之学,必将给教育带来崭新局面。他赞扬泉州知府积极兴学行为:“吾郡刘侯侃,来自齐、鲁,有‘召南’素丝之操,顾瞻郡学颓敝,怃然伤之。此亦‘风诗’城阙之志,欲望学者以嗣音也。”同时,期待府学重修后,“故先儒旧游,理学名壤”的泉州,教育能弘扬优秀传统,培养出更多优秀人才,再现曾经有过的辉煌,再次向世人证明,泉州“非僻陋荒遐,素未耀乎人文者比也。故为道前代学术源流,所以关乡国污隆者,使返其始,而维其初。庶几援古剀今,其则不远矣”。因为“泉在前代,文章科名,为天下蔚,学者谈说,至今艳之”。在李光地看来,泉州历代科第蝉联,人文荟萃,正因为“得贤牧守、师儒作而兴之”,各界人士高度重视教育,积极兴学。李光地重视教育,亦体现在行动上,这从他任顺天学政六年期间,为促进当地教育发展所做的大量工作,并得到人们的充分肯定,可以得到很好的证明。

李光地重视官学的修建,亦很重视各地书院的修建。这是因为书院既是学校教育重要组成部分,可以起到弥补府州县儒学的不足,同样具有传播文化、风化教人、培育人才的作用,而且还有个突出的功能,即充当学术研究和传播的重要阵地,尤其是理学的研究和传播。书院是中国封建社会特有的一种教育组织,是介于私学和官学之间的一种教学与学术研究相结合的特殊教育机构。从唐代至清末,书院存在了一千多年,在这个漫长历史时期中,它在政治上和教育上都有重要地位,对中国封建社会的教育发展和学术繁荣产生过相当重要的影响。书院制度的形成和发展,与入宋以后出现的理学、心学等儒家学派的学术活动紧密相关。书院起源于唐代,而书院制度的确立则是在宋代。南宋时期书院迅速兴盛,这与南宋理学兴起有重大关系。南宋理学分为三大学派,即朱熹学派、吕祖谦学派、陆九渊学派,三家同时皆不甚合,但都积极创办作为私学的书院,进行讲学活动,宣扬自己的理学思想。如朱熹为使理学能成为一种深入持久发展的学术思潮,把书院这种独具特色的教育组织与新兴的理学思潮结合起来,亲自创办了寒泉精舍、武夷精舍和后来改为考亭书院的竹林精舍等许多书院,又兴复了白鹿洞书院和岳麓书院等多所著名书院,希望以书院为基础发展儒学,宣扬理学。朱熹积极倡办书院,且亲自在书院讲学,在长期讲学实践中,积累了丰富经验,为书院制度的发展做出了不朽贡献。自此而后,书院长期成为研究和传播理学的重要阵地。

清初,朱学与王学相争,康熙帝大兴朱子学,李光地亦积极向康熙帝推荐朱子学。因此,李光地亦重视书院在弘扬朱子学方面的作用,非常关注各地书院建设。康熙五十四年(1715 年),他请假归乡,取道江西玉山、鹅湖,穿越闽赣分水关,经武夷山回安溪,途中曾访谒江西铅山鹅湖书院、福建武夷仁智书院等,分别为之文纪、诗赋。途经武夷精舍,见到康熙帝所题"学达性天"匾额,曾写下三首诗,且以"高山仰止"吟咏朱熹:"犹有手整六经在。"李光地很关心被称为东南第一学府的福州鳌峰书院,亲为其选拔山长并到书院演讲。鳌峰书院首任山长蔡璧,儿子蔡世远曾有校刊典籍经历,中举后曾协助著述《性理精义》,理学方面颇有成就,李光地极力举荐蔡世远继其父主持鳌峰书院。康熙五十六年(1717 年)春,李光地赴闽探亲经停福州,蔡世远邀其至鳌峰书院做学术讲演。他围绕理学重要命题演讲,前往聆听者千余人,轰动省城学界。讲演内容后经巡抚潘思榘整理,编为《鳌峰讲义》,影响极大。

李光地对家乡泉州的书院也非常重视,倡建安溪考亭书院乃是突出表现。考亭书院就在安溪县城,康熙五十四年(1715 年),李光地告假回安溪故里,拜访时任知县的江西永新人曾之传,留宿于新落成的文昌祠中,看到文昌祠富丽堂皇,在县学东的朱子祠却摇摇欲坠,颇为感慨。安溪原有文昌祠,因"湫陋倾圮",曾之传重建。李光地认为修建文昌祠无可厚非,但更应修建纪念朱熹的建筑,倡议建座书院。按《榕村全集·记·安溪考亭书院记》载,他对曾之传说:"俗祀文昌,盖古者司中、司命之遗。虽然,星辰河岳,必以人配。五百年来,朱子人师也,今天子崇重之优,风闻天下,敦学者知所向往。地之归也,取道西江,凡玉山、鹅湖、朱子信宿讲论焉者,其守土类能修举。吾邑为朱子奉檄往来，品题名胜之区，法得立祀，非其人不兴也，期有待于吾侯乎。”李光地阐述了几百年来朱子的崇高地位，指出当今皇帝特别推崇朱子学，学者努力弘扬朱子学，自己这次归闽取道江西，见到当年朱子住宿和讲学的玉山、鹅湖诸书院，以及福建武夷山武夷精舍等，当地官员皆积极加以修葺。同时又着重指出，朱熹当年举进士后，初仕于同安，同安西北，壤接安溪，“故朱子常往来安溪道中，喜其山水幽奇，以为绝似建阳佳处，有诗在集中可捡也”。因此，安溪理应建立书院祭祀朱子，为弘扬朱子学做出贡献；“躬与诸生课业讲艺。盖志乎续朱子之坠绪，而非特复宇生香，循春秋之故事而已”。曾之传赞同并带头捐俸，在文昌祠后购了一块地，连同文昌祠一起扩建为书院。移祀文昌于后进，祀朱子于中堂，并以朱子门人陈宓、陈淳配享。扩大前面为敬业堂，立“考亭书院”匾额。朱熹晚年由闽北崇安五夫里迁居建阳，创建考亭书院，学派亦称考亭学派。安溪创办的这所书院，亦以“考亭”命名，纪念朱子过化之功。书院落成时，还在院中竖立一块石碣，上面刻有“仙苑”两个大字，据说是朱熹所写。书院落成后，李光地又写了《安溪考亭书院记》，满怀深情地记叙书院建造经过，热情赞颂曾之传莅任安溪知县以来，以发展文教为要务，修理学宫、文昌祠等。这所书院是清代安溪较有影响的一所书院，一直存在到清末改书院为学堂时才告终。

中国古代教育，有小学与大学之分。现代人先读小学，而后是中学，然后是大学。古代人也是先读小学，然后就进入大学，或者太学，那时还没有中学这个概念，也没有这一层级学校。李光地特别重视小学，因为这是基础教育。按《榕村全集・初夏录一・诚明篇》载，他说：“古人小学，大要且养其诚心，而渐开明其知识，犹下种而使舒根也。及大学，则遂使之明理以诚其身，犹盛其枝条华叶而使成实也。夫子言弟子职，先以孝悌谨信，而后学文。成人之教，则修其文行，以归于忠信。譬诸草木，区以别矣。此圣人成己成物之道也。故朱子《小学题辞》：惟圣斯恻，建学立师，以培其根，以达其枝。小学之方，洒扫应对，入孝出恭，动罔或悖。行有余力，诵诗读书，咏歌舞蹈，思罔或逾。穷理修身，斯学之大，明命赫然，罔有内外。德崇业广，乃复其初，昔非不足，今岂有余。”在李光地看来，小学教育是人生觉悟前期，如何打好这个基础，对于以后成长之路，无疑至关重要。只有打好基础，根本深厚，才能有觉悟，进而立志追求更高目标，修身齐家治国平天下。李光地认为正因为小学教育如此重要，无论是孔夫子还是朱熹，无不对小学教育极为重视，朱子的《小学题辞》，既明确提出小学的重要性，且为之指出基本宗旨和路途。李光地还指出，现今学者不太会做学问，重要根源在于小学教育大不如前，“小学无人习得”，基础没打好，不扎实，文化素质自然下降。因此，应当加强小学教育，从头起“于小学小事去”。因为在小学小事中，“皆存个大学大事底道路在。大学只是将推广阔去，向事小时做底道路存其中，正如一个坯素相似”。也就是说，大学要以小学为基础，大事要以小事为基础，踏踏实实做好小学小事，方才能成就将来的大学大事。

李光地重视学校兴建和修葺，也很重视教师的聘用。在他看来，教师是立校之本，作为培养人才的场所，学校办得如何，固然是诸多条件相互作用，然而直接面对学生传道授业的教师是关键，是办学质量的基本保障。教师才德兼备，学校能够培养出社会所需人才，达到以兴文治，以隆风化目标。反之，素质低劣，以其昏昏，何以使人昭昭？教学质量成无本之木，提高办学水平也无从谈起。所以他认为学校建造修葺后，最大问题是教师的聘用。按《榕村谱录合考》载，他在所撰《记怀玉书院》称：“然学校之新也，必先聚集人士，而启告以圣贤为学之意。”按《榕村全集·记》载，他在《重修泉州府学记》亦说：“廨宇既修，必将延召名宿，招诱有志之士，课其道艺，成其德业，所以赞圣天子而育材广化者。”在李光地看来，所谓“名宿”，即有名望的名儒大师，兼备道艺德行。也就是说，既有渊博学问，有真才实学，绝非滥竽充数的南郭先生，同时品行也要端正，忠于职守，深爱学生，如此方能“育材广化”，达到教书育人的目标。李光地很推崇家乡先贤蔡清、陈琛、林希元、张岳、史于光等人，亦因为这些人皆是明代泉州名师。蔡清“醇品邃学”，陈琛、林希元、张岳、史于光等人，也是“皆所谓守章句，践规矩，不谬于古人明经笃行之意”的榜样，成就斐然。蔡清最为典型，既是明代著名朱子学家，也是著名教育家。尽管也当过几年官，大部分时间是在泉州从事教学与著述，为家乡教育事业做出重大贡献，影响甚为深远。蔡清仕宦短暂，刚正廉洁，家无积蓄，“居宅敝坏”，甚至“恒假贷于人”，但是始终热衷教育。弘治年间，丁母忧回家期间，闻知晋江县学生员增多需要扩建，就将祖辈在县学后面一块周长六十多丈、种有果树的园地，献给县学。蔡清学术成就与教学活动相辅相成，相得益彰，长期从事教学工作，在教学上也有自己一套理论，被称为一代宗师。因教导有方，影响日广，许多士子慕名前来求教，甚至不远千里前来拜师，因此培养了许多人才。这些著名的教育家，他们的理论及教学实践，不仅对泉州教育有重大影响，而且在全国也有一定影响，这可以说是泉州前所未有的现象。李光地对名师宿儒的重视，推荐蔡世远继任鳌峰书院掌教，也是重要表现。

李光地认为学风浮躁，不务实学，华而不实，是学校存在的最为突出问题。明代已有这个问题，且愈演愈烈。按《榕村全集·记》载，他在《重修泉州府学记》中，即以泉州为例，指出明代中后期以来不良学风的发展及其危害。他说："泉在前代，文章科名，为天下蔚，学者谈说，至今艳之。然其世升降，俗淳浇，士术人心之变，则有群然波逝其中，而莫之訾省者。盖自成、弘间，虚斋蔡先生，醇品邃学，洛、闽是承。亲炙之士，则有陈、林、张、史诸君子，皆所谓守章句，践规矩，不谬于古人明经笃行之意。泉之最盛时也。其后傅、李、许，相继魁天下，为时文师，科第遂压列郡。然而华繁实披，学又一变。及其季也，则有猖狂以坏士习，怪诡以轧文体者，余风荏苒，而吾郡亦寖衰矣。夫泉僻处海滨，为九州风气裔末，然虚斋以经解，锦泉、晋江以制举业，李贽以横议，天下皆靡然宗之，则岂非世道学术之高下，占诸吾泉而可知与？蔡、陈诸先生，励行清修，有进退大节，其时风尚淳朴。闻之长老，士大夫有休官而美田宅者，衣冠不齿也。其后则役于名利者多，又敝则破行检，作毒害，乡闾苦之，而至今为梗。此又乡俗人心淳浇之判。然其所以然者，亦源乎世道学术而已矣。呜呼！"在李光地看来，明代成化、弘治年间，泉州的蔡清、陈紫峰诸先生，"励行清修，有进退大节"，影响极大。正是在这些先贤的带动和引导下，泉州曾有很好的学风，因此涌现出大批有真才实学的人物，亦为世人所瞩目。可是明代中后期以来，学风越来越糟糕，造成的危害，直至清朝建立以来，仍然没有完全消除。这实在令人感慨。李光地认为明朝不讲实学，学风浮躁，"风气杂驳，破弃绳尺，争脱略为名高"。恶劣现象由来已久，即如"靖难之变"，也是不讲实学所造成，嘉靖、万历年间，不良学风愈演愈烈。按《榕村全集·引》载，李光地在《重修蔡虚斋先生祠引》中又称："昔明之中叶，士大夫讲学论道，比于宋南渡时。维时北方之倡者，莫著于河津，而月川、泾野之徒，前后相望焉。南徼学者，则康斋发其端，其徒余干、白沙，相与张而大之。然二子者，同游康斋之门，而所学迥然，绝无毫发肖似。其后遂有姚江王氏，标新立异，一时靡然宗之。其声华游从之盛，又非从前诸子之所及也。"李光地还尖锐指斥明末不少读书人，"端坐竟日，心了不动"，弄得不佛不儒。这种恶劣学风，延续到清代，对于人才培养危害极大，无疑令李光地痛心疾首，也不能不让他反复思考，儒学浅陋，学风华而不实，问题症结究竟在哪里？

李光地认为学校学风不正，既来自片面追求科举，更与八股文盛行有重大关系。按《榕村全集·引》载，他在《重修蔡虚斋先生祠引》中，尖锐地指出："自鼎革至今，吾闽苦于兵乱，学士咿唔，仅以应举，先正之学渊源荒焉。"按《榕村续语录·治道》载，他又说："八股取士弊坏极矣。"这种见解，显然很有道理，道出了问题要害与重要根源所在。人才选择既以科举为基本途径，这本就容易造成举业至上思想的膨胀，使学校办学宗旨逐渐偏离，办学目的逐渐被颠倒过来，向科举输送合格生员成为基本目标，居于最重要地位。这就要求对科举制度不断改进和完善。然而从明代开始，科举制度改造不但没有沿着正确方向发展，反而步入歧途，八股文盛行正是集中表现，它使科举制度日渐僵化，亦对学校学风带来恶劣影响。学习内容被八股文所取代，学校原有教育职能进一步丧失。读书人埋头于无用的八股文习作，以八股文为敲门砖，准备科举，追求功名，想借此飞黄腾达。一旦乡试、会试获选，得到一官半职，就算是大功告成，不管是否学得真实学问。所谓圣贤之学、义理之学、训诂之学，不能不被置之脑后，甚而抛到九霄云外。专究制艺，不务实学，成为普遍现象。学校的掌教和教师，同样将大部分精力用于无用之学，"其主讲之得名者，大抵揣摩风气，决取科名已耳"。既然应对科举成为主要目标，八股文章又成为科举主要内容，那么课督学生做八股文章，成为基本价值取向，也就不足为奇了。因此，无论府州县学或者书院，教育日益形式化，愈来愈偏离正常轨道。不过，在李光地看来，尽管学校不良学风与科举有重大关系，然而学校既不可能也没有必要抛弃科举。尽管学校之设本非为应科举之需，然而在科举制度日趋严密，取士之道几乎归于科举一途的背景下，学校要割断同科举的联系是不现实的。何况科举制度本身并没有错，问题在于人们对科举态度不正确，片面追求科名，忘记古人所以为学要义所在。因此，正确的态度应当是重视科举的同时重视务实学。李光地提出的科举改革措施，也正是基于这样的思路，试图通过改革科举扭转学校的不良学风。

李光地针对脱离现实的不良学风危害，明确提出"灭空疏之学，倡经世致用"的主张。按《榕村全集·序一》载，他在《进读书笔录及论说序记杂文序》称："盖古今之言学者，莫不曰帝王之学与儒生异，臣以为不然。夫溺于技艺，滞于章句，以华藻自娱，以涉猎相高，岂独帝王哉！虽儒生，非所尚也。若夫穷性命之源，研精微之归，究六经之旨，周当世之务，则岂特儒者之所用心？帝王之学，何以加此？盖高宗所谓恭默以思者，性命之源，精微之归也；其所谓学而有获者，经训之旨也；其所谓监而罔愆者，当世之务也。此古今言学之宗，亦古今为学之准也。”在李光地看来，为学与治道目标一致，儒生之学与帝王之学目标一致，皆是穷性命之原，研精微之归，究六经之旨，周当世之务。因此，尖锐抨击学校脱离现实的学风，呼吁戒除空疏，强调要注意当今社会需要，重视实学，让学生能多学些实际知识，努力培育出有真才实学的人才。因为说到底，没有真知识真本领，只会空谈，这种人于社会是没有用处的。

李光地推崇朱熹，推崇闽南先贤蔡清、陈琛、林希元等人，重要原因亦在于这些先贤所倡导的学风。按《榕村全集·引》载，他在所撰的《重修蔡虚斋先生祠引》称：“吾闽僻在天末，然自朱子以来，道学之正，为海内宗。至于明兴，科名与吴、越争雄焉。暨成、弘间，虚斋先生崛起温陵，首以穷经析理为事，非孔孟之书不读，非程朱之说不讲。其于传注也，句谈而字义，务得朱子当日所以发明之精意。盖有勉斋、北溪诸君子，得之口授而讹误者，而先生是评是订。故前辈遵岩王氏谓，自明兴以来，尽心于朱子之学者，虚斋先生一人而已。自时厥后，紫峰陈先生、次崖林先生，皆以里閈后进，受业私淑，泉州经学，遂蔚然成一家言。时则姚江之学，大行于东南，而闽士莫之遵，其挂阳明弟子之录者，闽无一焉。此以知吾闽学者守师说，践规矩，而非虚声浮艳之所能夺。然非虚斋先生，其孰开之哉？今经学久晦，士大夫好尚趋向，庞而不纯。浮华之徒，转相夸毗，独至《蒙引》《存疑》《浅说》《通典》诸书，则行于海内，家习而人尚之，翕如也。故尝以为吾闽之学，独得汉儒遗意。明章句，谨训诂，专门授业，终身不背其师言者，汉儒之学也。师心任智，灭裂卤莽者，近代之学也。是二者，孰古孰今，孰淳孰薄，后之君子，必有辨之者。自鼎革至今，吾闽苦于兵乱，学士咿唔，仅以应举，先正之学渊源荒焉。地窃不自量，方将以山林余暇，与同志之士，诵乡先生之遗书，蹈前修之典刑，庶几那与卒章之志。”在李光地看来，蔡清倡导的务实学风，学以“穷经析理为事”、“务得朱子当日所以发明之精意”，无疑非常值得赞赏。陈紫峰、林希元等人，继承这种优良学风，在闽南以至整个福建，产生了很好影响。这些闽南先贤，无论作为学生或作为教师，读书治学，皆非徒以追求科举。恰恰相反，首先追求的是真实的学问，极力反对“无用之空言”，提倡“有体有用之言”，并在行事上加以践履和验证，实现修齐治平的志向。这与明代中后期出现并延续下来的“仅以应举”为目标的恶劣学风，形成了鲜明对照。因此，弘扬经世致用的务实优良学风，扭转“虚声浮艳”的华而不实学风，无疑是学校非常重要的任务。李光地不仅这样说，而且亦加以践行。按《文贞公年谱》载，他任顺天学政，受命之后，提倡博学，重视务实学。他发现“畿辅固多英俊，但沿俗学之弊”，最为突出的表现，就是不认真学习经书古文，只是为了应对科举，这对培养人才危害不小。因此，提倡通经学古。他告知生童，凡能诵读两三经如《小学》以及古文辞多者，百篇以上者，稍有文采者，皆予以擢拔，以此作为鼓励，扭转不良学风，达到学以致用的效果。

李光地还借提倡孔子六艺来提倡实学，反驳成年人只讲心性不讲六艺的说法，强调成年人也不能不研究六艺，且要付诸日用实践。按《榕村语录·大学》载，他说：“今人动言，小学只习礼、乐、射、御、书、数，到入大学，便专讲心性。从来无此说，不想洒扫、应对、进退之节，礼、乐、射、御、书、数之文，节、文二字作何解？即是童子不知登降周旋所以然之故，但习其节目；文是童子不知礼、乐、射、御、书、数所以然之理，但诵其文词。到后来成人时，便已熟惯而知其用，日用而益明，精义入神，下学上达，不离乎此。非大学后便不提起六艺之事也。”李光地反复强调学习六艺是要紧之事。按《榕村续语录·学》载，他明确提出：“六艺真是要紧事，礼乐不消说，射不可不知。但今日之架式，要弯身才好，看古人却云外体直。至于御，今已无之，骑马即御也。古时太守领兵，文武未始分，若是一旦朝廷以武事命之，不能骑射，如何使得？大将尚可，偏裨岂不殆哉！至书算，试看岂可阙得。本朝顾宁人之音学，梅定九之历算，居然可以待王者之设科。”在李光地看来，六艺不可不学。按《榕村语录·治道一》载，他曾对弟弟说：“六经外，六艺皆当留心。文武既分途，射、御暂可不讲，至礼、乐、书、数，实要紧事。书学有顾宁人，数学有梅定九。《音学五书》后，第补声气之源一卷，便完全。定九再将《历论》补几篇，仍做出九数存古，亦算完备。乐某留心数十年，其书规模具存胸中，只得一年工夫便成。至礼，须弟具稿后，再共斟酌。”李光地除提倡学习六艺外，亦极力提倡学习“专门之学”。按《榕村语录·学二》载，他说：“今专门之学甚少，古来官制、田赋、冠服、地理之类，皆无精详可据之书。此等必实实考究得源源本本，确有条贯，方好。”又说：“学者所当学者不止六艺，如天文、地理、形胜、农桑、医药、河渠、兵法、政事、算学，皆切实用当学。”也就是说，无论地理、天文、农桑、形胜、医药等皆应重视，皆应纳入学习范围。李光地曾赞誉闽南先贤黄道周及明末崇祯朝大学士泉州人蒋德璟等，称这些人皆学问广博，如黄道周“不独知乐律，天文、地理，以至礼乐制度、医卜、星相，无所不通”，“非术数之学耳”。所有这些都表明李光地对专门之学甚为看重。督学直隶期间，亦努力践行这种思想。按《榕村语录·治道一》载，他说：“教养人材最要紧。某督学直隶时，于文武童生中，有能背诵四书全经小注，及三经、五经，并有臂力武艺者，皆试之。文理粗通，便为拔取。此是劝诱之法，久之，自然皆归实学。六艺之风，庶几可复。”在李光地看来，只要思路明确，态度端正，积极倡导，并持之以恒地实施，那么学校务实学之风必然兴盛，教学教育也就会回归本旨。

李光地认为学校教育，引导学生立志非常重要，应放在优先位置。在他看来，立志是为学的关键，只有立志才能努力向学，才能学有所成。按《榕村续语录・学》载，他说：“盖人读书不怕身顽，怕心顽。有声色货利，终身沉溺其中，一肯回头，便能直入者。若口不绝吟，足不出户，经年诵背，终身无成者，以其坐弛也。……非有他声色戏弄之事，只是中举人、进士，如何荣耀，如何做官，如何归里，如何享受，此一念无时不盘算，无时可休歇。以此至老，口虽读，心未尝在也。”在李光地看来，如果不能立志，没有远大志向，心思沉溺于声色犬马，即使终日诵读不停，终身亦难有成就。因此，学校在这方面作用至关重要，应积极引导学生立志，激发出学习的主动性和自觉性，使学习活动朝着正确的方向持之有恒地进行。按《榕村语录・大学》载，他在解读《大学》知止节时又说：“古人先有小学一段工夫，聪明已开，趋向已正，故《大学》直从明新说起。然毕竟有个头，有个根基，立志是个头，从心上打叠是个根基。此节便是此意。知止者，知道要做何等事、何等人，如此然后志有定向。志既定，虽旁边有人戏闹，都似不闻不见一般，非静而何？既能静，虽走到戏闹场上，自然不被他引去，只安然在此，非安而何？心至此，于事理方能入，才可用格致工夫，所谓能虑也。理明然后可实体于身，实措于事，所谓能得也。得之于己，即天下之理得矣。意诚以下之事也。……立志以端其本，居敬以持其志。志立乎事物之表，敬行乎事物之中，而义乃可精。”这段话进一步阐明立志是关键，是为学根基，古人为何从小学就注重这个问题，原因亦在于要让学生早早立定志向，知道应当做什么事，成为什么样的人，认定方向，然后努力去做。立定了远大志向，就不会轻易受外界诱惑，就会排除杂念，专心致志学习，也就能取得学习成效。所谓居敬持志，说的也正是这个道理。李光地认为立志的关键首先在于明理，想明白为何要立志，立什么样的志。按《榕村语录・下论》载，他在阐述《论语》博学章时又说：“盖不博学无以为笃志之地。然博学而不笃志，徒以广见闻，资口耳而已。笃志是鞭策所学，必定要讨个实理。不切问无以为近思之志，然切问而不近思，徒求之事迹而已。切问已是切于事情，裨于日用，近思却又体验到自己身心上去。”这段阐述博学与笃志的关系，着眼点亦在于立志问题。在李光地看来，立志还是根本，但立志必定要先明白道理，所以要有切问，又要有近思。如此方能明白，方能笃志。

李光地高度重视学校“义理”教育，亦即道德修养教育。按《榕村全集·序一》载，他在《进读书笔录及论说序记杂文序》称：“臣惟学之于天下，大矣。自古未有言学者，言之自殷高宗与傅说始。彼其所谓多闻学古，时敏逊志，与夫教学之相半，始终之克念。又曰非知之艰，行之维艰。此皆自后世聪明才智之士，所不屑留意于其间者。而彼以天纵之君，帝赉之佐，孳孳相勉，若将不及。是以君则继成汤嘉靖于殷国，臣则与阿衡媲美于有商。学之关于治道如此。”李光地认为创办学校的目的不外乎两点：一是进行教化，化民成俗，即进行以明人伦为核心的思想政治教育，达到道德教化的目的。二是为国家和社会培养所需人才，尤其是向科举输送合格生员。这两点虽有联系亦有区别，而教化始终最为重要，是维护社会秩序关键所在，是国脉所系，办学就是为了培养这个国脉。随着科举制度的发展，学校注重科举文章，忽视义理教育，导致所培养学生难以完全满足国家和社会需要，成为越来越突出的问题。因此，鼓励实学的同时要注重敦士品，加强穷理修身教育，培养更为合乎国家和社会需要的有体有用人才。

李光地反复阐述读书与义理关系，强调学校教育应以义理为先。按《榕村语录·学二》载，他明确指出：读书“但记诵所以为思索，思索所以为体认，体认所以为涵养也。若以思索、体认、涵养为记诵带出来的工夫，而以记诵为第一义，便大差。必以义理为先，开卷便求全体大用所在。至于义理融透浃洽，自然能记，即偶然忘记亦无害。程朱亦然。”这里所讲的义理，核心当然是封建伦理道德规范，是儒家所宣扬的理想人格。按《榕村语录·治道一》载，李光地又说：“读书人须看得宇宙间事皆我分内才好。郡国立学，多方培养，不过要培养得此意出。”在他看来，学校培育出来的学生，首先应懂得如何做人，应是深明义理并能自觉践履的谦谦君子，以自身高尚行为成为社会的道德楷模，并以此带动社会道德水平的提高。因此，无论府州县学或者书院，皆应高度重视义理教育。他特别强调义理教育应从小学开始，让小学生从古人那里学些为人处世道理，非常重要。按《榕村续语录·学》载，他说：“小学生最先要把‘不勉而中，不思而得，从容中道’与他讲明，并非令人劳，而圣人逸说话。所谓圣人者，不待有所策励，不待人劝勉，而始从事于道理也。孜孜汲汲，自不能已，劳悴勤苦，万倍常人。试观尧舜之战兢惕厉，禹之勤劳，文王之亹亹、勉勉、翼翼，夫子之不厌、好古、一愤、一乐、不知老之将至，岂是坐卧优游之所为？信如此，何以谓天行健，君子以自强不息乎？特学利者，必待有所触发强制，而乃与天理合。如汤之制事、制心，武王之不泄、不忘是也。困勉者，则困心衡虑，征色发声，而后能作能喻也。此最要紧，习见之错入其胸中，便为暴弃之根，宜先与子弟破除也。”在李光地看来，义理教育不仅应贯穿于整个办学过程，而且应渗透于教学方方面面。例如重视《小学》《性理》《近思录》等必读教材，以此熏陶学生灵魂，养其仁义、礼智、忠信、孝悌之性，充其恻隐、善恶、谦让、是非之心，“立读书做人之基本”。因为这些读物都是较为典型的道德文章，阐述的是做人处事的基本准则，包括修身、治心、事亲、接物等，是为学者必须知晓并牢记的伦理道德准则。再如学校条规、学规等，也是以思想教化为灵魂，对学生进行伦理道德教育的重要工具。尤其是学规，所谓“德行为先，文学次之”的明确规定，正是其集中的反映。

至于府州县儒学和书院的祭祀对象，实际上也都是伦理道德方面的楷模，是对学生进行教育的一种重要措施。把这些人供祀于学校，通过定期、不定期的祭祀活动，祭奠儒家的先圣、先师、先贤，可在学生心目中树立模范人物形象，培养知礼义、明廉耻的思想品质。所谓“祀先贤以教德”、“思其人尊其道”、“景行高山，人心向往”，正是说明这一点。李光地在家乡倡建书院，祭祀朱熹，也有这种用意。他非常推崇蔡清，亦因蔡清是这方面的楷模。蔡清非常注重学生品德修养，提出“学宜养正性，持正行”，意思是读书应品行端正，还教人在读先贤著作时，应以“思索义理为先”，不能把注意力只集中在文词上。因为义理弄清后，词气也会自然通畅。蔡清还以自身德行影响学生，他平易近人，待生如友，对家境贫寒学生，不但不收束脩，还为之安排食宿，甚至给予添衣。在李光地看来，通过各种途径加强义理教育，可以起到很好的潜移默化作用，对学生人格的锻造、心灵的洗涤、情操的陶冶、人生观与价值观的形成，会产生重大影响，使之能辨别是非，分清善恶，懂得美丑，具有远大抱负，以及为实现抱负所必需的坚定不移的意志，锲而不舍的精神，坚韧不拔的毅力。按《文贞公年谱》载，李光地任顺天学政，亦在这方面做了大量工作，如刊刻《朱子语类四纂》等，让生童学习，“以贻学者，立其根柢”，达到“破俗还淳，以端士趋，兴雅化”目的。再如经常亲自为生员讲学。生员有疑难问题，耐心为之讲解，从容剖析，释疑解惑。生童中有文章写得比较好的，往往辑录作为示范，奖掖优秀，“辄录以示劝，为之背诵，至漏下二三鼓不倦”。考试日发题时，先为解释试题主旨，而后让学生作答，剖析义理。经过不懈努力，顺天地区“士气顿伸”，学风大变，亦得到高度肯定。按《榕村谱录合考》载，某日，朝廷大臣王士祯，在朝廷上见到李光地，就对李光地这方面大为称赞：李公督学京畿，我有两句话奉颂，即“以正事端士趋，以宽大培士气”。

李光地还提出，学校教育应重视教学方法，遵循循序渐进，由浅入深，由简而繁，由易到难的原则。这也是朱熹总结出的教学法。朱熹作为教育家，根据自己长期的读书经验及对前人读书经验的概括，提出了许多精辟见解，总结出一套读书方法，用以指导学生读书。他的弟子将其概括为著名的朱子读书法六条，即循序渐进，熟读精思，虚心涵泳，切己体察，着紧用力，居敬持志。这套读书法较集中地反映了中国古代对于读书方法的研究成果，当中不乏合理的内容。李光地非常认同朱熹这套读书法，并认为应当继续加以弘扬光大，运用于现今的学校教育。如朱熹按照循序渐进原则，把书院分为小学和大学，规定了不同时期不同的教育特点，据此特点建立了由浅入深、循序渐进的新学统，规定了课程体系的不同层次。李光地就非常赞同，并加以阐述发挥。按《榕村全集·观澜录·学》载，他明确提出：“学者畜也，畜者聚也，君子学以聚之。故懿文德者，威仪节文之修，小学之事也；多识前言往行以畜其德，穷理尽性之要，大学之事也。傅说曰：人求多闻，学于古训，乃有获。逊志，务时敏，厥修乃来。允怀于兹，道积于厥躬。念终始典于学，厥德修罔觉。古之言学者如是，何近世之异也，岂非释、老之余酷乎？”这就是循序渐进的原则体现。按《榕村全集·要旨续记》载，李光地又说：”大学之教，格物，智也；诚意，仁也；正心、修身，礼义也。夫子所谓智及、仁守、庄莅、动礼，亦其序也。小学之教，则幼仪、子职，作其恭也；则古、称先，定其志也。敬已成矣，志已立矣，于是明明德于天下。故曰敬志本也。”这也正是朱子分阶段教学法，大体先读《小学》《近思录》等通俗易懂的启蒙读物，进而读四书及有关集注，进而读五经、史鉴及其他天文、历法等较深奥的书籍。所谓“基址既定，然后可渐次扩充”，说的正是这个道理。这种教学程序，既有系统性，又有阶段性，目标明确，步骤清楚，有利于学生打下较为坚实基础，一步一个脚印，最终获得系统与深入的知识。按《榕村语录·学一》载，李光地又说：“为学须步步踏着阶梯，得尺主尺，得寸主寸。朱子言子静门徒仰视霄汉，此当为戒。”在他看来，朱子循序渐进的原则，实际上也是教学基本规律的要求，学校要达到良好教学效果，不能不遵循这个规律要求，从简单易懂的内容入手,使学生较易理解和掌握,打下较好基础,然后不断向更高深层次推进。欲速则不达,不顾学生实际接受能力,在其欠缺相应的基础知识时,就把那些深奥难懂的书籍强行塞给,实际上不可能取得预期效果。同时,李光地认为要注意指导学生温故知新。按《榕村语录·学二》载,他说:“读书博学强记,日有课程,数十年不间断,当年吴下顾亭林,今日四舍弟耜卿,皆曾下此工夫。亭林十三经尽皆背诵,每年用三个月温理,余月用以知新,其议论简要有裁剪,未见其匹。耜卿亦能背诵十三经,而略通其义,可不谓贤乎?”按《榕村语录·学二》载,李光地又说:“孔子说得极平常,都是自己有得之言,说一个温故,说一个时习。可见不温、不习便无处得说与知新。……人于书有一见便晓者,天下之弃材也。须是积累而进,温故知新,方能牢固。”这些见解也是自身经验之谈,无疑甚为精辟,非常正确。

总之,李光地不仅高度重视学校教育,且针对当时学校教育存在的突出问题,提出了一系列富有见地的理论主张,并身体力行,积极加以践履,因此得到高度评价。按《清儒学案·安溪学案》载,时人评曰:“本朝诸名公,称善育才者,必以光地为首。”

四、并蓄的宗教思想

李光地的宗教思想也颇有特色,尽管他是儒教忠实信奉者,然而对各种宗教的态度,尤其是对佛教和道教态度,亦如宋明以来道学家那样,予以兼容与并蓄,且表现得更加明确与坦然。不仅如此,李光地还提出“三教源头不同而工夫却同”的见解,并进行了较为深入的阐述。这又比宋明以来的道学家更进一步。

宋明道学出现之前,儒释道三教作为中国古代影响最大的三种不同的思想体系,实际上已有初步融合。所谓融合,就是三教互相吸收对方思想资源以发展自身。中国儒释道三教,虽然有各自思想特质和中心思想,在历史上形成相对独立发展脉络,但三教在冲突中亦逐渐走向融合。道教的成立本身也是对佛教的反应。佛教是外来信仰,因此有人对之产生反感,于是中国原有的神仙家、阴阳家和民间封建迷信者便联合起来成为道教,与佛教对立。佛教传入中国之初,为使中国人能够接受,亦主动与道教保持融洽关系,并相互借鉴。对于道教而言,它从佛教那里借用了大量东西,诸如制度、仪式等，某种意义上甚至可以说，道教是利用佛教资源发展起来。对于佛教而言，由于道家道教某些术语与佛教有相通之处，因此佛教通过对道家术语的“格义”来传播佛教，有助于中国人接受佛教。至于儒家，亦从佛教和道教那里吸取了某些东西，以不断充实自己。儒门大家，特别是中晚唐以后，常以辟佛老为己任，可是又暗通佛老，在深层次上会通三教。简而言之，儒释道三教各自发展历程不同，但以孔子为主的儒家思想，以老子为主的道家部分思想，以释迦牟尼为主的佛家思想，经过魏晋以来的交流融合，在隋唐时期初步实现了思想上的融合。宋明道学的产生，标志着三教合流的完成。

如果说，先秦隋唐的三教融合是儒释道相互吸收利用以发展自身，那么宋明道学则在这个基础上，将三教思想优势集中于一身，完成了三教合流。宋明道学的思想来源有三：一是儒家本身，二是佛家和包括以禅宗为中介的道家，三是道教的宇宙发生论。道学前驱周敦颐、邵雍和张载的早期道学宇宙论，更多地吸收了道家思想；道学奠基者二程开创的道学二派中，理学一派受道教影响较多，心学一派受禅宗影响较多。宋明道学的形成是三教融合的最终结果，即三教合流。三教合一，是中国历史上中外宗教文化交流的最后归宿。道学是一种既贯通道教宇宙自然观和佛教人生命运观，又继承孔孟正宗或称根本的思想，并能以此治理国家的新儒学，从而成为宋明时代占居主导地位的儒家哲学思想体系。

宋明的道学，无论是道学宗主周敦颐，还是程朱理学，抑或是陆王心学，说到底，皆是儒道佛三教合流的思想体系。他们既以儒家道统继承者自居，同时又吸取和改造佛教和道教心性学说，从而使儒学成为富于思辨性的精巧唯心主义体系。如道学宗主周敦颐，据《鹤林寺志》载，与鹤林寺寿涯禅师友善，读书于鹤林寺，并拜寿涯为师，“读书寺中，每师事之，尽得其传焉。其后二程之学本于茂叔，皆渊源于寿涯云”。按《宋元学案》载，周敦颐从寿涯处得受“有物先天地，无形本寂寥。能为万象主，不逐四时雕”偈语，因此悟道，后来作《太极图说》。又追随名僧东林总求学，东林总叫周敦颐静坐，月余忽有心得，呈诗一首道：“书堂兀坐万机休，日暖风和草自幽。谁道二千年远事，而今只在眼睛头。”东林总认为周已得道，结青松社共讲禅学。东汉道士魏伯阳著《参同契》，讲炼丹秘诀。唐末道士陈抟总括秘诀制成《无极图》，刻于华山石壁。周敦颐进而把陈抟《无极图》改变成为论证世界本体及其形成发展的图式《太极图》，并作《太极图说》，从而建立起以孔孟正统思想为主兼容佛道二教的唯心主义本体论学说。至于二程、朱熹、陆九渊、王阳明等大儒，长期研读佛教，虽以辟佛标榜，却深受佛教思想影响。程朱理学的奠基人和集大成者朱熹，就是借用佛教“月印万川”比喻，阐说“理一分殊”思想，把天理看作一切价值之源泉。按《朱子语类》卷十八载，朱熹说：“释氏云：一月普现一切水，一切水月一月摄，这是那释氏也窥见得这些道理。”朱熹提出“人人有一太极，物物有一太极”观点，就是来自佛教华严宗因陀罗网境界。朱熹所讲“一旦豁然贯通”的工夫，也是来自禅宗之顿悟。朱熹还曾悉心研究《阴符经》《参同契》等道教经典。陆王心学，更近乎道教和禅宗。王阳明学说以致良知著称，经常以“精气神”等带有道家色彩的术语解释良知。他所谓“内无所果，外无所累，自然自在……彻骨彻髓，超然于一身，自然轻清，自然灵”境界，亦就是道教所谓真人、至人、神人境界。达到这种境界的人，对于活着并不会感到特别兴趣，对于死亡也不会感到特别忧伤；睡觉不做梦，醒来不操心。王阳明自存本心的方法，完全是从禅宗脱胎而来。所谓“一是即皆是，一明即皆明”的顿悟，就是禅宗所谓“一念愚即般若绝，一念智即般若生”；所谓“摒除物欲意见的减担”，就是禅宗所谓“时时勤拂拭，勿使惹尘埃”；所谓致良知，就是禅宗所谓“若识自性，一悟即至佛地”。王阳明还认为儒家以养德为务，道家以养身为重，两者其实“只是一事”。王阳明同时强调佛道两教与儒学仅有极微差异，他在《传习录·上》说：“二氏之学，其妙与吾人只有毫厘之间。”

但是宋明以来的道学家，除了道学宗主周敦颐无法隐瞒其对佛道二教的吸取外，无论是程朱还是陆王，都是在反对佛老的旗号下偷运吸取佛道二家的学说。朱熹悄悄地吸取了佛教唯心主义的根本观点，然而在表面上却攻击佛教不遗余力，认为佛教“只见得个空虚寂灭”、“至禅则义理灭尽”。陆九渊、王阳明也和朱熹一样，既悄悄地吸取佛道二教思想，又偏要在表面上做出与佛道二家毫无瓜葛毫不相干的样子。王阳明是陆王心学的代表，曾用很多笔墨来辟佛老。在他看来，道家的讲虚，佛家的讲无，都还是只就养生或解脱而论，未能如他的儒学从本体上立论。他对佛教批评十分直白，认为佛教逃避了儒学所讲的“三纲责任”。很显然，儒门大家，在辟佛与援佛之间，以儒门性命之学统摄佛老，而非排斥二教。这种看似矛盾的心态，折射出思想深度融合的努力。会通佛老，重建儒家，要在思想层面重新奠定儒家主导地位，而不仅仅是从实用目的和社会分工角度去平衡三教。但是无论朱熹或陆九渊，还是王阳明，在对待佛道二教的态度上，毕竟都不够正大光明。

李光地则大为不同，虽然与同时代儒学大师一样，亦出入于儒佛道三教经典和诸子学说，但是并不囿于一家之言，而是兼收并蓄，权衡论定，并赋予其反映中国社会发展新动向的时代特征。而且没有隐瞒自己的态度，表现得甚为坦荡，光明正大。这种宗教思想，除了与其研读过不少佛教和道教书籍，因而对之有较深刻理解外，亦与家乡泉州特殊的宗教文化氛围有密切关系。

宗教文化繁盛，多种宗教并存，是泉州宗教文化最大特色，也是闽南文化的突出特色。历史上的泉州，几乎世界上所有影响较大的宗教，佛教、道教、伊斯兰教、古基督教、麾尼教、印度教、日本教、犹太教和拜物教等等，都曾经在这里拥有一席之地。而且并存的各种宗教，有好几种均有不凡表现。诸如佛教，历史上的泉州，佛教极为盛行，有闽南佛教三大丛林之称的开元寺、承天寺、崇福寺，有著名的东西塔，还有多得数不清的大小佛寺。道教，流行甚早，也甚有市场。西晋太康年间，泉州就建了座很有名气的道教宫观元妙观。五代时泉州人谭峭，道学造诣声名远播，在全国道教史上亦占有一席之地，所著《化书》流传至今，被认为是继《道德经》《南华经》后道教又一部经典著作。宋代，泉州更于清源山南麓凿出一尊道教始祖李老君的大石像，高达五米多，厚七米多，宽七米多，神采动人，气势不凡，名闻遐迩。至今仍是泉州一张名片，慕名观赏者络绎不绝，甚至登上央视每天天气预报栏目。伊斯兰教，在它创立后不久，就已开始进入泉州。泉州市区东郊灵山上，有两座伊斯兰教石墓，墓中的两个人，据说是伊斯兰教创始人穆罕默德四位嫡传高徒中的两位，即“三贤”与“四贤”。北宋，泉州涂门街建了座规模宏伟的清净寺，现为国家重点文物保护单位。摩尼教，这是公元3世纪中叶伊朗人摩尼创立的宗教。这个在世界上传播并不广泛的宗教，亦很早就在泉州占有一席之地。泉州城南晋江尚存一座摩尼教教寺，俗称草庵，是全国现存罕见的摩尼教遗迹，成为国家重点文物保护单位。此外，婆罗门教、基督教，都曾在泉州传播和发展，留下了各自的踪迹。这些宗教，既有中国土生土长，如道教，然而更多的则是从世界各个角落进入的洋教。各种宗教林立，争奇斗艳，这种现象在全国不多，甚至可以说极为罕见。因此，泉州有所谓“宗教博物馆”之称。更为令人叹为观止的是，洋洋大观的各种宗教，长期以来在泉州和平共处，彼此相安无事。它确实体现出历史上的泉州，具有更为开放的思想，更为宽广的胸怀，更为包容的态度，更具兼收并蓄的精神。李光地青少年时代长期生活于闽南，不能不深受这种文化的熏陶，并对其宗教观产生深刻影响。而且从他所写的文章看，他在闽南期间与宗教人士多有接触。因此，如果说他能具有较为务实和开放的宗教观，尤其对于佛教和道教具有兼收并蓄思想，且勇于公开承认自己的态度，那么这无疑与长期闽南家乡经历有着密切的关系。

正是由于对儒释道三教有较为深入了解，同时亦由于务实的态度，李光地认真辨析佛道两家与儒家学说异同点，不仅肯定佛教和道教某些思想因素，而且坦然接受佛道二教思想的某些因素，认为儒家学说也可包容佛道两家坚韧的“修养工夫”，从而将佛道思想纳入儒家的积极入世观，以此来弥补儒家学说的内容。这对于振兴清代学术，繁荣清代文化，无疑亦值得充分肯定。

中国自魏晋以来，即有所谓儒佛道“三教同源”而“工夫不同”的说法。三教同源说，南朝梁武帝萧衍所创，核心是指儒教和道教同源于佛教，老子和孔子是佛陀释迦牟尼弟子，释迦牟尼和老子、孔子是师徒关系。最高的佛教是黑夜里的月亮，次等的儒教、道教则是拱月众星，彼此既有高下区别，又相互烘托，交相辉映。儒、道之所以低于佛，是因为只能求世间的善；佛之所以高于儒、道，是因为能使人成为出世间的圣人。儒、道和佛是世间和出世间的区别，是凡圣的区别。李光地对这种传统观点持否定态度，提出三教“源头不同而工夫却同”的观点。这不仅反映出力求对儒家学说与佛道二教的区别做更严格辨析，而且折射出以佛道二教思想要素来补充儒家学说的鲜明态度。

李光地提出的三教源头不同，主要着眼点在于辨识儒家学说与佛教道、教学说的区别，这也是他作为儒家学者的身份使然。那么究竟如何辨识儒家学说与佛教道教学说的区别？李光地认为明性是关键，源头不同表现在明性问题上。何谓明性？按照儒家理论，就是明天命，亦即天赋。《中庸》曰：“天命之谓性，率性之谓道，修道之谓教。”君权为神授，统治者受命于天，这就是天命。李光地以是否明性作为基本依据，阐述佛、道二家学说的是非得失，进而判定在这个问题上儒家与佛、道二教的根本区别。

李光地以明性为基本标准，分析儒家与佛教的不同，提出两者的分歧主要表现在如下两个方面：

一是儒家崇尚实有，佛教崇尚虚无。儒家教人心活，佛教教人心死。在李光地看来，儒家把性比作种子，佛家把性比作镜子，这两种不同比喻具有实质性区别。按《榕村语录·道释》载，他明确指出：“譬喻最难。佛家说：心性之体，如明镜一般，物来必现，随物见形。然镜内空空的，一无所有，冷冰冰全无生意。惟程子心如谷种一喻，极妙。盖谷种内，根荄、枝叶、花实，无所不全，而其中一点生理则仁也。心属火，仁属木，是滚热发生的，与金之寒冷不类，所以镜取譬不得。凡阳一边都暖，阴一边都冷，佛家以镜喻心性，所以断绝身累，齐向空城，好说鬼神，厌烦人事。”李光地认为儒家崇尚实有，自然要关注社会大众，行仁之心。与此相反，佛家崇尚虚无，也就对人世间一切不感兴趣，“冷冰冰全无生意”。按《榕村全集·观澜录·性》载，他又说：“释喻性以鉴，程喻性以种，孰似？曰：鉴虚而种实也。虚故万象应现而本无，实故一真性具而立有。木、金皆太极之分也，则无彼此之非是乎？曰：木神为魂，而主施为，故谓根本枝叶皆一贯也。金神为魄，而主监照，故谓虚空色相皆梦景也。有阳而后有阴，有形而后有景，有为而后有梦，有三极之道而后有鬼神，故曰语道者必于其序也。”在李光地看来，崇尚实有与崇尚虚无，正是儒家与佛教的重大区别。那么又如何理解儒家和佛教都叫人不动心呢？李光地替儒家辩解，认为儒家叫人不动，是教人心活，“是寂然不动，感而遂通天下之故，是活的，其中无所不有”。佛教教人不动，则是教人心死，“是顽空，是死的，其中无有”。这就是区别。

二是儒家以自然界的生生不息来谈性，佛教则以寻求自我解脱的觉悟来谈性。按《榕村全集·观澜录·诸儒》载，李光地说：“知性者儒，孟子之后，董、韩其几矣。周、程、张、朱所为继绝学者，以此。”正因如此，在他看来，儒家以仁为主，以救世为急务，而佛教所谓普度众生的大智慧，终究只是空话。按《榕村全集·观澜录·性》载，他又明确指出：“儒以生言性，得性之仁；释以觉言性，得性之智。故曰仁者见之谓之仁，智者见之谓之智。虽然，以仁为主，则智者藏仁之用者也，发仁之机者也。不以仁为主，故崇虚而卑有，虽至于发无缘之大慈，普济兼度，而非其本心之所汲汲也。”在李光地看来，儒家因知性，得性之仁，并努力将仁付诸实行，所体现出的智慧，乃是为实现天下归仁的社会理想服务的。佛教则不同，尽管佛祖有所谓大慈大悲之心，许下普度众生的宏愿，然而因为崇虚而卑有，空谈觉悟，以仁为空，如此所标榜的普济兼度，不过是并非发自本心的空话而已。

至于儒家与道教存在的根本分歧，同样也是体现在明性问题上。李光地认为儒家论性，以仁为头；道教论性，以仁为尾。这就是根本区别。按《榕村语录·道释》载，他以对话形式，阐述自己的见解：“问：道家如此用工，果能使此身常存否？曰：亦不知如何，想必神气久长些。他并不糊糊涂涂做神仙，他尽千思万想，天地阴阳，万物变化，人身形神，都要知其故。亦不是寻常人。问：魄拘魂，魂守魄，如何用工？想亦不过定心。心不放，则魂魄俱安矣。曰：魂守魄，即魄拘魂，无两层。心定自是主宰，亦要明魂魄之理。问：他亦千思万想，岂不耗心气？曰：他所思想者，即是他的事，不是游思妄想。如一想魂，即如见自己的魂；一想魄，即如见自己的魄，与寻常思想不同。若是心如顽石，只像劳山上人，懒久神气足，不须饮食。年岁长远，一无所知，不过如土石、龟、鹤耳，有何足取？问：他只说黑白黄赤，是水金土火，何为不说青？曰：想是怕人恋住生气。他结末却说丹成后，须要在人世立功，功行圆满，方能升天。吾儒将仁放在头上，他将仁放在尾上。”在李光地看来，儒家讲性善，以仁、义、礼、智为性，这善性是与生俱来的，故仁、义、礼、智之心，亦即赤子之心，所以说是将仁放在头上。反观道教，道家尽管亦费尽工夫，苦修苦行，并没有儒家这种明性，说丹炼成后要在人世立功，乃是因为“功成圆满，方能升天”，终究是为自己，所以说是将仁放在尾上。这就是儒家与道教的根本区别。

李光地认为三教源头尽管不同，具有根本的差异，本质的区别，可是，这并无碍于三教工夫却同。所谓工夫，就是本领，或称造诣。所谓三教工夫却同，就是说三教各有自己的本领，各有造诣。

先看儒教与佛教相同的工夫。李光地认为儒教教人主敬存养，要求从收放心做起，这就是基本工夫。佛教遍参历扣，要人放弃杂念，静心修行，最终悟道，这就是佛教的工夫。按《榕村语录·学一》载，他阐释说：“和尚家参禅，也是要心归一。故意说一句极没理的话，要你在这上寻求，想来想去，别的念头都断了。人心本自灵明，逼到归一时，光彩忽发，别见得一个境界。他们得此方好用功，不是到此就住。从此遍参历扣，直追无上菩提。”这里所谓“极没理的话”，指的是禅宗的“机锋”。按《榕村语录·道释》载，李光地又说：“佛家工夫亦同。其云发大愿力，即吾儒之立志；其云悟，即吾儒之致知；其云修，即吾儒之力行。明儒说三教源头本同，但工夫各别。却反说了。工夫却同，只是源头不同。”又称：“释氏之发大愿力，是吾儒之立志也；要常惺惺，是吾儒之主敬也；遍参历扣，是吾儒之致知也；戒律精严，是吾儒之力行也。”在李光地看来，佛家讲发大愿力，就是儒家讲的立志；佛家讲要常惺惺，就是儒家讲的主敬；佛家讲遍参历扣以及讲悟，就是儒家讲的致知；佛家讲修又讲戒律精严，就是儒家讲的力行。如此看来，两者工夫不是相同又是什么呢？按《榕村语录·学一》载，他还借赞扬安溪家乡名僧锐峰常说的一段偈语，来说明佛教与儒教的工夫相同：“锐峰僧议论极有好处，常说偈云：学道必须铁汉，用力心头便判。直证无上菩提，一切是非莫管。此彼学所谓发大愿力，即吾儒之立志也。愿力发得大，即悟亦悟得快，修亦修得到。朱子有云：书不记，熟读可记；义不精，细思可精。惟有志不立，直是无著力处。即是此意。”这段阐述更是直接点出了佛教与宋明道学的工夫相同，可谓异曲同工。

再看儒教与道教工夫相同之处。李光地认为，道教将其修炼过程分为黑、白、黄、红四个阶段，这与儒家修养工夫颇为相似。按《榕村语录·道释》载，他这样解释：“《参同契》向日分章段颇不错，今又见得明白些，其警发于吾身心者甚切。大约先黑，方白、方黄，而终于红，是谓之丹。日之出也，先红而白、而黄、而黑。人与草木之生也亦然。而道家工夫反之，所谓顺则为人，逆则成仙也。他的黑，是收视反听不说话，将耳目口三宝闭塞了，直使形如槁木，心如死灰。久之，黑中生出明来，便是白，所谓虚室生白。到得魂守魄，魄拘魂，魂不游而魄不昧，便是黄。后来一团纯阳真火，阴邪之气都烧化了，所谓童颜是也。这便是红，红则丹成矣。吾儒工夫亦然。以《中庸》言之，戒惧，黑也；慎独，白也；致中和，黄也；至天地位，万物育，红也。”在李光地看来，道家修炼过程的黑、白、黄、红四个阶段，在形式上与儒家戒惧、慎独、致中和、天地位万物育的修养工夫是相似的。按《榕村语录·道释》载，他又说：“《参同契》言甚简易，其言天地阴阳，即吾身之阴阳也；其言黄老清静而天下治，如吾身之虚静，水火调伏而寿命长也。其下手工夫，不过魂守魄、魄拘魂。魂者，灵明动作，但任其浮驰，则为游魂；魄者，寂嘿坚定，但任其昏颓，则为滞魄。当魂放逸时，须把心捉来，不许妄为纷杂，是为魄拘魂；魂为魄所拘，则魂常精明不散，而魄亦不颓然昏惰，是为魂守魄。问：《参同契》之说《易》，与吾儒合否？曰：彼不过仍汉儒之言耳。汉儒言《易》，以六十四卦，配合年月日时、七十二候、二十四气，虽逐日之阴晴，皆为预定。又不是推得一年，便可印板凿定，明年又有活法。又参之以人事，如人事变易，象亦应之。《参同》之言《易》，仍是如此。问：修炼工夫，何以与此相应？曰：有死子午，有活子午。死子午者，天之子午也。自子至午为阳，宜饮食动作；自午至子为阴，宜闭户守中。活子午者，吾身之子午也。但倦怠时，是子也，便宜吐气运行，不使冥昧；觉得有放逸荡散意思，是午也，便宜收视反听，寂然不动。问：与七十二候、二十四气有相应处否？曰：亦相应，到那节气换时，比常时工夫又加谨。若后来道家炉丹及守庚申诸说，皆诞漫不经，《参同》无是也。妙在与吾儒说工夫处，都是一样。”这段论述再次阐明道教与儒家工夫相同之处，即道教讲天地阴阳，犹如儒家讲身体阴阳。道家讲黄老清静而天下治，犹如儒家讲身体虚静，水火调伏而长寿。而且指出道教经典《参同契》阐说《周易》修养原理，实际上不过是汉代儒家翻版罢了。

李光地虽然认为三教工夫有相通相似处，然而作为儒家学说的信奉者，他最推崇的自然还是儒教，因为“儒包佛道而超越佛道”。在他看来，儒家思想广大精微，当中已经蕴藏了佛教和道教的思想精华，同时又弥补了佛道二家的思想缺陷。按《榕村语录·道释》载，他称三教固然工夫相同，然而因为源头不同，因此，尽管发愿力似乎相同，实际上却大不同。他解释说：“发愿力同，为甚么发愿力便不同？吾儒是大公的，从天地万物道理上起见。道家却只为一己，只要神气常存。佛家看这个犹粗，只要此心光明，照彻乾坤，也是为一己。不特佛、老，就是市井人，亦必先发愿要做财主，方讲求取利之法，然后经营力作。所以元亨利贞四字，夫子作四项说，极当。亨与贞都是同的，元与利却不同。佛、老与百工技艺，俱有做到亨通之时，只是问他大不大耳；俱有守之而不变处，只是问他宜不宜耳。吾儒便大、便宜，所以五性最重仁义。”在李光地看来，儒学与佛教道教的最大不同，在于其出发点和归宿点。儒家的出发点和归宿点是“大公”，是为天下万民，而不是为自身。佛教和道教恰恰在这个问题上与儒家不同，他们的出发点和归宿点，说到底皆只是为了“一己”，是为自身考虑。如此儒家自然超越佛道二教。

儒家思想究竟如何涵盖佛教又超越佛教？按《榕村语录·周易三》载，李光地有更为具体阐述，他说儒家所作《周易·系辞》，“仰以观于天文一节，淡淡几句，把佛家无常迅速、生死事大、六道轮回诸说，都包尽了。至与天地相似、范围天地之化两节，便是佛家说不到的。……仰观俯察节，括尽佛氏精妙。幽明，难知也，其实不必远求，但观察于至显之天文地理。阳主施，阴主受，晦明盈亏，循环往来，幽明便是这缘故。下个故字，言其所以然不外此也。知之，则凡作息、出处、进退、显晦，皆视此矣。死生，难知也，其实不必远求，但于所作之事。原乎事之所以始，反乎事之所以终，自无而有，自有而无，死生便是这样。下个说字，言其说即如此也。知之，则知诚者物之终始，只就应事接物上，可以了当生顺死安之义矣。鬼神，难知也，其实不必远求，但就身上体验。耳目口体，精之为也；其聪明运动，气之为也。阴精阳气，聚而成物，是对待的。至于思虑梦想，倏忽现灭，出入有无，幻化万端，则游魂之变，是流行的。鬼神之情、之状，即是这样。知之，则践行尽性，克己复礼。

清明在躬，志气如神，郊焉而天神格，庙焉而人鬼飨矣。”这段论述举儒家所作《周易·系辞》为例，说明佛教对于宇宙人生问题的探索，固然是有意义的，亦值得肯定。但是问题在于，佛教对于这些问题的探索，归根结底只是为寻求解脱，且探索本身亦陷入神秘主义歧途。儒家也探索宇宙人生问题，仰观天文，俯察地理，远取诸物，近取诸身，从这个意义上说，儒家学说已“括尽佛氏精妙”。而且儒家对于宇宙人生问题的探索，既不是为了寻求解脱，又充分肯定人性本善，具有“范围天地之化”的自觉能动性。同时，儒家也反对对于天地晦明、生顺死安、魂魄鬼神之类的极端神秘主义解释，认为所有这些都不必远求，只要在仰观俯察和人伦日用之常之中就可以得到说明。在李光地看来，这一切也就表明儒家对于宇宙人生问题的探索，既蕴含了佛教思想的精华之处，又超越了佛教寻求解脱之道的思想局限性，具有佛教思想所无法比拟的优越性。

儒家思想又是如何涵盖道教又超越道教？按《榕村语录·周易三》载，李光地说：儒家所作《周易·系辞》称：“尺蠖之屈，以求伸也；龙蛇之蛰，以存身也。把道家虚静之说都包尽了。至精义入神，以致用也；利用安身，以崇德也。过此以往，未之或知也。穷神知化，德之盛也。便是道家说不到的。”这段论述同样举儒家所作《周易·系辞》为例，说明道教主张虚静，儒家亦未尝不主张虚静。不过，儒家的以屈求伸、以蛰求存的说法，就已经把道教的虚静学说皆包含在内了。而且道教的虚静，终究只是教人消极避世，希求长生不老，而儒家的虚静，则是主张积极用世，“精义入神”，以为致用；“利用安身”，以为崇德。即使是暂时的韬晦隐伏，也是为了保存自身，以求得日后发展，以便日后能更好地服务于社会。这些道理又是道家学说所没有的，如此儒家自然亦超越道教。

李光地认为儒家思想涵盖佛道而又超越佛道，毕竟承认佛道二教与儒家学说有相通之处。而且更为重要的是，他不像程朱或陆王那样，表面上排斥佛道二教不遗余力，暗地里则偷运佛道二教思想，而是光明正大地提出，可以吸取佛教的修行方式来弥补儒家之不足，吸收道教的思想精华来发挥儒家的心性学说。

李光地认为佛家的修养工夫确实有儒家不及之处，值得儒家吸取。如佛家教人如何对待谗言，就很值得儒家吸取。中国传统社会中，以谗言攻击异己，是司空见惯之事。心术不正之徒，为了达到某种不可告人目的，往往以此攻讦那些正直之人。尤其在统治阶级内部，由于权力的诱使，更是如此。比较正直的士大夫，总是忧谗畏讥，接着便是打退堂鼓，干脆当隐士去。在李光地看来，儒家的道德修养论没有教人如何对待谗言，佛家却教给人在攻讦面前不受干扰的办法，这无疑可以弥补儒家之不足。按《榕村语录·诗》载，李光地说："凡人遇谗，惟心里对之以光明，处事只顺着正理，凭他如何来，我意中似没有一般，便一点不足以碍其灵台。莫予荓蜂，自求辛螫。蜂来到肌肤上，切莫动他，一动他便一螫。非他要螫你，怕你害他，故螫也。虎不咬婴儿，不是慈爱婴儿，知婴儿不害他耳。佛家亦窥见此意，一人屡无礼于释迦，释迦只不应。久之，其人感悟，求释迦说法。释迦云：设若人加礼于我，而我不应，无礼在人乎？在我乎？其人曰：自然在我。释迦曰：设若人无礼于我，而我不应，无礼在我乎？抑在人乎？其人曰：自然在人。佛因告之以当风扬尘，适以自粪；持梃击空，适以自困。最妙。空虚打他不着，徒自困乏而已，彼自然歇了。胸中若有一丝介蒂，便是机心不尽。"李光地这段论述给人们讲了个佛经故事，叙说佛祖释迦牟尼如何对付别人的无礼行为。这个故事说明的道理是：攻讦别人散布谗言，这样的行为固然可恶，可是这种谗言是无形的看不见的。被攻讦的人倘若没有定力，急于进行反击，往往没有什么效果，弄得自己疲惫不堪，且可能适得其反，使自己更受伤害。因为这无异于迎风扬尘，只会将灰尘扬到自己身上，亦无异于拿着棍棒朝天空中乱戳，不仅戳不到别人，弄不好反而会砸到自己头上。因此，对于被攻讦的人而言，面对谗言，最好的办法就是只当没有听见，不去理会，保持定力，内心光明，秉持正确理念，按照正道行事。如此攻讦之人自然无可奈何，最终亦只好罢了。

李光地又认为道教的修养思想亦有助于发挥儒家心性学说，同样可以弥补儒家之不足。朱熹化名"邹䜣"注道教经典《参同契》，可是并不敢公开彰扬道教。李光地则不然，按《榕村语录·道释》载，他明确表示："《参同契》道理，就是吾儒亦用得着一半。其要在慎言语，节饮食，惩忿窒欲而已。慎言语与惩忿为一边事，惧耗气也；节饮食与窒欲为一边事，惧损精也。至那一半成仙事，却用不著。如孙、吴兵法，亦有一半用着。整行阵，严纪律，卫民保境，是所用也。其说得疑鬼疑神处，便为吾儒所不道。"所谓用得着的一半，是指道家慎言语，节饮食，惩忿窒欲的修养工夫，无疑值得儒家吸取，充实和完善儒家修身养性理论。至于那用不着的另一半，则是指道家成仙之事，即白日飞升、羽化登仙之类的说法。李光地认为道教《参同契》的修炼方法，亦值得儒家借鉴，可用来发挥儒家心性修养论。按《榕村语录·道释》

载，他说："《参同》不取铜、铁之类，而取丹、砂、铅、汞者，取其中有至宝，以喻人躯壳中有至宝耳。丹，朱砂也，中有白金。砂，即披沙见金之沙，中有黄金。铅、汞中皆有白金。四者不加陶洗烹炼，不过是丹、砂、铅、汞，一加陶洗烹炼，便有至宝。人不去修炼，不过是一皮囊，与草木朽腐。一经修炼，便可成圣贤。岂非至宝？"在李光地看来，道士用丹、砂、铅、汞来炼所谓"仙丹"，固然是无稽之谈。可是就其修炼方法而言，同样值得儒家借鉴，说明人可以通过心性修养修炼，来显现自身所固有的善性而成为圣贤。按《榕村语录·道释》载，他还在与康熙帝的对话中，表明儒家可以吸取道教的思想精华："至尊常谕：朕看《参同契》，恐俱是说人身上的话，未尽是说别项。地奏曰：臣向来正是如此说，如《阴符》说绝利一源，用师十倍。绝利是将诸般利欲都断绝了，只在源头上专一用工，便如用师十倍。三反昼夜，用师万倍，是说工夫不断，刻刻相续，便如用师万倍。复蒙谕云：正是如此。又奏：臣有一亲戚好道家说，臣曾问之云铁亦好物，可以定子午，道家总不贵重，只说丹、砂、铅、汞，岂以其为垆鼎之用，烹炼大药，可以服食耶？他应曰：然。臣曰：以愚观之，殊不尔。盖铜铁炼到底，只是铜铁，惟砂里有金，铅里有银，都非从外觅得，可以炼出宝来。以喻人血肉之躯，有至宝存焉，天之明命在其中，可以炼得出来，只是要不断火。如所谓必有事焉，勿正、勿忘、勿助长也。又蒙谕云：如此方是他本意。因说绝利一源源字好，不然便向别瓦砾中寻宝，如何能得？但须三反昼夜，不断工夫方好。绝利一源，吾儒之持敬也；三反昼夜，吾儒之集义也。"可见他对道教修养工夫确实颇为肯定，且主张儒家加以吸收，使之更为充实丰富。按《榕村语录·道释》载，李光地还说自己就是"因《参同契》悟得《易经》道理。《参同契》只说一身，其实一身即天地"。借助于道教经典，深化对儒家经典的认识，在他看来，亦正是道教经典有可借鉴之处。

李光地作为康熙帝的重要辅臣，固然善于矫正偏离官方意识形态的思想，努力将佛道二教思想都引导到儒家经世致用的思想轨道。然而作为思想家，李光地又表现出具有客观的态度，兼收并蓄不同学说的胸怀，这同样亦值得肯定。

五、先进的科技思想

李光地作为一位思想家，面对当时西方迅速发展的科学技术，能够客观冷静地看待，并且主张加以学习和利用，具有高瞻远瞩的眼光，展示了开眼看世界的时代高度。

15 世纪至 16 世纪，欧洲商品经济的发展，资本主义工商业的产生和发展，中世纪生产经验的积累，文艺复兴运动人文主义思潮的影响，为近代科学技术的产生奠定了物质基础、技术基础和思想条件，因此近代西方科学技术开始兴起。最为突出的体现就是天文学领域的革命，哥白尼学说的诞生，打破了中世纪神学世界观地心说，给神学以极大冲击。17 世纪至 18 世纪，新航路的开辟促进资本主义工商业发展，手工工场的技术积累，早期资产阶级革命的成功，进一步推动了近代西方科学技术的发展，使之进入一个新阶段。突出的体现是牛顿力学体系的建立，而且牛顿又用数学研究方法描述了宇宙运行的自然法则。所有这些，都标志着近代西方科学技术迅速兴起与发展。相比之下，中国尚未形成近代科学技术。

16 世纪 80 年代，随着西方传教士再次东来，近代西方科学技术亦开始传入中国。16 世纪至 17 世纪来华的西方传教士，采取的是“借学术以传教”方式。当时传教士带到中国的既有基督教伦理和教义，有西方的教育学和哲学，还有不少近代西方自然科学知识。在地理学方面，带来了世界地图，包括近代地理大发现最新成果，即美洲的发现，以及绕过非洲的航行；在天文学方面，带来了哥白尼日心说、伽利略地动说和地圆说；在数学方面，带来了欧几里得几何学；在物理学方面，带来了望远镜、自鸣钟、奇技图，包括制造铳炮的技术和伽利略在物理学上的几种重要发明。此外，传教士还带来了西方人体解剖学、西药制造方法及气象学、生物学等学科的新知识。

当时的中国人，对待西方近代科技的态度，主要有两种：第一种是盲目排斥态度。代表人物是明末南京礼部尚书沈榷，清初钦天监监正杨光先，残明遗老王船山等人。这些人基于西方近代科技是由传教士带来，而传教士带来的基督教伦理和教义令他们极为不满，认为基督教宣扬意志自由、自主、自尊等与儒家伦理相对立，被钉在十字架上的耶稣是“谋反之渠魁”，对中国人皈依基督教深表忧虑，要求朝廷驱逐西方传教士并禁教，由此亦对西方近代科技采取全然排斥的态度。杨光先主张“宁可使中夏无好历法,不可使中夏有西洋人”。残明遗老王船山则从狭隘民族观念出发,连用西方传来的望远镜都看作是对不起祖宗的事。第二种是主张引进学习的态度。以明朝末年徐光启、李之藻、杨廷商等人及清初康熙皇帝、李光地为代表。但这些人又可分为两类:徐光启、李之藻、杨廷商等人主张引进西方近代科技的同时,亦引进西方基督教和西方政治主张,大致相当于后来的西化派。徐光启主张对西学全面引进,包括“事天爱人之说”,“治国天下之术”,“格物穷理之学”即哲学,“象数之学”即自然科学等。康熙皇帝、李光地则是“节取其技能而排斥其学术”,颇似后来的洋务派或“中体西用”派态度。康熙皇帝主要是对西方天文历算感兴趣,李光地则不仅对天文历算感兴趣,还想推广西方各种技术发明。

李光地不仅对中华传统文化深有研究,而且对西学东渐,即从西方传入的近代科学技术也饶有兴趣和心得,特别是对天文历算等的研究颇为深入,受到时人推崇。他所以主张学习和引进西方科学技术,既在于清醒地认识到西方科学技术比起中国确实先进,亦在于认为引进这些科学技术不仅于国家无害,而且有很大好处。

李光地积极倡导会通中西天文历算之学,向来为人们所赞赏。中国古代天文学曾经走在世界前列,诚如明末清初大学者顾炎武在《日知录》所言:夏商周时,人人通晓天文。“七月流火”,是农夫的话;“三星在天”,是妇女的话;“月离于毕”,是士兵所作;“龙尾伏辰”,是童谣。后来文人学士对此却有不知道的。顾炎武这段话概括得很好,中国古代天文学非常发达,甚至农夫、妇女、戍卒、儿童都晓得些天文知识,足可引为自豪,只是后来落伍了。落后的原因主要在于后来的统治者轻视科学,文人学者只注重研读儒家经典,从而使天文学和与此密切相关的历算学日益落后。迨至明朝,甚至基本天文观测和历法制定都屡屡出现差错,普通文人竟然连天文常识都不晓得了。

明末清初,借助西方传教士航海东来,中国天文历算学终于出现了复兴契机。西方传教士带来了基督教教义,亦带来了望远镜、宇宙学,哥白尼日心说,伽利略地圆说和地动说,欧几里得几何学,以及其他自然科学学说。明末学者徐光启及李之藻等人,曾以极为谦虚和恳挚的态度接受西方科学知识,提出“与国有利,何论远近”、“欲求超胜,必先会通”的见解和主张,毕生努力不懈,在翻译和介绍西方科学知识方面做出了很大成绩,只是人生有限，在消化西方科学知识和会通中西自然科学方面还只是开了个头。清朝康熙年间，中国学界才真正进入尽量消化理解西方天文历算学，并使之与中国古代天文历算学融会贯通的新阶段。正是在这个新阶段中，李光地在倡导会通中西天文历算学方面做出了特有的重要贡献。他固然并非那个时代最有造诣的天文学家和数学家，可是通过劝说康熙帝重视西方天文历算学，通过发现、扶植、表彰和支持那个时代最杰出的天文学家和数学家梅文鼎，通过培养天文学和数学人才，从而有力地推动了全国天文历算学的研究。他在对待西方近代科学思想方面，直接继承了徐光启的学说，成为走在时代前列的先进人物。

李光地对天文历算有浓厚兴趣，认真学习，刻苦钻研，虚心请教，特别是向当时著名的天文历算学家梅文鼎求教，因而天文历算研究“贯古通今，洞明根底”，取得不小成就。他在自己的科学论著中，运用中国传统的天文学知识，并吸收西方天文学成果，对各种天象做出了科学的解释。他所以能够说服康熙帝重视引进西方天文历算学，正是对中西天文历算学有认真研究与深入分析比较。

李光地接受近代西方科学家哥白尼的日心说、伽利略的地圆说和地动说，确认以这些理论为基础的新历的合理性。按《榕村全集·杂著三·历法》载，他对中西天文历法理论进行了比较，指出中国古代历法所以没有新历精密，就在于没有洞悉天体运行规律，西方天文学对天体运行规律的揭示有“郭太史之所未知者”，有“古人之所未讲”者。郭太史即郭守敬。因此，李光地指出：“定历元之法，自汉前、后志始，而历代沿焉。然历代之历，皆数十年而遂差，而能使万年之前，千载之后，入其轨辙乎？”又称：“郭太史分方测候二十七处，其于里差详焉，然终局于地平之说，故其法不能通于四远。”在李光地看来，西历所以精密，就在于它是建立在一套比较完整的天体运行理论的基础上。按《榕村全集·杂著三·西历》载，他阐释说：“新历有理奇而法者数事，一曰天圆而地亦圆，四方上下，皆人物所居，各以戴天为上，履地为下也。其说与《周髀》吻合，且浑天之术，本谓如卵裹黄，乌有卵圆而黄不圆乎？一曰天有九重，最近者月天也，稍远则日天与金水天，又远则火星天，又远则木星天，又远则土星天，最远则恒星天，其外则宗动天也。《楚辞·天问》曰：天有九重，孰营度之？然则九重之说旧矣。一曰惟宗动天行有常度，不独日月五星右行，恒星天亦右行也。其说则历代岁差之说是也。一曰日月五星各有天，而行皆有轮，虽望之丽天，而实循轮而行。其理如珠逐盘，旋漩随水去，虽急转长逝，而复自作回环之势。盖日月五星，所以有赢缩迟疾者，此也。一曰月与五星，有本轮，又有次轮。盖本轮以从天，而次轮以法日。在小轮之极远者，月疾而星伏；在小轮之两际者，月纡而星留。在小轮之最近者，月迟而星逆。盖日尊天，月与五星而又尊日也。一曰金水与日同天，而其两轮包日。盖二星之行，异于三星，去日极远，不过数十度耳，不能与日相望也。古人莫察其故，今言其轮包日，则理通而法得矣。一曰月有倍离，盖五星一合日而迟疾一周，月则一合日而迟疾两周。又五星之小轮，跨本轮之内外，月之小轮，切本轮之边。其法皆以实测而得之。”上述理论既包括伽利略地圆说和地动说，也包括哥白尼日心说。李光地认为以往中国历法所以过几十年就会发生误差，就在于缺乏一套科学理论，“不知消长之根，在最高之行故也”。相反，西方历法正因有这些经过实测得出的科学理论为指导，所以才能有精密历法。按《榕村全集·杂著三·历法》载，他又说：“新历以地为圆体，南北东西，随处转移，故南北则望极有高下，东西则见日有早暮。望极有高下，而节气之寒暑因之矣；见日有早暮，而节气之先后因之矣。推之四海之外，四方上下，可以按度而得其算，揆象而周其变。其说与《周髀》合，不独自汉以下，为浑天之术者之所未到，而实则圣人之意，乃千载而一明也。然而法既妙矣，而神明之者存乎其人，故随时修改，损益求中者，人事固尔。天道亦然。”这段论述，哥白尼日心说和伽利略地圆说、地动说等西方天文学理论都融会在其中了，昼夜的更替，节气的推移，都被看作是地球绕日自转和公转的结果。同时，哥白尼和伽利略等人的天文学说亦被李光地看作是“千载而一明”的“圣人之意”。倘与李光地相比，后来乾隆时代的大官僚大学者阮元就显得非常保守了。阮元在接受西方科学之前，先要先问是否合乎中国纲常名教，甚至大骂哥白尼日心说：“使上下易位，动静倒置，离经叛道未有如斯之甚者也。”

早在康熙二十六年(1687 年)，李光地就劝说康熙帝重视引进西方天文历算学。按《榕村谱录合考》载，他在是年三月与康熙帝一次长谈中，就这个问题提出了自己的见解。当时，康熙帝谈到中国历法出差错的问题，询问有何看法。李光地称中国古代历法稍久必差，西洋人这方面却甚有研究。康熙帝问：“西洋历法果好么？”李光地答：“其法现行甚精密，臣所取者，其言理几处，明白晓畅，自汉以来，历家所未发者。看来西人学甚荒唐，而谈历却精实切当。”李光地这些话，激发了康熙帝对西方天文历算学的兴趣。在那个时代，皇帝对某门学问重视与否，无疑关系到这门学问的盛衰。李光地劝说康熙帝重视引进西方天文历算学后，很快又发现并大力支持梅文鼎的科学研究事业。

李光地对天文历算的重视，还表现在对科技人才的推荐和积极培养。梅文鼎就是经他多次推荐和宣扬，才得以名闻天下。梅文鼎作为清初大天文学家和数学家，对于天文历算学的贡献，大致如梁启超《中国近三百年学术史》的评论，主要有以下五个方面：（一）历学脱离占验迷信而超然独立于真正科学基础之上，自利玛窦、徐光启始开端绪，至梅文鼎乃确定。（二）历学历史的研究，及对于各种历法进行纯学术角度的客观的比较批评，自梅文鼎开始。（三）懂得历学并非单纯的技术而必须以数学为基础，将明末学者学习历法之兴趣移到算学方面，自梅文鼎开始。（四）因治西方算学而印证以中国古籍，知道中国亦有固有之算学，因此极力提倡以求学问之独立，黄宗羲首倡此论，梅文鼎与之不谋而合。（五）梅文鼎之著述，除发表自己创见外，更取前人艰深之学理，演绎为通俗易懂之读物，以此力求斯学之普及，这方面为大学者之所难能，而梅文鼎做得最优秀。

李光地于康熙二十八年（1689 年）与梅文鼎结识，从此两人订交。康熙三十八年（1699 年），李光地任直隶巡抚，梅文鼎再次北上，拜访李光地，受到热情接待。梅文鼎提出向天下读书人普及历学知识以促进科学研究的建议，他在《历学疑问》说："历法至本朝大备矣，而经生家犹若望洋者，无快论以发其趣也。宜略仿元赵友钦《历象新书》体例，作简要之书，俾人人得其门户，则从事者多，此学庶将大显。"李光地表示赞同，十分重视，立即鼓励梅文鼎写本普及性小册子。同年冬天，梅文鼎写成了《历学疑问》，李光地亲自主持校刻。梁启超所说梅文鼎普及科学知识的一大功绩，就是李光地支持的结果。康熙四十一年（1702 年），康熙帝南巡驻跸德州，宣旨索要李光地所刻书籍，李光地迎驾时将《历学疑问》进呈。按李光地《历学疑问恭记》载，两天后，康熙帝对李光地说："昨所呈书甚细心，且议论亦公平。此人用力深矣，朕带回宫中仔细看阅。"李光地遂恳请康熙帝对这本书御笔校订，目的是扩大这本书的知名度，康熙帝同意，果真加了圈点和批语。不久，康熙帝西巡，途中向李光地询问"隐沦之士"，李光地再次推荐梅文鼎。康熙四十二年（1703 年），李光地又将梅文鼎《三角法举要》《弧三角举要》《笔算》《堑绪测量》《环中黍尺》《交食蒙求》《历学骈技》等七部著作刊刻印行。同时，他将梅文鼎《历学疑问》进呈康熙帝后，"既蒙御览，深加奖许"，于是再次向康熙帝推荐梅文鼎。康熙四十四年（1705 年），康熙帝出巡途经德州，终于召见梅文鼎。按《文贞公年谱》载，梅文鼎被康熙帝请到御舟中叙谈，“从容垂问，至于移时。如是者三日”。康熙帝“垂问道数精微甚悉”，经三天交谈后，对梅文鼎大加褒奖。按《榕村全集·序四·引》载，李光地《梅定九恩遇诗引》称，梅文鼎出来后，康熙帝对李光地说：“此学今鲜知者，当世一人也。其人亦佳士，惜乎老矣。”康熙帝还连日赐给梅文鼎扇幅和珍馔。临辞，又特赐“绩学参微”四大颜字，“荣宠其归，布衣三接，史册仅见”。康熙五十三年（1714年），康熙帝又请梅文鼎纠正《御纂律吕正义》的错误，向梅文鼎请教律吕之学，“恩宠为古所未有”。

李光地为提倡会通中西天文历算学，不仅写了一系列表彰梅文鼎的文章，又刊刻算书，普及历算教育，设馆讲学，培养历算人才，还延请梅文鼎给门人、弟子讲授中西天文历算学，培养精通天文历算的科学人才，为清初历算学界造就了一批骨干力量。正由于康熙帝重视和李光地大力提倡，全国学者中形成注重研究天文历算学风气，江苏有潘荣、陈厚耀、惠士奇、孙兰、顾栋高、庄亨阳、顾长发、屠文洒、丁维烈等，安徽有方中通父子、江永、余熙、梅文露、梅文黑、梅縠成等，浙江有徐发、吴志伊、龚士燕、陈讶、王元启等，江西有杨子宣、毛心易等，河南有孔兴泰、杜知耕，湖北有刘允恭，山东有薛凤祥，福建有李光坡。一时之间蔚为风气，人才辈出。可以说，李光地积极倡导会通中西天文历算学，劝说康熙帝重视引进西方天文历算学，并大力支持梅文鼎的科学研究事业，既继承了明末徐光启所开创的学风，又带来了康雍乾三世天文历算学的繁荣。

李光地对于近代西方数学成就，亦给予高度肯定，尤其是对待《几何原本》的态度，继承了徐光启积极褒扬的传统。他十分推崇徐光启与利玛窦合作翻译的欧几里得《几何原本》，按《榕村全集·杂著三·算法》载，他明确提出，“所谓《几何原本》者，以点线面体，为万数之宗”。并解释说：“盖点引而成线，线联而成面，面积而成体。自此而物之多寡，长短方圆，广狭大小，厚薄轻重，悉无遁形。自此而物之比例参求，变化附会，悉无遁理。”他将中国古代勾股算法与《几何原本》中三角学原理进行比较，指出中国古代勾股算法只是从直角三角形已知两边求其弦，只有直角而无锐角、钝角，数起于边不起于角。而《几何原本》通过分周天为三百六十度，角度对之，故量角之度，以为起数之根。如此“岂非有待于新法，以补其所未备者乎”？况且《几何原本》中三角学有关于正矢、余矢、正弦、余弦、正切、余切、正割、余割八线系统学说，“八线相求，互为正余，故举一则可以反三，穷三则可以知一。举一反三，穷三知一者，则今之三率法是也。三率之法，即古者异乘同除之法”，而《几何原本》“立法加妙，用之加广，则非古人之所及也”。所以他强调指出：“欲通新法者，必于《几何》求其原，以三角定其度，较之以八线，算之以三率。则大而测量天地，小而度物计数，无所求而不得矣。”这些论述把几何学与天文学和其他科学的关系，说得非常透彻。李光地还清楚地看到中国数学在形式化数理体系方面落后，既体现在几何学方面，也体现在数学其他分支学科方面。最大问题就在于缺乏理论分析和严密逻辑推导，往往“有得其意而词未达者”，或“本意有所走作，故须斟酌”。中国古代数学都是采用文字式、事例式表达方式，且都是应用题，具有十分明显的经验性和实用性；西方数学则有公式、定理、定律，是由严谨逻辑推理过程建立起来的形式化公理体系。中国文字式算学因有词不达意弊病，或本意走作弊病，容易使人产生误会；西方式几何学和代数学不经过步步推明和循序渐进训练，就不可能理解也不可能掌握，且表达清晰，意义明确。因此，中国古代算法确实明显落后于西方，“有待于新法，以补其所未备”也。

李光地在提倡会通中西自然科学的同时，还试图将西方自然科学原理融入中国传统义理之学。中国人传统的天人合一思维方式，使人们习惯于将自然法则与社会法则看作是相互贯通。西方自然科学的传入，似乎为体天意以施诸人事提供了新的理论依据。因此，李光地试图以几何学原理来释《易》。诸如《易》坤卦六二爻辞“直方大，无习无不利”，原意本是种对大地直观的粗浅认识，即认为大地是平直、四方、辽阔的，李光地则运用西方几何学原理解释，用西方几何学中的点线面体关系来说明直方大三者关系：凡数都起于点，开始只有一点，后来多点引而长之，则形成直线，然后四方直线又可围之成面，多面叠置又可成体。按《榕村语录・周易一》载，他阐释说：“凡数起于点，当初只有一点，引而长之则为线，将此线四围而周方之则为面，又复叠之教高则为体。直方大，即是此意。直即线，方即面，大即体。唯直而后可方，既直方自然大。故曰敬义立而德不孤。”他以“敬以直内，义以方外”的理学命题与西方几何学原理相比附，以敬为直，以义为方，以敬义立为大，犹如几何学上的体，面面俱到，以此来比喻人具有完全的德性。这种比喻，固然反映出认为道德根植于客观宇宙的理学思维方式，但是又把神化了的宇宙伦理本体变换成了几何学的科学原理。如果循着这种思路发展下去，显然会带来对传统社会意识形态的巨大冲击。因为西方近代自然法学派的社会政治学说，正是通过用自然法则来代替上帝权威，从而造成中世纪意识形态最终溃败。当然，李光地本人没有也不可能做到这一点。

李光地对于近代西方科学分类，也颇为推崇。历史事实表明，他已经具有某些近代科学分类思想，并把这种思想运用到《朱子全书》的编纂。他对于《朱子全书》中涉及自然知识的内容，明确主张按照天文、历法、地理、气象的分类和次序进行调整和排列，并且提出这样分类和排列的理由。按《榕村全集·札子》载，他在《进校完朱子全书札子》中明确提出："天度历法，似应接天文之后。盖有日月星辰，然后有行度，然后有历法也。地理似应即继天文天度历法之后。盖有天文即有地理也。雷电风雨雪雹霜露，似应在地理之后。盖此数者不可谓之天文，乃地气上交于天，氤氲聚散于两间者，则当附天地之后也。"这种分类方法和排列次序，显然更为合乎科学原理，也是对西方科学分类的借鉴和利用。

李光地对近代西方的技术发明，同样没有传统偏见，给予高度的肯定，并主张加以学习利用，否定了中国儒家和道家把技术发明看作奇技淫巧的错误观点。儒家经典《礼记·王制》明确规定："作淫声、异服、奇技、奇器以疑众，杀。"道家亦反对技术发明，认为使用机械就是"必有机心"。李光地对这种传统观点不以为然。按《榕村语录·三礼》载，他明确提出："西洋人不可谓之奇技淫巧，盖皆有用之物，如仪器、佩觿、自鸣钟之类。《易经》自庖牺没，神农作。神农没，尧舜作。张大其词，却说及作舟车、耒耜、杵臼、弧矢之类，可见工之利用极大。《周官》一本《考工记》，全说车。辀人一篇尤要紧。定九先生云：《中庸》说九经，必言来百工，而车尤难工。"李光地以《易经》和《周官·考工记》已谈到中华文明早期的技术发明为理由，反对把西方技术发明看作奇技淫巧的错误观点，赞扬西洋人的技术发明"皆有用之物"，并明确肯定"工之利用极大"，有极大利用价值，主张"来百工"，学习这些先进技术。尽管他在这里采用的是种在传统范围内打破传统的方式，但是通过这种方式却在保守的中国人面前为西方技术发明正了名，特别是"工之利用极大"的主张，更是体现出非同凡响的远见卓识，在那个时代无疑还是凤毛麟角，实属难能可贵，最具历史进步意义。

可见李光地不愧是位主张引进近代西方科技的先觉者和先行者，所提出的诸多见解与主张，无疑具有重要现实指导意义。应当指出，中国古代科技与西方近代科技确有重大差别。中国古代科技重经验，重综合，重实用，主要服务于农业；西方近代科技重实验，重分析，重理论，主要服务于工业。16 世纪至 18 世纪，西方近代科技产生并不断发展，中国却未能形成近代科技。究其原因，经济上，中国自然经济依旧占主导地位，资本主义萌芽发展缓慢；欧洲商品经济发展，资本主义工商业迅速发展。政治上，中国封建制度开始衰落，君主专制空前强大；欧洲资产阶级革命，资产阶级代议制确立。政策上，中国封建统治者实行重农抑商政策，推行闭关锁国政策；欧洲推行重商主义和殖民扩张政策，推行保护科学发展政策。思想上，中国实行文化专制，八股取士和文字狱盛行，禁锢知识分子思想；欧洲文艺复兴、宗教改革和启蒙运动，解放了人们的思想。西方近代科技的发展，又为资产阶级反封建斗争提供了直接的物质支持，推动了新的思想解放，从而推动资本主义工商业进一步发展。反观16世纪至18世纪的中国，由于未能形成近代科技，现代化进程受到严重抑制。倘若清政府能把引进西方科技作为基本国策坚持下来，客观上必将有力促进中国社会走出中世纪，走向现代化历史进程。遗憾的是，清政府未能这样做，对于西方科技的引进，雍正至乾隆间即已陷于停顿。乾隆五十八年(1793年)，李光地去世后75年，英国派出马戛尔尼为首的庞大使团到北京，使团包括许多科技专家，给中国带来当时世界上最大的科技博览会，企图通过向中国展示英国工业革命成就，从而与中国建立正式外交关系。可是清朝皇帝和官僚对这些科技成就不屑一顾，称这些东西给小孩子玩玩还差不多，拒绝英国政府建交要求。不愿引进西方近代科技，未能跟上世界发展潮流，结局只能使中国被飞速发展的世界抛在后面，且越来越远。直到19世纪中叶，中国人方才惊醒，重新开始引进西方科技。闭关锁国导致落后，落后导致挨打，历史教训令人扼腕。正因如此，李光地主张引进西方科技，固然未能成为清朝基本国策，然而所展示的远见卓识，无疑更值得肯定。

应当指出，李光地是肯定西方自然科学成就和优长之处的，但是并没有妄自菲薄，轻视中国古代的科学成就。按《榕村全集·引》载，他在所撰《梅定九恩遇诗引》中说："梅先生定九，历算之学，超越前代。盖昔者僧一行、郭太史之术至矣，然当时西学萌芽而未著，故二子不得兼收其长，为有恨也。近年徐文定公及薛仪甫、王寅旭诸贤，始深其道，然于中土源流，反有忽遗。惟先生能会其全而折其中，故其学大以精，而其言公以当。"这段话明确表达了对中西学问的态度：西方天文历算之学，确实有其长处，应该取人之长来补己之短，但是在努力接受西方科学的同时，不应当忽略和遗忘源远流长的中国古代天文学成就，应将中西天文历算学加以融会贯通，"会其全而折其中"。在李光地看来，梅文鼎这方面堪称典范，学者应当效法这种学风。

还应当指出，李光地主张学习西方科技，并不主张对西方文化全盘接受。这也是他与徐光启、李之藻、杨廷商等人的重大差别。徐光启不仅主张引进西方科学技术，且主张对西学全面引进。他不仅自己皈依了基督教，且还想使中国人都皈依基督教，断言只要这样做，不用几年就会使中国人都成为圣贤君子，使儒家理想的“唐虞三代”黄金时代也要相形见绌。徐光启、李之藻、杨廷商号称明末天主教在华三大支柱。李光地对全面引进西学持否定态度，在他看来，西方虽然自然科学学说优于中国，道德修养学说却不如中国，尤其是西方人不懂得体天意以施诸人事，修人事以合乎天意的天人相通之理。李光地认为，中国古人说“日变修德，月变修刑”，可西洋人却说日月交食、五星凌犯是天体运行定数，与人事无关，这种见解不对。按《榕村语录·理气》载，他明确指出：“西人历算，比中国自觉细密，但不知天人相通之理。如古人说日变修德，月变修刑，西人便说日月交食，五星凌犯，乃运行定数，无关灾异。不知天于人君，犹父母也。父母或有病，饮食不进，岂不是风寒燥湿所感，自然有的。但为子孙者，自应忧苦求所以然之故。必先自反于身，或是已有不是处，触怒致然，否则也是我有调理不周而致然。因为彷徨求医，断无有说疾病人所时有，不须管他之理。无论天子，即督抚于一省，知府于一郡，知县于一邑，皆有社稷人民之责，皆当修省。即士庶虽至卑贱，似不足以召天变，然据理亦当修省。如父母怒别个儿子时，凡为儿子者俱当畏惧，父母断不因其畏惧，而谓我本怒他，于尔无与，而反增其怒者。通天地人之谓儒，扬雄谓：知天而不知人则技。西人此等说话，直是阴助人无忌惮，天变不足畏之说。”这里，承认西方天文历算学精密，也承认天体运行中出现的日变和月变是自然有的自然现象，但是又认为如果像西洋人那样，把所有这些皆仅仅归结为自然原因，就会助长天变不足畏之说，使人行为无所忌惮。因此，中国人在这方面比西洋人思想深刻，中国人在日变和月变的自然原因后面，还要更进一步从人事方面探求引发这些现象的原因，即从与天体运行毫不相干的人事方面找原因，认为天变是人事的过失所造成的。这就是中国人向来所持的天人相通之理。只有依循这个道理，从皇帝到督抚，再到知府知县，各级统治者以至庶民百姓，才能以天变警诫自己，时时注意反躬自省，检讨自己的行为过失，不做违反传统社会道德规范的事情。从这个意义上，他认为西洋人“运行定数无关灾异说”，固然可信，并不可爱，中国人的天人相通之理，则是既可信又可爱。所以强调西方科学学说只能为中国所用，不能作为道德理论基础，冲击中国传统道德学说，取代中国传统天人感应观念。强调中国传统的天人相通之理，固然缺乏科学性，然而强调对西洋文化不可全盘接收，显然不无道理，也是文化自信的某种表现。

李光地对待中西文化的态度，可谓是清初康熙朝的中体西用论者。他固然努力学习和接受西方天文历算学，并不遗余力地提倡会通中西天文历算学，然而还是认为中国传统道德学说最好，对于传教士所宣扬的“事天爱人之说”和“治国天下之术”，皆不予接受。倘若生活在鸦片战争后，无疑是个典型洋务派。可是就其所处时代，他无疑是充满民族自信，历史自信，文化自信的。反观近代洋务派，这种自信就大打折扣了，甚至没有剩下多少了。倘若看看李光地同比利时传教士南怀仁的对话，再看看近代李鸿章同日本首相伊藤博文的对话，两相比较，也就颇为清楚了。明末清初，西方传教士把世界地图带入中国，打破了中国人以中国为大地中央的传统观念。李光地接受传教士带来的世界地理观念，承认中国并不处于世界中心的事实。可是当在清廷供职的南怀仁在他面前以此嘲笑中国人，嘲笑中国传统的地理观念时，他却做出了别出心裁而又自信的回答。按《榕村语录·杂著三》载，他在《答南怀仁问答》中说：“所谓中国者，谓其礼乐政教，得天地之正理，岂必以形而中乎？譬心之在人中也，不如脐之中也，而卒必以心为人之中，岂以形哉？”南怀仁无言以对。这样的回答，既不违背世界自然地理的科学事实，又从“礼乐政教得天地之正理”的人文视角，解释了中国人为何传统上以中国为天下中心，无疑是非常巧妙的。尽管从今天角度看，中国传统礼乐政教显然存在缺陷，这种高度肯定不免缺乏点反省精神。然而以当时特定环境，无疑表现出对民族文化的高度自信。可是近代清政府重臣，总理各国事务衙门北洋大臣，大名鼎鼎的李鸿章，在与伊藤博文对话时，显然就没有这种自信了。伊藤博文说：“贵国今日惟有变古开新，方为出路。”李鸿章答：“凡百事物皆可变通，惟衣冠不可变。”伊藤博文说：“贵国衣冠亦非自古如此，如今日之蓄辫子、穿旗服，岂是明代衣冠耶？”李鸿章闻言大惊失色。李鸿章所谓衣冠不可变，是指三纲五伦封建伦理秩序不可变，衣冠所象征的等级名分不可变。没想到被伊藤博文几句话戳到痛处，即清朝衣冠并非汉族人本来衣冠，而是汉族人在满族贵族屠刀下被迫接受的。于是李鸿章再也无言以对。尽管不能把李鸿章与李光地两段对话简单类比，毕竟内涵还是有所不同，然而客观而论，在这个时候，清朝的士大夫只要头脑稍微清醒，已经难以有李光地那种文化自信了。毕竟时代已大为不同，康熙盛世早已成为历史，大清王朝已经日暮途穷了。

综而观之，李光地既是清初杰出政治家，也是卓尔不群的思想家，在很多学术领域都有重大建树。博大精深的思想，对于清初，尤其是康熙朝社会的发展，特别是思想统治重心的确定，文化政策的制定，一代学风的倡导，以及吏治建设诸方面，无疑都有重大影响。李光地所提出的诸多见解和主张，基本上合乎当时中国社会发展要求，且在今天看来仍不乏进步意义和启示意义。因此，既应在清朝思想史占有重要地位，且应在中国思想史占有一席之地，与残明遗老顾炎武、黄宗羲、王船山等人并列，彪炳于史册。然而长期以来，李光地作为思想家的地位，未能得到应有的认识和肯定。这无疑非常遗憾，亦不合乎历史事实。正本清源，还历史以本来面目，正确评介李光地思想成就与贡献，赋予其在清朝思想史及中国思想史上应有地位，是历史研究者的责任。这亦正是本书撰写目的所在。

参考书目

[1]李光地.榕村全书.福州:福建人民出版社,2013.

[2]赵尔巽.清史稿.北京:中华书局,1977.

[3]清实录.四库全书本.北京:中华书局,1985.

[4]清史列传.王钟翰点校.北京:中华书局,2005.

[5]中国人民大学清史研究所.清史编年.北京:中国人民大学出版社,2000.

[6]中国第一历史档案馆整理.康熙起居注.北京:中华书局,1984.

[7]续修四库全书.上海:上海古籍出版社,2004.

[8]蒋良骐.东华录.北京:中华书局,1980.

[9]徐世昌.清儒学案.北京:中国书店,1990.

[10]怀荫布.乾隆泉州府志.

[11]庄成.乾隆安溪县志.厦门:厦门大学出版社,1988.

[12]章太炎.訄书.北京:中国文史出版社,2003.

[13]梁启超.中国近三百年学术史.北京:商务印书馆,2011.

[14]孟森.明清史讲义.北京:中华书局,1981.

[15]王戎笙.清代全史.沈阳:辽宁人民出版社,1991.

[16]周谷城.中国政治史.上海:上海社会科学院出版社,1991.

[17]范文澜.中国通史.北京:人民出版社,2008.

[18]高翔.康雍乾三帝统治思想研究.北京:中国人民大学出版社,1995.

[19]高翔.在历史的深处.北京:中国社会科学出版社,2012.

[20]高令印,陈其芳.福建朱子学.福州:福建人民出版社,1999.

[21]李宇思.李光地传.北京:中国文化出版社,2016.

[22]苏旺太.盛世良相李光地.香港:国际华文出版社,2002.

[23]许苏民.李光地传论.厦门:厦门大学出版社,1992.

[24]许苏民.李光地.昆明:云南教育出版社,2009.
[25]冯静武.李光地易学思想研究.成都:巴蜀书社,2015.
[26]陈笃彬,苏黎明.泉州古代科举.济南:齐鲁书社,2004.

后 记

李光地是清代杰出的政治家和思想家。在长达四十八年的宦海生涯中,他鞠躬尽瘁,勤恳不懈,为康熙盛世的繁荣做出了重要贡献。他的个人行动与康熙时代的政治生活紧密相关,他的思想又与当时的社会思潮有着极其微妙的互动关系。本书从李光地的思想渊源、政治思想、理学思想、易学思想及经济、文化、教育、宗教、科技等其他思想,较全面地考察了李光地博大精深的思想体系,也借此考察了李光地思想对清初社会产生的重要影响。

本书由苏黎明和吴绮云合作完成,第三章、第四章由苏黎明执笔,第一、二、五章初稿由苏黎明指导,吴绮云撰写,各章初稿完成后,苏黎明进行统稿和润色。

本书在写作过程中,得到泉州师范学院林华东教授、吴力群研究馆员、陈彬强副研究馆员、周颖斌馆员的大力支持和帮助,厦门大学出版社薛鹏志主任对本书的撰写提出不少宝贵意见,并为本书的出版给予极大支持,在此表示衷心感谢!

作 者

2020 年 12 月